NomosPraxis

Prof. Dr. Karl-Dieter Pardey,
Direktor des Amtsgerichts

Betreuungs- und Unterbringungsrecht

3. Auflage

Nomos

Die Deutsche Bibliothek – CIP-Einheitsaufnahme

Die Deutsche Bibliothek verzeichnet diese Publikation in der Deutschen Nationalbibliografie; detaillierte bibliografische Daten sind im Internet über http://dnb.ddb.de abrufbar.

ISBN 3-8329-1368-8

3. Auflage 2005

Vorwort

Diese 3. Auflage meines vom Markt freundlich aufgenommenen "Einlesebuches" stellt den Alltag rechtlicher Betreuung unter Berücksichtigung des 2. Betreuungsrechtsänderungsgesetzes dar.
Es gibt zahlreiche Darstellungen zum Betreuungsrecht, ebenso Arbeitshilfen für Betreuer und Betreuerinnen. Der vorliegende Text will nicht in erster Linie damit konkurrieren. Ziel ist es vielmehr, das Verständnis für die besondere Materie zu vermitteln, die fachübergreifenden Ansätze zu verdeutlichen, die Zugangsschwelle niedriger zu machen.
Das Faszinierende am Betreuungsrecht ist, dass es in Juristenkreisen oft als einfach, geradezu unjuristisch gilt. Nichtjuristen halten es dagegen für typisch juristisch und unverstehbar.
Das Betreuungsrecht erweist sich in der Praxis für Beteiligte aller Professionen nach dem ersten ernsthaften Kontakt als zunehmend schwer handhabbar. Der Text zeigt wie weit die praktischen Problemfelder sind, weiter als nicht nur die veröffentlichte Diskussion vermuten lässt. Es werden Lösungsstrategien angeboten. Der Text berücksichtigt die Möglichkeiten, andere Quellen zu erreichen. Er beschränkt sich auf bloße Hinweise, wo es einfach erscheint, allein weiter zu finden, ist breiter angelegt, wo Verständnisgrundlagen geschaffen werden müssen.
Das Unterbringungsrecht ist als Schwerpunkt mit aufgenommen, weil Sicherungsmaßnahmen aus den verschiedensten Bereichen für diese Klientel immer wieder vorkommen und die Vielzahl der denkbarer Ansätze oft Verwirrung stiftet. Das Unterbringungsrecht wird insoweit aus Sicht der Betreuten, ihrer Betreuerinnen und Angehörigen oder Nahestehenden erörtert. Eine systematische Darstellung auch des öffentlichen Unterbringungsrechts soll damit nicht verbunden sein. Das würde den Rahmen dieses Buches sprengen.
Die Kontroll- und Anleitungslisten für Berufsbetreuer sind im wesentlichen von dem bei dem Amtsgericht Wolfenbüttel tätigen Berufsbetreuer Herrn Bernd Heitkamp, Denkte, konzipiert worden. Ich danke ihm für die Überlassung zur Umsetzung in diesem Buch.

Wolfenbüttel/Wendeburg, im Mai 2005 — Karl-Dieter Pardey

Inhaltsverzeichnis

Anlagen

§ 1 Einführung

I. Geschichtliches

Betreuung bietet rechtliche Hilfe für Erwachsene an. Das **Bedürfnis nach** derartigen **Hilfen** ist alt. Jede zivilisierte Gesellschaft hatte und hat für geistig Behinderte, psychisch Kranke, Altersdemente **Sonderregelungen**, Regelungen die verhindern sollen, dass die Betroffenen nur wie Objekte versorgt werden. Die Ausgestaltung hängt dabei jeweils sehr von dem herrschenden Personen- und Gesellschaftsbild ab.[1] In Deutschland folgt aus diesem historisch vorgegebenen Verständnis eine Zuordnung zum Privatrecht und dort zum **Familienrecht.** 1

Das Familienrecht ist vor mehr als 100 Jahren mit dem BGB kodifiziert, seitdem aber wiederholt grundlegend geändert worden. Die Einbindung in das ehrwürdige BGB darf nicht darüber täuschen, dass das gegenwärtige Familienrecht neues, zum Teil sehr **modernes Recht** ist. Das Ehe-, Ehescheidungs- und Ehefolgenrecht ist seit 1977 grundlegend neu gefasst und auch danach weiter modernisiert worden, das Kindschaftsrecht wurde 1998 neu gestaltet. Weitere Änderungen sind erfolgt und zu erwarten. 2

Das Recht der rechtlichen Hilfen für geistig und seelisch Behinderte sowie psychisch Kranke war zunächst noch sehr überkommenen, im Kern patriarchalischen, Ideen verhaftet. Geändert wurde das zum 1.1.1992. 3

Vormundschaft und Gebrechlichkeitspflegschaft für Volljährige sind abgeschafft worden, um das überkommene Herrschaftsmodell durch ein **partnerschaftlich angelegtes Hilfesystem** zu ersetzen. Die nach altem Recht jedenfalls bei den Betroffenen subjektiv im Vordergrund stehenden Zwangsmechanismen sollten aufgebrochen werden. Das alte Recht war an der Gleichstellung betreuter Volljährigen mit Minderjährigen ausgerichtet. Inhaltlich und terminologisch wurden diese Vormundschaften gleich verstanden.

Davon hat sich das Betreuungsrecht vom Anspruch her gelöst. § 1908 i BGB zeigt aber mit seinen zahlreichen Verweisungen auf das Minderjährigenrecht, dass das nur teilweise gelungen ist.

Der Gesetzgeber wollte sich auch begrifflich vom alten Recht absetzen, hat deshalb das Wort **Betreuung** genutzt. Das ist missverständlich, zumal es in anderen Gesetzen mit ganz anderem Sinn eingesetzt worden ist. Man spricht hier deshalb oft in Anlehnung an die Überschrift dieses Gesetzestitels von **rechtlicher Betreuung.** Im Gesetzestext wird dieser Begriff dann zwar so nicht verwendet. Es hilft aber bei der Verminderung von Missverständnissen.

Bei den Betroffenen hat der Austausch der Worte – Betreuung statt Entmündigung – wenig bewirkt. Die Angst vor einer „Entmündigung" geht weiter um. Das wird durch die für das zuständige Gericht weiterhin verwendete Bezeichnung als **Vormundschaftsgericht**[2] verstärkt.

1 Übersicht über den Erwachsenenschutz in Europa bei Röthel, FamRZ 2004, 999 ff.

2 Die Tatsache, dass diese Art der Hilfe von vielen Menschen immer noch als „Bevormundung" verstanden wird, wurde in der Entwicklung des 2. Betreuungsrechtsänderungsgesetzes als Argument genutzt, um Teile bisheriger Arbeitsfelder rechtlicher Betreuung (im Kosteninteresse) wieder abzuschaffen (BT Drucksache 15/2494 vom 12.2.2004, S. 1).

4 Das **Betreuungsrecht** ist ursprünglich in der politischen Atmosphäre von **1986 bis 1989 entstanden** und altenorientiert strukturiert worden. Der Gesetzgeber hatte altersdemente Klienten vor Augen. Es war die Zeit der „Grauen Panther".

Auch die folgenden Reformen haben sich von diesem Blickwinkel wenig lösen können. Das Bild von rechtlicher Betreuung ist in der veröffentlichten Meinung wie der politischen Diskussion von der Vorstellung geprägt, es gehe darum, insbesondere altersverwirrten Menschen zu helfen.[3] Alle anderen Bereiche werden nur wie Randsektoren behandelt.

4a Im betreuungsrechtlichen Alltag ist das nur bedingt richtig. Es gibt mehrere 100.000 **jüngerer Betroffener**, die rechtlich betreut werden, weil sie geistig behindert oder psychisch krank sind.

Jeder Erwachsene kann schon mit 18 Jahren Opfer eines Unfalles werden, der ihn (vorübergehend) unfähig macht, seine Dinge selbst zu regeln. Auch für diese Personen steht als rechtliches Hilfesystem nur die Betreuung zur Verfügung, **wenn sie nicht selbst vorgesorgt** haben oder nicht ausnahmsweise – auf Einzelbereiche beschränkte – andere Hilfesysteme greifen.

4b In der Praxis zeigt sich immer wieder, dass das Betreuungsrecht für andere Gruppen als altersverwirrte Menschen nicht ohne weiteres „passt". So sind die unterbringungsrechtlichen Regelungen in § 1906 BGB wenig für das Auffangen der mit dem Zusammenleben in Behinderteneinrichtungen auftretenden Probleme geeignet.

Z.B. geht es bei dem Versuch der Durchsetzung pädagogisch orientierter Verhaltensvereinbarungen nicht nur um die Sicherung der Eigeninteressen der Betroffenen. Die in den Unterbringungsgesetzen daneben thematisierten Drittbelange dürfen schon deshalb nicht heran gezogen werden, weil die Behinderteneinrichtungen für diese landesrechtlich geregelten Maßnahmen keine zugelassenen Einrichtungen sind. Sie bewegen sich damit zwangsläufig in einer eigenartigen rechtlichen Zwischenwelt, sind dort allein gelassen.

Man sagt, das sei kein Versehen oder Missverständnis, sondern beruhe auf der Angst der Politik, Eingriffsnormen „zu Lasten" Behinderter auch nur zu thematisieren. Man könne damit in Deutschland nur Vorwürfe ernten. – Es ist insoweit bewusst „der Praxis überlassen", mit den unvollständigen Normen im Alltag umzugehen, die notwendigen Eingrenzungen umzusetzen. Das gilt hier in gleicher Weise wie bei den, selbst nach dem 2. BtÄndG, generell ungeregelten sonstigen Zwangsmaßnahmen (s. **Rdnr. 336 ff.**).

5 Das seit 1992 geltende Betreuungsrecht ist **das erste Mal mit Wirkung zum 1.1.1999 grundlegend geändert** worden. Im Schwerpunkt ging es um den Versuch einer Bereinigung von Finanzierungslasten (Kosteneinsparungen) und die Vereinfachung des Verfahrensrechtes.

In diesem Zusammenhang ist betont worden, dass soziale Arbeit nicht über das Betreuungsrecht vermittelt und bezahlt werden könne, sondern dass Ziel des Betreuungs-

3 Symptomatisch ist ein Kernbeispiel in der Begründung des Entwurfes des 2. BtÄndG (BT Drucks. 15/2494, S. 16). Es betrifft einen nach Narkose verwirrten verheirateten 65 jährigen Mann, für den die Ehefrau doch unproblematisch handeln könne.

rechts nur die **Schaffung rechtlicher Vertretung**, Hilfe zur Wahrnehmung der eigenen Rechte, Hilfe zur Selbstbestimmung, ist.[4]

Durch dieses **1. Betreuungsrechtsänderungsgesetz**[5] sind mit Wirkung zum **1.1.1999** neben einer Änderung der Bestimmungen in §§ 1896 ff. BGB insbesondere die Vergütungsfragen für Professionelle, ausgelagert worden in das neu geschaffene **Berufsvormündervergütungsgesetz** (BVormVG). Seit dem 1.7.2005 heißt es: Gesetz über die Vergütung von Vormündern und Betreuern (**VBVG**). 6

Die Grundlagen für **Patientenverfügungen und Vorsorgevollmachten** sind erweitert worden und wurden Gerichte wie Behörden und sonstige Beteiligte angehalten, sich werbend für ihre Errichtung einzusetzen.[6]

Das **1. BtÄndG** hat terminologisch die **Berufsbetreuer** entdeckt, beschreibt sie als **Notlösung** (§ 1897 Abs. 6 und 7 BGB), deren Tätigkeit nur ein begrenzter Vertrauensschutz zukomme (Erleichterung der Abberufung, § 1908 b Abs. 1 S.2. BGB), sagte ihnen eine **Vergütung** zu,[7] falls es ihnen bei der Bestellung versprochen worden ist (§ 1908 i i.V.m. § 1836 Abs. 1 S. 2 BGB); machte deren **Bewilligung** aber davon abhängig, dass sie die Voraussetzungen darlegen und nötigenfalls glaubhaft machen (§ 56 g Abs. 2 FGG). 7

Nach 1999 stellte sich bald heraus, dass diese Änderungen des Betreuungsrechts nicht das bewirkten, was der Gesetzgeber sich davon versprach. Die erstrebte **Trennung von rechtlicher und sozialer Hilfe** hat sich als weitgehend **undurchführbar** erwiesen. Außer in den unproblematischen Kernbereichen (z.B.: Vertragsschluss über eine Pflege = rechtliche Hilfe, tatsächliche Pflegeleistungen = „nur" soziale Zuwendung) gab es wohl niemanden, der glaubte, eine rechtsmittelsichere Abgrenzung definieren zu können.[8] 8

Mangelnde eigene Handlungs- und Schutzfähigkeiten der Betroffenen werden **nicht durch das Betreuungsrecht** definiert. Außerdem ergibt sich aus Einsparversuchen in vielen Bereichen der Druck, bisher dort aufgefangene Tätigkeiten, die dort nicht mehr bezahlt werden, in das Betreuungsrecht zu verlagern. Das führte zu einer ständigen Ausuferung der Tätigkeiten.[9]

In 2002 standen erstmals **mehr als 1 Mio. Menschen** in Deutschland unter rechtlicher Betreuung.[10] Der Gesetzgeber war in der Zwickmühle, da er das materielle Betreu- 9

4 Das Erfordernis sozialer Arbeit für die weitere Klientel ist damit nicht infrage gestellt, nur die Kostenbuchung bei den Justizhaushalten.

5 Gesetz zur Änderung des Betreuungsrechts sowie weiterer Vorschriften (1. Betreuungsrechtsänderungsgesetz – 1. BtÄndG) vom 25.6.1998, BGBl. 1580 ff.

6 Im Zuge der Änderung der Bundesnotarordnung (G. v. 23.4.2004, BGBl. I, S. 598) ist mit Wirkung zum 1.7.2004 das dort geführte Register als zentrales Register auch für nicht notariell erstellte Vorsorgevollmachten vorgesehen worden. Es fehlt bisher vor allem ein einheitlicher Abfragezugriff auf das Register. Man kann sich noch nicht darauf verlassen, dass dort erfasste Vollmachten bekannt werden, wenn sie greifen sollen.

7 Geregelt seit dem 1.7.2005 im VBVG

8 Einzelheiten bei Pardey in ZRP 2003, 14 ff.

9 Damit soll die Notwendigkeit vieler Maßnahmen nicht infrage gestellt werden. Ich habe in meiner sonstigen Tätigkeit wie den Veröffentlichungen immer dafür gekämpft, diese Tätigkeiten für Behinderte und psychisch Kranke zu akzeptieren. Hier geht es um ein anderes Phänomen. Justiz und rechtliche Betreuung sind beide mit jeweils eigenen Schwerpunkten notwendig. Die Zwangskoppelung stört offenbar beide. Eine bloß äußere Trennung, über die ebenfalls nachgedacht worden ist (Dieckmann in ZRP 2002, 425), hätte allein nicht geholfen.

10 Angefangen haben wir 1992 mit ca. 300.000 (nur: alte Bundesländer); 2002 standen bereits 1.047.406 Menschen unter Betreuung (alte und neue Länder), jetzt sind es mehr als 1,1 Mio.

ungsrecht weder aus rechtlichen Gründen noch aus politischen Gründen ohne weiteres aufgeben, die Länder es andererseits so nicht weiter bezahlen konnten[11], die Kommunen selbstverständlich kein Interesse daran hatten, auch noch diese Kosten zu übernehmen.[12]

10 Die **Justizminister** der Länder beschlossen, sich aus dem „Würgegriff" der Betreuungskosten durch einen scharfen und radikalen Schnitt zu befreien. Der Entwurf eines **2. Betreuungsrechtsänderungsgesetzes** wurde im Dezember 2003 im Bundesrat eingebracht.[13] Die mit dem Ziel einer deutlichen Kosteneingrenzung vorangetriebene Reform definierte sich dahin, dass es gelte, das **Selbstbestimmungsrecht der Betroffenen zu stärken**, die Verfahren zu entbürokratisieren und die finanziellen Belastungen der Allgemeinheit wie der Betroffenen zu begrenzen.[14]

11 Bis zur Verabschiedung des 2. BtÄndG im Frühjahr 2005 waren im Zuge anderer Gesetzgebungen Einzelfragen neu geregelt worden. So gab es ab Frühjahr 2004 die Möglichkeit, für Berufsbetreuer die Benutzung vorgegebener **Abrechnungsformulare** vorzuschreiben,[15] wurde ein **zentrales Register für Vollmachten** bei der Notarkammer eingerichtet und gesetzlich unterstützt[16] und änderten sich die **Freigrenzen** wie Pauschalen **durch Änderungen anderer Sozialgesetze** (z. B. stieg die Aufwandpauschale zum 1.7.2004 von 312 € auf 323 €, sanken die Einkommensfreigrenzen von 853 € auf 690 €).

12 Von dem zum 1.7.2005 in Kraft getretenen **2. BetrÄndG**, das ursprünglich das Betreuungsrecht „umwälzen" sollte, ist im Kern der erneute Versuch übrig geblieben, die Kosten zu begrenzen. Eigentlich sollte eine Strukturveränderung erreicht werden, u.a. über die Einführung eines begrenzten **Angehörigenentscheidungsrechtes.** Das ist nach massiven verfassungsrechtlich begründeten Einwänden ebenso gestrichen worden wie eine partielle Regelung von Zangsmaßnahmen (§ 1906 a des Entwurfes).

13 Letztlich ist als **2. BetrÄndG ein Kostendämpfungsgesetz** verabschiedet worden, zu dem abzuwarten bleibt, ob es das erstrebte Ziel erreichen kann und ob es der verfassungsgerichtlichen Prüfung Stand hält.[17]

Die eingeführte Pauschalierung soll verhindern, dass für einzelne Betreute ein individuell orientierter Einzelaufwand zu bezahlen ist. Mit der Kappung auch der Ausla-

11 Während aus der Justizministerkonferenz vorgerechnet wurde, es habe seit 1992 Steigerungen um mehr als 7000 % gegeben, ist z.B. von den Fachverbänden entgegen gehalten worden, bei angemessener Gegenrechnung von Einsparungen in anderen Bereichen, insbes. dem Sozialsektor, habe es sich um eine nur marginale Steigerung gehandelt.

12 In Ausführung der Beschlüsse der Justizministerkonferenzen seit 2001 hat eine Bund-Länder-Arbeitsgruppe im Sommer 2003 die ersten Gesetzgebungsvorschläge vorgelegt. Die Gesetzgebungsentwürfe der Folgezeit schlossen unmittelbar an diese Vorschläge an, haben sie zum Teil wörtlich übernommen.

13 BT Drucks. 15 /2494 vom 12.2.2004

14 BT Drucks. a.a.O. S. 12 ff.

15 Geregelt im Zuge des Gesetzes betr. die Anfechtung der Vaterschaft pp., BGBl. I, v. 28.4.2004, S. 598.

16 Die von verschiedenen Stellen angebotenen „zentralen" Registrierungen haben zur Zeit noch den entscheidenden Nachteil, dass derzeit (Stand 5/2005) kaum ein Gericht dort nachfragt, wenn ein Betreuungsantrag vorliegt oder eine Entscheidung nach §§ 1904, 1906 BGB zu treffen ist. Das liegt auch daran, dass es zu viele Stellen gibt, die nach ganz unterschiedlichen Gesichtspunkten sammeln und dass die Wahrscheinlichkeit fündig zu werden, bisher in keinem vernünftigen Verhältnis zum Aufwand steht.

17 Einer der Einwände gegen die Art Pauschalierung ist der Vorwurf der unzulässigen Ungleichbehandlung. Hauptberufliche würden im Ergebnis z.B. schlechter bezahlt als nebenberufliche Betreuer. Noch grundsätzlicher ist die Frage, ob mit dieser „Vergütung" wirklich die in Anspruch genommene Arbeitskraft entlohnt oder nicht nur ein Scheinausgleich geleistet wird.

gen und Einbeziehung in die Pauschalberechnungen soll neben der Kosteneingrenzung nach außen auch in der Justiz gespart werden, dort der Prüfaufwand begrenzt werden.

Die den Ländern eingeräumte fakultative[18] Rückkehr zu der Aufspaltung der Entscheidungen, Anordnung einer Betreuung durch Richter, Auswahl der Betreuerin durch Rechtspfleger, ist eine „Rückbesinnung" auf das, was vor 1992 galt.

Die Verlängerung der Überprüfungsfristen von max. 5 auf jetzt 7 Jahre geht in dieselbe Richtung, versucht staatliche Ressourcen in diesem Arbeitsfeld zu sparen.

Die nächste Änderung betreuungsrechtlicher Regelungen ist mit dem **3. Betreuungsrechtsänderungsgesetz** zu den sog. **Patientenverfügungen** zu erwarten. Die von der Bundesministerin für Justiz eingesetzte Arbeitsgruppe „**Patientenautonomie am Lebensende**" übergab am 10.6.2004 ihren Bericht, der weitere Änderungen in §§ 1896 ff. BGB vorschlug.[19] 14

Der erste Entwurf eines **3.Betreuungsrechtsänderungsgesetzes** vom 1.11.2004 hat die angeregten Änderungen des BGB im wesentlichen übernommen. In einem neuen § 1901 a BGB soll die Patientenverfügung definiert und ihre Wirksamkeit statutiert werden. Das Genehmigungsbedürfnis nach § 1904 BGB soll z.T. auf Äußerungen in Patientenverfügungen und entsprechende Entscheidungen am Lebensende erstreckt werden.

Dieser Entwurf des 3. BtÄndG betritt rechtssystematisches Neuland, indem in dem neuen § 1904 Abs. 2 BGB die „Nichteinwilligung" in medizinisch angezeigte Behandlungen für genehmigungsbedürftig erklärt wird.

Dem Rechtspraktiker ist nicht recht zugänglich, wie das im Alltag umgesetzt werden kann. Wenn ein Betreuer nicht einwilligt, muss er nichts erklären. Das (was?) soll dennoch genehmigungsbedürftig sein. Die Verweigerung der Genehmigung versagt dem „Nichts" die Anerkennung. Daraus folgt aber wieder nur „nichts", nicht etwa eine postive Entscheidung. Mit welchem Inhalt auch? Es bleibt auch dazu abzuwarten, was sich zukünftig an Lösungsvorschlägen entwickelt.

II. Überblick zu den Beteiligten

Das **Betreuungsrecht** bietet Regelungen an, ohne die man in manchen Lebensbereichen nicht einmal **grundlegende Lebenssicherungen** vornehmen kann. Betreuung bietet rechtliche Hilfe **für Erwachsene** an. Es ist dabei ähnlich wie das Sozialhilferecht **nachrangig** konzipiert. 15

Jede und jeder **Erwachsene** ist grundsätzlich für sich **allein verantwortlich**. Es gibt anders als für minderjährige Kinder keine umfassende Hilfsautomatik.[20] Wenn man Hilfe benötigt, muss man möglichst selbst dafür Sorge tragen, sie zu erhalten. Im Grundge-

18 Öffnungsklausel für die Länder. Wer wann davon Gebrauch machen wird, ist derzeit nicht abzusehen.

19 Vorschlag der sog. Kutzer-Kommission (Kommission „Patientenautonomie am Lebensende"). Der Text ist im Internet über das BMJ abrufbar. Der Enquete-Ethik-Kommission des Bundestages gingen diese Vorschläge zum Teil zu weit.

20 Selbst das mit dem 2. BtÄndG ursprünglich erstrebte Angehörigenentscheidungsrecht betraf nur einen kleinen Teilbereich, sollte nicht voraussetzungsfrei gelten, hätte also mehr als den Nachweis der Verwandtschaft verlangt und sollte nicht gerichtsfrei sein, zum Teil ebenfalls an Genehmigungen gebunden werden.

setz und Bürgerlichen Recht wird jeder Mensch als eigenständiger Rechtsträger gesehen, der sich ab Volljährigkeit allein behaupten darf und muss. Hat man **nicht selbst vorgesorgt** oder konnte das nicht, steht notfalls die rechtliche Betreuung als letztes Sicherungsnetz zur Verfügung.

Selbst wenn man morgen alle zum **Betreuungsrecht** ergangenen Spezialvorschriften **abschaffte**, würde sich an dem **Hilfebedarf nichts** ändern. Das Betreuungsrecht schafft den Bedarf nicht, versucht ihn zu decken, wenn nicht anderweitig wirksam vorgesorgt ist.[21]

16 Dabei ist es müßig, darüber zu streiten, ob es sinnvoll war und ist, dass der deutsche Gesetzgeber bisher die notwendigen Anträge an ein **Gericht** verweist und dies **zu den Entscheidungen berufen** hat. Denkbar und vielleicht manchmal überzeugender wären zum Teil andere Konstruktionen, wie ein Teil unserer Nachbarländer sie hat, z.B. die Prüfung durch ein Gremium, in dem auch Sozialpädagogen und Ärzte vertreten sind.

16a In die Reformdiskussionen ist z.B. immer wieder eingebracht worden, die Betreuungsbehörden als Eingangsstelle zuständig zu machen. Das scheitert bisher wohl daran, dass die Ländern und insbes. Kommunen sich strikt gegen die damit verbunden Kostenlast sträuben.

An dem Grundthema, einer geordneten **Zuweisung von Verantwortung über andere Individuen und damit auch an rückkoppelnder Kontrolle,** würde sich durch derartige Zuständigkeitsveränderungen nichts ändern.

16b Es gilt, das bestehende System zu nutzen und im Interesse der Klienten/Patienten/Betroffenen schonend einzusetzen, sie dabei aber auch zugleich als Gegner ernst zu nehmen. Die „wärmende“ Behauptung, es werde ja ausschließlich das betrieben, was dem **Wohl der Betroffenen** diene, es werde für sie gehandelt, verwischt zu viel.

16c Jeder, der das immer noch als zureichende Legitimation ansehen will, möge sich vorstellen, er liege krank im Bett und der Freund beharre darauf, er solle dort bleiben. Ob er das immer noch dankbar als Hilfe empfindet, wenn er dringend zu einem Termin will, der Freund daraufhin die Zimmertür abschließt und den Schlüssel behält?

Zum **gesundheitlichen Besten** mag es sein. **Das ist nicht alles.** Wir handeln oft anders, als unsere Umwelt es für vernünftig hält und wollen uns das in der Regel auch wenig verbieten lassen, haben sogar ein verfassungsrechtlich verbrieftes Recht darauf, bis zu den Grenzen der Selbstzerstörung eigenwillig zu sein. Das endet erst bei der gebotenen Hilfe für Personen, die die Folgen eigener Handlungen nicht mehr einschätzen können.

17 Wie man mit dem Angebot des Betreuungs- und Unterbringungsrechtes umgeht, hängt nicht nur von der **jeweiligen Rolle**, Betroffenheit, Einbindung, sondern auch von dem jeweils gerade verfolgten Ziel ab. Der Blickwinkel auf das bestehende System wird unterschiedlich sein.

Es ist etwas anderes, ob eine Ärztin kurzfristig eine Lösung zur Freimachung des Krankenhausbettes für nötig hält, weil die Krankenkasse nicht mehr zahlt oder ein Verwaltungsmitarbeiter oder eine Mitarbeiterin aus Sicht sozialer Arbeit Dinge bewegen will,

---

21 Deswegen wird allen Einsparversuchen auch entgegen gehalten, es gehe letztlich immer nur darum, die Kosten aus den Justizhaushalten in andere Bereiche zu verschieben, wo sie vermutlich sogar deutlich höher ausfallen würden; s. Buhlmann/Rosenow, BtPrax 2004, 56 ff.

z.B. Schaffung einer Wohnmöglichkeit im betreuten Wohnen mit Finanzierungssicherung, die ohne rechtliche Betreuung nicht nachhaltig veränderbar erscheinen.

Denkbar ist dabei im **professionellen** Bereich eine Beteiligung z.B. aus dem Umfeld von 18

- Gerichtsmitarbeitern
- Betreuerinnen/ Berufsbetreuerinnen
- Betreuungsbehörden
- sozialen Dienste von Einrichtungen/Heimen
- Betreuungsvereinen
- (offenen) Beratungsstellen
- ambulanten sozialen Diensten.

Sie werden jeweils aus **verschiedenen Ansätzen** werten, dabei oft nicht wahrnehmen, dass die anderen Professionen in erster Linie anderes vor Augen haben oder als Problem, das es zu lösen gilt, sehen.

Nicht einmal die Sichtweisen von Betreuern werden ohne weiteres als gleichartig vorausgesetzt werden können. Ihre Wertungen, bevorzugten Lösungsmuster, Handlungsstrategien werden u.a. maßgeblich von ihrer jeweiligen Grundausbildung geprägt sein. Einem **Rechtsanwalt** fallen in der Regel spontan **andere Arbeitsansätze** ein als einer **Sozialarbeiterin.** Diese Bandbreite sollte man nicht verdrängen. Es gibt auch im Betreuungsrecht selten „die Lösung“, oft nur verschiedene Vorschläge für denkbare Versuche.

Dass die **beteiligten Laien** dann auch noch völlig unbelastet ihre eigenen Interessen einbringen, diese nicht ganz selten dahin „maskieren“, es sei eine Benennung des Wohles der Betroffenen, das sie natürlich am Besten kennen, macht die Diskussionen nicht einfacher.

Welcher Betreuungsvorgang sich auch entwickelt, es werden sich jeweils bald weitere 19
Interessierte und **Beteiligte** melden, mit eigenen Interessen und Vorschlägen.

Erwachsene Kinder, die den Selbständigkeitswunsch ihre alten Eltern nicht mehr akzeptieren können, Eltern, die ihren abhängigen und geschädigten Sohn nicht mehr aushalten und deshalb von einem Berufsbetreuer erwarten, auch selbst vor ihm geschützt zu werden, haben neben dem Betroffenen eigene virulente Erwartungen, die das Betreuungsrecht nicht befriedigen kann. Zum einen, weil es sich nur um „Recht“ handelt, das naturgemäß im Tatsächlichen zu lösende Probleme[22] nicht beseitigt. Zum anderen, weil das Betreuungsrecht nicht für sie gemacht ist, ihre Interessen nicht schützen will, sondern sich dem Betroffenen zuwendet.

Um sich zu verdeutlichen, wer im Kern an entsprechenden Vorgängen beteiligt sein kann, halte man sich folgende stark vereinfachte Skizze vor Augen und erwäge, was das für einen Kranken oder Behinderten aber auch für die Angehörigen, die mit dem System bisher nicht konfrontiert waren, bedeuten kann.

22 Wenn der Sohn immer wieder kommt und die Eltern bedrängt, Geld will, müssen sie lernen, sich selbst zu schützen, wie gegen Dritte. Die Erwartung, der Betreuer werde das bewältigen, was in den letzten 30 Jahren an Beziehungsarbeit gescheitert ist, muss enttäuscht werden.

	Betreuungsbehörde	
Sozialamt		Bezirksrevisor
Bank	**Vormundschaftsgericht**	Heim
Vermieter		Arbeitgeber
Gläubiger	Verfahrenspflegerin	Gutachterin
	Betreuerin	
Angehörige	(Allg.) Krankenhaus	Medizinischer Dienst[23]
	Betreute	
Facharzt	Hausärztin	Psychiatrisches Krankenhaus
Versicherung/		Verfahrenspflegerin
Kostenträger		Sozialdienst des KH
	PsychKG-Gericht	
Gemeindekasse		Gutachter
Finanzamt		Einrichtung
Pflegeversicherung		Sozialdienst des Heimes

Es ist kein Versehen, dass **Gutachter** und **Verfahrenspfleger** doppelt genannt sind. Die verschiedenen Gerichte müssen nicht notwendig auf dieselben Personen zurückgreifen.

20 Es gibt in diesem Geflecht immer wieder **Kommunikationsprobleme.**[24] Das führt zu Enttäuschungen und Reibungsverlusten, z.T. deshalb, weil die Unterschiede in der Sprache, den Arbeitsweisen wie Aufgaben nicht zureichend wahrgenommen werden.
Bei gerichtsorientierten Bearbeitungen muss das denkbare Ziel benannt werden/ bekannt sein; z.B.: Gewollt ist rechtliche Vertretung (§ 1902 BGB). Also ist zu prüfen, ob die Voraussetzungen einer Anordnung (§ 1896 BGB) vorliegen.
Die Frage, ob das Ziel wirklich gewollt ist, ist keine, die bei rein forensisch/ juristischer Betrachtung besonders reflektiert wird. Auch das **Erforderlichkeitsprinzip** hilft dabei nicht weiter. Es soll die Bestellungszahlen wie -inhalte eingrenzen, enthält in sich aber keine eigenen unmittelbar umsetzbaren Kriterien.

21 Das Tätigkeitsfeld für die **Arbeit mit den Betroffenen** liegt davor und dahinter.

- Davor: Welches Problem existiert. Was ist erforderlich, um es zu beheben? Wie komme ich /die Klientin dahin? Kann sie es allein? Nein? Kann ihr jemand helfen? Und dann natürlich auch wieder rechtlich: Hat die/der eine zureichende Befugnis?
- **Ja:** Dann benötige ich das Betreuungsrecht nicht.
- **Nein:** Kann eine angeordnete Befugnis/Vertretung weiterhelfen?
- Dann ist ein Antrag sinnvoll. **Wenn** mit rechtlicher Vertretung **keine Änderung** erreichbar erscheint, ist es **nicht sinnvoll,** das Verfahren zu betreiben, obwohl die materiellen Voraussetzungen vorliegen.

---

23 Die etwaige Doppelverwertung von dessen Gutachten (für Pflege und Betreuung) macht das Ganze nicht klarer.

24 Oft verwendete Standardtexte und Antragsmuster sowie Beschlussbeispiele sind in der Anlage I am Ende diese Buches abgedruckt. S. auch die Fälle in der Anlage II.

Wenn der Antrag Erfolg gehabt hat:

- Was mache ich aus bzw. mit der Entscheidung; wie nutze ich sie?

Man kann das allgemeiner auch dahin fassen: Wenn jemand einen **Antrag** auf Einrichtung oder Änderung einer Betreuung stellt, sollte er **mehr** liefern können, **als** nur eine **Problembeschreibung**. Rechtliche Betreuung ist ein Instrument, erfüllt keinen Selbstzweck. 22

III. Gesetzliche Grundlagen

Es gibt **kein** geltendes „Betreuungsgesetz".[25] Das Betreuungsrecht ist im Schwerpunkt in das **Bürgerliche Gesetzbuch** (BGB) integriert (§§ 1896 ff. BGB). Das zugehörige Verfahrensrecht findet sich im **Gesetz über die Angelegenheiten der Freiwilligen Gerichtsbarkeit (FGG).** 23

Zum 1.1.1999 sind die Regeln über die Bezahlung der Berufsvormünder und Berufsbetreuer zu einem Teil ausgegliedert worden. Die Grundregelungen finden sich in §§ 1835 ff. BGB, auf die in § 1908 i BGB verwiesen wird. Soweit eine Bezahlung nach Stunden- oder Pauschalsätzen in Betracht kommt, sind die relevanten Normen in dem **Gesetz über die Vergütung von Vormündern und Betreuern** zu finden.

Verfahrenspfleger werden, wenn sie bezahlt werden,[26] grundsätzlich nach denselben Kriterien bezahlt, nur ohne die Pauschalierung, die für Berufsbetreuer gilt, grundsätzlich nicht nach dem Rechtsanwaltsvergütungsgesetz (RVG).

Unterbringungen können aus dem Betreuungsrecht über das BGB oder nach öffentlichem Recht erfolgen. Wenn sie nach öffentlichem Recht durchgeführt werden, erfolgt das i.d.R. nach den sog. **PsychKG** oder Unterbringungsgesetzen der Länder.[27] Es gibt in allen Bundesländern derartige Gesetze, die weitgehend inhaltsgleich sind. 24

In diesem Buch wird das niedersächsische PsychKG als Modell herangezogen. Es sind insoweit die wesentlichen Bestimmungen mit abgedruckt. Bei Vorgängen in anderen Bundesländern wäre jeweils das dort geltende PsychKG bzw. Unterbringungsgesetz heranzuziehen. Diese Ländergesetze ähneln sich im Kern. Bei der Einzelanwendung ist auf etwaige Abweichungen zu achten.

Das **Unterbringungsverfahrensrecht** findet sich bundeseinheitlich im FGG (§§ 70 ff).

Die Tätigkeit der Betreuungsbehörden ist im **Betreuungsbehördengesetz** geregelt. 25

Die Bundesländer haben **Ausführungsgesetze** erlassen, in denen z.B. die Frage der Anerkennung von Betreuungsvereinen, Finanzierungsfragen, Zuständigkeiten und zum Teil mehr Einzelheiten geregelt sind. 26

---

25 Soweit Kommentare oder Erläuterungsbücher dazu angeboten werden, benutzen diese den Begriff nur als umschreibendes Schlagwort.

26 Das setzt eine entsprechende Anordnung voraus, folgt nicht aus der Eigenschaft als Verfahrenspfleger-

27 Beschlussbeispiel Anlage I, 12.

§ 2 Voraussetzungen einer Betreuung

27 Für Volljährige (Personen ab 18 Jahre; § 2 BGB) kann eine **Betreuung** eingerichtet werden, wenn dies erforderlich erscheint, weil sie auf Grund einer der in § 1896 BGB genannten Beeinträchtigungen außerstande sind, ihre eigenen Angelegenheiten zureichend wahrzunehmen, sie hilfsbedürftig i.S.d BGB sind, **rechtlicher Vertretung** bedürfen (§ 1897 Abs. 1 BGB).

28 Manche Menschen meinen, das seien **künstlich geschaffene Probleme**. Familien seien für Hilfe da. Selbstverständlich seien Eltern weiter in der Pflicht, fühlten sich auch so. Kinder seien im Alter für die Eltern da. Das sei ebenso selbstverständliche Pflicht, wie Recht und gehe den Staat nichts an. Wer dazu eine rechtliche Regelung sucht, findet vielleicht Art 6 Abs. 1 GG: Ehe und Familie stehen unter dem besonderen Schutz der staatlichen Ordnung. Oder er findet im BGB die Formulierung, eine Betreuung sei nicht erforderlich, wenn die Angelegenheiten des Betroffenen durch **andere Hilfen** ebenso gut erledigt werden können (§ 1896 Abs. 2 S. 2 BGB).

29 Die Folgerungen, die Laien auch auf der Grundlage der Diskussionen um ein denkbares Angehörigenentscheidungsrecht daraus häufiger ziehen, sind unzutreffend. Sie sind tatsächlich falsch und rechtlich haltlos.

Das Grundgesetz statuiert den Vorrang der Familie vor staatlicher Intervention. Das begründet aber keine familieninternen Machtpositionen. Art. 6 Abs. 1 GG ist abwehrorientiert, gegen Veränderungen von außen gerichtet. Er gibt keine Rechte, keine Machtbefugnisse über andere Individuen, zumal Art. 6 GG neben dem Persönlichkeits- und Freiheitsschutz steht, für jeden, auch für und nötigenfalls gegen Familienangehörige. Die **wechselseitigen Grundrechte** „neutralisieren" sich insoweit. Typischerweise wird dieses vermeintliche Recht auch nur reklamiert, um anderen zu „helfen", praktisch nie um selbst Hilfe zu erhalten.

29a Jede Entscheidung für einen Angehörigen setzt eine gesonderte **rechtliche Legitimation** voraus, folgt nie allein aus der Angehörigeneigenschaft. Das 2. BtÄndG hatte zunächst ein solche Legitimation mit einem begrenzten Einsatzfeld schaffen wollen. Die Einführung ist an verfassungsrechtlich orientierten Einwänden gescheitert. Die Entwurfsregelungen sind ersatzlos gestrichen worden; zu Recht.

Jedem Erwachsenen, der will, dass seine Angehörigen für ihn handeln und weiß, was er mit diesem Wunsch für sich selbst auslösen kann, kann diese Rechtsmacht der Angehörigen unproblematisch schaffen. Er muss nur eine entsprechende **Vollmacht** erteilen. Das weiß jeder, der ein Konto hat. Niemand von den Inhabern sagt wirklich, es sei ein Versehen und nicht einzusehen, dass die anderen nicht daran könnten, wenn sie nicht bevollmächtigt seien. Das kommt immer erst und nur von denen, die ohne ausgewiesene Befugnis zugreifen wollen, natürlich nur zum Wohle des Inhabers.

29b Wer nicht überschauen kann, was er mit einer solchen Ermächtigung auslösen kann, kann sie nicht wirksam erteilen. Stark geistig Behinderte oder Demente können nicht (mehr) wirksam bevollmächtigen. Das hat aber ebenfalls durchaus Sinn, wie man im Alltag beispielsweise dann erfährt, wenn jeweils der letzte Besucher sich darauf beruft, nun sei er der auserwählte Entscheider. Wer sich nicht schützen kann, soll auch nicht selbst bewirken können, dass zu seinen Lasten etwas unter Berufung darauf geschieht, er habe es so gewollt.

Es ist das **Recht jedes Menschen**, sich **für** seine **Angehörigen einzusetzen**, für sie zu kämpfen, auch wenn sie erwachsen sind. Der Kämpfende muss das nur im eigenen Namen tun. Auch er muss seine behinderten Angehörigen so akzeptieren, wie er es von Dritten erwartet: als erwachsene Menschen mit eigenem Selbstbild, das so wie es ist, zu akzeptieren ist, auf dem aufzubauen ist. Der Aktive kann sich nicht ohne weiteres an die Stelle des Angehörigen setzen oder „in seinem Namen sprechen". Er kann sich „für ihn" als sein Fürsprecher einsetzen. Das gibt keine Herrschaftsbefugnisse. 30

Lösungen entstehen also wie bei den **„anderen Hilfen"** aus § 1896 BGB **nicht mit außerrechtlicher Zuwendung**, nicht für den Lautesten oder Beharrlichsten oder Ängstlichsten. Alternativen können hier immer nur rechtlich wirksame sein, also solche, die an anderer Stelle im Gesetz geregelt sind. Es bleibt damit als Ergebnis, dass das Betreuungsrecht für viele Menschen unvermeidlich ist oder bei erheblicher geistiger Behinderung, psychischer Krankheit sowie bei Altersproblemen unvermeidbar wird, wenn die Betroffenen nicht wirksam **vorgesorgt haben.** Manche können das nicht.[28] 31

Exkurs: Die vorstehenden Ausführungen beziehen sich, wie betont, auf volljährige Betroffene. Die Situation **Minderjähriger** ist naturgemäß anders. Sie unterstehen der elterlichen Sorge, die eine Entscheidungsgewalt beinhaltet (§ 1629 BGB), die zum Teil deutlich über die eines Betreuers hinausgeht. Bei beidem handelt es sich um gesetzliche Vertretung. Nur: die der Eltern ist umfassend, die des Betreuers grundsätzlich beschränkt. Auch die Genehmigungserfordernisse sind anders strukturiert, gehen bei einem Betreuer viel weiter. Er benötigt für vieles mehr eine Genehmigung.[29] 32

Für Erwachsene wird im übrigen als vermeintliches Universalhilfsmittel gerne die sogenannte **„mutmaßliche Einwilligung"** genannt. 33

Wenn ein Erwachsener nicht (mehr) selbst entscheiden könne und niemand sonst für ihn bereit stehe, um einzuwilligen oder: **„nein"** zu sagen, könne und müsse man auf den mutmaßlichen Willen abstellen, habe dann einen rechtssicheren Weg, mit dem Betroffenen so umzugehen, wie man es für richtig halte. Denn: vernünftigerweise hätte er die Argumente des Handelnden verstanden und würde ihnen folgen, wenn er in der Lage wäre, selbst zu entscheiden. Also liege dieses Handeln in seinem Interesse und sei damit gerechtfertigt.

Wie oft bei solchen vermeintlichen Universallösungen enthält das einen kleinen Kern Zutreffendes und viel Missverstandenes. Der **mutmaßliche Wille** ist als **Rechtfertigungsgrund** anerkannt. Auf ihn kann in dem hier fraglichen Bereich aber nur abgestellt werden, wenn keine ausdrückliche Erklärung erreichbar ist, auch nicht über einen (nötigenfalls erst zu bestellenden) Vertreter. D.h. es muss sich um eine Maßnahme handeln, die in kürzerer Zeit umzusetzen ist, als für die Beschaffung einer eiligen einstweiligen Anordnung[30] benötigt wird.

Und: Es muss immer nach dem konkret zu ermittelnden **individuellen** Weltbild und den **Einstellungen dieses Betroffenen** gehandelt werden.

28 Beispiel für eine Vorsorgevollmacht Anlage I, 15

29 Die wichtigsten Genehmigungen ergeben sich aus dem Standardmerkblatt, s. Anl. I, 6

30 s. Randnr. 214 ff.

Wenn man das ernst nimmt, bleiben kaum Anwendungsfälle, weil diese Klärung, wenn man sie denn wirklich betreibt, in der Regel mehr Zeit erfordert, als die Beschaffung einer Vertreterin.

34 Das **Ziel einer Betreuung** ist die Begründung von **Vertretungskompetenz** (vgl. § 1902 BGB), die natürlich mit einer tatsächlichen „Betreuung" im Innenverhältnis einhergeht. Bei Laien führt der Begriff „Betreuung" oft zu Missverständnissen. Betreuung verschafft grundsätzlich keine Dienstleistung, sondern eine Vertretungsberechtigte.
Allein **tatsächliche Betreuungsdefizite** sollen dadurch nicht aufgearbeitet werden. Versorgung mit Lebensmitteln, Essen, Vermüllungsprobleme etc. sind nur dann über eine Betreuung „lösbar", wenn es darum geht, durch Entscheidung, nötigenfalls auch gegen den Willen des Betroffenen, diese Fragen zu regeln, Vereinbarungen im Namen des Betroffenen zu schließen, z.B. Pflegedienste etc. zu organisieren.[31] Die Abwicklung, das Putzen etc., ist nicht Sache der Betreuerin.
Daneben ist die Anordnung einer Betreuung auch dann möglich, wenn es darum geht, einen **Bevollmächtigten** zu **kontrollieren**, ggf. auch die Vollmacht zu widerrufen.[32]

I. Voraussetzungen

35 Eine Betreuung ist möglich bei

- psychischen Erkrankungen oder
- geistigen Behinderungen oder
- seelischen Behinderungen oder
- (nur) körperlichen Behinderungen.

36 Als **„psychische Krankheiten"** werden erfasst:
Alle nicht körperlich begründbaren seelischen Erkrankungen, auch seelische Störungen, die körperliche Ursachen haben sowie Abhängigkeitserkrankungen mit Folgeproblemen.[33]

37 **„Geistige Behinderungen"** meint:
Durch Geburtsschädigungen wie durch Hirnschädigungen erworbene Intelligenzdefekte.

38 Unter **„seelischen Behinderungen"** werden verstanden: Bleibende psychische Beeinträchtigungen, insbes. als Folge psychischer Erkrankungen sowie als Auswirkung des Altersabbaus.

39 In den praktischen Vorgängen werden oft **Mischformen** vorliegen. So ist bei den im Anhang II vorgestellten Fällen 2 bis 4[34] durchaus zweifelhaft, welchem Bereich die Betroffenen jeweils zuzuordnen sind. Steht mehr die jeweilige akute Erkrankung oder

---

31 Gerade das Beispiel der Vermüllung zeigt die schnell eintretenden Grenzen der Hilfemöglichkeiten über eine Betreuung auf. Die Beseitigung einer Vermüllung enthält viele tatsächliche Elemente, wenig, was rechtlich zu regeln ist und schon gar nicht ohne die ja fehlenden Zwangsbefugnisse gegen den Willen des „Messies".- Deshalb hat das OLG Oldenburg, FamRZ 2004, 1320 ff., eine erweiterte Betreuung für unzulässig gehalten, darauf verwiesen, es handele sich im Schwerpunkt um ein tatsächliches Problem, als Lösung notfalls auf die öffentlich-rechtliche Unterbringung (!), das Einsperren des „Messies" verwiesen.

32 Eine wirksam erteilte Vollmacht kann durch einen geschäftsunfähig Gewordenen nicht mehr selbst wirksam widerrufen werden, BayObLG BtPrax 2002, 214

33 Abhängigkeit alleine genügt nicht für die Anordnung einer Betreuung; vgl. BayObLG FamRZ 1999, 1306 m.w.Nachw.

34 Vgl. die ausführlichen Fallbeispiele in der Anlage II a.E. des Buches

das Grundleiden, die Behinderung oder die psychische Auffälligkeit im Vordergrund? Erfahrungsgemäß hilft es nicht weiter, darüber grundsätzlich zu streiten. Es sollte vielmehr vorrangig versucht werden, **das konkrete Lebensproblem** und seine Einbettung zu beschreiben.

Dann löst sich auch der sinnlose Streit[35] um **Betreuungen für Abhängige** meist auf. Die Abhängigen, die mit diesem System in Berührung kommen, haben in der Regel bereits derart massive Folge- oder Beleitprobleme, dass es nur darauf ankommen wird, zu klären, ob es im Einzelfall (nur) um die Sucht oder nicht letztlich um mehr, das Grundproblem oder die Begleiterschwernisse geht. Massive soziale Beziehungsprobleme können ebenso Krankheitswert im Sinne der ICD 10 – Einstufungen haben wie Persönlichkeitsveränderungen.

Mit dem 2. BtÄndG ist in **§ 1896 Abs. 1 a BGB** eingefügt worden, wonach „gegen 40
den **freien Willen des Volljährigen**" ein Betreuer **nicht** bestellt werden darf. Was das genau meinen könnte, ist in der Reformdiskussion wenig deutlich geworden. Diese Neuregelung ist dogmatisch verfehlt, würde, wenn man sie ernsthaft einsetzen wollte, das überholte System der Entmündigung und des verpönten 1910 Abs. 3 BGB alter Fassung (vor 1992) wieder einführen.

Der Ansatz ist verfehlt, weil der „freie Wille" des Betroffenen einen Voraussetzungsteil 40a
aus § 104 Nr. 2 BGB aufgreift, der so keine eigenständige rechtliche Aussagekraft hat. Das BGB und FGG kennen die Geschäftsfähigkeit, die teildefiniert durch den freien Willen wird, ihm aber nicht gleich steht, die Einwilligungsfähigkeit und die Willensbildungsfähigkeit unterhalb der Einwilligungsfähigkeit (vgl. § 1905 Abs. 1 Nr. 1 BGB; im Gegensatz zu Nr. 2 a.a.O.).

In der juristischen Terminologie sind die Verfahrensfähigkeit und die damit zusammenhängende Entscheidungsfähigkeit unabhängig von einer Geschäftsfähigkeit bekannt. Was daneben der„freie Wille" meinen könnte, ist so nicht nachzuvollziehen. Vermutlich knüpft die Formulierung an eine ähnliche Diskussion vor dem Inkrafttreten des Betreuungsrechts an,[36] damals in der Suche nach den verfassungsrechtlichen Grenzen für staatlich zugeordnete Hilfe. In der Sache dürfte sich damit auch an dieser Stelle letzlich nichts ändern.

Es zeigt sich im Alltag, dass Betreuung als rechtliches Instrument dann nutzbar ist, 40b
wenn

1. ein Behinderungsproblem oder eine psychische Krankheit Bestätigung findet, sich
2. daraus eine Beeinträchtigung in der Wahrnehmung eigener Rechte oder Interessen ergibt und ein
3. konkretes Ziel aus dem Interessenbereich der Betroffenen beschreibbar ist, das
4. ohne diese Anordnung nicht wirksam erreichbar erscheint.[37]

35 s. z.B. den Ansatz in BT Drucks. 15/2494, S. 17

36 vgl. z.B. Bürgle in NJW 1988, 1881, Pardey, Betreuung Volljähriger: Hilfe oder Eingriff, 1989, S. 77 ff.

37 An diesem letzten Punkt können die Diskussionen zu den Widerstandsfällen festgemacht werden. Betroffenen, die sich wirksam wehren, wird nicht mit einer rechtlichen Betreuung zu helfen sein. Auch an dieser Stelle müssen Hilfswillige damit leben, dass es Menschen gibt, die lieber selbstbestimmt „schlecht" leben wollen, als fremdbestimmt „warm/sauber/trocken".

41 Es leben z.B. viele Personen mit erheblichen sozialen Problemen zuzüglich erheblicher **Schulden**, ohne dass für sie Betreuungen bestehen oder erwogen werden. Wenn sich in der **Schuldnerberatung** zeigt, dass ihnen so nicht zu helfen ist, gibt es Situationen, die zu einer Betreuung für diesen engen Bereich führen können. Z.B. mit dem Aufgabenkreis:[38] Wahrnehmung der Rechte der Betreuten im Zusammenhang mit einer Schuldenregulierung.

Es gibt solche Betreuungen. Voraussetzung ist dabei nur, dass ein Gutachter den sozialen Koordinationsproblemen und dem fehlenden Befähigungsgrad die Qualität einer spezifischen aber zureichenden Behinderung zuschreibt: z.B.: abweichendes soziales Verhalten i.V.m. depressiven Störungen?[39] Das Gericht muss dann weiter bereit sein, den Weg zu dem erstrebten Ziel über eine Betreuung mitzutragen.

Wenn die Betroffene sich wehrt, wird der Begründungsaufwand größer, es erfahrungsgemäß dennoch nicht aussichtslos sein, ihr diese Hilfe aufzudrängen; natürlich **nicht jeder** Schuldnerin.

42 Alle 4 Elemente müssen ernst genommen werden, alle zu bejahen sein. **Behinderung allein ist kein Anordnungsgrund.** Nicht jede geistig oder seelisch Behinderte benötigt eine Betreuung.

Auch die Unfähigkeit zu Lesen und zu Schreiben ist keine Betreuungsgrund. Selbst aus der Kombination würde sich noch keine Betreuungsanlass ergeben. Eine geistig Behinderte, die ihr Leseproblem kennt und in dem Sinne akzeptiert, dass sie sich entsprechende Hilfe sucht, benötigt keine Betreuung, auch nicht für finanzielle Dinge.

42a Andererseits ist es verfehlt, diese Möglichkeit Hilfe zu suchen bzw. zu gewähren als Allheilgegenmittel zu sehen. Diese **Hilfe nützt nur dann**, wenn damit **wirksame Maßnahmen** möglich sind.

Ein geistig Behinderter, mit unterstellt so starker Behinderung, dass er nach § 104 Nr. 2 BGB geschäftsunfähig ist (kraft Gesetzes, ohne dass irgendwer irgend etwas veranlasst hätte), kann auch mit Hilfe rechtgeschäftlich nichts wirksam bewirken. Selbst exzessive Hilfe der Eltern nützt nichts, auch wenn er sie akzeptiert.

42b Es gibt, wie ausgeführt, kein Angehörigenentscheidungsrecht. Wenn ihnen keine wirksame Vollmacht erteilt ist, folgt aus ihrer Zuwendung allein keine rechtliche Hilfe.

42c Auch der **mutmaßliche Wille** trägt nur, wenn er aus Wertungen eines **einwilligungsfähigen Betroffenen** abgeleitet werden kann. Wer (immer) einwilligungsunfäghig war, kann keine enstprechenden Grundlagen geschaffen haben.

43 Daraus wird zugleich deutlich, dass es wenig glücklich ist, Betreuungen erst anzuregen, wenn es Probleme mit dem Geld gibt.[40] Das „Mitspielen" der Ärzte usw., auf das dabei gerne verwiesen wird, hat bei kritischer Betrachtung einen recht manipulativen Charakter.

Der weitere Einwand, es sei auch im Interesse der Betroffenen, ihr das gerichtliche Verfahren zu ersparen, solange es irgendwie möglich sei, hat einen ähnlichen Hintergrund. Es gibt Betroffene, die sich mit dem Gericht schwer tun. Gibt es nicht ebenso

38 Antragsformular mit Auflistung der üblichen Aufgabenkreise Anlage I, 1

39 Anforderungen an den Inhalt eines Betreuungsgutachtens im Merkblatt Anlage I, 3

40 Antragsformular Anlage I, 1

viele Einrichtungen, Mitarbeiter, Heime, Krankenhäuser, die genauso viele oder mehr Probleme mit dem Verfahren haben und empört oder verstört auf den vermeintlichen Rechtfertigungsdruck reagieren?

Es gibt wenige Betreuungen, die für Betroffene angeordnet werden, die ausschließlich **körperliche Behinderungen** haben. Solche Betreuungen könne nur auf den eigenen Antrag eingerichtet werden (§ 1896 Abs. 1 S. 3 BGB), es sei denn die Betroffene kann den Willen nicht kund tun. Im letzteren Fall wird sich in der Praxis in der Regel die Annahme überdeckend auswirken, dass dann auch die mangelnde Beeinträchtigung nicht feststeht, im Zweifel oft auch eine weitere Behinderung gegeben sein wird. 44

So mag es bei einer Schlaganfallpatientin mit Sprachlähmung und fehlender Schreibmöglichkeit aus den Reaktionen nahe liegen, dass sie viel versteht, sie damit „nur" körperlich behindert ist. Sicher ist das nicht. Wenn Regelungsbedarf besteht, wird die Praxis (Angehörige, Ärztin, Dienste) sich mit ihrer Ablehnung nicht begnügen sondern annehmen, dass wohl auch sonstige Defizite bestehen und auf eine „Zwangs-" Betreuung drängen.

Wenn einmal ein Antrag durch eine ausschließlich **Körperbehinderte** gestellt werden sollte, wird in der Regel darauf verwiesen, dass es möglich ist, das bestehende Problem durch selbst bestellte **Vertretungen (Vollmachten)** zu regeln. 45

II. Tatsächliche Problemfelder

Insgesamt gibt es im Bundesgebiet inzwischen für mehr als **1.100.000 Menschen (1995: 624.695) Betreuungen**, wobei vieles dafür spricht, dass immer noch ein erhebliches „Reservoir" an Betroffenen vorhanden ist.[41] Die Zahl der bestehenden Betreuungen hat sich seit Einführung des Betreuungsrechts fast vervierfacht. Die Kosten sind angeblich um mehr als 1.000 % gestiegen. Dabei haben sich in den einzelnen Bundesländern recht unterschiedliche Strukturen gezeigt: 46

Aufwendungen der Staatskasse in 2003 in Relation zu Betreutenzahlen (in €): 47

	Baden-Württ.	Bayern	Berlin	Brandenburg	Bremen	Hamburg
Vergütungen je Betreutem	232	317	426	248	410	630
	Hessen	**Meck.-Vorp.**	**Niedersachsen**	**Nordrhein-Westfalen**	**Rheinland-Pfalz**	**Saarland**
Vergütungen je Betreutem	303	510	364	430	285	223
	Sachsen	**Sachsen-Anhalt**	**Schleswig-Holstein**	**Thüringen**	**Bundesweit**	
Vergütungen je Betreutem	314	399	311	526	359	

41 Es wird auch behauptet, es gebe in Deutschland ca. 6 Mio. nicht einwilligungsfähige Menschen, für die grundsätzlich eine Betreuung geboten sei.

Die Gesamtkosten (reine Auszahlungen für rechtliche Betreuung, ohne Personalkosten in den Gerichten etc.) sind bundesweit bisher Jahr für Jahr deutlich gestiegen, in 2002 erstmals nur noch geringfügig (2,55 %), 2003 dann wieder deutlich (14,22 %).
Ausgaben (Auszahlungen für rechtliche Betreuung aus der Staatskasse; ohne Personalkosten in den Gerichten etc. und ohne eigene Kosten zureichend vermögender Betreuer):

1999:	246 Mio. €
2000:	293 Mio. €
2001:	338 Mio. €
2002:	346 Mio. €
2003:	396 Mio. €.

Die Zahlen zeigen, dass es sich auch um **Massenvorgänge** mit erheblichen **wirtschaftlichen Auswirkungen** handelt. Sie treten mit dieser Fragestellung in der Regel aber nur aus Sicht der Verwaltungen und Gerichte in den Vordergrund.[42] Für die Betroffenen, ihre Angehörigen und Betreuer ist jeweils ihr Schicksal, ihr Einzelfall das zentrale Lebensthema.

48 Betreuungen kommen insbesondere für 3 große **Gruppen von Betroffenen** in Betracht:

1. für Personen, die aufgrund **besonderen Altersabbaus** nicht mehr in der Lage sind, sich zureichend um die eigenen Angelegenheiten zu sorgen (seelische Behinderungen); zum anderen
2. für Erwachsene mit **angeborenen oder erworbenen** (geistigen) **Behinderungen**; schließlich
3. für solche mit psychischen **Krankheiten und Sucht- sowie Unfallopfer**. Die hier genannte Reihenfolge entspricht der Häufigkeitsabstufung in der Praxis.

49 Die Einschätzung der Lebensprobleme und der Umgang mit den einzelnen Menschen und ihren Betroffenheiten ist dabei sehr unterschiedlich, je nachdem aus welcher Beteiligung man sich dem Vorgang nähert.

Um die in einem betreuungsrechtlichen Fall enthaltenen Probleme zu erfassen, wäre denkbare **Vorgehensweise für Betreuer** z.B.:[43]

- Sachverhalt klären insbesondere: Inhalt des bisherigen Vorlaufs, bisheriger Problemlösungsversuche, Einschätzung der Stadien der Einsichtsfähigkeit; welche Stellen waren bisher mit welchem Erfolg beteiligt? Was ist nötig? Wie Grenzen bestimmen (z.B.: ohne welche ist nichts erreichbar)? Was passiert ohne Maßnahmen?
- Untersuchung von Alternativen (andere Hilfen; Sozialanamnese), Abgrenzungen der Notwendigkeit der erwogenen Maßnahmen.
- (Erneuter) Versuch zur Beteiligung des Betroffenen/Strukturgespräche mit Angehörigen.
- Wer kommt als Handelnder in Betracht? Wer verfolgt dabei welche Interessen? Interessenkollisionen?
- Beratung durch Spezialdienste, Betreuungsbehörde suchen.

42 und für den Gesetzgeber als Motiv für die Änderung des Betreuungsrechtes

43 Formulare und weitere Beispiele, auch für die nötigen Anträge usw. sind am Ende des Buches in der Anlage I abgedruckt.

- Sind ärztliche, andere soziale Fachdienste einzuschalten/möglich? Sind denkbare Handlungsstrategien rechtlich fundiert?
- Überprüfung der Notwendigkeit einer Umsetzung eines etwaigen gerichtlichen Beschlusses (Auswertung des Inhalts/Was hat das Gericht entschieden/Rechtsbehelfe?)
- Genügt die eigene Verwaltungs- und Wirtschaftkompetenz/Fachinformationen nötig?
- Klärung der Innenbeziehung/en.
- Abschätzen und Erörtern der persönlichen Gefährdung von bei der Umsetzung Beteiligter.
- Koordination der einzuleitenden Aktivitäten/Problematisierung der Gesprächskompetenz (Hilfen erforderlich?)
- Anwesenheits- und Mitwirkungspflichten vor Ort.
- Grenzen bestimmen (welche hat der Betreute, welche braucht er/sie).
- Tagestrukturen klären/prüfen/sichern.
- Permanente Überprüfung, ob die Maßnahmen in vollem Umfang weiterhin notwendig sind/was geschieht bei Bruch getroffener Vereinbarungen? Waren sie klar genug?
- Berichte über Eingangserfahrungen/-auswertungen/Durchführung und gegebenenfalls. Verlaufsmitteilung an das Vormundschaftsgericht.
- Fristen notieren/prüfen.

Dagegen wird das **Gericht** eher wie folgt vorgehen (Beispiele ebenfalls in den Anlagen am Ende des Buches): 50

- Prüfung eines Antrages/Anregung
- ärztliches Zeugnis/Gutachten und sonstige Stellungnahmen anfordern[44]
- Sachverhalt bewerten
- gegebenenfalls: Verfahrenspfleger bestellen
- Anhörungsmaßnahmen
- Beschluss fassen
- Beschluss technisch umsetzen
- Fristen bestimmen, das heißt den Zeitpunkt, zu dem der Vorgang wieder aus dem Regal genommen wird.

Bei den im Folgenden zur Einstimmung dargestellten Kurzfällen werden nur Ansätze für eine Bearbeitung oder systematische Hinweise genannt. Diese Hinweise sind modellhaft zu verstehen. Sie sollen es der Leserin und dem Leser ermöglichen, sich in die Bandbreite betreuungsrechtlicher Fälle einzudenken, wollen damit auch den begrenzten, verfehlten Blick **allein** auf das Altenhilferecht vermeiden,[45] der natürlich **auch** seine Berechtigung hat: 51

44 Es gibt Gerichte, die an dieser Stelle immer auch die Betroffene beteiligen, dann meist zunächst durch eine 1 1/2 seitige eng bedruckte schriftliche Information über das kommende Verfahren. Das dient der Wahrung rechtlichen Gehörs (vgl. auch Art 103 I GG), löst in deren Umfeld aber regelmäßig Irritationen aus. Wer diesen Brief versteht und darauf angemessen reagiert , bedarf wohl auch keiner Betreuung. Schon bei dieser eigentlich unbedeutenden Frage offenbart sich ein Grunddilemma unseres Betreuungssystems, das einerseits zum Schutz sehr komplexe Mechanismen vorsieht, andererseits damit viele nicht verfahrensrechtlich Trainierte überfordert. Nicht nur die Betroffenen. Die Kunst der Praxis liegt darin, einen akzeptablen Zwischenweg zu gehen. Den sucht sich fast jede selbst. Auch deshalb ist die Betreuungsrechtspraxis in fast jedem Gerichtsbezirk etwas anders als bei den Nachbarn. Darauf muss man sich einstellen.

45 Umfangreichere und systematisch dargestellte Fallabläufe in der Anlage II am Ende des Buches

- *Eine 77jährige kommt nach einem Schlaganfall in ein Krankenhaus. Von dort wird als einziger erreichbarer Verwandter ein Neffe benachrichtigt, der bei dem Vormundschaftsgericht die Einrichtung einer Betreuung beantragt, um die erforderliche Heimunterbringung zu ermöglichen.*

Vorgegeben ist also der Blickwinkel: Betreuungsgericht. Es fragt: Liegen die Voraussetzungen des § 1896 BGB vor.

Mögliche Rechtsfolge kann sein: Anordnung einer Betreuung. Was ist dazu zuvor erforderlich? Wer ist zu beteiligen? Arzt/Betreuungsstelle/ Angehörige/Betroffene/Betreuer. Wer entscheidet? Inhalt: Wer soll es machen? Umfang/Aufgabenkreise?

52 Daneben stehen aber andere Vorgänge. So z.B.:

- *Der Sozialdienst eines Krankenhaus beantragt die Einrichtung einer Betreuung. Ein 59jähriger Mann, Alkoholiker, ist gestürzt, hat komplizierte Brüche erlitten. Er will nicht im Krankenhaus bleiben oder in einer sonstigen Einrichtung.*

Ist die Anregung sinnvoll? Wo liegt das Problem? Was wäre das Ziel? Wie kam man dahin kommen? Wer könnte das sicherstellen?

53
- *Eine Mutter ist für ihre 22jährige geistig behinderte und psychisch kranke Tochter zur Betreuerin bestellt worden. Die Tochter ist häufig in der Psychiatrie. Es kommt zu Auseinandersetzungen zwischen Ärzten und Mutter. Ein Verein wird bestellt. Der beschwert sich, die Mutter mische sich immer noch unvertretbar ein und verlangt Unterstützung durch das Gericht gegen die Mutter. Die Betreute will wieder die Mutter als Betreuerin haben.*

Das Gericht hat auch die Aufgabe, Betreuer zu unterstützen. Bei rechtlicher Bearbeitung ist an eine erneute Umbestellung zu denken mit der Fragestellung: Wann können Betreuer abberufen werde? Muss der Verein nicht sogar abberufen werden, weil eine Einzelperson zur Verfügung steht? Wer bestimmt, wer Betreuer wird? Beschwerdemöglichkeiten?[46]

Der eigentliche Problemkern liegt aber woanders. Die Familienbeziehung besteht. Die rechtliche Betreuung mag daneben nötig sein. Beides enthält Konfliktpotential und kann bei der notwendigen Arbeit mit der Betroffenen stützen oder stören. Beides ist auch unvermeidbar und nicht zu eliminieren. Eine gute Lösung akzeptiert die sich daraus auftretenden Spannungen, versucht die verschiedenen Beziehungsebenen nicht zu sabotieren.

54
- *In einem anderen Fall haben Schwestern darum gestritten, ob eine Betreuung für ihren 50 jährigen Vater erforderlich sei.*
  Er wird von der Betreuungsbehörde besucht, ist körperlich fit und orientiert. Er lebt bei der Tochter, die gegen die Betreuung ist. Die andere lebt im Streit mit ihr und „wollte mal, dass die Behörden dafür sorgen, dass Ordnung in den Dreckstall kommt", wie sie auf Rückfrage erklärt. Im Hintergrund schien ein potentieller Erbstreit oder Neid über Zuwendungen denkbar zu sein.

46 Es handelt sich dabei um einen klassischen Konfliktherd. Es ist im Alltag oft nicht ganz leicht, derartige familiale Verquickungen aufzulösen (vgl. auch BayObLG FamRZ 2004, 1670 f.). Die Idee, wohlmeinende Angehörige seien immer die optimalen Ansprechpartner und Hilfeleister, übersieht zu leicht die zusätzlichen Konfliktstellen aus alten Verletzungen, die persönliche Betroffenheit, die das Begleiten zusätzlich erschweren kann. Man sollte manchmal auch „nur Angehöriger" sein dürfen, mit allen Freuden und Ängsten und ohne die Verantwortung aus Entscheidungen auf sich laden zu müssen bzw. sie dem Betroffenen zuzumuten.

Der Fall verweist auf den Aufklärungsbedarf mit der gebotenen Zentrierung auf den Betroffenen. Es kommt nicht nur darauf an, wer mit wem im Streit worüber liegt, sondern darauf, wie diese Behauptungen sich bei der Betrachtung „von außen" **für den Betroffenen** darstellen. Seine Familienangehörigen werden auch Probleme haben. Um sie geht es hier aber nur am Rande. Subjektiv können beide Schwestern „Recht" haben. Das ist für das betreuungsrechtliche Verfahren solange unerheblich, wie sich daraus keine erheblichen Belastungen für den Betroffenen ergeben. Wenn das eintritt, ist dieses Verfahren darauf auszurichten, was für den Vater gut ist.[47]

Vor oder neben der Bewertung können **Beweisfragen** entstehen, die mit dem materi- 55
ellen Problem nicht zwangsläufig etwas zu tun haben. Beides darf nicht miteinander vermischt werden.

Leider ist es ein häufiges Argumentationsmuster wenn einem das absehbare Ergebnis nicht gefällt „Nebel" zu produzieren. Man stellt dann gerne die Tatsachen (erneut) infrage. Das hilft nicht weiter. Die Tatsachenklärung ist eine Ebene, die Bewertung eine andere. (Die Schwierigkeit liegt leider darin, dass man oft erst über die Bewertung weiß, welche Tatsachen man braucht.)

Dazu kommen unterschiedliche Vorverständnisse. Zum Beispiel in diesem Fall: 55a

- *Ein frühpensionierter Mann (50 Jahre alt) mit psychischen Auffälligkeiten lebt allein. Ein Arzt sagt nach einem Hausbesuch, alles sei total verdreckt. Die Situation sei unhaltbar, er müsse sofort in ein Heim gebracht werden, um sein Überleben zu sichern. Er werde dort nicht bleiben wollen, müsse deshalb gesichert werden.*

  Der Sozialpsychiatrische Dienst meint wie die Kinder des Mannes, das alles sei so nicht richtig. Er sei sehr eigenwillig und vielleicht manchmal betrunken. Auch seien seine Wohnverhältnisse etwas sehr „rustikal". Sonst sei aber alles o.k. Es handele sich um hinnehmbare hygienische Verhältnisse.

Neben der Frage, was tatsächlich vorliegt, ist zentral wichtig auch die Art der Messlatte. Nach welchem bürgerlichen Muster sind die Vorgänge zu bewerten? Wer bestimmt, was „hinnehmbar" ist?

Dazu sind die Alternativen zu bedenken. Für diese Klientel gibt es kaum geeignete Heime, es sei denn man meint, ein Altenheim sei für ihn in Ordnung.

Wenn sich in solchen Fällen die Betreuerin mit der ersten Arztstellungnahme bei dem Gericht meldet und eine Unterbringungsgenehmigung beantragt, wird sie schon mehr beantworten können müssen, um bei diesem Vorgang Erfolg zu haben und in Zukunft dort ernst genommen zu werden. Ich verweise auf das Schema bei **Randnummer 49.**

- *Eine Mutter hatte einen Sohn mit in der Geburt entstandenem Hirnschaden (Ursache war ein* 55b
  Fehler der Klinik). Das Krankenhaus hat als Abfindung 300.000 € gezahlt. Der Sohn ist jetzt 20 Jahre alt, geistig weiterhin deutlich behindert, die Mutter zur Betreuerin bestellt worden. Im Gericht besteht die Sorge, dass die Mutter für sich und das andere Geschwister das Geld aufbraucht. Die Mutter erklärt auf Frage, „alle haben etwas davon, warum ich nicht".

47 Diese Grundkonstellation führt immer wieder zu Folgemissverständnissen. In dem Verfahren für den Vater geht es nicht um die Rechte der Kinder. Das bedeutet aber keinesfalls, dass sie alles ertragen müssen oder sich ihrerseits nur an dem Vater mit seinen Freiheits-/Wünschen auszurichten haben. Das Betreuungsrecht ist hier parteiisch zugunsten des jeweiligen Betroffenen, kann aber natürlich keine Ausweitung seiner Rechte begründen. Der Betreute hat nicht weniger Rechte als ein Nichtbehinderter. Um das sicher zu stellen, existiert es. Es gibt ihm aber auch nicht mehr Rechte als einem Nichtbehinderten.

Familiale Hilfe ist wichtig. Es können sich aber Zielkonflikte ergeben. Wenn man die Mutter ablöst, um das Geld für die Versorgung des Jungen zu retten, besteht die Gefahr, dass sie sich weigert, sich ihm weiter zuzuwenden zumal sie das sehr deutlich betont hat.

55c Die Leser sagen bitte nicht, das tue sie nicht. Sie würden dann in der o.a. beschriebenen Weise die Tatsachenebene verschieben.

Der ergänzend bestellte Berufsbetreuer[48] wird bei seiner Tätigkeit einem dauernden Drahtseilakt unterliegen. Wie kann er sicherstellen, dass **beide Interessen des Jungen gewahrt** werden, die auf **persönliche Zuwendung und finanzieller Schutz**? Die Interessen der Mutter interessieren zwar nur in der Auswirkung auf den Jungen. Klient ist der Junge. Das hilft dem aber dann nicht weiter, wenn seine Mutter sich enttäuscht abwendet.

56 Man denke weiter an einen „Vermüllungsfall", mit den Betroffenen:

- *Eine Mutter, 85 Jahre alt und die Tochter, 60 Jahre alt leben zusammen in einer nur sehr karg eingerichteten Wohnung. Es heißt, die Tochter soll Wahnideen haben. Die Mutter sei infiziert. Sie leben isoliert, aber selbständig und lehnen jede Hilfe ab.*

Hier liegen die Voraussetzungen einer Betreuung vor.[49] Aber eine Zielkontrolle ist nötig. Wem nützt die Erledigung auf diesem Weg? Andererseits: Wer trägt die Risiken des Nichthandelns? Welche Möglichkeiten der „**Entmüllung**" gibt es über eine Betreuung; welche Aufgabenkreise sind nötig, welche Eingriffsmöglichkeiten geben die?

Ein Eingriff wäre nicht ungefährlich. Ohne Unterbringung ist nicht auf die beiden einzuwirken. Mit einer Unterbringung würde ihr Lebensrahmen gesprengt und würden sie endgültig unfähig werden, eigenständig zu leben.

Wäre eine Unterbringung wirklich noch verhältnismäßig?[50]

57
- *Eine heute 45jährige hatte als Kind durch einen Verkehrsunfall einen Hirnschaden erlitten. Sie lebt bei den Eltern. Der Arzt attestiert, sie sei ohne die Eltern „völlig hilflos". Bei dem Gespräch mit der Betroffenen und den Eltern ergibt sich, dass die Betreute jährlich einmal mit ihrem Freund mehrtägige Bustouren unternimmt und i.ü. die Eltern geregelt haben, dass die Tochter (allein) in der Wohnung weiter wohnen kann bzw. soll, wenn sie sterben sollten.*

---

48 Das BayObLG hat in seinem Beschluss vom 20.2.2004 (FamRZ 2004, 1600) betont, das Gesetz nenne verschieden Auswahlkriterien. Herausragende Bedeutung habe der Vorschlag des Betreuten und sein objektives (!) Wohl. Geringeres Gewicht habe ein negativer Wunsch des Betreuten und der Verwandtenvorrang. Letztlich gelte es stets sicher zustellen, dass das objektive Wohl des Betreuten geschützt werde. Die Auswahlentscheidung obliege dem „Tatrichter".

Es ging dort um den inzwischen fast klassischen Streit eines Familienangehörigen mit einer „neutralen Betreuerin", die sich zahlreichen Vorwürfen ausgesetzt sah. Das BayObLG hat sowohl den Versuch (manipulierte?) Äußerungen des Betreuten zu benutzen wie die Berufung auf die Angehörigeneigenschaft als nachrangig zurück gewiesen, da die Interessen des Betreuten nach den äußeren Umständen mit dem bisherigen Verlauf gewahrt schienen.

49 Das kann durchaus problematisiert werden.

50 Es ist immer wieder eindrucksvoll bzw. besser: erschreckend, wie schnell Helfer ihre Vorschläge verabsolutieren, Hilfe dann auch erzwingen wollen, auf Unterbringung drängen, wenn Beteiligte „uneinsichtig" sind.

Menschen dürfen von Verfassungs wegen „uneinsichtig" sein. Das ist kein Grund, sie zu „vergewaltigen". Nicht nur in Vorlesungen und Klausuren schlagen regelmäßig mehr als 50 % aller Teilnehmerinnen derartigen Zwang vor, selbst wenn sie vorher ausdrücklich zur Zurückhaltung aufgefordert worden sind, wollen den dann auch bis zur Einschließung umsetzen.

Ist die Tochter „völlig hilflos"? Wieder einmal: Wie ist das Verhältnis der Eltern zu der Tochter? Welches Interesse kann die Tochter wirklich daran haben, in dem Haus so eingebunden zu sein, dass sie dort später allein lebt? Welche Chancen hat sie dann noch für sich?

▶ *Ein nicht verheiratetes Paar fällt dem Amt für Gesundheitshilfe auf. Der Hausarzt sagt: Beide sind gesund, orientiert, eine Betreuung sei nicht erforderlich. Der Sozialpsychiatrische Dienst (Arzt) sagt: Es liegen Wahnideen vor, die eine Betreuung erforderlich machten.* 58
Das Paar behauptet, andere schütteten in der Wohnung Sand aus und zeigen säckeweise Sand.
Eine Betreuung wird angeordnet. Sie entziehen sich auch dem bestellten Betreuer wie gerichtlichen Kontaktversuchen durch häufige Umzüge.

Ähnlich wie in dem „Vermüllungsfall": Was kann die Betreuung für die beiden bewirken? Wie sinnvoll ist es, Zwang einzusetzen, um den zugewiesenen Kontakt, die aufgedrängte Hilfe umzusetzen?

(Im Hintergrund stand ein „Drehtürproblem", d.h. immer wieder eingetretene Zwangsaufnahmen in der Psychiatrie.)

Die behandelnden Ärzte gingen von **„mangelnder" Krankheitseinsicht** aus, stritten dabei untereinander darüber, welche Medikation sinnvoll sei und wie weit es im Interesse der Beteiligten sinnvoll sei, sie regelmäßiger ärztlicher Behandlung (zwangsweise) zuzuführen oder ob nicht die Phasen der Klinikaufenthalte für die Beteiligten ertragbarer erscheinen. Keiner wusste i.ü. genau, welchen Gehalt die **Verfolgungsideen** hatten und was das Bewusstsein des verfolgt Werdens für die Betroffenen bedeutete.

Für die bestellte Betreuerin wird die Frage auftreten, ob oder was sie überhaupt bewirken kann. Das ist ein tatsächliches Problem. Wenn sie die Beteiligten nur gelegentlich anschreibt[51] und nach einem Jahr eine Rechnung an das Gericht schickt, muss sie damit rechnen, Vorwürfe zu ernten. Das gilt in gleicher Weise, wenn den Betroffenen etwas passiert. Die Betreuerin hat ja auch Schutzfunktionen, die nicht schon deshalb bedeutungslos sind, weil sie keine Zwangsbefugnisse hat. Und dazu treten immer wieder Fragen nach der **Verhältnismäßigkeit** auf. Diese Klientel kann nicht durch eine Unterbringung (warm, sauber, trocken) „glücklich gemacht" werden. Das ist nicht Ziel des Betreuungsrechtes, in seinen Grundlagen aber leider nirgendwo so nachlesbar, dass es immer verstanden wird.

Bei einer Verdichtung der Wahnideen und konkreten Auseinandersetzungen kann es schon geboten sein, an diesen Schritt zu denken, kann seine Unterlassung zu Vorwürfen führen.

▶ *Eine allein lebende Türkin (55 J.) hatte einen **Schlaganfall**, der Teillähmungen und nicht unerhebliche sprachliche Behinderungen zurückließ.* 59
Es ist unklar, was von ihren Äußerungen zu angeblichen Verfolgungen zu halten ist. Der Arzt meint, man müsse als behinderter Ausländer in Deutschland nicht unbedingt Wahnideen haben, um sich vor (manchen) Nachbarn zu fürchten.

---

51 Im Alltag erlebt man immer wieder, dass manche Menschen Papier in der Annahme erzeugen, sie könnten damit qualifizierte Aktivitäten belegen, mit Unverständnis reagieren, wenn sie danach gefragt werden, was sie wirklich getan haben. Die praktische Kunst wird auch hier in der Mitte liegen. Bei der o.a. Fallklientel werden es büroorientierte Betreuer schwer haben, letztlich ungeeignet sein. Andererseits werden Aktivisten, die den Dokumentationsbedarf gar nicht akzeptieren können, erleben, dass sie ebenfalls ungern bestellt werden. Das Gericht lebt von und mit fixierten Daten.

Besteht ein **Bedarf nach rechtlicher Betreuung?**[52] Und wenn man eine einrichtet: wie will/kann man ihr helfen, ohne ihre Probleme zu verstärken?

60 ▸ *Martin, 24 Jahre alt, kommt nach Suicidversuch gemäß PsychKG in das Landeskrankenhaus. Er erklärt sich nach wenigen Tagen bereit, freiwillig zu bleiben. Der PsychKG- Beschluss wird deshalb aufgehoben. Der Stationsarzt regt bei dem Amtsgericht (Betreuungssachen) an, eine **Betreuung** einzurichten, um die beabsichtigte **Umsetzung in eine Therapie** zu ermöglichen. Die Krankenkasse dränge auf Entlassung (Kosten). Martin sei außerstande, die erforderlichen Dinge eigenverantwortlich zu klären. Im Amtsgericht findet sich ein bereits laufender Betreuungsvorgang für Martin mit dem Aufgabenkreis „Vermögenssorge". Bestellt worden ist vor zwei Jahren eine Rechtsanwältin, die jetzt eine Kanzlei 200 km entfernt unterhält. Sie hatte ihn in mehreren Verfahren vertreten und war auf Anregung des sozialpsychiatrischen Dienstes eingesetzt worden, der betont hatte, Martin sei außerstande, seine Schulden wie die Unterhaltssicherung für sich und seine Familie, insbes. sein zweijähriges Kind, zu regeln.*

Dieser alltägliche Fall zeigt, wie Fragestellungen sich ausweiten können, wie wenig Verlass auf vorläufige Einschätzungen ist und wie viele Institutionen sich mit denselben Menschen beschäftigen können, zum Teil ohne etwas voneinander zu wissen, zum Teil sogar mit sich vielleicht widersprechenden Impulsen, ohne andererseits allein durch die Massierung etwa alle Probleme abzudecken. Die singulären Aufgabenstellungen erhöhen vielmehr die Reibungsverluste, damit auch die Anforderungen an die rechtlichen Betreuer.

61 ▸ *Für den Bereich **betroffener Älterer** mag die 80 Jahre alte Frau stehen, die in ihrer ungeheizten Etagenwohnung wohnt und zu ihrem Sohn wie dem Gericht sagt, sie sollten verschwinden. Sie wolle nicht gestört werden.*

Sie ist nur deshalb nicht verhungert, weil der Sohn dennoch alle zwei Tage Lebensmittel heranschafft. Sie weigert sich, die in einer anderen Etage liegende Toilette zu benutzen und entsorgt ihre Exkremente unter Hinterlassung von Teilen in verschiedenen Bereichen über den Müllkasten. Sie lässt sich nur dann von ihrem Sohn zum Wechsel der Kleidung anhalten, wenn er Anstalten trifft, sie selbst umzuziehen. Von ihr bzw. über sie sagen andere Verwandte, deren Hilfsversuche abgewiesen worden sind, man könne doch nicht hinnehmen, dass sie so, schlimmer als ein Haustier, vor sich hinvegetiere. Der Vermieter hat Angst vor dem nächsten Brand, weil sie bereits mehrfach die Herdplatten angelassen hatte.

*Der Sachverständige attestiert nach 3 Monaten und zahlreichen Fehlversuchen zur Kontaktaufnahme fortgeschrittene **altersbedingte Ausfälle**, spricht auch von einem hirnorganischen Psychosyndrom und hält die Betreuung zu Aufenthalt, Vermögenssorge und Gesundheit für erforderlich. Die Betreuungsbehörde berichtet relativ schnell (2 Wochen), der vorgeschlagene Sohn sei geeignet.*

Die Frau wird sich nicht weigern, in das Auto des Sohnes zu steigen, nicht weil er der rechtliche Betreuer, sondern weil er der ihr bekannte Sohn ist. **Sie wird nicht in dem Heim bleiben wollen, aber kaum eine Chance haben, zurückzufinden.**

---

52 Hier wird wieder deutlich wie leicht der allgemeine Sprachgebrauch (natürlich -?- benötigt sie „Betreuung" im Sinne von Hilfe) zu falschen Schlüssen verleiten kann. Die Anordnung einer rechtliche Betreuung gibt ihr „nur" eine Vertreterin (§§ 1901, 1902 BGB).

Derartige „Hilfsmittel" und Tricks werden im Alltag rechtlicher Betreuung oft eingesetzt, gelegentlich ganz unschuldig, manchmal aber auch sehr bewusst, um fehlende tatsächliche oder rechtliche Grundlagen zu überbrücken. Es gibt auch Auseinandersetzungen, in denen aus diesen Möglichkeiten abgeleitet wird, man benötige das ganze rechtliche Instrumentarium meist gar nicht, wenn man nur „sensibel" genug vorgehe.

Die Fälle verdeutlichen, dass die zum Betreuungsrecht gerne betonte **Hilfe**, „die Bestel- 62
lung eines Betreuers ist **keine Entrechtung**", nur einen Teil des Bildes betrifft.

Die rechtliche Hilfe für hilfsbedürftige Volljährige kann im Einzelfall Unterstützung im Gleichklang mit den natürlichen Vorstellungen der Hilfebedürftigen sein. Es ist aber nirgendwo im BGB festgeschrieben, dass das erstrebte „Wohl" des zu Betreuenden mit seinen Vorstellungen identisch ist. Das Gegenteil folgt schon aus § 1901 Abs. 2 BGB. Nicht die Betreute, sondern im Streitfall die Betreuerin oder das Gericht bestimmen, was ihrem Wohl entspricht, wobei ihnen von dem Gesetzgeber keine inhaltlichen Hilfen an die Hand gegeben worden sind.

Die jetzt wieder betonte **Bedeutung des „freien Willens"** der Betroffenen[53] löst das Problem nicht. Es ist unstreitig, dass dieser Wille nur ein „verständiger Wille" ist.[54] Wann er das aber ist, unterliegt der Bewertung, die natürlich auch durch die jeweiligen eigenen Richtigkeitsvorstellungen geprägt ist. Objektivierbar ist dabei außer im Kernbereich wenig.

Das führt dazu, dass alle an den Verfahren und den Hilfen Beteiligten ihre jeweiligen **Vorverständnisse** einbringen und meist als selbstverständlich davon ausgehen, dass sie wissen, was das richtig verstandene Wohl ist. In einigen Fällen mögen die Vorverständnisse korrespondieren, in anderen tun sie es ersichtlich nicht[55]. Aus Sicht der zu Betreuenden oder Betreuten führt das leicht zu einem Nachweisdruck für (verbliebene) Fähigkeiten.

III. Erforderlichkeit/Alternativen zu einer Betreuung

Dem sogenannten **Erforderlichkeitsgrundsatz** (§ 1896 Abs. 2 BGB) soll bei der Prü- 63
fung der Voraussetzungen einer Betreuung besondere Bedeutung zukommen. Sowohl das „Ob" wie der Umfang (der Aufgabenkreis) und die Eingriffsintensität (z.B. zu dem Umfang eines Einwilligungsvorbehalts), schließlich die zeitliche Dauer soll daran gemessen und immer auf das Geringstmögliche beschränkt werden, damit Betreuung nicht (wieder) zu einem Macht- oder Herrschaftsinstrument wird. Das Problem dabei ist, dass die Frage nach dem Inhalt wie den Grenzen der „Erforderlichkeit" (Einhaltung des Erforderlichkeitsgrundsatzes) mit dem geltenden Recht außer in Extremfällen nicht nachvollziehbar zu beantworten ist.

---

53 § 1896 Abs. 1a n.F. BGB.

54 BayObLG FamRZ 1997, 902

55 Erbitterter Vorwurf eines pflegenden Angehörigen bei einer Betreuungserstanhörung: „Seit 10 Jahren pflege ich meine Mutter und jetzt kommen Sie und wollen mir erzählen, was ich zu tun habe. Schnallen Sie sie sich doch auf den Buckel und nehmen Sie mit, wenn Sie es alles besser wissen." Der Ansatz des Betreuungsrechtes kollidiert nicht ganz selten mit dem Alltag, mit dem zum Teil unreflektierten „Verständnis" von Angehörigen und Ärzten. Das wird sich in absehbarer Zeit schon deshalb nicht ändern, weil eine völlige Durchdringung aller Alltagsprobleme auf der vom Betreuungsrecht vorgegeben Qualitätsebene zu einer weiteren drastischen Ausweitung führen müsste. Das kann niemand leisten und will niemand bezahlen.

Bei den häufiger erhobenen Vorwürfen, diese Grenzen würden überschritten,[56] denken die Beteiligten offenbar an die klassische Klientel, vorrangig an alte Menschen. In der Praxis werden **aufwändige Betreuungen** aber oft gerade für **Menschen mit anderen Anpassungs- und Umsetzungsproblemen** angeordnet.
Die tatsächlichen und rechtlichen Rahmenbedingungen haben sich verändert. Nicht nur die Sparmaßnahmen in vielen Bereichen erzeugen dort einen Verdrängungsdruck, der andererseits die tatsächlichen Probleme nicht beseitigt, sie nur von der dortigen Lösung ausnimmt. Das führt dazu, dass das Betreuungsrecht als Auffangbecken dient, die Hilflosen darüber Einzelhilfe suchen und dort derzeit noch erhalten.[57]
Auch die neuen Klienten (z.B. sozial isolierte und mehrfach geschädigte Verschuldete, mehrfach geschädigte Abhängige, desorientierte Krankenhauspatienten etc.) sind nach Ansicht in der Regel aller Beteiligten, Behörden, Einrichtungen betreuungsbedürftig. Dem ist mit dem geltenden Recht nicht entgegen zu treten; die entsprechenden Anträge haben in der Regel Erfolg. Aus dem Ansatz „Erforderlichkeit" ist keine objektive Abgrenzung möglich.

64 Es ist zu erwarten, dass Betreuung für weitere Klientenkreise „erschlossen" wird (z.B. im Bereich Schuldenregulierung).[58] Die tatbestandlichen Voraussetzungen stehen dem nicht entgegen. Nach den ICD 10 Einstufungen können z.B. auch erhebliche soziale Anpassungsprobleme Behinderungscharakter haben.
Die mit den Betreuungsrechtsänderungsgesetzen unternommenen Versuche, den Abwicklungsproblemen im Einzelfall dadurch entgegen zu treten, dass die **Einschränkung** auf **„rechtliche" Betreuung** betont wurde, ist ins Leere gegangen. Die Praxis hat daraus keine Eingrenzungshilfe erlebt. Wie weit das Messer der Bezahlungsbegrenzung, der strikten Pauschalierung, aus dem 2. BtÄndG zu einem verfassungskonformen Rückschnitt führen wird, bleibt abzuwarten. Es wäre schon erstaunlich, wenn es wirksam bleiben sollte.[59]

65 Nicht erforderlich ist eine Betreuung aber jedenfalls dann, wenn anderweitige Entscheidungsbefugnisse bestehen oder Vorsorge getroffen worden ist.[60] Für den Fall der Hilfsbedürftigkeit wie eigener Entscheidungsunfähigkeit können Geschäftsfähige durch **Vorsorgevollmacht** oder eine **Patientenverfügung**[61] vorsorgen.[62]
Darin sollte genau und klar geregelt werden, was gelten soll: was z.B. die Bevollmächtigte ggf. alles darf und was nicht geschehen soll. Wenn die Ermächtigung auch für den

56 BT Drucks. 15/2494 S. 17

57 Das ist kein neues Phänomen. Auch im alten Recht der Gebrechlichkeitspflegschaft gab es ähnliche Wellen, vgl. Gephart, Sozialpsychiatrische Beratungsstellen im Spannungsfeld von Eingriffsverwaltung und Therapie am Beispiel der Gebrechlichkeitspflegschaft, in: Psychiatrie in Hannover, H. Haselbeck u.a., S. 128 ff.

58 Man geht von einem Klientenpotential von ca. 5 Mio. Menschen aus; vgl. Klie/Bauer, FPR 2004, 671

59 Zu den Bedenken i.e. Pardey, Pfleger 2004 S. 257 ff.

60 Grundsätzlich entscheidet die Betroffene selbst, ob sie eine Person des Vertrauens findet oder hat, die sie bevollmächtigen will. Ist das nicht der Fall oder vertraut sie niemandem, kann ihr eine Betreuung nicht mit Hinweis auf die bloße Möglichkeit versagt werden; BayObLG BtPrax 2004, 194/195.

61 Dafür wird die Einwilligungsfähigkeit (s. bei Randnr. 128 ff.) genügen, wenn die Verfügung keinen Vollmachtsteil enthält. Nur mit Vollmachtsteil ist Geschäftsfähigkeit nötig.

62 Das ist nicht dasselbe mit anderen Worten sondern sind verschiedene Dinge. – Die daneben regelmäßig genannte **Betreuungsverfügung** soll keine Betreuung verhindern, sondern ihren Ablauf im Sinne des Verfügenden beeinflussen. Beispiele im Anhang.

Gesundheitsbereich gelten soll, muss dies ausdrücklich erwähnt werden. Dasselbe gilt für etwaige Aufenthaltsregelungen.
Vorsorgeregelungen bieten den großen Vorteil, dass die Verfügenden die Person ihres Vertrauens selbst festlegen können, die Bedingungen von deren Handeln bestimmen und staatliche „Einmischung“ weitgehend aussschließen können, allerdings nicht ganz.
Der Nachteil liegt u.a. darin, dass eine Kontrolle kaum erfolgt. Und: sobald Geschäftsunfähigkeit eingetreten ist, bleibt die Verfügende auch dann ihrer früheren Entscheidung ausgeliefert, wenn sie diese intensiv bedauern sollte. Ein Widerruf ist nur möglich, solange sie noch geschäftsfähig ist,[63] die Bevollmächtigte also nicht benötigt, deren machtorientierten Umgang mit ihr noch nicht erlebt hat.
Vorsorgeregelungen machen nicht in jedem Fall eine **Mitwirkung des Gerichts** entbehrlich. So kann ein Bevollmächtigter seinen Vollmachtgeber z.B. nicht allein aufgrund der Vollmacht im Bett festbinden lassen, nicht in eine beschützende Umgebung einweisen lassen (vgl. § 1906 BGB).

IV. Wirksamkeit von Vorsorgevollmachten und Patientenverfügungen

Für die Frage, wann Vollmachten und bzw. oder Patientenverfügungen wirksam sind, 66
kommt es sicher nicht nur auf die bloße Existenz an, sondern auf die wirksame Erteilung. Das ist jeweils gesondert zu prüfen. Diese Prüfung wird nicht gegenstandslos, wenn es sich etwa um eine **beurkundete Vollmacht** handelt.

Vorsorgeregelungen bedürfen grundsätzlich keiner besonderen Form.[64] Als praktisch 67
hat sich aber mindestens eine **Unterschriftsbeglaubigung** erwiesen. Um das zu erleichtern, ist durch das 2. BtÄndG die Befugnis der Betreuungsbehörden eingeführt worden, derartige Beglaubigungen vorzunehmen.
Von Gesetzes wegen ist für die meisten Bereiche eine **notarielle Beurkundung** nicht nötig, anders ist das aber für den Grundbuchverkehr.
Der Vorteil bei einer Beurkundung ergibt sich aus der dann zwangsläufig vorher stattfindenden Beratung. Wie weit es dabei dem einzelnen Notar gelingt, sich von seinem Muster oder Handbuch zu lösen und auf die Probleme des jeweiligen Kunden einzugehen,[65] ist eine andere Frage.
Andererseits kann sich aus der Kostenbelastung ein nicht immer unproblematischer Hang ergeben, das einmal so schön Festgehaltene bestehen zu lassen, selbst wenn es nicht mehr passt. Der Nachteil teurer Texte ist deren Verselbständigung. Man behält sie, weil sie so viel gekostet haben, auch dann, wenn die Lebensumstände nicht mehr dazu passen. Es unterbleibt die regelmäßige Aktualisierung, die sonst empfohlen wird.

63 BayObLG FamRZ 2002, 1220

64 Anders zum Teil in §§ 1904, 1906 BGB: **schriftlich!**
Patientenverfügungen sollen formlos möglich sein. Das halte ich nach geltendem Recht für zweifelhaft, im Einzelfall für extrem unpraktikabel.

65 Und sich auch zureichende Gedanken um die etwaige Geschäfts- bzw. Einwilligungsfähigkeit des Betroffenen zu machen sowie diese Feststellungen so zu dokumentieren, dass sie später akzeptiert werden. Notare sind keine Ärzte.

Die Erwartung, die notarielle Beurkundung erledige alle Wirksamkeitszweifel ist leider bisher unbegründet[66]. In nicht ganz wenigen derartigen Urkunden fehlen auch zureichend nachvollziehbare **Äußerungen über die Geschäftsfähigkeit.**

67a **Banken** u.ä. verlangen i.d.R. wenigstens die Beglaubigung der Unterschrift des Vollmachtgebers, gelegentlich bestehen sie mit ihren Allgemeinen Geschäftsbedingungen auf einer eigenen Beglaubigung.

67b Auch im **Krankenhaus** wird man mit einer gesiegelten Vollmacht mehr Eindruck erzielen können, als mit einem bloßen „Zettel", wobei viele Ärzte bisher wenig differenzierte Einzelkenntnisse zu diesem Themenbereich zu haben scheinen, immer noch erstaunlich leicht mit zureichend formalen Texten unabhängig von deren Inhalt zu beeindrucken sind.[67]

68 Der Gesetzgeber war und ist bestrebt, den Anwendungsbereich von **Vollmachten** auszuweiten, hat schon mit dem **1. BtÄndG** auch die Verpflichtung für **Betreuungsvereine** aufgenommen, entsprechend zu werben.[68] § 1908 f. BGB enthält deshalb als Anerkennungsvoraussetzung in Nr. 2a die Aufforderung zu gewährleisten, dass der Verein planmäßig über **Vorsorgevollmachten** und Betreuungsverfügungen informiert.

68a Das **2. BtÄndG** hat den **Betreuungsbehörden** die zum Teil schon vorher, ohne gesetzliche Grundlage, ausgeübte **Beglaubigungsbefugnis zugewiesen.** Damit ist es ermöglicht, für die unproblematischeren Alltagsfälle Beglaubigungen mit geringer Zugangsschwelle zu erreichen.

68b Das wertet manche Vollmacht in der praktischen Nutzbarkeit auf, enthält aber leider in sich auch wieder Probleme. Die Beratung durch die Betreuungsbehörden ist neben der Beglaubigungsbefugnis **nicht** auf **komplexe Rechtsfragen** ausgerichtet, will helfen, den Alltag zu bewältigen. In den Betreuungsbehörden arbeiten meist erprobte Praktikerinnen, die in der Regel keine juristische Zusatzausbildung haben.

Ihre unzweifelhaft bestehende Qualifikation scheint gelegentlich die Wahrnehmung eigener Grenzen zu überdecken. Es gibt auch von engagierten Betreuungsbehörden empfohlene Formulare, die schlichte Fehler enthalten.[69]

Es sollte jedenfalls in der Praxis immer verdeutlicht werden, dass Laien durch die **Beglaubigung keine Verlässlichkeitsbestätigung** erhalten.

---

66 Bei der Beurkundung muss der Notar sich zwar davon überzeugen, dass der Erklärende geschäftsfähig ist. Seine Wertung ist aber nicht bindend, wird aus Sicht der gerichtlichen Praxis nicht einmal die Vermutung der Richtigkeit für sich haben.

Dazu kommen zu oft widersprüchliche Abläufe vor, wie z.B. in einem Verfahren, bei dem der Facharzt berichtete, er halte die Betreute für geschäftsunfähig. Es sei wenig Kommunikation möglich gewesen, sie habe darauf bestanden, ihn mit Hochwürden anzureden. Der Notar war 4 Stunden vorher da und hatte eine komplexe Generalvollmacht beurkundet (deren Text die Heimverwaltung nicht verstand).

67 Ich führe viele Veranstaltungen für und mit Ärzten durch: Auch noch in 2004 und 2005 hat sich dabei immer wieder gezeigt, wie wenig gemeinsames Verständnis vorausgesetzt werden kann, wie schnell der Diskurs in die Frage nach möglichst einfach zu handhabenden Schablonen umschlägt. Die hier erörterte Thematik wird oft als Teil der lästigen Verwaltungsarbeit gesehen, die von den eigentlichen Aufgaben abhält.

68 Dazu Bienwald in BtPrax 1998, 164 ff.

69 Das kann jedem passieren, z.B. in diesem Buch, nicht nur bei den Schreibfehlern. Das Problem sehe ich für die Betreuungsbehörden wie die Klienten in der Koppelung von Beratung und Beglaubigungskompetenz. Letztere stellt gerade nicht auf den Inhalt ab, sondern nur die Identitätsbestätigung. Das muss zu Missverständnissen führen. Notare, die beraten und beurkunden, haften und sind zwangsversichert. Betreuungsstellen beraten, sind letztlich aber kaum für den Text verantwortlich, selbst wenn sie ihn beglaubigen.

Naheliegende **Folgeanordnungen,** z.B. über die denkbaren Personen derartiger Bevollmächtigten, die Vergütungen, deren Kontrolle wie die Regelung von (Ergänzungs-) Betreuungen bei der Verhinderung der Bevollmächtigten sind außer in der marginalen Regelung des § 1896 III BGB **nicht getroffen** worden. Insoweit muss man weiter mit dem alten Instrumentarium versuchen, angemessene Lösungen zu finden.[70] 68c

Im Ergebnis bedeutet das oft, dass ergänzend Betreuungen angeordnet werden. Aus Sicht der Betroffenen ist das in der Regel wenig problematisch, da ihre Bevollmächtigten dann zumeist zügig auch zu Betreuern bestellt werden. Aus Sicht nicht nur der Justizverwaltungen ist das sinnlose Doppelarbeit und führt zu vermeidbarem Kostenaufwand u.a. über die Aufwandsentschädigungen.

Auch das zu erwartende **3. BtÄndG** wird nur Teilaspekte regeln, primär unter dem Aspekt der Patientenverfügungen. Letztlich handelt es sich um einen Versuch, die Entwicklung durch die Rechtsprechung (s. **Rdnr. 284** ff.) in Gesetzesform zu gießen. Eine über die bisherigen gesetzlichen Strukturen hinausgehende Systematisierung ist nicht zu erwarten.[71] 68d

Im Zusammenhang mit Vollmachten hat § 1896 Abs. 3 BGB, der die Möglichkeit einer Kontrolle anspricht, zunehmende Bedeutung erlangt. Die Rechtsprechung hat dazu immer noch wenig Konturen. Im Gesetz werden keine Voraussetzungen für die Bestellung einer **Kontrollbetreuerin** genannt. Ursprünglich ist man wohl davon ausgegangen, dass eine Bestellung nur dann in Betracht kommt, wenn konkrete Anhaltspunkte für eine Missbrauchsgefahr bestehen. Inzwischen neigt man eher dazu, in solchen (Missbrauchs-) Fällen keine Betreuerin nach § 1896 Abs. 3 BGB, sondern eine Betreuerin mit dem Aufgabenkreis „Entscheidung über den etwaigen Widerruf und ggf. Widerruf der Vollmacht" zu bestellen.[72] 69

Dass **Vollmachten,** auch „unwiderrufliche", auf diesem Wege **„kassiert" werden** können, wissen wenige Menschen.

Für § 1896 Abs. 3 BGB wird insoweit nun wohl eher auf einen „allgemeinen Überwachungs- und Handlungsbedarf" abzustellen sein, der z.B. gegeben sein soll, wenn ein Generalbevollmächtigter mit Befreiung von § 181 BGB sich anschickt, umfangreiche Grundstücksgeschäfte vorzunehmen.[73]

Wenn die Missbrauchssorge sich schon verdichtet hat, bringt Kontrolle im Sinn der bloßen Begleitung weiterer Aktionen meist wenig, zumal der Kontrollbetreuer auf die Kooperation des Bevollmächtigten angewiesen ist, nur das zu sehen bekommt, was dieser ihm vorlegt.

70 Das u.a. bei der Frage nach den zulässigen Grenzen einer rechtlichen Geschäftsbesorgung durch Nichtrechtsanwälte schnell zu Problemen führt; vgl. OLG Saarbrücken FamRZ 2003, 1044

71 Zu der beabsichtigten zukünftigen Genehmigungsbedürftigkeit von „Nichtentscheidungen" s. oben bei Rdnr. 14

72 Es ist umstritten, inwieweit eine allein als Kontrollbetreuerin bestellte Betreuerin ohne weiteres das Recht hat, nötigenfalls auch bestehende Vollmachten zu widerrufen oder ob sie dazu nicht immer ausdrücklich die Befugnis für den Widerruf erhalten haben muss. Ich empfehle wegen der sonst drohenden langwierigen unerfreulichen Auseinandersetzungen die Klarstellung bei der Bestellung, nötigenfalls den Antrag der Kontrollierenden, ihr diese Befugnis auch zuzuweisen, wenn sie sie benötigt.
Der etwa wirksame Widerruf einer Vollmacht kann nicht seinerseits widerrufen werden. Es handelt sich um rechtsgestaltende Erklärungen. Ob eine Neuerteilung wirksam ist oder wäre, richtet sich nach den allgemeinen Kriterien.

73 LG München I FamRZ 1998, 700

70 Im Hinblick auf die Art der gerichtlichen **Kontrolle** liegt der wesentliche Unterschied der Folgen einer umfassenden Vorsorge- oder einer **Generalvollmacht** im Gegensatz zu einer Betreuung darin, dass der Bevollmächtigte für die Einzelgeschäfte keiner vormundschaftsgerichtlicher Genehmigungen bedarf (solange er sich nicht im Bereich von Sonderregelungen wie § 1906 BGB bewegt), insoweit also grundsätzlich unkontrolliert bleibt.

Im Alltag zeigt sich dabei, dass die Versuchung oder drastischer: der Missbrauch, ein „weites Verständnis" der Befugnisse des Vertreters, nicht davon abhängt, ob er seine Kompetenzen aus einer Betreuung oder rechtsgeschäftlich erlangt hat.[74]

71 Seit 1999 ist klar gestellt, dass **Vollmachten** sich auch auf den **persönlichen Bereich** beziehen können. Die Bevollmächtigten unterliegen insoweit bei gravierenden ärztlichen und beschützenden Maßnahmen (§§ 1904, 1906 BGB) zum Teil gerichtlicher Kontrolle, was recht wenige wissen, zumal es in einigen Vorschlägen für die Erstellung solcher Vollmachten heißt, der Bevollmächtigte werde „unter Ausschluss gerichtlicher Tätigkeit" bestellt. Das trägt nicht.

Das Gericht kann nicht ausgeschlossen werden. Weder für die vorgesehenen Genehmigungen im Gesundheitsbereich und bei Sicherungsmaßnahmen (§§ 1904, 1906 BGB), noch mit der Möglichkeit von Kotrollanordnungen (§ 1896 Abs. 3 BGB) sowie von der Möglichkeit, die Vollmacht widerrufen zu lassen.

71a Nötig ist für den personenbezogenen Bereich die **schriftliche Erteilung der Vollmacht und die ausdrückliche Erwähnung der Maßnahmen.**[75] Die Vollmacht „alles" zu entscheiden, genügt nicht. Darin liegt keine ausdrückliche Erwähnung, die gefordert ist, weil die Benennung eine **Warnfunktion** haben soll. Wenn die ausdrückliche Erwähnung fehlt, bleibt oft nur die ergänzende Bestellung einer Betreuerin.[76]

72 **Patientenverfügungen** sind wieder vermehrt im Blickfeld der öffentlichen Diskussion[77]. Während Laien mit ihnen oft nur vermeiden wollen, ein vermeintlich unerträgliches Siechtum erleiden zu müssen,[78] hat die Diskussion zu Recht betont, dass Patientenverfügungen viel mehr umfassen. Sie bieten die Möglichkeit durch einen **„offenen Brief"** an den (zukünftig) behandelnden Arzt Entscheidungen für die eigene Behandlung, Einwilligungen, wie Verbote zu übermitteln. Soweit sie ausdrücklich und konkret genug Maßnahmen regeln, gelten sie unmittelbar,[79] bedarf es dann keiner Fremdentscheidung und damit auch keiner rechtlichen Betreuung.

Sie können immer nur von den Betroffenen selbst erstellt werden, wenn und solange sie noch einwilligungsfähig sind, nie für einen anderen Menschen.

---

74 Die Zahl missbrauchter Vollmachten ist nicht kleiner als die missbrauchter Betreuungsbefugnisse. Sie geraten nur seltener in das Blickfeld veröffentlichter Meinungen.

75 Es mag dahin stehen, ob das rechtlich wirklich immer zwingend ist. Rein tatsächlich wird es anders nicht gehen.

76 Das gilt auch für alte Vollmachten. Die Tatsache, dass man vor 1999 noch gar nicht wissen konnte, dass jetzt dieses Erfordernis besteht, erweitert deren Umfang nicht.

77 Einen guten Überblick über die relevanten Grundfragen hat die von der Bundesjustizministerin 2003 eingesetzte Arbeitsgruppe „Patientenautonomie am Ende des Lebens" 2004 erarbeitet. Die Ergebnisse sind zugänglich im Internet über www.bmj.bund.de (Stand: Anfang 2005).

78 Zu dem Aspekt Sterbehilfe und Patientenverfügung im einzelnen Rdnr. 284 ff

79 BGH Beschluss vom 17.3.2003, NJW 2003, 1588.

Das Hauptproblem bei derartigen Regelungsversuchen für die eigene zukünftige Behandlung liegt darin, dass man regelmäßig nicht weiß, was auf einen zukommt.[80] Deshalb wird in der Regel zu Recht empfohlen, darin auch eine **Vertrauensperson** zu **benennen**, die nötigenfalls die erforderlichen Erläuterungen und Konkretisierungen aber auch Entscheidungen im Sinne des Verfügenden vornehmen kann.
Darin liegt dann eine Bevollmächtigung, für die die oben (**Rdnr. 71**) genannten Einschränkungen ebenfalls gelten. Soweit die Bevollmächtigung trägt, bedarf es keiner Betreuung. Gerichtliche Genehmigungserfordernisse zu § 1904 BGB bleiben unberührt.

V. Prüfungsumfang

Die Bandbreite der für eine Entscheidung über eine Betreuung aufzuwerfenden Fragen wird an den Auflistungen deutlich, die in praktisch jedem Bezirk für Antragsteller vorgehalten werden.[81] Es ist nicht damit getan, dass die Behinderung oder Erkrankung benannt und attestiert wird. Das sind zwar notwendige, aber keine zureichende Bedingungen für eine Betreuerbestellung. 73
Soweit in den Eingangsformularen ein „**Antrag**“ angesprochen ist, handelt es sich im Sinne des § 1896 BGB und des FGG zumeist nur um eine im Sprachgebrauch der Juristen sogenannte „**Anregung**“. Eine Betreuung wird auf Antrag des Betroffenen oder von Amts wegen angeordnet. Andere, auch **Verwandte**, haben **kein formelles Antragsrecht**. Es ist wichtig, sich diese Aufteilung zu vergegenwärtigen, um die Verantwortung der Gerichte und Betreuungsbehörden richtig zu verstehen. Sie müssen sich um Hilfebedürftige kümmern, klären, ob sie rechtlicher Betreuung bedürfen, auch wenn das weder erfragt noch vielleicht erwünscht ist, sie ihnen, nötigenfalls auch gegen ihre Angehörigen aufdrängen.[82]
Der andererseits mitunter unterschwellig mit solchen **Merkblättern** unternommene Versuch, die Ermittlungstätigkeit dem „Antragsteller“ zu übertragen, entspricht, soweit er über eine bloße Mithilfebitte hinausgeht, nicht der Intention des Gesetzes. Andererseits ergibt sich aus solchen Auflistungen ein recht gutes Raster zur eigenen Prüfung, z.B. bei der Frage, ob eine Betreuung angeregt werden sollte und welche Daten ggf. zunächst ergänzend geprüft werde sollten. Wenn bei dem Antrag Unterlagen fehlen oder Angaben unvollständig gemacht werden, kann das bedingen, dass die erforderliche nachträgliche Klärung eine erhebliche **Zeitverzögerung** mit sich bringt, z.T. über Monate.
Wenn man neu in einen derartigen Bereich kommt, der keine **Arbeitshilfen,** Listen, Formulare hat, kann es für den Anfang hilfreich sein, eigene **Muster** zu erstellen.[83] 74

80 Das Problem wird sich mit einer Kodifizierung durch das 3. BtÄndG nicht erledigen. In den zu erwartenden Regelungen wird im Kern stehen, dass eine Patientenverfügung, die passt, gilt. Das ist nichts Neues. Im Alltag bleibt die zentrale Frage, ob sie passt.

81 Beispiel in der Anlage I am Ende des Buches

82 Das von dem Reformgesetzgeber 2004/2005 beklagte Dilemma, Betreuung werde immer noch als Bevormundung verstanden, wird daraus erklärbar und vielleicht unlösbar erhalten bleiben. Betreuung ist nie nur freundliche Zuwendung. Spätestens bei kostenrelevanten Entscheidungen hört bei dem Gesetzgeber die Zuwendung auf und fängt Begrenzung an, die immer auch Widerstand hervorruft. Das kann hier nicht anders sein, ist nicht wegzudiskutieren oder zu überdecken; vgl. auch Dörner/Plog u.a. Irren ist menschlich, Bonn 2004, S. 39 f. Wenn ein einwilligungsunfähiger Betroffener sich selbst massiv beschädigen will, die Hilfe panisch abwehrt, ist „Bevormundung“ unausweichlich.

83 Hilfreich können dabei Handbücher sein, wie das Beck'sche Formularbuch Betreuungsrecht oder Vorschläge wie z.B. bei HK-BUR (Kommentar zum Betreuungs- und Unterbringungsrecht)

Die Hoffnung, man werde sich im Alltag schon an die Dinge erinnern, die nötig werden, trügt immer wieder, was zu unnötigen bürokratischen Wiederholungsschleifen führt.

VI. Mitwirkung der Betreuungsbehörde[84]

75 In der Praxis erhalten die Vormundschaftsgerichte nur einen Teil der **Informationen** über das Bedürfnis nach der Bestellung einer Betreuung direkt. Ein größerer Teil beruht auf Mitteilungen der zu beteiligenden Betreuungsbehörden.

Die oft problematische **Datenschutzsituation** ist jedenfalls für die Betreuungsbehörden durch § 7 **Betreuungsbehördengesetz** (BtBG) gelöst. Sie sind befugt, Informationen an die Gerichte zu geben, wenn Tatsachen bekannt sind, wonach eine Betreuung erforderlich erscheint, der **Verhältnismäßigkeitsgrundsatz** beachtet wird, insbesondere die Betreuung erforderlich erscheint, um erhebliche Gefahren für den Betroffenen abzuwenden.

Informationen dieser Art sind bei der Betreuungsbehörde aktenkundig zu machen (§ 7 Abs. 2 BtBG).

Die sozialpsychiatrischen Dienste sind befugt, Informationen an die Betreuungsbehörden und Betreuungsgerichte weiter zu geben, wenn es für betreuungsgerichtliche Maßnahmen erforderlich ist.

76 **Betreuungsbehörde und Betreuungsverein sind nicht identisch.** Betreuungsbehörde ist die Behörde, die vergleichbar dem Jugendamt bei Minderjährigen die ihr gesetzlich zugewiesenen Aufgaben für Erwachsene wahrnimmt. Sie betreut nicht zwangsläufig jeweils selbst.

Betreuungsvereine sind private Hilfevereine, die z.T. auch Querschnittsaufgaben wahrnehmen, aber keine hoheitlichen Aufgaben.

§ 8 BtBG schreibt die **Unterstützung des Vormundschaftsgerichts** durch die Betreuungsbehörde bei der Ermittlung des Sachverhalts vor. Das bedeutet in der Praxis, dass die Gerichte die ihnen zugänglichen Unterlagen zusammenstellen und an die Betreuungsbehörde zur weiteren tatsächlichen Klärung mit der Bitte um Stellungnahme sowie Betreuervorschlag weitergeben.

77 Gerichtliche Tätigkeit ist auch hier, unbeschadet der aufsuchenden Teile bei den Anhörungen, aktenorientierte Verwaltung entsprechender Vorgänge. Betreuungsgerichtliche Tätigkeit unterscheidet sich aber deutlich von anderen gerichtlichen Handlungen.

Dem ist bei dem Umgang mit dem Betreuungsgericht Rechnung zu tragen. Die eindeutige Ausrichtung des Verfahrens auf die Betreuten, die grundsätzliche Nichtöffentlichkeit, die Amtsermittlung und mangelnde Förmlichkeit führt zum Beispiel immer wieder zu Irritationen bei Menschen, die mehr mit anderen Bereichen der ordentlichen Justiz vertraut sind.

Die gerichtliche Abwicklung steht neben dem Aufgabenfeld der allgemein noch zu wenig bekannten Betreuungsbehörde, die für Beratung, Klärung, Koordination und mehr zuständig ist. Es gibt immer wieder Probleme, bei denen man schneller voran und wei-

84 Das Betreuungsbehördengesetz geht davon aus, dass „zuständige Behörde" die Betreuungsbehörde ist. Zum Teil ist im Landesausführungsrecht ein leicht abweichende Bezeichnung gewählt worden. So heißen z.B. die Betreuungsbehörden in Niedersachsen Betreuungsstellen.

ter kommt, wenn sie zumindest zugleich an die Betreuungsbehörde herangetragen werden, als wenn man sich auf **gerichtliche Ablaufroutinen** beschränkt.
Berufsbetreuungsinteressenten wie neu bestellte Betreuer neigen zum Beispiel dazu, **Anträge** bei Gericht **einzureichen und** danach zu **warten.** Nicht ganz selten wird die dann nach Wochen oder Monaten eintreffende Antwort eher enttäuschend sein. In vielen Bereichen ist die Ablaufkoordination stark über die Betreuungsbehörden ausgerichtet. Wenn man dort klärt, was wie möglich ist und wobei man welche Hilfe erhalten kann, mag häufig mehr und **schneller Erfolg** eintreten.

Die Betreuungsbehörde hat das Vormundschaftsgericht nicht nur bei der **Auswahl und** 78
Gewinnung der Betreuer zu unterstützen. Faktisch ist oft eine weitgehende Verlagerung der **Sachverhaltsermittlung** und der Aufarbeitung personaler Probleme aus dem Bereich des Vormundschaftsgerichts hinaus in die Betreuungsbehörde erfolgt. Daneben ist es Aufgabe der Betreuungsbehörde, die Behördenbetreuer zur Verfügung zu stellen und hilfsweise selbst als Betreuer tätig zu werden.
Die Betreuungsbehörde hat nach § 5 BtBG weiter die Pflicht, die Einführung neu bestellter Betreuer in ihren Tätigkeitsbereich zu gewährleisten und Angebote zur **Fortbildung der Betreuer** bereitzustellen. Sie soll auch Ansprechpartner für alle bestellten Betreuer sein (§ 4 BtBG).
Seit 1999 hat sie auch die Aufgabe Öffentlichkeitsarbeit zur Werbung für Vorsorgeregelungen durchzuführen.

VII. Betreuung für Suchtstoffabhängige

Besondere Schwierigkeiten ergeben sich schon grundsätzlich bei der Frage, ob das Be- 79
treuungsrecht auch für **Abhängige** eingesetzt werden kann. Die Vorschriften über die Betreuung sollen insoweit nicht unmittelbar greifen.[85] **Sucht allein rechtfertigt keine Betreuung.**
Es muss immer eine zusätzliche Erkrankung oder Behinderung i.S.d. § 1896 BGB vorhanden sein und festgestellt werden.[86] Man sollte diese Anforderung ernst nehmen, damit nicht plötzlich alle etwa gefundenen Ansätze zerstört werden, weil sich z.B. ein Gericht darauf besinnt, Sucht alleine genüge ja nicht.[87]
Der Normenbereich war früher auch auf den hier angesprochenen Betroffenenkreis ausgelegt. Die Maßnahmen gegen Trunk- u. Rauschgiftsüchtige (§ 6 Abs. 1 Nr. 3 BGB a.F.) sind durch das Betreuungsgesetz aufgehoben worden. Ein anderes Hilfesystem für diese Klientel ist nicht aufgebaut worden.

In der Praxis sind die Abhängigen, für die betreuungsrechtliche Maßnahmen in Be- 79a
tracht gezogen werden, zumeist so sehr folgegeschädigt, dass es nicht wirklich problematisch ist, zureichende Begründungen zu finden, wenn man ihnen denn über eine Betreuung helfen will oder glaubt, ihnen helfen zu müssen, um sie vor dem Sterben zu bewahren.

---

85 BayObLG FamRZ 1999, 1306 m.w.Nachw.

86 BayObLG BtPrax 2004, 193 f.: Die geschlossene Unterbringung eines alkohol- und medikamentenabhängigen Betreuten ist genehmigungsfähig, soweit die Abhängigkeit schon zu einer tief greifenden Beeinträchtigung der cerebralen Leistungen geführt hat und weitere lebensbedrohende Gefahren zu vergegenwärtigen sind.

87 Vgl. Fall 4 in Anlage II, am Ende.

Die Einschränkung, „keine Betreuung bei bloßer Sucht“ ist dann aber auch bei allen Anregungen und Anträgen, selbst bei Unterbringungsmaßnahmen für Entgiftung und Entzug zu beachten. In der Begründung **darf die Sucht nicht im Vordergrund stehen**, sondern muss zum Beispiel auf die Persönlichkeitsveränderung, die soziale Abwicklungsinkompetenz, die notwendige gesundheitliche Heilmaßnahme, etwaige Krampfpotentiale und ihre Gefahren abgestellt werden.

79b Die Zahl insbes. **alkoholabhängiger Betreuter** ist in vielen Großstädten recht hoch.[88] Die für geboten gehaltenen (Zwangs-) Maßnahmen werden z.T. durch die Anordnung eines Einwilligungsvorbehalts, nötigenfalls gegen den Willen der Betroffenen umgesetzt (§ 1903 BGB).[89] Auch der Anteil Abhängiger an den Unterbringungssachen ist hoch.

---

88 Buhlmann/Rosenow, BtPrax 2004, S. 56/57, kennen für 2001 bundesweit knapp 50.000 Menschen, bei denen „Sucht“ als Betreuungsgrund angegeben ist.

89 Das beruht rechtlich oft auf einer sehr brüchigen Basis; vgl. die grundsätzlichen Ausführungen bei BGH BtPrax 2001, 32 zu Zwangsbehandlungen. Anders z.T. BayObLG BtPrax 2002, 215.

§ 3 Anträge aus Heimen, Einrichtungen, Krankenhäusern

Mitarbeiter von Werkstätten, Einrichtungen etc. betonen häufiger, sie hätten den besten Einblick in das Leben der Klienten und seien als **„Anwalt der Betroffenen"** berechtigt und verpflichtet, für sie und ihre Interessen zu streiten. Derartige Befugnisse ergeben sich nicht aus den heimrechtlichen Regelungen und nicht aus dem SGB IX. Dort sind Angebote, Leistungen statuiert, Hinweise, Beratungspflichten, keine Eingriffsrechte. Aus Pflichten folgen keine Entscheidungskompetenzen. 80

I Eigene Befugnisse?

Aus gesetzlichen Aufträgen kann die Pflicht entstehen, zu handeln. Insoweit sei an die gleichartige Problematik zum Jugendhilferecht erinnert: 81
Ein Fall hatte dort schon vor Jahren die Diskussion zu der Frage belebt, welche **Garantenpflichten** für eine Sozialarbeiterin entstehen können. Das hat z.B. Konsequenzen dafür, dass bei einem etwaigen körperlichen Schaden des Schutzbefohlenen nicht nur eine unterlassene Hilfeleistung in Betracht kommt, sondern ein fahrlässiges Erfolgsdelikt (fahrlässige Körperverletzung/ Tötung).
In jenem Fall war ein Kind gestorben und die zuständige Sozialarbeiterin des Jugendamtes wegen fahrlässiger Tötung angeklagt worden. Das Amtsgericht fand, sie habe nach den Umständen aus dem KJHG (SGB VIII) eine Garantenpflicht (§ 13 StGB) gehabt und hat sie deshalb wegen fahrlässiger Tötung verurteilt. Das Landgericht hat sie auf die Berufung freigesprochen und gemeint, das KJHG begründe noch keine Garantenpflichten.
Das hat das OLG auf die Revision der Staatsanwaltschaft nicht hingenommen und die Sache zurückverwiesen. Die im KJHG (SGB VIII) normierte Schutzpflicht gehe über reine Hilfeangebote hinaus und begründe auch die Pflicht, ggf. rechtzeitig auf Schutzmaßnahmen (§§ 1666, 1666 a BGB) hinzuwirken.[90]
Auf derselben Ebene bewegt sich die Wertung des BGH bei dem Urteil vom 21.10.2004.[91] Dort wurde ein Jugendamt zu einer Schmerzensgeldzahlung verurteilt, weil es nicht rechtzeitig verhindert hatte, dass Pflegeltern ein Pflegekind misshandelten.

Die Argumentation **dürfte jeweils über den Bereich des KJHG (SGB VIII) Bedeutung** haben, jedenfalls aber für alle Maßnahmen bei nicht selbst verantwortlich Handelnden bedacht werden müssen. Der Wunsch dieses Personenkreises Freiheit zu er- bzw. behalten, nötigenfalls auf Kosten der körperlichen Unversehrtheit, hat für die Hilfspflichtigen nicht den gleichen Stellenwert wie bei unbehinderten Erwachsenen. Nur bei selbst verantwortlich handeln könnenden Erwachsenen hat der **Freiheitsanspruch** von Verfassungs wegen Vorrang, verdrängt Hilfepflichten. Solange die Erwachsene selbstverantwortlich entscheiden kann! Kann sie es nicht mehr, ist rechtlich tragfähig Hilfe zu beschaffen, ohne dass daraus das Recht zur unmittelbaren Umsetzung folgt. 82

90 OLG Oldenburg NStZ 1997, 238 mit zustimmender Anm. von Cramer a.a.O.
91 AZ: III ZR 254/03. Vgl. ferner Meysen in NJW 2003, 3369.

Unser Rechtssystem erlaubt ungefragte und nicht gesondert legitimierte Soforthilfe nur bei Notfällen, z.B. in der Rettungsmedizin. Alles was danach kommt, bedarf anderer Grundlagen als der bloßen Hilfsbereitschaft. Das gilt auch, wenn es gefährlich werden kann.

82a ▸ *Einer geistig behinderten jungen Frau, die schwere Asthmaprobleme hat, ist vom Arzt ein Notfallspray verschrieben worden. Sie beklagt sich, dass sie es nicht zu ihrer unbegrenzten Verfügung erhält. Die Heimmitarbeiter berufen sich auf den Arzt, der verboten habe, ihr den freien Zugang zu ermöglichen. Der zu erwartende Missbrauch mache es in kurzer Zeit als Notfallhilfsmittel ungeeignet, werde ihre Bronchien und Lunge weiter schädigen.*

Die Klage der Frau ist insoweit berechtigt, als ihr ohne ausdrückliche Legitimation niemand vorschreiben kann, wie sie zu behandeln ist, weder der Arzt, noch die Heimmitarbeiter. Nötig ist eine wirksame Zustimmung. Ob die Frau sie selbst geben kann, wird fraglich sein. Arzt und Mitarbeiter können sie jedenfalls nicht geben oder versagen.

Andererseits folgt daraus nicht das Recht oder gar die Pflicht, der Frau das Mittel in die Hand zu geben und zuzusehen, wie sie sich selbst unkontrolliert zerstört. Das darf weder der Arzt, noch dürfen es die Mitarbeiter.

Das fehlende Bindeglied, das Sprachrohr, der Entscheidungsträger für die Frau, ist nötigenfalls zu schaffen. Mit ihm kann dann geklärt werden, was wie geht.

82b In dem Fall ist bereits angesprochen, welche **Handlungsstrategien** in Betracht kommen, gerade wenn und solange man keine Eigenentscheidungsbefugnis oder kein unmittelbares Recht zum Eingreifen hat. Letztlich geht es darum, den Katalog der Handlungsmöglichkeiten zu reflektieren, die Einbeziehung anderer Stellen zu strukturieren. Man wird sich nicht mit dem Hinweis entlasten können, man habe das Problem weiter gemeldet und die andere Stelle habe offensichtlich nichts unternommen. So sind die Jugendsamtsmitarbeiter in dem Strafverfahren z.B. auch gefragt worden, warum sie die Untätigkeit des angerufenen Gerichts hingenommen haben.

Im Betreuungsrecht gibt es Handlungsbefugnisse des Gerichts, die denen des Familiengerichts entsprechen (vgl. z.B. § 1908i i.V.m. 1837 BGB). Die Betreuer bzw. die Betreuungsbehörde können ggf. Rechtsbehelfe einlegen etc. Damit kann ermöglicht werden, nötige Hilfe zu verschaffen, wenn es nicht gelingen sollte, das erstinstanzliche Gericht zu Aktivitäten zu bewegen. Erforderlich ist also reflektiertes zielgerichtetes Handeln und Konsequenz, die nicht zwangsläufig beim ersten „Nein“ aufgibt.[92]

82c Dass das bis in Haftungsfragen für Einrichtungen wie Betreuer so gilt, ist durch ein Regressurteil des OLG Dresden vom 23.9.2004[93] nochmals betont worden.

▸ *Eine Krankenversicherung hatte von einem Heimträger 86.000 € Entschädigung verlangt, weil nach früheren Stürzen einer Bewohnerin nicht verhindert worden war, dass es zu einem weiteren Sturz kam. Nachdem die Geschädigte sich bei dem nächsten Sturz u.a. Wirbelsäulenschäden mit Lähmungsfolgen zugezogen hatte, sollte das Heim die Kosten der stationären Behandlung ersetzen.*

92 Das ist kein Plädoyer für besserwisserische Sturheit, die ebenfalls verheerende Folgen haben kann. Nur sollte die eigene Diskursfähigkeit weiter reichen, als bis zu der ersten widersprechenden Entgegnung.

93 AZ: 7 U 753/04; BtPrax 2005, 38 ff.

Das OLG Dresden ist davon ausgegangen, zu der Pflicht des Heimes gegenüber der Bewohnerin habe es auch gehört, notwendige Sicherungen herbeizuführen. Das Heim habe sich nicht mit ihrer Verweigerung begnügen dürfen, sondern hätte das Gericht anrufen müssen. Aus der Verletzung dieser nebenvertraglichen Pflichten sei der Bewohnerin ein Schaden entstanden. Der Ersatzanspruch sei Kraft Gesetzes (§ 116 SGB X) auf die Krankenkasse übergegangen. Die Krankenkasse hatte Erfolg mit ihrem Schadensersatzbegehren.
Das OLG hat zu Recht ausgeführt, das Heim habe zwar keine eigene Umsetzungsbefugnis aber zureichende andere Möglichkeiten gehabt, sicher zu stellen, dass der notwendige Schutz eintrete.

Es gilt also generell, dass Aufgabenzuweisungen nicht selbstverständlich Durchset- 83
zungsrechte geben. Das ist auch verfassungsrechtliches Gemeingut. Die zu oft anzutreffende allgemeine Folgerung, die Betroffene dürfe mit selbst zerstörerischen Wünschen leben, habe auch hier z.B. ein Recht auf Verwirrtheit und das Recht diese auszuleben, greift aber zu kurz.
Die Nichtbeachtung von Hilfepflichten kann ihrerseits Vorwürfe und Repressionen auslösen. Daraus folgt zwar nicht, dass die Pflichten als solche Übergriffsrechte ergeben. Wenn sie ein Handeln erfordern und das Handeln nicht auf anderweitig legitimierten Wegen durchgesetzt werden kann, muss man aber gegebenenfalls auf Ermächtigungen hinwirken, darf sich nicht mit Nichtstun begnügen. Empfundene Hilflosigkeit rechtfertigt keine Eigenmächtigkeiten.

Das **BVerfG** hat seit 1965 immer klarer herausgearbeitet, dass das früher allgemein 84
akzeptierte sogenannten besondere Gewaltverhältnis ebenfalls **keine Grundlage für Anordnungen** enthält. Aus der Aufnahme in ein Krankenhaus, der Eingliederung in eine Einrichtung folgt also ebenso wenig wie aus einer etwaigen **Hausordnung** oder allgemeinen Floskeln im Heim- oder Werkstattvertrag.
Selbst wenn es eine gesetzliche Regelung gäbe, die nicht nur Pflichten, sondern sogar ausdrücklich Handlungs- oder Entscheidungsbefugnisse zuweist, würde nicht einmal allein daraus eine Ermächtigung folgen, sie ohne weiteres zwangsweise umzusetzen[94]. Selbst dann müsste also die Kompetenzgrundlage zunächst noch geklärt werden und könnte eine Umsetzung nur bei Hinnahme erfolgen.

Die Pflicht, sich für einen Klienten einzusetzen, ist damit nicht infrage gestellt. Letzt- 85
lich gilt dasselbe wie für die Angehörigen. Es ist zu kämpfen für die Bewohner/Mitarbeiter, aber **im eigenen Namen**, nicht versteckt hinter dem Bewohner/Mitarbeiter[95].

II. Antragsbedarf

Es müssen also rechtzeitig die nötigen Hilfen abgerufen werden. Nach der Termino- 86
logie von § 1896 BGB sind **„Anträge"** auf Einrichtung einer Betreuung allein solche,

94 vgl. BGH BtPrax 2001, 32 ff

95 In dem berüchtigten Nachbarstreit, von dem „zu laute" Behinderte betroffen waren, entschieden zu Lasten der Behinderten durch OLG Köln 1988, RdLH 1998, 36, ist die dagegen eingelegte Verfassungsbeschwerde aus formalen Gründen zurückgewiesen worden: RdLH 1998, 132, weil die Einrichtung versucht hatte, die Rechte der Behinderten im eigenen Namen wahr zu nehmen. – Daraus kann man grundsätzlich lernen, dass etwaige Rechte der Betreuten in der Regel unmittelbar (durch die eigene Vertreterin) geltend zu machen sind, Einrichtungen zumeist kein Wahrnehmungsrecht haben.

die die Betreute selbst stellt. Alle anderen Hinweise an das Gericht auf Einrichtung einer Betreuung müssten korrekt als bloße „Anregungen“ bezeichnet werden. Das hat Auswirkungen z.B. bei der Frage nach einem eigenen Beschwerderecht. Nicht jede, die eine Anregung einreicht, ist auch beschwerdebefugt; Antragsteller im eigentlichen Sinn hingegen schon.

87 In der Praxis unterscheidet kaum jemand so. Es werden insoweit zunächst alle **Anregungen auf Einrichtung einer Betreuung** als Antrag (im weiteren Sinn) bezeichnet[96]. Da das Gericht gehalten ist, nötigenfalls von Amts wegen tätig zu werden, kommt es in diesem Stadium des Verfahrens (außer bei ausschließlich Körperbehinderten) nicht darauf an, ob es sich um einen „Antrag“ (im engeren Sinn) oder nur eine „Anregung“ handelt.

Auch Angehörige haben kein „Antragsrecht“, können wie alle anderen lediglich Anregungen geben, also auch nicht darüber entscheiden, ob ein oder dass etwa kein Antrag gestellt wird.

88 Es ist bereits ausgeführt, dass es nicht geboten ist, jede geistig oder seelische Behinderte „unter“ Betreuung zu stellen, gleiches gilt für psychisch Kranke. Es ist deshalb verfehlt, wenn z.B. Alteneinrichtungen – wie geschehen – mit jeder **Heimaufnahme** – sicherheitshalber – einen Betreuungsantrag durch die Betroffene unterzeichnen lassen.

Dass für den wirksamen **Abschluss des Vertrages** wie die Finanzierungssicherung mehr als die bloße Unterschrift, nämlich ein wirksamer Vertragsschluss mithin **Geschäftsfähigkeit** bei der Vereinbarung, erforderlich ist, ist zwischenzeitlich weitgehend bekannt.

Auch deshalb ist das Hinausschieben von Anregungen bis zu dem Zeitpunkt, wo „nichts mehr geht“, andererseits von einer überholten fürsorgerischen Haltung geprägt.

Man halte dem nicht entgegen, „die Praxis“ handele aber doch so und es gebe damit keine Probleme. Dass es so etwas auch heute noch gibt, ist sicher. Aus einem nervenfachärztlichen Gutachten (erstellt 2000):

89 ▸ *Frau U. Mann leidet seit 3 Jahren an einer ausgeprägten Alzheimer-Erkrankung. Sie benötigt selbst für alltägliche Verrichtungen umfassende Hilfen. Bislang wurden alle notwendigen Entscheidungen durch den Partner einvernehmlich geregelt. Mittlerweile ist die Patientin krankheitsbedingt nicht mehr in der Lage, eine Unterschrift zu leisten, weil sie nicht mehr schreiben kann. Die Einrichtung einer Betreuung ist deshalb jetzt auch nervenärztlich indiziert und liegt im wohlverstandenen Interesse der Patientin.*

89a Das mag alles „gut“ gemeint sein. Die vorher getroffenen Maßnahmen sind aber nicht wirksam: Kein unterschriebener **Vertrag,** keine erteilte **Einwilligung.** Beides setzt ja die **Fähigkeit zu wirksamem Handeln** voraus. Jede Fachkraft, die sich auf so etwas einlässt, handelt „auf eigenes Risiko“ und wird im Falle etwaiger Probleme auch Schwierigkeiten mit ihrer Versicherung vergegenwärtigen müssen, da sie so ja selbst für Standardrisiken einstandspflichtig bleibt und mangels **wirksamer Einwilligung** auch für die Begleitrisiken „lege artis“ durchgeführter Maßnahmen verantwortlich ist.

96 Antragsformular Anlage I, 1.

Selbst der etwa noch wirksame **Abschluss eines Heimvertrages** hilft für die **Folgezeit** nicht allein: Für die Post, den Gesundheitsbereich wie die Aufenthaltsregelung ist damit noch nichts geklärt. **Ermächtigungen** im Zusammenhang mit den **Verträgen** tragen nicht[97], weil zum einen § 1896 Abs. 3 BGB entgegenstehen dürfte, derartige Versuche zum anderen spätestens an der Schwelle von §§ 1904 und 1906 BGB scheitern. 90

Jede **Einrichtung, die gesetzlich Vertretene** aufnimmt, wird für eine effektive eigene Gegenkontrolle bestehender **Vertretungsberechtigungen**, etwaiger Sicherungsgenehmigungen und dergl. Sorge zu tragen haben. Unwirksame oder abgelaufene Vertretungsberechtigungen ergeben keine geeigneten Ansprechpartner mehr, abgelaufene Genehmigungen (unabhängig von der Verantwortung der Betreuer) legitimieren nichts mehr. 91

III. Antragsinhalte, Koordinationsbedarf

Bei Anträgen von **Schweigepflichtigen**, also insbesondere aus Krankenhäusern, Behinderteneinrichtungen, Altenheimen und ähnlichen Institutionen werden oft aus Angst vor einem Verstoß gegen die Schweigepflicht nur marginale Informationen gegeben. Der Antrag 92

> *... kann Frau Anton keine Anträge zur Kostendeckung mehr stellen. Da bereits ungedeckte Heimkosten für mehr als 2 Monate aufgelaufen sind, bitten wir um schnellstmögliche Einrichtung einer Betreuung für finanzielle Fragen durch sofortige Anordnung...*

wird kaum zu der erwünschten Eilabwicklung führen.

Das Formular eines Krankenhauses oder einer Alteneinrichtung, in dem es heißt, es sei „den Umständen nach erforderlich" die Betroffene „zu fixieren, ein **Bettgitter** zu benutzen, zu sedieren", weil sie sich aufgrund von „Unruhezuständen" selbst gefährde, weshalb eine richterliche Entscheidung nach § 1846 BGB ebenso erbeten werde wie die umgehende Einrichtung einer Betreuung, soweit noch nicht erfolgt, ist in gleicher Weise ärgerlich, nicht hilfreich. 93

Bei Anregungen im Umfeld von Betreuungen wird schließlich darauf zu achten sein, rechtzeitig mit begleitenden Maßnahmen zu beginnen und sie nicht zu früh einzustellen.

Das ist in einem Fall deutlich geworden, als sich nach einem/r Antrag/Anregung auf Betreuung und 2-monatigem Lauf des Betreuungsverfahrens bis zur Entscheidungsreife herausstellte, dass der Betroffene nunmehr (seit Tagen) tot in seiner Wohnung lag.

Umgangssprachlich gefasst: Wenn eine Behörde, Organisation oder ein sonst Verpflichteter eine Betreuungsanregung gibt, sollte er/sie sich auch bei Hinweis auf den Eilbedarf darüber im klaren sein, dass das Staffelholz erst weitergegeben ist, wenn die etwa bestellte Betreuerin es aufgenommen hat.

97 Der Gesetzgeber irrt an dieser Stelle. Ohne die von ihm unterlassene Folgeregelung bedarf es dafür nötigenfalls einer rechtlichen Betreuung, d.h. immer dann, wenn die Betroffene nicht mehr selbst wirksam zustimmen oder ablehnen kann. Ihr etwaiges Hinnehmen, das bloße Gewähren lassen, ohne eigene Steuerungsmöglichkeit, trägt nicht. S. oben bei Rdnr. 84.

§ 4 Auswahl der Betreuer/Eignungskriterien

94 Am 31. 12. 2001 standen in der Bundesrepublik Deutschland 986.392 Menschen unter rechtlicher Betreuung,[98] am **31.12.2003** schon: **1.100.626.**

Es gibt dabei erhebliche regionale Unterschiede. Während in Baden-Württemberg die Zahl der Betreuungen je 1.000 Einwohner bei 7,71 liegt und damit den niedrigsten Wert erreicht, sind die Betreuungszahlen in Berlin mit 14,68, dicht gefolgt vom Saarland mit 14,64 am höchsten.

Neue **Erstbestellungen** von Betreuern erfolgten **im Jahr 2003: 225.218** mal (2000: 184.121). Bei der erstmaligen Bestellung wurden in 70,5 % der Fälle Ehrenamtliche bestellt.

94a Im Einzelnen bundesweit 2003:

144.095 Familienangehörige, das waren 63,98 % (2000: 125.658 = 62,32 %),
14.665 sonstige ehrenamtliche Betreuer = 6,51 %, (2000: 15.105 = 7,49 %),
50.883 freiberufliche Berufsbetreuer (einschl. 7.301 Rechtsanwaltsbestellungen) = 22,59 %, (2000: 42.491 = 21,07 %),
13.530 Vereinsbetreuer sowie Betreuungsvereine = 6,01 %, (2000: 14.646 = 7,26 %),
2.045 Behördenbetreuer sowie Betreuungsbehörden = 0,91 %, (2000: 3.472 = 1,86 %).

Die Anteile haben sich über alle die Jahre nur insoweit markant verändert, als sich ein deutliches Zurückziehen im behördlichen Bereich ergeben hat. Den Kommunen sind diese Betätigungen viel zu teuer. Sie wollen lieber eine Bezahlung Freiberuflicher aus der Justizkasse, als sich selbst mit den nicht gedeckten Teilen zu belasten.

94b Unterschiede in den einzelnen Bezirken sind groß. So gibt es Gerichtsbezirke, in denen mehr als 90 % aller Betreuungen ehrenamtlich geführt werden und Bezirke mit einem Anteil von unter 30 % Ehrenamtlichen. Bisher sind alle Versuche, das von außen durch Anordnung zu vereinheitlichen, fehlgeschlagen.

I. Betreuerarten

95 Es gibt von Gesetzes wegen **sechs verschiedene Betreuer:**

1. An erster Stelle soll möglichst ein **privater/ehrenamtlicher Betreuer** bestellt werden,
2. notfalls auch ein **Berufsbetreuer.**
3. Ist beides nicht möglich, ein **Vereinsbetreuer** oder
4. ein **Behördenbetreuer,**
5. hilfsweise ein **Verein** und nur
6. ausnahmsweise die **Behörde** selbst.

Der Gesetzgeber hatte bei der Schaffung des Betreuungsrechtes in der Zeit von 1986 bis 1989 das Ideal vor Augen, möglichst nur ehrenamtliche Betreuerinnen zuzulassen. Das ist seinerzeit aufgegeben worden, weil man eingesehen hatte, dass so viele Ehrenamtliche nicht zur Verfügung stehen und auch eine nicht unerhebliche Zahl Klienten

---

98 Zahlen aus den Geschäftsübersichten des BMJ, der Landesjustiz- und Sozialministerien sowie überörtlichen Betreuungsbehörden. Die hiesige Wiedergabe lehnt sich an Deinert BtPrax 2004, 229 ff. an.

ungeeignet für eine ehrenamtliche Betreuung ist.[99] Das können z.B. psychisch Kranke mit zusätzlichen Suchtproblemen sein, an denen die Angehörigen bereits zerbrochen sind.

Die Forderung zu einer möglichst reinen Ehrenamtlichkeit „zurück zu kehren", ist in der Folgezeit immer wieder erhoben worden. Wichtiger als solch leer laufende Grundsatzdiskussion wird es sein, im Einzellfall die Möglichkeiten wie Grenzen des erwogenen Kandidaten sorgfältig zu bedenken. Niemand ist damit geholfen, wenn ehrenamtliche Helfer oder auch professionelle mit anderem Schwerpunkt überfordert werden, mit ihren Betreuten „untergehen".

Mit dem 1. Betreuungsrechtänderungsgesetz sind seit 1.1.1999 die **„Berufsbetreuer"** 96 als eigene Kategorie neben die ehrenamtlichen gestellt worden. **Vereinsbetreuer** handeln (wie Behördenbetreuer) zwar auch professionell, sind aber nach der Terminologie des Betreuungsrechts **keine Berufs**betreuer.

Für die Auswahl ist vorrangig auf **Vorschläge der Betreuten** abzustellen (§ 1897 BGB). 97 Dabei muss aber das Rangverhältnis grundsätzlich gewahrt bleiben, das heißt der Betroffen kann nicht durch seinen Wunsch steuern, dass ein Berufsbetreuer bestellt wird, obwohl ein geeigneter Ehrenamtlicher zur Verfügung stünde. Da die Berufsbetreuer aus der Staatskasse bezahlt werden, wenn der Betreute – wie oft – mittellos ist, hätte er es sonst in der Hand, zu Lasten der Staatskasse Verpflichtungen zu begründen.

Der Streit zu der Frage, ob trotz dieses Systems nicht ein **Verein als solcher vorrangig** 97a **bestellt werden** kann,[100] wenn die Betreute dies wünscht, dürfte im wesentlichen erledigt sein. Die von manchen Vereinen geförderte Aufgeregtheit hatte übersehen, dass es den Vereinen seit 1992 nicht mehr frei steht, „bürokratisch" aufzutreten. Wenn sie das dennoch wollen, werden sie mit dem „Nachteil" leben müssen, nur „nachrangig" berücksichtigt zu werden.

Der Kern der Problematik wie Diskussionsmöglichkeit liegt im übrigen bei dem 98 „geeignet". Es ist es deshalb besonders wichtig, bei Vorschlägen u.a. der Darstellung der Belastungsfähigkeit etc. Aufmerksamkeit zu widmen. Der ganze Streit um das Rangverhältnis erledigt sich, wenn aus den vorrangigen Bereichen niemand „geeignet" ist.

Welche Funktion ein Betreuer hat, ist nur dem **Betreuungsbeschluss** zu entnehmen. In 99 ihm steht auch, ob es sich um eine ehrenamtliche oder eine Bestellung als **Berufsbetreuerin** handelt. Ein Berufsbetreuer darf aus fiskalischen Gründen nur noch bestellt werden, wenn keine geeignete ehrenamtliche Person zu finden ist.

Die Betreuerin „Frau Meyer" kann private ehrenamtliche Betreuerin oder Berufsbetreuerin, Vereins- oder Behördenbetreuerin sein. Auch das müsste in dem **Beschluss** und dem **Ausweis** stehen, weil und solange sie als Frau Meyer in der Pflicht ist. Je nach Art ihrer Stellung hat sie aber unterschiedliche Befugnisse (vgl. §§ 1908 i Abs. 2 S. 2; 1908 e, 1908 g und h BGB). Nur wenn der Verein oder die Behörde bestellt ist, ist sie nicht persönlich verpflichtet, selbst wenn sie in der Behörde zuständig ist.

---

99 Ist eine Berufsbetreuerin besser geeignet, kann sie auch dann bestellt werden, wenn sich eine ehrenamtliche Person andient, BayObLG FamRZ 2002, 768. Bei der Auswahlentscheidung ist die richtige Qualifikation wichtiger als der Rang.

100 Statt eines Vereinsbetreuers, also „kostenneutral".

100 Insbesondere Angehörige wünschen sich nicht ganz selten, **„gemeinsam"** zu Betreuern bestellt zu werden. Davon ist deutlich abzuraten. Die gemeinsame Bestellung führt kraft Gesetzes dazu, dass beide nur **zusammen vertretungsbefugt** sind (§ 1899 Abs. 3 BGB).

Die denkbare Möglichkeit identische Aufgabenkreise zwei Personen je mit völliger **Alleinregelungsbefugnis** zuzuweisen, wird nahezu zwangsläufig ebenfalls zu Folgeproblemen führen.

In den mir bekannten Fällen haben die Angehörigen, die auf nachhaltigen Wunsch dennoch zusammen bestellt worden sind, in der Folgezeit stets selbst erklärt, das „sei keine glückliche Lösung gewesen".

101 Besser ist eine **klare Verantwortungszuweisung.** Nur dann wird zum Beispiel von außen erkennbar, wen z.B. das Heim anrufen soll. Bei der Bestellung mehrerer Personen ist eine Vertretungsregelung (§ 1899 Abs. 4 BGB) anzustreben.

101a ▸ *Frau Meyer wird bestellt. Zur weiteren Betreuerin wird ihre Schwester Frau Müller bestellt. Frau Müller ist vertretungsberechtigt, wenn Frau Meyer verhindert ist oder ihr die Besorgung überträgt.*

Aus der Übertragungsmöglichkeit ergibt sich, dass keine praktischen Probleme dadurch auftreten können, dass die Verhinderung unklar sein mag. Beide erhalten einen eigenen Ausweis als Betreuerin. Beide werden je über den weiteren Verlauf unterrichtet.

101b Im übrigen können die Aufgabenkreis geteilt zugewiesen werden, solange sich daraus nicht die Folge ergibt, dass zwei Betreuer für ihre Tätigkeit bezahlt werden müssen. Es gilt praktisch also nur noch für die Bestellung mehrerer Ehrenamtlicher oder eines Ehrenamtlichen neben einem Berufsbetreuer. Es ermöglicht so zum Beispiel, Angehörigen die persönlichen Entscheidungen zuzuweisen und bei komplexen wirtschaftlichen Probleme für die Vermögenssorge eine qualifizierte Berufsbetreuerin zuzuziehen.

101c Das Ganze muss nur immer noch überschaubar bleiben. Der Wunsch, die Dinge möglichst individuell zuzuschneiden, kann deutlich mit den **Verständnisgrenzen Dritter** kollidieren. Die schönste und filigranste Regelung nützt nichts mehr, wenn sie außer von den Architekten von niemandem mehr verstanden wird.

II. Eignungsprüfung

102 Der wesentliche Ansatz dafür, ob eine Betreuung hilfreich oder schädlich wird, ist die **Auswahl des zu bestellenden Betreuers.** Betreuung an sich bewirkt ja noch nichts. Erst die Zuweisung der Aufgaben an eine konkrete Person oder Institution führt zum Entstehen der Betreuung und von dem Engagement dieser Person, ihren Fähigkeiten, Neigungen, Schwierigkeiten, wird im Verlauf der Betreuung vieles abhängen.

103 § 1897 Abs. 1 BGB fordert, dass nur eine **„geeignete" Person** bestellt wird. Sie soll geeignet für die rechtliche Besorgung der Angelegenheiten sein und für den dazu erforderlichen persönlichen Umgang. Das besagt letztlich nichts unmittelbar Umsetzbares.

104 Es werden dabei auch **Ausschlussgründe** genannt, insbesondere für Mitarbeiter der Heime und Einrichtungen, z.T. auch für ihre Angehörigen (§ 1897 Abs. 3 BGB). Auf den Umfang dieses Ausschlusses wird noch zurückzukommen sein.

105 **Gesetzliche Vertretungshindernisse** allein sind kein Ausschlussgrund.

Niemand kann z.B. seinen Angehörigen als gesetzlicher Vertreter gegen sich selbst vertreten (§§ 1908 i Abs. 1, 1795 BGB); man kann mit sich selbst z.B. keine **Pflegevereinbarung** treffen, die Erbauseinandersetzung nicht mit sich selbst ausmachen, das Haus der vertretenen Eltern nicht an sich selbst verkaufen. Wenn solche Probleme zu erwarten sind, muss für diesen Teilbereich nötigenfalls ein Ergänzungsbetreuer bestellt werden. Die Betreuung an sich kann die Angehörige aber schon übernehmen (Relativierung nur in § 1897 Abs. 5 a.E BGB).

Als **Auswahlkriterien** nennt das Gesetz als erstes den **Wunsch der Betreuten** (§ 1897 106
Abs. 4 BGB), verweist dann auf die Familie (§ 1897 Abs. 5 BGB).

Beides ist wichtig, wird aber in Auseinandersetzungen oft überbewertet. Maßstab soll ja jeweils wieder die „Eignung" sein. Ungeeignete sind auch bei ausdrücklichem Wunsch, auch wenn sie aus der Familie kommen, nicht auszuwählen.[101]

Dass der **Wunsch des Betroffenen** im Vordergrund steht, versteht sich aus verfassungsrechtlichen wie moralischen und ethischen Gründen. Es wird ihm auch leichter fallen, jemanden zu akzeptieren, den er selbst vorgeschlagen hat. Andererseits ergibt sich daraus natürlich auch eine nahe liegende Fluchtmöglichkeit vor Anforderungen. **Unbequeme, fordernde Betreuer** haben so wenig Chancen „gewählt" zu werden, auch wenn es im besonderer Interesse der Betroffenen liegen kann, in dieser Weise gefordert, selbst in die Pflicht genommen zu werden. Ohne derartige „Zumutungen" ist ein Wachsen wenig möglich.

Der Gesetzgeber hat deshalb insgesamt nur eine Bindungstendenz vorgegeben, stellt es im Anordnungsverfahren aber zur Entscheidung des Gerichts, ob eine zureichende Eignung gegeben oder eine andere Wahl geboten ist.[102]

Die Gefahr liegt im Alltag darin, dass diese **Eignungserörterung** leicht als Bewertung, 107
Abwertung, verstanden wird. Einer Familienangehörigen ebenso aber auch einem Berufsbetreuer nahe zu bringen, sie/er sei in dieser Sache bei dieser Betreuten jetzt möglicherweise (nicht mehr) „geeignet", wird nicht ganz selten als nahezu beleidigender Vorwurf verstanden. Das mag aus Sicht der Angesprochenen emotional zunächst verstehbar sein. Darum darf es aber nicht gehen.

Eine Angehörige, die den **Verfall der 75jährigen Mutter nicht erträgt**, sich mit Selbst- 108
vorwürfen plagt, dass sie nach 5jähriger eigener Pflege die Mutter „in ein Heim geben musste", nun dem Heim dauernde Vorwürfe macht, die Pflege beanstandet, die Medikation für untragbar hält, den Arzt häufig wechselt, ist sicher engagiert, ist sicher betroffen, ist jederzeit ansprechbar. Hilfreich ist das weder für sie noch für ihre Mutter.

---

101 Das BayObLG hat in seinem Beschluss vom 20.2.2004 (FamRZ 2004, 1600) erneut betont, das Gesetz nenne verschieden Auswahlkriterien. Herausragende Bedeutung habe der Vorschlag des Betreuten und sein objektives (!) Wohl. Geringeres Gewicht habe ein negativer Wunsch des Betreuten und der Verwandtenvorrang. Letztlich gelte es stets sicher zustellen, dass das objektive Wohl des Betreuten geschützt werde. Die Auswahlentscheidung obliege dem „Tatrichter".

Es ging dabei um den inzwischen fast klassischen Streit eines Familienangehörigen mit einer „neutralen Betreuerin", die sich zahlreichen Vorwürfen ausgesetzt sah. Das BayObLG hat sowohl den Versuch (manipulierte?) Äußerungen des Betreuten zu benutzen wie die Berufung auf die Angehörigeneigenschaft als nachrangig zurück gewiesen, da die Interessen des Betreuten nach den äußeren Umständen mit dem bisherigen Verlauf gewahrt schienen.

102 Das gilt auch für Vorschläge oder Anordnungen aus Betreuungsverfügungen. Der Verfügende kann darin keine endgültige Festschreibung vornehmen.

Die Bestellung dieser Tochter zur Betreuerin auch für Gesundheit und Sicherungsmaßnahmen macht es ihr wie der Mutter schwer bis unmöglich, diese persönliche **Beziehungsgemengelage** aufzuarbeiten, zueinander (wieder) ein erwachsenengerechtes und der Altersentwicklung entsprechendes Verhältnis aufzubauen.

109 Ein Psychiater und eine Psychologin haben dazu festgestellt: „Das alles nützt mir aber buchstäblich nichts, wenn ich nicht auch zugleich die bodenlose **Existenzangst der Angehörigen** wiederfinde, die sich mit der Behinderung nicht abfinden können, die abgrundtiefe Verlustangst der Angehörigen, ihre gnadenlosen Schuldgefühle. Das Leiden der Angehörigen ist oft größer als das der Behinderten. Daher bedürfen sie mindestens einer ebenso aufwendigen Aufmerksamkeit und Wahrnehmung, um sich selbst wahrzunehmen, freizusprechen und wieder handlungsfähig machen zu können".[103] Mit einer Bestellung zum rechtlichen Betreuer wird das nicht erleichtert.

110 In **Behinderteneinrichtungen** sind nicht ganz selten gerade die **Bewohner** am auffälligsten, denen diese Möglichkeit zu spät oder nicht mehr eingeräumt worden ist. Wenn die Eltern gestorben sind, ist es oft unreparabel zu spät.

111 Das bedeutet nicht, die **Leistungen dieser Eltern**, der Angehörigen herabzuwürdigen. Ohne deren Einsatz wäre, wie die wichtigen und unverzichtbaren Einrichtungen der Lebenshilfe zeigen, vieles so nicht vorhanden. Es gilt nur, den unterschiedlichen Bedarf der Betreuten d.h. **Erwachsener**, wahrzunehmen und ernsthaft zu berücksichtigen, dass ihre Interessen andere sind, sein müssen, als die der Eltern und dass es möglich ist, beiden gerecht zu werden. Es werden auch den Eltern neue Chancen eröffnet, wenn sie andere Begegnungsmöglichkeiten erhalten als zu Erziehungszeiten.

112 Das Betreuungsrecht ist 1992 mit der Forderung, dem Versprechen angetreten, schlechte anonyme Verwaltung Erwachsener durch personenbezogene Tätigkeit abzulösen. Dieses wichtige Ziel sollte nicht überdecken, dass auch **zu viel Nähe, zu wenig Distanz** erdrosseln kann.

113 Andererseits: **Berufsbetreuer** werden i.d.R. zwar sorgfältig geprüft und ausgewählt.[104] Dennoch enthält allein das keine Garantie für eine langfristige sichere **Eignung**. So sind in einem mittleren norddeutschen Amtsgericht, das seinerzeit ca. 40 Berufsbetreuer beschäftigte, innerhalb der ersten 10 Jahre des Betreuungsrechts 10 Berufsbetreuer/innen abgesprungen (eigene Krankheit, Veränderung der persönlichen Situation, Unzufriedenheit mit den wirtschaftlichen Bedingungen etc.) und mussten 6 aus allen laufenden Betreuungen abgezogen werden, weil es z.T. massive, berechtigte Beschwerden gab, oder sich burn-out Folgen zeigten.

114 Eine einmal getroffene Auswahl gilt nicht für alle Zeiten und auch nicht zwangsläufig bis zu dem festgesetzten Überprüfungszeitpunkt. Wenn sich zeigt, dass es Anlass gibt, die **Auswahl** zu **überdenken**, kann das auch schon vorher geschehen. Eine professionelle, insbesondere eine Berufsbetreuerin kann jederzeit **entlassen** werden, wenn sich eine ehrenamtliche findet.

---

103 Dörner/Plog, u.a., Irren ist menschlich, Lehrbuch der Psychiatrie und Psychotherapie, 2004, S. 80.

104 Die früher schon nach Ortsgebrauch anzutreffende Handhabung, u.a. auch deren wirtschaftlichen Hintergrund kennen zu lernen, bevor sie bestellt werden, ist durch das 2. BtÄndG zur allgemeinen Pflicht erhoben worden (§ 1897 Abs. 7 BGB n.F.).

Sonst ist eine Entlassung gegen den ausdrücklichen Willen der Bestellten zwar nur möglich, wenn sie nicht (mehr) geeignet ist. Dazu bedarf es aber keines Nachweises eines schuldhaften Fehlverhaltens. Es genügt die Feststellung der fehlenden Eignung, die sich zum Beispiel auch aus zu unterschiedlichen Wertvorstellungen und Umsetzungsproblemen ergeben kann oder aus der Unfähigkeit, die nötige Distanz zu wahren.

III. Professionelle neben ehrenamtlichen Betreuern

Bei den **Klientenkreisen** zeigen sich deutliche **Unterschiede.** (Haupt-) Berufliche betreuen im Schwerpunkt Klienten der mittleren Altersgruppe und insoweit von betreuten Männern die überwiegende Zahl. Geistig Behinderte werden häufiger von Familienangehörigen betreut, während seelisch Behinderte, insbesondere aber Suchtkranke,[105] eher von Hauptamtlichen betreut werden. An dieser Klientel sind bisher alle Versuche gescheitert, ehrenamtliche Betreuer generell stärker zu beteiligen.[106] 115

Betreuungen finden sich mit einer **Dauer** von wenigen Stunden, häufig: wenigen Jahren bis zu 50 Jahren und mehr.[107] Bei professionellen Betreuungen finden sich häufiger Betreuungen bis zu 10 Jahren und mehr. 116

In etwa 45 % der professionellen Betreuungen kommt es zu Unterbringungen, bei einzelnen Betreuten oft. Auch das ist ein Bereich, in dem Ehrenamtliche schnell überfordert werden können.

Aktivitäten der Betreuer (Schwerpunkte):

- **ehrenamtliche:** Umzug, persönliche Pflege, Pflege familialer oder sonstiger Kontakte, Aufenthalts- und Regelung der Arbeitsstelle (auch in Werkstätten für Behinderte), Regelung von Erbangelegenheiten, Haus- und Wohnungsverwaltung, 117
- **professionelle:** Brief- und Telefonverkehr, Aufenthaltswechsel, Koordination der Möglichkeiten psychosozialer Betreuung, beschützende Unterbringungen, Intervention bei familiären Spannungen[108], Maßnahmen zur Sicherstellung des Lebensunterhalts, Sicherung und Auszahlung von Taschengeld , Schuldenabwicklung.

Viele professionelle Betreuer sind dem Anspruch ausgesetzt, ehrenamtliche heranzuziehen, fortzubilden, zu unterstützen. Das dabei **auftretende Konkurrenz**- und Abwertungsgefälle scheint in der Praxis immer noch zu wenig reflektiert zu werden. Die Klagen über die mangelnde Bereitschaft Ehrenamtlicher, sich in Betreuungsvereine und auch in den Clinch mit den Professionellen zu begeben, dort mitzuarbeiten, dürfte unter diesem Aspekt überdenkenswert sein. Es gelingt noch zu selten, den Ehrenamtlichen das Gefühl zu nehmen, sie seien die Behelfsmasse für die leichten Fälle. 118

105 Es ist ausgeführt, dass Sucht alleine nicht genügt, um eine Betreuung anzuordnen. Wenn es dennoch wegen der Folge- oder Begleitprobleme geschehen ist, bleibt in den Augen der Beteiligten die „Sucht" das (zunächst) vorherrschende Thema, sie werden danach „katalogisiert".

106 Pardey in ZRP 2003, 14, 15 f.

107 Eine noch in 2005 laufenden Betreuungsakte beginnt mit dem Hinweis aus 1943, dies sei ein Ersatzstück für die bei einem „Terrorangriff" durch Feuer vernichtete Originalakte. – Die angeordneten gesetzlichen Vertretungen aus der Zeit vor 1992 sind Kraft Gesetzes Betreuungen geworden.

108 Das kommt nicht ganz selten vor (Fallbeispiel: BayObLG FaRZ 2004, 1670 f.), trägt den Ansatz für massive Vorwürfe gegen die Betreuerin in sich, die schnell zur Ersatzzielscheibe wird.

119 Bis zum 30.6.2005 übliche Betreuungen pro beruflichem/professionellen Betreuer:

- **Berufs**betreuer 10 – 117
- **Vereins**betreuer 10 – 264
- **Behörden**betreuer 5 – 90.

Diese Zahlen hatten sich über die Jahre wenig verändert, auch wenn alle Beteiligten immer wieder betonten, niemand könne ernsthaft 50 oder mehr Klienten rechtlich betreuen.

Die Tendenz wie die Gesamtzahlen pro beruflich Tätiger werden sich zukünftig voraussichtlich verändern. Nach dem neuen System der Bezahlung beruflicher rechtlicher Betreuung über eine strikt begrenzte Honorarpauschale (Einzelheiten bei **Rdnr. 389** ff.) werden niedrige Zahlen bei Freiberuflichen wie in den Vereinen kaum noch vorkommen. Es ist anders als nach altem Recht ab 1.7.2005 z.B. ausgeschlossen, dass sich eine Betreuerin auf komplexe Vorgänge mehrfach Geschädigter mit einem hohen Betreuungsbedarf spezialisiert und von der Arbeit für „nur 20“ Betreute leben kann.

Die Modellrechnungen bei der Diskussion des neuen System gingen davon aus, dass etwa **80 durch eine Betreuerin geführte Betreuungen** notwendig sind, um wirtschaftlich als selbständige Hauptberufliche überleben zu können.

120 Wichtig bleibt für alle professionell am Betreuungsverfahren Beteiligten das Bewusstsein, dass die Anordnung einer Betreuung wie die Folgebegleitung durch das Gericht jeweils nur die äußeren Schichten verzweigter Lebensgeschichten berührt. Es ist notwendig, das zu verinnerlichen, damit die **Abwehr** vieler **tatsächlicher Betreuer** besser verstanden wird. Sie hatten und haben manchmal jahrelang die tägliche Arbeit, kennen die Probleme und sehen sich nun formalisierten Entscheidungsträgern (rechtliche Betreuerin, Vormundschaftsgericht, Betreuungsbehörde) ausgesetzt, die behaupten, ohne sie sei gar nichts möglich und deren „Hilfe“ sich zu oft auf die Versendung von Formularen und der Aufstellung zusätzlicher **bürokratischer Hürden** (Genehmigungserfordernisse) zu beschränken scheint.

121 Werden Verfahrenspfleger oder Berufsbetreuer eingesetzt, werden sie nicht ganz selten als fremde **Störenfriede** empfunden, die auch noch bezahlt werden müssen. Sie werden in der Anfangszeit deutlich darauf bedacht sein müssen, so zu arbeiten, dass die **Anerkennung der persönlichen Bindungen** deutlich wird, dem tatsächlichen Kenntnisvorsprung Respekt gezollt wird. Betreuer sollen die Interessen des Betroffenen durchsetzen, aber so, dass er weiter mit seiner Umgebung leben kann und so, dass der Betreuer weiter eine Chance hat, als angemessenen Handelnder neue Aufträge aus diesem Bereich zu erhalten. Wer z.B. Heime, Betreuungsbehörden und Gerichte dadurch verprellt, dass er/ sie als Neuling zunächst alles anders gestalten will, alles besser weiß, wird damit rechnen müssen, dass ihm /ihr die Möglichkeit genommen bleibt, tragfähige Erfahrungen zu sammeln.

122 Berufsbetreuer haben, außer zur Bezahlung, keine andere Rechtsposition als die ehrenamtlichen Betreuer.[109] Das heißt z.B: Auch Berufsbetreuer unterliegen allen Genehmigungserfordernissen, können sich auf keine der Freistellungen nach § 1908 i BGB

109 Anders ist das zum Teil für Vereins- und Behördenbetreuer.

berufen. In Betracht kommen insoweit nur die allgemeinen gerichtlichen **Ermächtigungen** oder **Freistellungen**, soweit sie gesetzlich vorgesehen sind.

IV. Ergänzungsbetreuung und weitere Sonderfunktionen

Wenn die Betreuerin **rechtlich verhindert** ist (§§ 1908 i Abs. 1, 1795, 181 BGB), ein Interessenkonflikt auftritt (§§ 1908 i Abs. 1, 1796 BGB) oder sie längere Zeit tatsächlich verhindert ist, kann eine **Ergänzungsbetreuerin** bestellt werden. 123
Diese nicht ausdrücklich im Gesetz erwähnte Möglichkeit wird in Anlehnung an die Terminologie von § 1909 BGB allgemein anerkannt, wobei sich nur in der Praxis unterschiedliche Bezeichnungen entwickelt haben.
Z. T. wird dies ausdrücklich als **Ergänzungsbetreuung** bezeichnet, z.T. als **Vertretungsfall** (wie bei § 1899 Abs. 4 BGB).

Daneben benutzt man die Begriffe **Kontrollbetreuer, Gegenbetreuer, nur gemeinschaftlich vertretungsberechtigte Betreuer**. Diese Begriffe sind zum Teil mehrdeutig. In den verschiedenen Bezirken werden unterschiedliche Bezeichnungen verwendet, da sie nicht gesetzlich vorgegeben sind. 124
Die konkreten Befugnisse bestimmen sich allein aus der Aufgabenzuweisung im Betreuungsbeschluss, nicht aus einer derartigen Benennung.

Mit **Kontrollbetreuer** meint man meist einen Betreuer nach § 1896 Abs. 3 BGB, mit der Aufgabe, einen Bevollmächtigten zu kontrollieren. Wenn er mit dieser Bezeichnung und der Aufgabe „Kontrolle des Bevollmächtigten" eingesetzt ist, bleibt er auf die bloße Kontrolle beschränkt, kann die **Vollmacht** wohl nicht **widerrufen.**[110] 125
Wenn der Aufgabenkreis allerdings so formuliert ist wie § 1896 Abs. 3 BGB, d.h. „Geltendmachung der Rechte des Betreuten gegenüber seinem Bevollmächtigten" mag die Widerrufsmöglichkeit mit zugewiesen sein. Viele bezweifeln das, weshalb bei potentiellem Widerrufserfordernis eher ein Betreuer nach § 1896 Abs. 1 und 2 BGB eingesetzt wird mit dem Aufgabenkreis „Wahrnehmung der Rechte des Betreuten gegenüber seinem Bevollmächtigten und ggf. Widerruf der Vollmacht".
Das Fatale ist, dass ein etwa unwirksamer **Widerrufsversuch**[111] bei unzureichendem Aufgabenkreis dazu führt, dass alles, was der Bevollmächtigte dennoch weiter unternimmt, wirksam bleibt und z.B. bei Grundstücksgeschäften wirtschaftlich dauerhaften Schaden verursachen kann.
Deshalb ist es auch problematisch, in solchen Fällen zunächst zu versuchen, durch **eigene Erklärung des Betroffenen** die Vollmacht zu widerrufen , wenn seine **Geschäftsfähigkeit** nicht außer jedem Zweifel steht.[112] Ist er bei dem Widerruf oder dem entsprechenden Auftrag an seine Verfahrensbevollmächtigte geschäftsunfähig, ist auch ein derartiger Stop-Versuch zum Scheitern verurteilt.

---

110 Das ist umstritten. Ich halte es systematisch für falsch, das Gegenteil annehmen zu wollen, ohne das hier vertiefen zu können, empfehle für den Alltag, die Klarstellung durch die ausdrückliche Aufgabenzuweisung zu suchen.

111 BayObLG BtPrax 2002, 214: Eine wirksame Vollmacht kann von einem geschäftsunfähig Gewordenen nicht mehr selbst wirksam widerrufen werden.

112 Vgl. BayObLG a.a.O.

§ 5 Folgen der Anordnung einer Betreuung

126 Die **Betreuung** wird durch einen **gerichtlichen Beschluss** angeordnet (§ 69 FGG). Das Gesetz schreibt im einzelnen vor, was alles in den Beschluss aufzunehmen ist, § 69 FGG.[113] Für die rechtliche Außenwirkung gilt nur das, was in dem **Beschlusstenor**[114] steht. Ob die Behinderung oder Krankheit z.B. in den Gründen falsch bezeichnet ist, ist ebenso unerheblich wie die etwaige versehentliche Zuordnung falscher Familienbeziehungen.

126a Seit dem 1.7.2005 kann das Landesrecht vorgeben, dass die bisher grundsätzlich untrennbare Anordnung der Betreuung mit der gleichzeitigen Auswahl und Bestellung eines Betreuers in zwei Akte aufgeteilt wird, die Auswahl und Bestellung gesondert durch einen Rechtspflegerbeschluss nachzuholen ist. Inhaltlich bedeutet das einen Rückschritt zu dem, was vor dem 1.1.1992 galt.

Wenn ein Richter den Vorgang dennoch gleichzeitig umsetzt, ist das unproblematisch gültig. Richter können Rechtspflegeraufgaben immer wirksam wahrnehmen (§ 8 Abs. 1 RpflG).

Richter müssen es nur nicht und wenn sie es tun, wird es nicht als Teil der zu leistenden Gesamttätigkeit berücksichtigt.

126b Der im Alltag zu Unrecht hoch eingeschätzte **Betreuungsausweis** hat keine eigenen rechtlichen Wirkungen. Wenn ein Widerspruch zwischen Ausweis und Beschlusslage besteht, gilt das, was in den Beschlüssen angeordnet ist, nicht das was in dem Ausweis steht.[115]

I. Auswirkungen auf die rechtliche Handlungsfähigkeit

127 Die angeordnete Betreuung soll primär als Hilfe verstanden werden.

Die Betreuerin, die mit der Bestellung gesetzliche Vertreterin der Betreuten wird (§ 1902 BGB), hat im rechtsgeschäftlichen Bereich Entscheidungsbefugnis grundsätzlich nur **neben der Betreuten.** Für **personenbezogene** Entscheidungen gibt es dagegen **kein Nebeneinander.** Hier ist nur entweder die Betreute oder die Betreuerin befugt.[116]

Mit der Anordnung der Betreuung verliert die Betreute nicht ohne weiteres die eigene **Eigenentscheidungsmöglichkeit.** Ob ihr das in der Praxis bei wichtigeren Entscheidungen nützt, erscheint allerdings diskussionswürdig. Es spricht vieles dafür, dass sich jedenfalls bei wirtschaftlich wichtigen Entscheidungen die Partner eher auf die Zeichnungsbefugnis der Betreuerin verlassen werden, so i.d.R. Behörden.

---

113 Beispiele in den Anlagen am Ende des Buches

114 Das ist der Teil vor „Gründe“

115 Das war und ist unter Juristen unbestritten; vgl. Palandt, BGB, § 1791 Rn. 1, steht damit in einem krassen Gegensatz zu den Annahmen von Laien und dem Alltagsumgang mit dem Ausweis. Ist die Befugnis des konkreten Betreuers z.B. beendet, hat er keine Kompetenz mehr, auch wenn er den Ausweis noch nicht zurück gegeben hat. Sicher kann man als Partner oder Dritter nur sein, wenn das Gericht bestätigt, dass der Beschluss nicht aufgehoben ist. Ob man als Außenstehender allerdings eine solche Bestätigung erhalten wird, ist auch aus Datenschutzgründen problematisch.

116 Darin liegt ein gravierender Unterschied zu dem Bereich beschränkt geschäftsfähiger Minderjähriger ab etwa 14 Jahren. Dort werden beide Zustimmungen, die des Minderjährigen und der Eltern nötig sein. Hier im Erwachsenenrecht gibt es (im Bereich Gesundheit/persönliche Angelegenheiten) nur ein entweder/oder.

Die Betreute ist lediglich dann nicht rechtsgeschäftlich handlungsfähig, wenn sie geschäftsunfähig ist (vgl. § 104 BGB). Diese Frage wird aber nicht durch die Anordnung einer Betreuung oder in deren Zuge geklärt.
Im Alltag und der veröffentlichten Meinung wird oft behauptet, die Betreute sei stets geschäftsfähig, wenn kein Einwilligungsvorbehalt angeordnet worden sei, weil die Anordnung der Betreuung die bestehende Geschäftsfähigkeit ja unstreitig nicht nehme. Derartige Äußerungen sind ebenso zutreffend wie irreführend. Wenn die Geschäftsfähigkeit bei Anordnung der Betreuung bestand, wird sie durch die Anordnung nicht infrage gestellt. Ob sie aber bestand, hat nichts mit rechtlicher Betreuung zu tun, ist nicht einmal im Betreuungsrecht geregelt. Deshalb sind derartige Zuordnungen in sich ohne Sinn.[117]

II. Einwilligungsfähigkeit und Geschäftsfähigkeit

Das BGB definiert die **Geschäftsfähigkeit** nur indirekt über §§ 2, 104 ff. BGB. 128
In § 2 BGB ist festgelegt, dass man mit 18 Jahren volljährig wird. §§ 104 ff. BGB knüpfen grundsätzlich an die früheren Lebensbereiche an, ordnen denen die Begriffe **Geschäftsunfähigkeit** und **beschränkte Geschäftsfähigkeit** zu. In § 104 Nr.2 BGB werden die dort näher beschriebenen Kranken und Behinderten ebenfalls als **geschäftsunfähig** deklariert.
Jeder Volljährige ist also **geschäftsfähig**, das heißt fähig, durch **eigene** Maßnahmen rechtsgeschäftliche Bindungen auslösen zu können. Ist jemand aber so krank, dass er deren Folgen nicht übersieht, ist er geschäftsunfähig (§ 104 Nr. 2 BGB). Ist er darüber hinaus so beeinträchtigt, dass er Maßnahmen auch für sich selbst nicht mehr überblicken kann, ist er einwilligungsunfähig, selbst wenn er noch einen sog. „natürlichen" Willen bilden und äußern kann.

Die **Einwilligungsfähigkeit** wird im Gesetz vorausgesetzt (z.B. bei §§ 1904, 1905 129
BGB), nicht thematisiert. Einwilligungsfähigkeit setzt mehr voraus, als die Fähigkeit „ja" und „nein" sagen zu können. Üblicherweise wird erklärt, es sei die Fähigkeit, nach entsprechender Aufklärung die Bedeutung und Tragweite einer Entscheidung zu erfassen und dann den Willen danach ausrichten zu können.[118] Es liegt auf der Hand, dass darin mehr Vorverständnisse abgefragt werden als objektive Zuordnungen.

Im Bereich **persönlicher Maßnahmen**, insbesondere für die Zustimmung zu ärztli- 130
chen Maßnahmen und bei Unterbringungen, kommt es jedenfalls nicht auf die Geschäftsfähigkeit, sondern diese sog. Einwilligungsfähigkeit an. Ist die Betreute einwilligungsfähig, hat nur sie das Entscheidungsrecht. Ist sie entscheidungsunfähig, hat allein die Betreuerin die Entscheidungskompetenz. Dabei ist die Fähigkeit „ja" oder „nein" sagen zu können, wie erwähnt, nicht identisch mit der Einsichtsfähigkeit. § 1905 BGB stellt beides nebeneinander, zeigt damit deutlich, dass es einen Unterschied geben muss.

117 Dass man in der Praxis dennoch gelegentlich mit ähnlichen Ansätzen arbeitet, hat einen ganz anderen Hintergrund und sollte tunlichst damit verbunden werden, dass man nur auf nahe liegende tatsächliche Vermutungen schließt, keine rechtlichen gar zwingenden Schlüsse damit koppelt. Einzelheiten bei Rdnr. 371.

118 S. z.B. Jürgens u.a., Betreuungsrecht, § 1905 Rn. 5

131 Bei dem Aufgabenkreis **Aufenthaltsbestimmungsrecht** wird z.T. immer ein Vorrang der Entscheidung der Betreuerin angenommen.[119] Ist der Betreute nicht einwilligungsfähig oder nicht ansprechbar, entscheidet nach außen nur die Betreuerin.

132 Die rechtliche Konstruktion leidet an einem **immanenten Systemfehler,** der selten offen diskutiert wird, aber immer wieder grundsätzliche Verständigungsprobleme aufwirft. Man erkennt ihn, wenn man die Bereiche direkt nebeneinander stellt. Die Systeme passen nicht zueinander, obwohl sie mit identischen Begriffen arbeiten.

Für Minderjährige gilt:

ab ca. 14 Jahre aufwärts sind sie (bedingt) **einwilligungsfähig.** Darunter sind sie **einwilligungsunfähig,** aber	Das ist unterhalb der Geschäftsfähigkeit also die **höchste Stufe,** setzt mehr Fähigkeiten voraus, als die bloße beschränkte Geschäftsfähigkeit oder die Geschäftsunfähigkeit.
mit 7 bis 17 Jahren dennoch **beschränkt geschäftsfähig.**	**Mittlere Stufe,** mit Teilüberdeckung zu der höheren.
Bis 6 Jahre (incl.) sind sie **geschäftsunfähig.**	Das ist die **geringste Stufe,** bedingt weniger Fähigkeiten als bei der Einwilligungsunfähigkeit, es gibt keine eigenen Entscheidungsmöglichkeiten.

Betreute bleiben trotz Betreuung rechtlich handlungsfähig, also **geschäftsfähig,** wenn sie es denn auch ohne Betreuung waren/sind (§§ 2, 104 Nr. 2 BGB). Sie können wegen § 104 Nr. 2 BGB **geschäftsunfähig** sein.[120]

Sie können dennoch einwilligungsfähig sein, weil Einwilligungsfähigkeit hier weniger anderes voraussetzt als die Geschäftsfähigkeit, können aber auch **einwilligungsunfähig**[121] und dennoch willensbildungsfähig sein, können schließlich willensbildungsunfähig sein.

Ein geschäftsunfähiger Minderjähriger (0 bis 6 Jahre) kann also nie einwilligungsfähig sein. Das beginnt in der Regel frühestens ab ca. 14 Jahre. Ein Erwachsener kann geschäftsunfähig aber dennoch einwilligungsfähig sein. Seine Geschäftsunfähigkeit setzt also bei noch viel mehr vorhandenen Fähigkeiten ein, als bei geschäftsunfähigen Minderjährigen zu erwarten sind. Das liegt daran, dass es bei **Erwachsenen** den Sektor **„beschränkte Geschäftsfähigkeit" nicht gibt,** dieser dort weitgehend der Geschäftsunfähigkeit zugeordnet wird. Weitgehend, aber eben doch nicht ganz.

119 Ich halte das für falsch. § 69 I Abs. 2 FGG wäre sonst sinnlos. – Eine ganz andere Frage ist, ob das nicht nur eine theoretische Fragestellung ist. Solange die Betreute einwilligungsfähig ist, wird über „Aufenthaltsbestimmung" nichts gegen ihren Willen regelbar sein; vgl. auch BGH BtPrax 2001, 32 ff. Daraus folgt jedenfalls, dass niemand sich darauf verlassen sollte, er könne mit „Aufenthaltsbestimmung" ohne konkrete Einzelgenehmigung des Gerichts wirklich etwas bewirken, wenn die Betreute opponiert. Es sei denn, die Betreute ist ersichtlich einwilligungsunfähig.

120 Mit der Folge, dass rechtsgeschäftlichen Erklärungen mit der kleinen Gegenausnahme aus § 105 a BGB nichtig sind; § 105 BGB.

121 Mit der Folge, dass sie keine eigenen wirksamen personenbezogenen Entscheidungen treffen können.

Die Anordnung eines **Einwilligungsvorbehaltes** führt dazu, dass Betreute für den dabei bezeichneten Geschäftskreis rechtlich wirksamer Handlungen, die sie nach obiger Aufstellung allein wahrnehmen könnten, „entrechtet" werden, einem beschränkt Geschäftsfähigen gleichgestellt werden.[122] Wenn sie ohnehin „natürlich" rechtlich handlungsunfähig waren (geschäftsunfähig oder einwilligungsunfähig), erhalten sie durch den Einwilligungsvorbehalt nicht mehr Rechte, bleiben vielmehr rechtlich handlungsunfähig; Zustimmungen können insoweit „ins Leere" gehen oder umzudeuten sein.[123] 133

Der erste **Bruch des Betreuungsrechts zum Minderjährigenrecht** liegt also darin, dass es keine ohne weiteres beschränkt Geschäftsfähigen gibt; der wesentliche sprachliche Fehler darin, dass bei Betreuten die Stufe „geschäftsunfähig" oft mit einem anderen Sinn als bei Minderjährigen belegt wird, insoweit in Wahrheit „nicht voll geschäftsfähig" gemeint ist, in der Praxis ein qualitativer Ansatz wie bei 16/17 jährigen gewählt wird. „Darunter" sind dann die noch Einwilligungsfähigen, qualitative Stufe wie bei 14/15 jährigen zu finden. § 104 Nr. 1 und Nr. 2 BGB enthalten mit solchem Kontext also zwei ganz verschiedene Aussageebenen. 134

Mit dieser Gegenüberstellung soll nicht wieder der zu Recht überlebte Vergleich Behinderter mit Minderjährigen aufgegriffen werden. **Volljährige haben eine andere Lebenssituation**, ein anderes Einbindungsfeld, sind keine Minderjährigen. Aber: § 104 BGB stellt beides nebeneinander. Konsequenterweise müssten eigentlich Betreute, die (schon) einwilligungsunfähig sind, noch als geschäftsfähig behandelt werden, bis die Grenze der Geschäftsunfähigkeit ereicht ist. 135

Das will offenbar niemand hinnehmen, sie in diesem Bereich nicht schutzlos lassen. Die nach altem Recht bestehende Unterscheidung zwischen starker (Folge: geschäftsunfähig) und schwacher (Folge: beschränkt geschäftsfähig) Entmündigung gibt es nicht mehr. Der Gesetzgeber hat die dadurch entstehende Lücke bewusst offen gelassen.

Die Praxis hat sie dahin geschlossen, dass **Betreute, die nicht offensichtlich voll geschäftsfähig sind, als geschäftsunfähig geschützt werden,** obwohl sie das nach dem System des § 104 BGB eigentlich noch nicht sind, ihnen aber für den persönlichen Bereich die Einwilligungsmöglichkeit allein belassen wird, es sei denn sie sind auch damit offensichtlich überfordert.

Schwierig ist immer wieder die Frage nach der Feststellung wie einer etwaigen **Festschreibungsmöglichkeit der Geschäftsunfähigkeit**, insbes. auch für die Vergangenheit. Das kann z.B. wichtig sein für die Frage nach der Wirksamkeit von Vollmachten, sowie bei Fällen mit problematischen Vereinbarungen. 136

- *Man denke z.B. an einen notariellen Erbverzicht anlässlich eines Spazierganges mit der Schwiegertochter. Sie sei Witwe des verstorbenen Sohnes, hatte seine in einem Heim lebende Mutter (Pflegestufe 2) abgeholt und war „zufällig" mit ihr bei dem Notar vorbei gekommen. Der sah keine Verständigungsprobleme. Die Betroffene erinnerte sich schon am Abend desselben Tages an nichts mehr. Sie lebte an der Grenze der Sozialhilfebedürftigkeit, hatte auf mehr als 100.000 € (zugunsten der Witwe) verzichtet. Die Betreuerin wollte den Erbverzicht infrage stellen, sah aber das Kostenrisiko.*

122 Mit einem geringen Unterschied betr. die geringfügigen Angelegenheiten des täglichen Lebens. Die kann ein Erwachsener mit EVB i.d.R. noch selbst tätigen, ein Minderjähriger nur, solange das dem Willen der Vertreter entspricht.

123 Details zum Einwilligungsvorbehalt bei Rdnr. 167 ff.

Vergleichbar ist die Konstellation bei einem Streit mit dem Sozialhilfeträger, der darauf verweist, es sei doch verwertbares Vermögen vorhanden; die Schenkung des Hauses an den Nachbarn sei doch unwirksam.
Eine Patentlösung wird es nicht geben. Die Beteiligten werden sich in **jedem Einzelfall** darüber verständigen müssen, was sie bei der gerade Betroffenen für zutreffend halten. Wenn die Beteiligten außerhalb des Gerichts sich nicht einig sind oder werden und es sich um eine **Maßnahme von Gewicht** für die Betroffene handelt, wird das Gericht mitwirken müssen. Ob allerdings jedes bereit ist, seinerseits die Außenstehenden durch eine gerichtliche Bewertung zu entlasten,[124] ist nicht garantierbar.

136a Die Einschätzung der **Einwilligungsfähigkeit** ist von zentraler Bedeutung bei allen medizinischen Maßnahmen. Dabei treten zum Teil gravierendere **Bewertungsabweichungen** auf. Das beruht wohl auch darauf, dass einige Berufe eher gewohnt sind, ganzheitlich zu betrachten, das Rechtssystem hier eher die sektorale Betrachtung meint.

- *Eine Betroffene, die mit ihrem Lebensgefährten in gemeinsamer Wohnung lebt, den Alltag allein gestaltet, kommt mit einem massiv entzündeten Bein (auch: fortgeschrittene Nekrose) in ein Krankenhaus. Bei der Frage nach der Amputation antwortet sie stereotyp, „nein, ich lehne jede Verantwortung ab".*

Ist sie einwilligungsfähig, wie aus ihrer Alltagsbewältigung folgt? Ist sie einwilligungs**un**fähig, weil sie die ärztliche Beratung und Belehrung offenbar nicht rational umsetzen kann? Ist sie einwilligungsfähig, zumal kaum ein Patient sich in so einer Lage rational verhält und dem Arzt vertraut, hat sie ihn damit gar zum Amputieren ermächtigt? Genügt es, wenn er erklärt, er habe an ihren Augen gesehen, dass sie die Maßnahme ihm überlasse. Sie meine nur, sie selbst ertrage die Entscheidung nicht?
Folgt aus dem „Recht auf die eigene Krankheit und das eigene Sterben" auch, dass sie wirksam untersagt hat, etwas zu unternehmen? Auch mit Wirkung gegen einen etwa bestellten Betreuer?

137 Einige Vormundschaftsgerichte sind bereit, ihre **Beweisaufnahme** (Sachverständigengutachten) auch auf die Frage der gegenwärtigen und/oder früheren **Geschäftsunfähigkeit** bzw. Einwilligungsunfähigkeit zu erstrecken, wenn wichtige Geschäfte zu bewerten sind. Das ist seit Sommer 2004 allerdings zunehmend schwerer zu vertreten, weil die Gutachterkosten dann höher werden, bei dieser Fragestellung ein höherer Vergütungssatz gilt.
Wenn unklar ist, ob ein angekündigtes Handeln unbedenklich ist, mag die Betreuerin ausdrücklich entsprechenden Rat, ggf. nach einschlägigen Ermittlungen oder auch entsprechende Auflagen erbitten. Wenn dabei ein qualifiziertes Gutachten zu der Frage erlangt werden kann, erübrigt sich mancher Prozess.

---

124 Die (auch haftungsrechtliche) Verantwortung bleibt selbst dann bei der Betreuerin, wenn sie eine gerichtliche Entscheidung hat bewirken können; BGH FamRZ 2003, 1925. Sie wird es „draußen" aber leichter haben, wenn das Gericht mitzieht.
Die Argumentation in der Sterbehilfeentscheidung vom März 2003 zeigt über den dortigen Kontext hinaus, dass es zu der Aufgabe der Vormundschaftsgerichte gehört, bei wichtigen Dingen gesuchte Entlastungen zu geben (s. i.e. bei Rdnr. 284 ff.).

Letztlich ist auch insoweit die Klärung nur vor Ort möglich und es nötig, abzusprechen, wer wie kooperiert oder widerspricht. Zwingen wird die Betreuerin das Betreuungsgericht schon wegen der Kostenfolgen zu einer derartigen Beweisaufnahme nicht können, auch nicht über Beschwerden.
Für weniger hilfreich halte ich dagegen in diesem Zusammenhang Beweissicherungsverfahren. Dann sollte man sich lieber gleich in den eigentlichen Streit stürzen (nötigenfalls mit oder über Prozesskostenhilfe).

III. Verfahrensfähigkeit

Neben den bisher behandeltene Begriffen steht die **Verfahrensfähigkeit.** Betroffene 138
können sich am eigenen Verfahren immer wirksam beteiligen, auch von einem bestellten Betreuer nie am unmittelbaren Kontakt mit dem Gericht gehindert werden.
Sie können in diesem Bereich selbst gegen den ausdrückllichen Widerstand des Betreuers und der Angehörigen wirksam einen eigenen Rechtsanwalt beauftragen, der dann auch bezahlt werden muss. Die Honorarforderung entsteht durch den Auftrag selbst des geschäftsunfähigen Betroffenen und die Abwicklung durch den Rechtsanwalt nach Maßgabe der gesetzlichen Regeln im RVG.
Diese Möglichkeit zu ungehindertem Zugang zu einem Rechtsanwalt mit den Kostenfolgen aus dem RVG besteht aber nur aufgrund der Sondervorschrift in § 66 FGG und nur im Umfang seines Geltungsbereiches, nicht für beliebige Begleitaufträge.
Der Geschäftswert für die Tätigkeit des Rechtsanwaltes richtet sich nach dem Gegenstandswert der Betreuung, in der Regel also 4.000 €, nicht etwa nach dem Wert des Aktivvermögens des Betroffenen.

§ 6 Tätigkeit der Betreuer

139 Es gibt keine Betreuungstätigkeit an sich. Anders als bei Eltern oder anderen gesetzlichen Vertretern Minderjähriger sind die gesetzlichen Vertreter Volljährigen in der Regel nur in eng umschriebenen Bereichen zuständig,[125] den zugewiesenen Aufgabenkreisen.

Selbst die vermeintlich umfassende Zuständigkeit für **„alle Angelegenheiten"** geht sehr viel **weniger weit**, als die alltagssprachliche Zuordnung vermuten lässt. Ausgenommen sind davon z.B. alle Post- und Fernmeldeangelegenheiten (s. § 1896 Abs. 4 BGB). Nicht erfasst werden Eheschließungen[126] und letztwillige Verfügungen. Nicht möglich sind damit „Patientenverfügungen" im Namen des Betroffenen, die generelle Anordnung an ein Heim, keinen Notarzt mehr zu rufen. Nicht erfasst sind weiter all die Dinge, die in anderen besonderen Bestimmungen ausgenommen sind, wie z.B. in §§ 1905, 1899 Abs. 2 BGB (Sterilisation).

Zu den wichtigsten Aufgaben **bei Beginn** der Tätigkeit als Betreuerin gehört es deshalb, zunächst genau zu **klären, wofür man zuständig ist**, wo die tatsächlichen Probleme liegen, welche sonstigen Informationen man benötigt und wo man wie weitere Hilfe erfährt.[127]

I. Innen- und Außenverhältnis

140 Die Betreuerin hat die rechtlichen **Angelegenheiten der Betreuten** so zu regeln, wie es deren **Wohl** erfordert.

Was darunter zu verstehen ist, weiß niemand so genau. Wichtig erscheint, die **Autonomie der Betreuten** im Rahmen der Möglichkeiten zu stärken und zu fördern (§ 1901 Abs. 3 und 4 BGB).

Die Befugnisse der bestellten Betreuer richten sich dabei zunächst nur nach den zugewiesenen **Aufgabenkreisen**. Wenn sie nicht genügen, müssen sie erst erweitert werden, bevor eine Handlungsbefugnis entsteht. Es gibt kein Recht zu einer vorläufigen Aktivität. Wenn eine Betreuerin sich auf einen derartigen Vorgriff einlässt, handelt sie auf eigenes Risiko und mit unbeschränkbarer eigener Haftung.

141 Im Innenverhältnis ist die Betreuerin zwar gehalten, sich an den Wünschen der Betroffenen (§ 1901 BGB) auszurichten. Im **Außenverhältnis** wird die Vertretungsbefugnis der Betreuerin **aber nicht** durch diese Wünsche begrenzt, sondern ist nach § 1902 BGB eigenverantwortlich zugewiesen, eingegrenzt nur durch die gesetzlich geregelten Beschränkungen (wie z.B. durch §§ 1908i i.V.m. §§ 1795 sowie 1807 ff. und 1821 ff. BGB).

Damit können im Außenverhältnis **im wirtschaftlichen Bereich** Probleme des Vorrangs wie widerstreitender Entscheidungen auftreten. Insoweit gilt grundsätzlich, dass **Betreuer und Betreuter nebeneinander befugt** sind, nach außen Maßnahmen vorzunehmen. Die Betreuerbestellung schränkt die Möglichkeiten des Betreuten, selber tätig zu

125 Beschluss über die Anordnung einer Betreuung in der Anlage I, 4.

126 Über die Ehefähigkeit entscheidet allein der Standesbeamte; BayObLG, BtPrax 2002, 78.

127 Eine Arbeitshilfe für die Bestandsaufnahme bei Beginn einer Betreuung befindet sich mit im Anhang I, 7.

werden, als solche eben gerade nicht ein, wenn und solange die Betreute zu eigenem Handeln in der Lage ist.

Wenig geläufig sind die Auswirkungen der **gesetzlichen Vertretungshindernisse**, insbes. aus §§ 1908 i, 1795 BGB sowie die durch § 1796 BGB vorgezeichneten Eingriffsmöglichkeiten. 142

§ 1795 BGB enthält ein **gesetzliches Vertretungshindernis.** Wenn es eingreift, besteht selbst dann **keine Vertretungsmacht**, wenn z.B. ein Geschäft beurkundet, genehmigt und durchgeführt worden ist. Der Betreuer hat für alle Konsequenzen der Unwirksamkeit als Vertreter ohne Vertretungsmacht einzustehen,[128] unabhängig vom Verschulden.

Die gelegentlich in diesem Zusammenhang eingeforderte „Großzügigkeit" hilft deshalb niemanden, zumal sie andere Beteiligte nicht binden kann und auch offen ist, ob z.B. 3 Jahre später alle dann Beteiligten das auch immer noch gut finden.

Die hier angesprochene Frage darf auch nicht mit der nach der Eignung verwechselt werden. Im Bestellungsverfahren wird zwar die Frage etwaiger **Interessenkollisionen** geprüft.[129] Die Tatsache, dass jemand dennoch bestellt wird, verschafft ihr bei fortbestehender oder nachträglich entstehender Interessenkollision i.S.d. § 1795 BGB dadurch keine Vertretungsmacht. Sie bleibt ausgeschlossen. **Das Gericht kann davon nicht befreien.** Die Lösung ist dann nur über die Bestellung eines Ergänzungsbetreuers möglich.[130] 143

Ein klassischer Anwendungsbereich von §§ 1795, 181 BGB sind **Mehrfachvertretungen,** z.B. für mehrere Geschwister oder für Eheleute, Probleme bei Auseinandersetzungen, Erbfälle oder Grundstückbelastungsänderungen, auch: Ablösungen sowie der Abschluss von **Pflege- oder sonstige Kostenerstattungsvereinbarungen.** 144

Eine tatsächliche Verhinderung kann sich aus einem Urlaub oder sonstiger Reise in nicht ohne weiteres erreichbare Gegenden oder mit erschwerter Rückkehrmöglichkeit ergeben. Auch in solchen Fällen kann mit der Bestellung einer **Ergänzungsbetreuerin** geholfen werden, wenn das Gericht das akzeptiert. 145

Gelegentlich finden sich dabei Widerstände. Die zusätzlichen Kosten sollen vermieden werden. Betreuer werden deshalb von einigen Gerichten auf die Erteilung von Vollmachten hingewiesen.[131] Andere Gerichte wollen nötigenfalls unmittelbar selbst entscheiden.[132]

128 Einzelheiten in Kap. 18.

129 Beispiel BayObLG BtPrax 1998, 74.

130 Im Alltag wird oft erklärt, dass sei doch nicht nötig. Es stoße sich niemand an der Tätigkeit oder der Kostenentnahme für die Pflege, der Abrechnung des Mietvertrages mit dem Enkel. Dieser Versuch, vermeintlich unnötige formale Hindernisse zu umgehen, hat erhebliche Fußangeln. Wenn später ein anderer diese Kostenausbuchungen beanstandet oder fehlende Einnahmen reklamiert, können sich sehr bittere Folgen ergeben, wenn nicht klar festgelegt war, wer was entnehmen konnte.

131 Die ihrerseits teilweise in der Wirksamkeit angezweifelt werden, insbes. wenn es um umfassende Delegationen geht; vgl. OLG Dresden Rpfleger 2002, 25.

132 Ein Beispiel für eine derartige unmittelbare Entscheidung nach §§ 1908i i.V.m. 1846 BGB ist im Anhang abgedruckt.

146 Wenn man einen derartigen Antrag auf zusätzliche Bestellung an das Gericht richtet, ist es wichtig, so konkret wie möglich zu formulieren, also nicht zu sagen:

Bitte ich um Bestellung eines Urlaubsvertreters[133] *für die Zeit von.........bis*

sondern:

werde ich vom ....bis........urlaubsbedingt ortsabwesend sein in.......

Da bei meinem Betreuten in letzter Zeit wiederholt ärztliche Behandlungen des Beines[134] erforderlich waren und zu befürchten steht, dass während meines Urlaubs weitere Entscheidungen getroffen werden müssen, bitte ich um Bestellung eines Vertreters für diese Zeit.

Frau/Herr ...(volle Personalien und Qualifikation)........ hat sich bereit erklärt, diese Aufgabe zu übernehmen. Sie/Er ist telefonisch erreichbar unter........

147 § 1796 BGB enthält **keinen gesetzlichen Vertretungsausschluss**, nur einen gesonderten oft nicht gesehenen **Eingriffstatbestand**, der nicht erst bei der Frage des Handelns, sondern auch schon für die Entschlussfassung greifen kann. Hat z.B. der Vertretene Ausgleichs- oder Pflichtteilsansprüche gegen den Vertreter oder dessen Verwandte, so wäre die Geltendmachung ggf. ein § 1795 BGB-Problem; die Frage, „ob" das geschehen soll, kann aber nicht allein durch den an der Umsetzung Gehinderten entschieden werden (verneint werden). Auch schon das „Ob" soll neutral entschieden werden. Das Gericht kann der Betreuerin diese Entscheidung über einen Eingriff nehmen und einem Ergänzungsbetreuer zuweisen.

II. Typische Aufgabenkreise

148 Die Rechte und Pflichten der Betreuer richten sich wie betont nur nach dem und sind begrenzt durch den/die zugewiesenen Aufgabenkreis/e. Die wichtigsten sind:

- **Aufenthaltsregelung** (oder -bestimmungsrecht, wobei sachlich kein Unterschied besteht, das erste klingt aber freundlicher);
- **Wohnungsangelegenheiten,**
- **Gesundheitsfürsorge** (ggf. mit Zustimmung zu ärztlichen Maßnahmen),
- **Vermögenssorge,**
- **Bevollmächtigtenkontrolle** (vgl. § 1896 Abs. 3 BGB),
- **Vertretung gegenüber Kostenträgern, Behörden**[135] **und Einrichtungen**[136] (ist einerseits ein Unterfall von Vermögenssorge, andererseits weiter, z. B. für Ausweisfragen).

---

133 Es ist streitig, ob eine derartige Bestellung zulässig ist. Einige Gerichte sind damit sehr „großzügig", andere weigern sich mit Hinweis auf den Erforderlichkeitsgrundsatz (nicht erforderlich, weil so bloße Vorratsbestellung). Wenn man wie nachfolgend vorgeschlagen konkretisiert, kann man diese vermeintliche grundsätzliche Rechtsfrage (wie so oft) „umschiffen".

134 Diese beispielhaft genannte Konkretisierung soll verdeutlichen, dass möglichst genau **Tatsachen** mitgeteilt werden sollten, nicht nur eigene Bewertungen. Bei letzterem erhält man bestenfalls eine Rückfrage oder gar keine Antwort.

135 Ob das auch Gerichte meint, ist umstritten, Bienwald BtPrax 2004, S. 97 betont, Gerichte seien keine Behörden. Im Telefonbuch sind sie aber oft nur unter „Justizbehörden" zu finden. Die Berufung auf Alltagssprache wird hier ebenso wenig wie die alleinige auf die angeblich eindeutige Fachsprache weiter helfen. – Das Problem liegt darin, dass sich je nach Auslegung der Pflichtenkreis ändert.

136 Auch bei diesem Aufgabenkreis ist streitig, ob er zulässig bzw. sinnvoll ist bzw. was er genau erfasst. Hier wie an anderen Stellen ist es erfahrungsgemäß wenig hilfreich zu versuchen, dem Gericht zu erklären, dass sei so sinnlos. Gemeint sind offensichtlich Antragstellungen und die sonstige Abgabe von Erklärungen, deren Empfänger die genannten Stellen sind.

- **Umgangsregelung,**[137]
- **Alle Angelegenheiten**; führt zum Verlust des Wahlrechtes.
  Achtung: „Alle" enthält **nicht** die Befugnis zum Anhalten und Öffnen der **Post!**[138]
- **Post**kontrolle (vgl. § 1896 Abs. 4 BGB). Sie wird nie allein vorkommen, sondern immer Annex anderer Aufgabenkreise sein.
- **Sterilisation** (zwingend gesonderter Betreuer).

Sinnlos erscheint mir: **Vertretung in Rechtsangelegenheiten.** Betreuung ist immer Zuweisung von Rechtskompetenz, „Vertretung in Rechtsangelegenheiten" damit einerseits eine Zirkelanordnung, andererseits ohne inhaltliche Grenzen. Man könnte deshalb meinen, es solle sich um „alle Angelegenheiten" handeln. Wenn ein Gericht es dennoch für richtig hält, einen solchen Aufgabenkreis auszuweisen, meint es vermutlich nur die Vertretung gegenüber Behörden und Gerichten bzw. in Rechtsstreitigkeiten (vgl. § 13 GVG).[139] 149

Die vorstehenden Aufgabenkreise sind an die Entscheidungspraxis vieler Gerichte angelehnt. Die Nähe einiger Bereiche bzw. die Überschneidungen zeigen augenfällig die Schwierigkeiten der Grenzbestimmung. 150

Wichtig ist es zu wissen, dass es **keine einheitlichen Aufgabenkreisdefinitionen** gibt, es zum Teil innerhalb eines größeren Gerichts passieren kann, dass Sachbearbeiter eigene Modelle entwickelt haben.

Eigentlich ist das gewollt. Rechtliche Betreuung soll sich auf das jeweilige individuelle Problem des Betreuten beziehen, seinen speziellen Hilfebedarf abdecken. Vorratszuweisungen sind unzulässig. Die Bestellung darf immer nur so weit gehen, wie es die aktuelle Lage erfordert. Damit müsste es theoretisch mehr als 1 Mio. verschiedene Regelungen geben können, weil es so viele verschiedene Menschen mit rechtlichen Betreuungen gibt.

Ich habe früher vorgeschlagen,[140] die **Aufgabenkreise möglichst konkret** zu fassen und von den Standardformularen abzusehen. Vom Ansatz halte ich die Idee immer noch für gut. Es hat sich aber gezeigt, dass damit viele Banken, Behörden, Gewerbetreibende, sonstige Vertragspartner der Betroffenen überfordert werden. Dann bedarf es ständiger Erläuterungen, Klarstellungen, Veränderungen. Ich rege deshalb heute an, von den **Standardbereichen** auszugehen und den konkreten Erfordernissen der Betreuten durch daran angefügte Einschränkungen Rechnungen zu tragen (Vermögenssorge mit Ausnahme der Verwaltung..........o.ä.). 151

Bei der Verpflichtung wird der Betreuerin mitgeteilt,[141] welche konkreten Probleme aufzuarbeiten sind. Darauf ist aber nicht genug Verlass. Die Betreuerin wird deshalb zunächst eine eigene „Eingangsbestandsaufnahme" machen müssen.[142] 151a

137 BayObLG FamRZ 2003, 962; FamRZ 2004, 1670; OLG Frankfurt, FamRZ 2003, 964

138 Das folgt unmittelbar aus dem Gesetzestext, ist praktisch nie ernsthaft bestritten worden, dennoch inzwischen auch durch das BayObLG bestätigt; BtPrax 2002,216. Vgl. auch BVerfG FuR 2002, 241.

139 Diese Erklärung wird gegenüber der Behörde, die die Wählerliste führt, wenig nützen, wenn sie den Beschluss erst einmal gesehen hat. Falls es Streit um das Wahlrecht gibt, ist es auch hier sinnvoll, diesen Streit möglichst konkret an das Gericht mitzuteilen und es auf diesem Hintergrund zu bitten, die Betreuung einzuschränken.

140 Rpfleger 1988, 451 ff.

141 Protokollbeispiel in der Anlage am Ende des Buches

142 Die Liste für die Arbeitsschritte bei Betreuungsbeginn ist in der Anlage I abgedruckt

Zu klären ist ggf. z.B.:

- Aufenthaltsort des Betreuten (Ändern? Warum, mit welchem Ziel?).
- Wie ist die Finanzierung sicherzustellen?
- Verwandte?
- Bekannte?
- Sonstige soziale Kontakte?

etc.

Bei der Verpflichtung sollte i.ü. mit dem Vormundschaftsgericht geklärt werden, was dieses von der Betreuerin erwartet. (Wann soll welcher Erstbericht erstattet werden? Werden besondere Berichtsformulare genutzt?)[143]

151b Manche Berufsbetreuer nehmen **Einsicht** in die vollständigen **Akten des Gerichts**. Das wird rechtlich unproblematisch sein, hängt bei Uneinigkeit vom Aufgabenkreis ab und ist nicht selbstverständlich für vertrauliche Arztberichte. Streitig wird dagegen leicht die etwa gewünschte Einsicht in die Unterlagen anderer Stellen wie z.B. des sozialpsychiatrischen Dienstes. Das kann dann nur in enger Anlehnung an den jeweilig zugewiesenen Aufgabenkreis geklärt werden. Betreuereigenschaft an sich legitimiert nicht.

152 Eine abstrakte Darstellung der Anforderungen zu den einzelnen Aufgabenkreisen ist schwer, weil die genannten, üblicherweise verwendeten Aufgabenkreise i.d.R. einen größeren Bereich umfassen, der je nach Fall verschiedene Tätigkeiten erfordern kann. So kann[144] mit **„Aufenthaltsbestimmung"** aufgegeben sei:

- Kündigung des Mietvertrages (genehmigungspflichtig, § 1907 BGB),[145]
- Auflösung der Wohnung,[146]
- Abschluss/Änderung/Kündigung von Verträgen mit einem Heim,[147]
- Unterbringung des Betreuten (allg. oder nach § 1906 BGB).[148]

Die Entscheidung über etwa erforderliche **Aufnahmeuntersuchungen** ist dagegen durch diesen Aufgabenkreis auch dann nicht erfasst, wenn Ziel des Verfahrens die Unterbringung war.

Andererseits kann **„Aufenthaltsbestimmung"** sich z.B. schlicht auf eben dies beschränken, wenn es z.B. nur darum geht, den bestehenden Aufenthalt rechtlich zu sichern.

So kann es vorkommen, dass erbhoffnungsträchtige Verwandte plötzlich alle „pflegen" wollen, sich darum streiten, wer der Betreuten näher ist; wenn sie anfangen, an der Betreuten zu „zerren"; gar „Entführungen" aus dem Altenheim vorkommen, rechtlich gesichert zu klären ist, wo nun der Aufenthalt genommen wird.

Die Umgangsregelung ist durch Aufenthaltsbestimmung allerdings nicht mit zugewie-

143 Beispiel in Anlage I, 9.2: Es gibt Gerichte, die Wert auf Benutzung der ortsüblichen Unterlagen legen. Das ist zwar i.d.R. nicht obligatorisch, aber dennoch manchmal sinnvoll.

144 Es werden auch dazu unterschiedliche Bewertungen vertreten und sind z.T. in einzelnen Bezirken unterschiedliche Handhabungen anzutreffen.

145 Es ist streitig, ob das allein mit Aufenthaltsbestimmung wirklich erfasst ist.

146 Auch das ist streitig.

147 Das ist ebenfalls zweifelhaft, weil erhebliche finanzielle Folgen ausgelöst werden können.

148 Es gibt Gerichte, die für Unterbringungen immer zusätzlich die Zuweisung der Entscheidungsbefugnis über derartige Sicherungsmaßnahmen verlangen. Man sollte ggf. mit „seinem" Gericht klären, ob der o.a. Aufgabenkreis genügt, kann sonst bei einem Genehmigungsantrag hilfsweise die Erweiterung des Aufgabenkreises beantragen. Beispiel für Hilfsantragstellungen in dem Anhang des Buches.

sen. Müssen die Besuche begrenzt oder begleitet werden, bedarf es einer gesonderten Aufgabenkreiserweiterung.[149]

„Ärztliche Behandlung“ ist ein Unterbereich von „Personensorge“,[150] der als solcher (Personensorge) aber bei Betreuungen selten zu finden ist. **Ärztliche Behandlung** deckt Entscheidungen zu Arztbehandlungen ab. Der Begriff **„Heilbehandlung“** ist andererseits z.B. enger als „ärztliche Maßnahmen“. Dieser Aufgabenkreis wird eine für erforderlich gehaltene **Schönheitsoperationen nicht** decken. 153

Bei den hier zu treffenden Maßnahmen ist im übrigen zwischen der Frage der Einwilligung zu den ärztlichen Handlungen (Frage der **Einwilligungsfähigkeit**) und dem Abschluss des Behandlungsvertrages (§ 611 BGB , **Geschäftsfähigkeit** maßgeblich) zu unterscheiden.

Die Zuweisung der Gesundheitsfürsorge o.ä. legitimiert keine Grundsatzvereinbarung über die Behandlung in Einrichtungen. Dazu wird es zusätzlich der Vermögenssorge und/oder „Vertretung gegenüber Einrichtungen“ bedürfen.

Vermögenssorge meint alle Vorgänge mit unmittelbaren finanziellen Auswirkungen, gleichgültig ob es sich um Vorgänge über das Aktivvermögen oder Schulden oder Maßnahmen mit einer grundsätzlich anderen Zielrichtung (z.B. den Abschluss eines Mietvertrages) handelt. 154

Auch der Vertrag mit einem Arzt über eine Privatbehandlung erfordert „Vermögenssorge“, weil Kostenfolgen vereinbart werden. „Gesundheitsfürsorge“ wird nicht genügen.[151] Sind die Aufgaben für diese beiden Bereiche gesplittet, dafür zum Beispiel verschiedene Geschwister als Betreuer bestellt, müssen sie zusammen wirken, wenn der Gesamtvorgang wirksam abgewickelt werden soll.[152]

Probleme hat es in diesem Bereich immer wieder mit der Zuständigkeit für die Geltendmachung von **Sozialhilfe- und Unterhaltsansprüchen** gegeben. Es wird vertreten, das gehöre zu der Personensorge, ein Argumentationsansatz, der aus dem Minderjährigenrecht abgeleitet ist.[153] Daraus ist dann z.B. gefolgert worden, die Unterhaltsklage durch einen Betreuer (nur) mit dem Aufgabenkreis **„Vermögenssorge“** sei unzulässig.[154] 154a

Ob das jeweils richtig ist, mag dahin stehen.[155] Im Alltag wird das, wenn es als Problem bewusst ist, durch Konstruktionen wie bei **Rdnr. 149** vorgestellt überbrückt. Wenn Beteiligte Einwände erheben, wird es nahe liegen, eine Klärung mit dem Vor-

149 Durch die Verweisung aus § 1908 i BGB auf § 1632 BGB ist geklärt, dass man dann auch recht einfach Hilfe durch das Vormundschaftsgericht gegen den Dritten erhalten kann, also nicht selbst ein Verfahren vor der Zivilabteilung betreiben muss. BayObLG FamRZ 2003, 962; FamRZ 2004, 1670; OLG Frankfurt/M. FamRZ 2003, 964.

150 Angesichts der Legaldefinition in § 1631 Abs. 1 BGB halte ich „Personensorge“ im Betreuungsbereich zumindest für außerordentlich irreführend. Es gibt aber Gerichte, die sie zuweisen. Auch einige der bundesweit vorgehaltenen Formulare sprechen davon.

151 Das ist natürlich: streitig.

152 Daraus erschließt sich, wie problematisch jede Auffächerung ist. Die Funktionsaufteilung in der Familie mag dem Familienfrieden dienen. Das gilt aber oft nur bis zum ersten Kollisionsfall, bei dem einer der Beteiligten meint, nicht zureichend gefragt worden zu sein.

153 Im Anschluss an BGH NJW 1953, 1546

154 OLG Zweibrücken NJW RR 2001, 151; anders z.T. zur Geltendmachung von Sozialhilfe OVG Münster FamRZ 2001, 312

155 Bei einer versäumten Geltendmachung einer Erwerbsunfähigkeitsrente sollte dann wieder der Betreuer mit dem Aufgaben „Vermögenssorge“ zuständig gewesen sein und haften; LG Berlin FamRZ 2002, 345.

mundschaftsgericht, gegebenenfalls eine Erweiterung der Aufgabenkreise zu erstreben; nötigenfalls bezogen auf das konkrete Problem ("Vertretung des Betreuten bei der Geltendmachung von Unterhaltsansprüchen gegen XYZ").

154b Im Bereich der **Vermögenssorge** werden besonders viele Genehmigungserfordernisse[156] relevant (§ 1908 BGB i i.V.m. §§ 1805 ff, 1821 ff. BGB), tritt andererseits die mögliche **Zuständigkeitskonkurrenz** (Betreute/Betreuerin) hervor. Das kann das Genehmigungsproblem vertiefen.

Wenn beide wirksam handeln können, was ja im Bereich der Finanzen anders als bei personenbezogenen Dingen denkbar ist, ist es schon verführerisch, die Genehmigungsfreiheit des eigenen Handelns der Betreuten „nutzen" zu wollen. Betreute benötigen für eigene wirksame Entscheidungen ja nie vormundschaftsgerichtliche Genehmigungen. Die Betreuerin oft. Lässt sie sich nun von der Betreuten (zusätzlich) bevollmächtigen, könnte sie eigentlich nach Gutdünken als Bevollmächtigte genehmigungsfrei handeln und bei Befürchtungen den Schutz der Kontrolle und Genehmigung suchen.

Das wird nicht toleriert. Die Begründungen sind unterschiedlich. Das Ergebnis wird hier aber recht einhellig vertreten. Die Betreuerin kann nicht beides gleichzeitig sein. Soweit sie rechtliche Betreuerin ist, kann sie den **Genehmigungen nicht ausweichen**, auch wenn sie sich zusätzlich anderweitig ermächtigen lässt[157].

155 Nach § 1896 Abs. 4 BGB darf ein **Eingriff in den Fernmelde- und Postverkehr** nur erfolgen, wenn dieser Bereich ausdrücklich übertragen worden ist. Damit verbieten sich auch Umleitungen der Post durch Nachsendeanträge an den Betreuer, wenn das nicht in dieser Form ausdrücklich im Aufgabenkreis ausgewiesen ist. Die Betreuerin darf „umgeleitete" Post nicht öffnen, muss sie vielmehr unverzüglich ungeöffnet an die Betreute geben. Die Tatsache, dass die Post die Umschläge auf den Antrag umleitet, eröffnet keine Zugriffskompetenz.

155a Bei dem **Aufgabenkreis „Post"** geht es nicht um Briefe an sich. So ist es **unzutreffend**, wenn immer wieder behauptet wird, man benötige ergänzend zur Vermögenssorge fast immer „Post", weil man sonst keinen **Schriftverkehr** für den Betreuten führen könne. Gemeint ist hier nur das verfassungsrechtlich geschützte **Briefgeheimnis**, das nicht berührt ist, wenn ein Brief an den Betreuer als Vertreter des Betreuten gerichtet ist. Die Betreuer werden regelmäßig dafür Sorge zu tragen haben, dass der laufende Geschäftsverkehr so abgewickelt wird, also mit ihrer Angabe als Vertreter. Es ist nicht zulässig, vorsorglich ohne besonderen Anlass erst einmal auf den gesamten auch privaten Briefverkehr des Betreuten zuzugreifen. Auch in dem Sortieren und Zuweisen liegt schon eine Zensur.

Insgesamt scheint in diesem Bereich immer noch **erhebliche Unsicherheit** zu herrschen. Einige Gerichte verwenden den Aufgabenkreis fast nie, andere standardmäßig, andere nur differenziert (Geschäftspost o.ä.).

155b Was bei genereller Anordnung von den Betreuern leicht übersehen wird, ist, dass sie damit auch die **Verantwortung für abgehende Post** erhalten haben.

---

156 Liste der Genehmigungserfordernisse in der Anlage I 6 (Merkblatt)

157 Das führt gelegentlich zu Verständnisschwierigkeiten bei unzureichenden Vorsorgevollmachten. Wird dann die Bevollmächtigte ergänzend auch noch zur Betreuerin bestellt, ist das grundsätzlich unproblematisch. Aber: Soweit die Bestellung durch das Gericht reicht, werden die weiter gehenden Genehmigungserfordernisse durchgreifen. Man sollte für die ergänzenden Zuweisungen also nicht zu viel fordern und nicht zu viel geben.

Die Befugnis „**Post**" rechtfertigt nie den Zugriff auf die Briefe des Vormundschaftsgerichts an die Betreute, wenn es sich um Briefe aus oder zu dem Betreuungsverfahren handelt. Insoweit wird die Betreute als Verfahrensbeteiligte angeschrieben. Sie muss die Möglichkeit haben, sich zu wehren. Das kann ihr nicht versagt werden. Wenn sie meint, es sei nicht gerechtfertigt, dass auch dieser Aufgabenkreis aufgenommen wird oder sie die Rechnung nicht für richtig hält, ist es ihre Sache, das zu beanstanden und Sache des Gerichts zu prüfen, ob die Abwehr berechtigt ist. In diesem Verhältnis ist der Betreuer potentieller Gegner der Betreuten, nicht ihr Sprecher. 155c

Vorsicht ist geboten, soweit **Mitwirkung in gerichtlichen und/oder behördlichen Verfahren** ansteht, z.B. in strafverfahrensrechtlichen, **familiengerichtlichen Auseinandersetzungen** oder Insolvenzverfahren. Wenn dabei Zweifel an der Vertretungsbefugnis bleiben, kann das dazu führen, dass erlangte Einigungen oder Entscheidungen unwirksam sind. 156

Ich neige dazu, ggf. ausdrücklich anregen zu lassen,[158] die Vertretungsbefugnis für das Verfahren (nicht zu eng, etwa gar mit Aktenzeichen und Instanz) als Aufgabenkreis aufzunehmen. Andererseits ist eine solche Befugnis sehr begrenzt, deckt Folgeabwicklungen nicht mehr; z.B. die Verwaltung erstrittenen Unterhalts etc.[159]

Die Beteiligung von Betreuern in **familiengerichtlichen Verfahren** kommt nicht ganz selten vor. Dabei wird gerne übersehen, dass für Ehesachen in § 607 ZPO eine Sonderregelung zu den allgemeinen Vertretungsbestimmungen der ZPO (§ 53 ZPO) sowie darüber hinaus für die Erhebung der Scheidungsklage ein eigenständiges Genehmigungserfordernis enthalten ist. 156a

Es ist in der Regel wenig überzeugend, wenn die Rechtsanwältin, die den Auftrag über eine Betreuerin erhalten hat, die eigens deshalb auch für das Verfahren bestellt worden ist, weil ihre Betreute sich nicht zureichend selbst einbringen kann, dem Familiengericht gegenüber darauf beharrt, die Betreute sei „natürlich geschäftsfähig".[160]

III. Veränderungen des Aufgabenkreises

Die Betreuerin hat Kompetenzen allein im bestellten Aufgabenkreis. Die **Pflichten zur Beobachtung** gehen weiter. Sie muss auch erwägen, ob Veränderungen angezeigt sind, sich entsprechend informieren und hat eine Berichtspflicht gegenüber dem Gericht. Das ergibt sich unmittelbar aus § 1901 Abs. 4 BGB, der nicht nur im Sinn einer Berichtspflicht über Zufallsfunde verstanden werden kann. 157

Wenn die Berichtspflicht verletzt wird, aus der Verzögerung Nachteile für die Betreute entstehen, kann wieder die Haftungsfrage aufzuwerfen sein.

Die etwaige **Erweiterung** muss mit konkreter Begründung (s. **Rdnr. 146**) beantragt werden, Der bloße Hinweis, der jetzige Aufgabenkreis genüge nicht und die Betroffene sei einverstanden, ist unzureichend.

158 Nach dem Muster wie bei Rdnr. 146.

159 Das ist hier völlig unstreitig. – Der abweichende Ansatz in BT Drucks. 15/2494, S. 25 (die Verwendungsbefugnis sei „selbstverständlich und deshalb nicht besonders regelungsbedürftig") ist weder dort noch sonst begründet worden.

160 zum Grundproblem s. oben bei Rdnr. 127.

Die Gerichte erleben zu oft, dass die Wertung Außenstehender unzutreffend erscheint, neigen deshalb bei zu wenig konkreter Anregung zu eher phlegmatischen Reaktionen. So wird immer wieder eine Erweiterung auf **„Erbschaftsregelung“** bei bestehender **Vermögenssorge** beantragt. Das ist in der Regel nicht erforderlich. Vermögenssorge deckt auch die Abwicklung ererbter Werte.

IV. Arbeitsablauf am Beispiel Heimunterbringung – Wohnungsauflösung

158 Die Aufgabenzuweisung „Heimunterbringung“ klingt sehr singulär. Bei einer ersten Betrachtung wird leicht übersehen, dass die Abwicklungen in der Regel recht **komplexe Interaktionen** erfordern.

Selbst in der Reformdiskussion zum 2. BtÄndG ist vorgeschlagen worden, man könne doch den Abschluss eines Heimvertrages als einfachen Vorgang z.B. Angehörigen zuweisen, der Rest ergebe sich ohne weiteres. Übersehen wird dabei nicht nur, dass ein großes Problem zum einen in der Entscheidung liegen dürfte, „ob“ das nach der Lebensentwicklung jetzt ansteht, zum anderen darin, wie das angemessen zu begleiten ist. **Der Vertragsschluss ist dabei in der Tat der leichteste Teil.** Die eigentliche Leistung für Betreuer und andere Beteiligte ergibt sich aus den Umfeldanforderungen, einschließlich der Wohnungsauflösung..

159 Denkbarer Arbeitsablauf:

- Voraussetzung ist die Existenz und Wirksamkeit einer Betreuungsentscheidung. Notwendiger **Aufgabenkreis** wäre insoweit „Aufenthaltsbestimmung, Vermögenssorge“, **ggf.** auch „Wohnungsangelegenheiten“. Das letztere ist aber nicht zwingend. Es gibt Gerichte, die diesen Aufgabenkreis fast immer als Ergänzung zu Aufenthaltsbestimmung anordnen und andere, die ihn weitgehend für überflüssig halten.
- Wenn die eigene Handlungskompetenz geregelt ist, wäre die **Zustimmung** der Betroffenen zu klären (darf ich handeln, macht die Ausnutzung meiner Kompetenz Sinn?). Will die Betreute? Wenn sie widerspricht: Ist das verbindlich? Im Rahmen des § 1901 BGB nicht. Aber: Ist sie geschäftsfähig/ einwilligungsfähig; kann sie das also (nur?) selbst (wirksam/dauerhaft/verlässlich) regeln?
- Wenn die Betroffene nicht will: Ist es vertretbar, sich darauf einzulassen? Welche Gefahren bestehen? Das geht über in die **Abklärung der Notwendigkeit** dieser Maßnahme (ärztliche und persönliche Aspekte) hinaus.
- Wer liefert welche verwertbaren Unterlagen, auch zur Erzielung etwa erforderlicher Genehmigungen?
- Wobei ist welche Unterstützung nötig? Insoweit wird ein nicht unerheblicher Gesprächsbedarf bestehen.
- **Kosten?** Wenn Hilfen nötig sind: Wer leistet sie, wer bezahlt sie? (Schwierig z.B. bei lange ausstehenden Schönheitsreparaturen oder in Entmüllungsfällen).
- **Auswahl des Heimes** unter Berücksichtigung des Pflegebedarfs, sozialer und kommunikativer Bedürfnisse, örtlicher Gegebenheiten. Vor Abschluss eines **Heimvertrages** ist dessen genauer Inhalt zu klären (Zimmerbelegung, Pflichten, Arztwahl, Kündigungsfristen, Kostenpflichten für Zusatzleistungen. Medikationsabwicklung, Dokumentation etc.), ebenso der Genehmigungsbedarf (§ 1907 BGB) und die Finanzierung.

- Wie wird der **Umzug** erfolgen? Ist Vollzugshilfe nötig? Bedarf es dazu (welcher?) Ermächtigungen?
- Rechtzeitig vor bzw. zum Umzug ist auch die **Wohnungskündigung** und – auflösung zu betreiben (**Genehmigungsbedarf:** § 1907 BGB). Die Fristen sind zu beachten. Die Finanzierung ist zu sichern. Probleme entstehen leicht bei Überschneidungszeiten, insbes. einem „Probeumzug". Die Pflichten aus dem Mietvertrag sind zu beachten und abzuwickeln. Auch leerstehende Wohnungen müssen gesichert werden, z.B. Frostschutzmaßnahmen im Winter. Bei der Wohnungsauflösung sollte immer, auch bei „wertlosem Inventar" ein Verzeichnis unter Zuziehung eines Zeugen aufgenommen werden und/oder für anderweitige beweiskräftige Dokumentation gesorgt werden. Vorsicht ist geboten vor pauschalen Entsorgungs-/Entrümpelungsangeboten. Soweit z.B. Schönheitsreparaturen Sache der Mieterin sind, sollten vor Vergabe zwei Kostenangebote eingeholt werden.
- Die Wohnung ist an der Vermieterin zurückzugeben (**Übergabeprotokoll**, Verbrauchsdaten festhalten).
- Die Einlebensphase im Heim ist zu begleiten bzw. abzusichern. (Welche Qualitätskontrollen bei den Leistungen sind nötig? Wie wird der **Kommunikationsweg** geklärt, kontrolliert und ggf. gesichert? Es nützt nichts, wenn die Betreuerin 2 Tage nach dem Auszug der Betreuten aus dem Heim erfährt, dass sie gegangen ist, weil sie oder ein Angehöriger es nicht mehr aushielt.
- Soweit erforderlich, ist die **Taschengeldverwaltung** sowie -auszahlung sicher zu stellen bzw. zu klären. Die Einrichtung hat dazu keine eigenen Befugnisse. Die immer noch nicht ganz seltene Verwaltung auf einem Sammelkonto der Einrichtung dürfte nach dem Heimgesetz wie nach dem Betreuungsrecht unzulässig sein. Wenn die Betroffene das nicht mehr selbst zureichend sicher überschaut, muss die Betreuerin den Alltag auch dazu vorausplanen und regeln. Sie wird nicht bei jeder Ausgabe zugezogen werden wollen oder können.
- Auch wenn das Heim Arztgespräche führt, **Medikationen** veranlasst oder ändert, ist das nur z.T. ein Problem des Heimes, überwiegend ein Betreuungsproblem, wenn sich der Aufgabenkreis darauf erstreckt. Die Betreuerin muss sich um diese Dinge kümmern (werden die Ausgangsvereinbarungen dazu eingehalten, erfolgen die Informationen vereinbarungsgemäß?) nötigenfalls auf Veränderungen hinwirken, ggf. sogar das Heim wechseln.
- Bei schriftlich fixierten Zwischenschritten von größeren Bedeutung kann die Übersendung einer Kopie „z.d.A." nicht schaden. Das Gericht erwartet in jedem Fall die umgehende Mitteilung der aktuellen Anschrift.

V. Typische Probleme im Zusammenhang mit der Heimaufnahme

Die Frage der **Genehmigungsbedürftigkeit von Heimverträgen** erschließt sich aus 160
§ 1907 BGB und wird für die Masse der üblichen Verträge zu einer **Genehmigungsfreiheit** führen, weil die Verträge Kündigungsmöglichkeiten enthalten, die eine Beendigung innerhalb der vom Gesetzgeber als problematisch angesehenen Frist erlauben (länger als 4 Jahre; § 1907 Abs. 3 BGB).

Es kommt immer wieder vor, dass Ältere, die ihre Häuser an die Folgegeneration über- 161
schreiben, sich nur ein Wohnrecht vorbehalten. Die Beteiligten gehen dabei davon aus,

dass das genügt, um sich für das Alter abzusichern. Nicht ganz selten stellt sich dann heraus, dass der Umzug in ein Heim dennoch erforderlich wird. Die **Verwertung des Wohnrechtes** ist problematisch, zumal nach § 1093 Abs. 2 BGB nur die Aufnahme von Angehörigen erlaubt ist, keine Weitervermietung. Demgemäss war lange der Anspruch auf eine Vermietung und Erhalt eines entsprechendes Entgelt verneint worden. Dagegen haben sich die OLG Köln und Celle ausgesprochen[161].
Das OLG Celle hat als Kernsatz formuliert:

> Zieht der **Wohnungsberechtigte** in ein **Pflegeheim**, so kann er in Ausnahmefällen eine Vermietung der dem Wohnungsrecht unterliegenden Räume verlangen, sofern dies dem Verpflichteten zumutbar ist.

Zur Begründung wurde im wesentlichen der allgemeine Gedanke aus § 242 BGB herangezogen.[162]
Ein ähnliches Argumentationsmuster gilt bei Pflegevereinbarungen, die scheitern, weil die beabsichtigte Pflege nicht mehr in den überschriebenen Räumen erbracht werden kann, der daraus Begünstigte jetzt in einem Heim lebt und auf Kostenzuschüsse angewiesen ist.[163]

162 **Heimmitarbeiter** sehen sich nicht ganz selten der Frage ausgesetzt, ob es sinnvoll ist, dass **eigene Angehörige in „ihre" Einrichtung** aufgenommen werden/gehen sollen oder in ein (anderes) Haus ihres Trägers gehen können. Unabhängig von der Grundsatzproblematik der allgemeinen Interessenverquickungen tritt dann als Frage auf, wer für etwaige (gesetzlichen) Vertretungen in Betracht kommt. § 1897 Abs. 3 BGB schließt insoweit jedenfalls die Einrichtungsmitarbeiter aus; selbst dann, wenn sie in einem anderen Haus desselben Trägers arbeiten. – Daraus ergeben sich z.B. für Mitarbeiter der Lebenshilfe weitgehende Ausschlüsse.
Das gesetzliche Verbot richtet sich einerseits nur an die Mitarbeiter, betrifft nicht unmittelbar ihre Angehörigen. Andererseits bleibt aber auch das Problem des generell denkbaren **Interessenkonfliktes** zu berücksichtigen (vgl. auch § 1908 i, 1796 BGB).[164]

VI. Untervollmachten, Ermächtigungen

163 Keine Betreuerin muss alles allein regeln. Insoweit sind **„Untervollmachten"** möglich,[165] Ermächtigungen an Hilfskräfte, nicht aber generell z.B. „an den Hausarzt" oder „an das Pflegepersonal".
Die **Verantwortung bleibt** bei der Betreuerin. Sie ist für die Aufgabe zuständig, sie hat sich selbst zu informieren, zu koordinieren. Betreuer, die bei den Berichtsbitten des Gerichts auf die Auskunft einer Einrichtung verweisen, betonen damit nachhaltig, dass über ihre Ablösung nachzudenken sein wird. Keine Betreuerin muss aber bei ei-

161 OLG Köln ZMR 1995, 256; OLG Celle MDR 1998, 1344.
162 Geschäftsgrundlage; seit 2002 gesetzlich ausgeformt in § 313 BGB.
163 vgl. BGH MDR 2002, 626.
164 BayObLG MDR 1998, 268, 269.
165 Die Einzelheiten dazu sind umstritten. Es gibt Stimmen, die Untervollmachten für unzulässig halten, andererseits aber keine Bedenken sehen, Hilfskräfte zuziehen und diese handeln zu lassen (Heime, Ärzte, Kliniken). Daran wird deutlich, dass es sich oft wohl mehr um eine terminologisches als ein wirklich praktisches Problem handelt.

ner Freizeit mitfahren, um etwa anfallende Entscheidungen zu treffen. Jede Betreuerin kann auch Urlaub machen. Insoweit können **Hilfspersonen** eingeschaltet werden.[166]

Durch die 1999 eingeführte Regelung, dass Betreuungen **und Vollmachten für Heimmitarbeiter** unzulässig sind, ergibt sich bei vielen Betreuungen hinsichtlich der **Taschengeldverwaltung,** sonst bei denen, die sich auf die **Post** erstrecken, ein Abwicklungsproblem, wenn mit (Unter-) Vollmachtslösungen gearbeitet werden soll. 164

Es werden sich hier wie in anderen Bereichen **Ermächtigungen an die Einrichtungsmitarbeiter** zur inhaltlichen Erledigung, bei der Post schon zur Vorsortierung **verbieten.**

Der Unterschied dieser und anderer Ermächtigungen, wie z.B.: **Medikationskoordination** zwischen Altenheim und von der Betreuerin ausgewähltem Hausarzt, zu den Freizeitfällen wird zunächst ein quantitativer sein. In dem Augenblick, in dem die Betreuerin mehr als Standardreaktionen durch **Ermächtigungen an Dritte** erledigen lassen will, wird das Verbot greifen.

Vom Wortlaut müsste eigentlich jede Bevollmächtigung unzulässig sein, ein Problem, das der Gesetzgeber so wohl nicht erkannt hat. Wenn weder die Betroffene selbst, noch das Gericht diese Personen mit Vertretungsmacht versehen können, kann es die Betreuerin mit der vom Gericht erhaltenen Kompetenz sicher auch nicht. Sie kann nicht mehr Kompetenzen haben, als gesetzlich überhaupt begründbar sind.

Vom Sinn und Zweck her werden die Freizeit-, Urlaubs-, und Massenalltagsaktionen dennoch delegierbar sein müssen.

Weil und soweit Entscheidungsbefugnisse, insbesondere zu Medikationen und medizinischen Leistungen, nur vom Betroffenen oder einem wirksam für ihn Legitimierten abgeleitet werden können, wird gerne vorgeschlagen, schon in den Aufnahmeverträge in Heime, Einrichtungen oder Werkstätten umfassende **pauschale Übertragungen** zu „vereinbaren“. 165

Das ist ebenso sinnlos wie unwirksam. Wirksame Übertragungen setzen **konkrete** Beschreibungen voraus. Die Einsatzfälle müssen klar umschrieben sein. Es muss nach den Umständen ausgeschlossen sein, dass eine besondere Aufklärung nötig wird. Pauschale Vereinbarungen können also **nur für einfache Standardmaßnahmen** wirksam vereinbart werden.

Eine Reglung in einem Aufnahmevertrag, die dahin geht, der Bewohner oder Mitarbeiter sei allein verantwortlich, ist **gegenüber Einwilligungsunfähigen unwirksam,** nicht geeignet, die **Verantwortlichkeit abzuwälzen;** auch nicht, wenn der Vertrag von einem Vertreter unterzeichnet worden ist. Eine Klausel, die auf Hilfe abstellt, so weit der Betroffene nicht selbst handeln könne, verdeckt die eigentliche Problematik. Es kommt nicht auf die Handlungsfähigkeit, sondern die Fähigkeit zu eigenverantwortlichen Entscheidungen und der Möglichkeit der eigenverantwortlichen Umsetzung an.

---

166 Die Betreuerin darf nur nicht ihre vollen Befugnisse übertragen. Es muss eine **Hilfs**tätigkeit bleiben. Problematisch ist allerdings zum Teil die Bereitschaft, derartige Unterermächtigungen anzuerkennen. Man sollte das soweit möglich vor der Abreise klären, nötigenfalls eine Vertreterbestellung beantragen. Rechtzeitig, nicht erst am Tag vor der Abreise.

166 Als **Grundstandards** werden angeregt:

- Eindeutige Regelungen über **Informationspflichten** und die erforderlichen (konkreten einzelfallbezogenen) **Zustimmungen.**
- Auflistung der pauschaliert geregelten **Routinemaßnahmen.**
- Klärung des **Zugangsverfahrens** zur medizinischen Versorgung.
- Eine klare und vollständige **Aktenführung in der Einrichtung, dem Heim, der Werkstatt.** Keine Teilakten im Gesundheitsbereich mit unterschiedlichen Inhalten, auch nicht in Werkstätten: Wenn dort keine verlässliche Gesamteinbindung geregelt werden kann, ist eine Beteiligung der Werkstatt nicht möglich.
- Klärung der **Zugriffsberechtigten** (Vertretungsbefugnisse).
- Einhaltung des vereinbarten Verfahrens und Sicherstellung der **Rückmeldung** bei Durchbrechungen durch Dritte oder in Notfällen.
- Konkrete **Dokumentation aller** durchgeführten Maßnahmen.
- Klärung der Folgen von **Verstößen** (keine Androhungen, die nicht umgesetzt werden/können/sollen).

§ 7 Einwilligungsvorbehalt

Da das Betreuungsrecht das alte System von Entrechtung beseitigen wollte, hat es betont, die Anordnung der Betreuung führe zu keinem Rechtsverlust. Betreuung soll Hilfe andienen. Leider wird das nicht ganz selten irreführend instrumentalisiert, nämlich dann, wenn daraus der Schluss gezogen wird, die Existenz einer Betreuung ohne Einwilligungsvorbehalt beweise, dass die Betreute geschäftsfähig sei.[167] **167**

In dieser Argumentation finden sich zwei grundlegende Fehler. Zum einen ist die Frage der Geschäftsfähigkeit nie an die Existenz oder Nichtexistenz einer Betreuung gekoppelt. Die Regelungen über die Geschäftsfähigkeit stehen an einer ganz anderen Stelle im Gesetz (BGB, Allgemeiner Teil; §§ 104 ff. BGB). Die Geschäftsfähigkeit besteht oder eben nicht. Die Betreuung ändert daran nichts, beweist dazu deshalb auch nie etwas.

Zum anderen **führt die Anordnung eines Einwilligungsvorbehaltes nicht zu einer Geschäftsunfähigkeit.** Wer mit alten Begriffen werten will, mag sagen, es handele sich um die „kleine Entmündigung" des neuen Rechts. Die Rechtsfolgen sind aber anders strukturiert.

Durch die Anordnung eines Einwilligungsvorbehaltes wird die Betroffene nicht geschäftsunfähig,[168] sondern ähnlich behandelt wie ein beschränkt Geschäftfähiger. Auch das begründet Unterschiede, deren Nichtbeachtung Folgeprobleme erwarten ließe.

Der Einwilligungsvorbehalt soll in erster Linie ebenfalls Schutz gewähren, ist nicht „entrechtend" konzipiert. **168**

- *Eine geistig leicht behinderte junge Frau (25 Jahre) und Mutter (Kind 2 Jahre), die mit ihren geringen Mitteln nicht umgehen kann, setzt sich und das Kind u.a. der Gefahr aus, zu hungern.*
  Sie gibt immer wieder das Geld, das sie erhalten kann, sofort aus, für Kleider, Versandbestellungen etc. Sie wechselt häufig die Wohnungen.
  Der Versuch der Betreuerin, das Geld zuzuteilen, hilft allein nicht, weil die Forderungen aus den Verträgen geltend gemacht werden, die Gläubiger darauf verweisen, der jungen Frau sei nicht anzusehen, dass sie Probleme habe. Im übrigen habe sie die Leistungen ja genutzt.

Die Betroffene mag geschäftsunfähig sein oder nicht. **Klärbar** wäre das nur in jedem **Einzelfall**, mit jeweils neuer **Stigmatisierung** und ohne Bindung für den nächsten Vertrag. Für sie kann es wichtig werden, dass nicht bei jedem Vertrag wieder darüber diskutiert werden muss, ob er nun wirksam ist oder nicht. Es kann und muss dafür ggf. angeordnet werden, dass sie **ohne Einwiligung keine Geschäfte** mehr selbst wirksam schließen kann (§ 1903 BGB). Das beendet jede Diskussion mit den Vertragspartnern oder die Schadensersatzforderungen der Geschäftspartner. Ein Gutglaubensschutz besteht nicht. Der Schutz der Betroffenen geht vor.

---

167 Diese Argumentation ist wirklich falsch. S. auch schon oben bei Rdnr. 127.

168 Durch die Anordnung nicht! Sie kann es schon vorher und unabhängig von der rechtlichen Betreuung sein. Dann erhält sie durch den Einwilligungsvorbehalt aber nicht mehr Selbstregelungskompetenz, bleibt geschäftsunfähig.

168a In diesem Sinne ist die Anordnung eines Einwilligungsvorbehaltes dann ebenfalls Hilfe. Man sollte sich dennoch nicht darüber hinweg täuschen, dass den meisten Betreuten schon klar ist, dass in der Anordnung eines Einwilligungsvorbehaltes auch eine „Entrechtung“ enthalten ist. Entsprechend behutsam sollte man damit umgehen, weder vorschnell noch zu weitgehende Forderungen nach einem Einwilligungsvorbehalt erheben, noch ihn zu schnell oder zu weit anordnen.

168b § 1903 Abs. 2 BGB beschreibt neben seinem Regelungskern auch **Grenzen, die für jede Betreuung** bestehen, jenseits der demgemäss auch kein Einwilligungsvorbehalt möglich ist. Kein gesetzlicher Vertreterin kann seine/n Vertretene/n verheiraten,[169] für sie/ihn ein Testament machen etc., sie kann es aber auch nicht verhindern. Natürlich gibt es auch noch andere vertretungsfeindliche Bereiche. Das folgt dann aus Spezialregelungen (z.B. beim Wahlrecht).

I. Grundlagen

169 Die **Anordnung eines Einwilligungsvorbehalts** setzt das Bestehen einer erheblichen Gefahr voraus (§1903 BGB), etwa durch „unvernünftige“ Willenserklärungen. Die Existenz dieser Voraussetzung zeigt, dass „Unvernunft“ allein keinen Schluss auf Geschäftsunfähigkeit zulässt.

Gefahren für Dritte rechtfertigen einen Einwilligungsvorbehalt nicht.

Er kann nur angeordnet werden, wenn die Betreute aufgrund einer psychischen Erkrankung ihren Willen nicht frei bestimmen kann, da der Staat von Verfassungs wegen gehindert ist, auf diesem Wege eine Besserungsmaßnahme aufzudrängen oder die Betreute zu hindern, sich selbst zu schädigen.[170]

Die Regelung hat auch den Zweck, massive **Störungen in der Führung der Betreuung** durch konkurrierendes Handeln der Betreuten, mit dem sie sich selbst Schaden zufügt, zu vermeiden.

170 Für **Eheschließungen und Verfügungen von Todes wegen** (z.B. Testamente) ist die Anordnung eines Einwilligungsvorbehaltes zwar **nicht** möglich (§ 1903 Abs. 2 BGB), allerdings kann die natürliche Geschäftsunfähigkeit (§ 104 Nr. 2 BGB) einer Eheschließung bzw. einer Testamentserrichtung entgegenstehen.[171] Auch das prüft und entscheidet aber nicht das Betreuungsgericht oder der Betreuer, sondern die jeweils angerufene Stelle, z.B. der Standesbeamte.

171 Ein Einwilligungsvorbehalt bewirkt, dass der Betreute zur Rechtswirksamkeit einer davon erfassten Willenserklärung, die in den Aufgabenkreis des Betreuers fällt, dessen Einwilligung bedarf. Dies entspricht grundsätzlich der beschränkten Geschäftsfähigkeit (§§ 108 bis 113 BGB). Ausgenommen sind bei Erwachsenen nur geringfügige Angelegenheiten des täglichen Lebens.[172]

---

169 Ob eine Ehe eingegangen werden soll, kann nur die/der Betroffene entscheiden, wenn sie/er ehefähig ist. Ob das der Fall ist, entscheidet der Standesbeamte; vgl. BayObLG BtPrax 2002, 78

170 BVerfGE 22, 180, 219 f.

171 Auch an dieser Stelle versagt also das vermeintliche Allheilmittel Betreuung. Kein Betreuer kann eine Ehe für die Betreute schließen, keiner kann eine unterbinden. Dennoch kann sie nicht etwa „selbstverständlich“ selbst heiraten, sondern nur dann, wenn sie nicht geschäftsunfähig ist. Das kann nicht im Betreuungsverfahren geklärt, von dort vorgegeben werden.

172 Welche Folgen selbst diese Ausnahmen haben, zeigt der Versuch, einen unter Einwilligungsvorbehalt stehenden Betreuten in Anspruch zu nehmen, der sich mit Krankentransportern zu Ausflugszielen hatte fahren lassen; LG Gießen NJW-RR 2003, 439.

II. Einwilligungsvorbehalt in persönlichen Angelegenheiten?

Für die **Aufenthaltsregelung** wird ein Einwilligungsvorbehalt nicht in Betracht kommen, dadurch weder eine Zwangsbehandlung[173] noch das Festhalten in einem Heim legitimierbar sein oder die Ausgrenzung von streitbaren Angehörigen, die Stress in das Heim tragen. 172

Für das Festhalten wird auch bei „offenen" Einrichtungen auf § 1906 BGB abzustellen sein[174] und für die Regelung des Besuchsverkehrs auf die entsprechenden personenbezogenen Kompetenzen (vgl. §§ 1908 i i.V.m. 1632 BGB).

Soweit in diesem Bereich ein Einwilligungsvorbehalt angeordnet wird (vgl. auch § 69 l Abs. 2 FGG), bezieht der sich nicht auf die rein tatsächliche Aufenthaltsregelung etc., sondern allein die in dem Zusammenhang anfallenden rechtgeschäftlichen Erklärungen[175].

Auch für **Gesundheitsfragen** wird ein Einwilligungsvorbehalt trotz des anders klingenden Wortlautes in § 1903 BGB ausscheiden.[176] Es wird nicht möglich sein, schädliche, „unvernünftige" Entscheidungen Einwilligungsfähiger dadurch zu unterlaufen.[177]

Soweit in diesem Zusammenhang rechtsgeschäftliche Erklärungen bedeutsam werden, gilt das bei **Rn. 171** Ausgeführte.

III. Der Einwilligungsvorbehalt gilt, auch wenn er nicht bekannt ist

In der Praxis kann der Einwilligungsvorbehalt zu erheblichen **Einschränkungen im Rechtsverkehr** führen, denn ohne Einwilligung vom Betreuten geschlossene Verträge sind schwebend unwirksam, ihre Wirksamkeit hängt von der nachträglichen Genehmigung des Betreuers ab (§ 108 BGB), es sei denn sie sind wegen Geschäftsunfähigkeit nichtig. 173

Einseitige Rechtsgeschäfte des Betreuten sind ebenfalls unwirksam. Willenserklärungen, die von Dritten dem Betreuten gegenüber abgegeben werden, sind nicht wirksam, bevor sie dem Betreuer zugegangen sind (§ 131 BGB). 174

Der Betreute kann trotz des Einwilligungsvorbehaltes wirksam Rechtsgeschäfte tätigen, die ihm **lediglich einen rechtlichen Vorteil** bringen. Ein wirtschaftlicher Vorteil reicht nicht.

Seit 1.1.1999 sind auch die Rechtsgeschäfte ausgenommen, die „geringfügige Angelegenheiten des täglichen Lebens" betreffen, es sei denn, das Gericht ordnet insoweit etwas anderes an. Das korrespondiert mit der Einschränkung in § 105 a BGB im Verhältnis zu § 105 BGB.

Anders als minderjährige Geschäftsunfähige können volljährige Geschäftunfähige unter bestimmten Voraussetzungen, trotz der grundsätzlichen Nichtigkeit ihrer Erklä-

---

173 vgl. BGH BtPrax 2001, 32 ff; der in diesem Zusammenhang bestehende Streit erstreckt sich nicht darauf, dass Maßnahmen jedenfalls gegen Einwilligungsfähige unzulässig sind; vgl. auch OLG Schleswig NJW-RR 2002, 794.

174 Es ist umstritten, ob eine deratige Sicherung in einer offenen Einrichtung möglich ist. Das OLG Hamm FamRZ 2003, 255 verneint das.

175 OLG Hamm FamRZ 1995, 433; missverständlich BayObLG FamRZ 1993, 852; Jürgens u.a., Betreuungsrecht, § 1903 Rn. 7 ff.

176 vgl. auch BayObLG FamRZ 2001, 1403 f. und BtPrax 2001, 234.

177 BVerfGE 22, 180, 219 f.- Zur Systematik s. auch Kap. 11, Rdnr. 248.

rungen, kleinere Alltagsgeschäfte wirksam tätigen. Die Betroffenen sollen im Alltag so wenig wie möglich stigmatisiert werden.

175 Der Hinweis der Bank, die für eine junge geistig Behinderte, für die ein Einwilligungsvorbehalt (Vermögenssorge) bestand, dennoch ein dann bald überzogenes Konto eröffnete, sie sei gutgläubig gewesen, wird nichts nützen. Es gibt **keinen Gutglaubensschutz** in die (unbeschränkte) Geschäftsfähigkeit. Die Bank muss den Geldwert zurückbuchen, wohl meist ohne auf eine gleichwertige Gegenleistung hoffen zu können.

Zu dem **Sozialstaatsprinzip** gehört es, dass in diesem Bereich der **Schutz Hilfsbedürftiger Vorrang** vor dem Schutz des Rechtsverkehrs hat. Zwar „können die anderen nichts dafür, waren nicht fahrlässig", sie müssen aber das soziale Problem mit tragen, erhalten keine „Entschädigung".

176 Bei **Anträgen oder Anregungen auf Anordnung eines Einwilligungsvorbehaltes** ist zu bedenken, dass er nicht weiter gefasst werden kann, in der Regel enger zu halten ist, als die zugewiesenen Aufgabenkreise.

Zu der Formulierung eines solchen Antrages wird auf die grundsätzlichen Bemerkungen bei **Rdnr. 146** Bezug genommen. Das aufgetretene Problem muss so konkret wie möglich bezeichnet werden. Hier jedenfalls hört jede „Großzügigkeit" schon aus verfassungsrechtlichen Gründen auf.

Also in der Begründung z.B. nicht nur:

.... hat mein Betreuter absprachewidrig sein Girokonto erneut deutlich überzogen, weshalb die Mietzahlung nicht mehr sicher gestellt erscheint.

Sondern:

.... stehen meinem Betreuten von seinen monatlichen Gesamteinkünften in Höhe von 920 € nicht gebunden nur 170 € zur Verfügung.

Die Miete wird per Dauerauftrag vom Girokonto abgebucht. Auch die weiteren Versorgungsleistungen werden von diesem Konto über Daueraufträge erbracht.

Am 6. und 15 Mai hat mein Betreuter durch zwei zusätzliche Abhebungen (180 € und 160 €) abredewidrig das Konto jetzt insgesamt um 250 € überzogen. Die Bank wird auf dieser Grundlage die nächsten Miet- und Nebenzahlungen nicht ausführen. Gestern habe ich festgestellt, dass er weitere 200 € abzuheben versucht hat.

Die Führung eines reinen Habenkontos ist bei seinen wirtschaftlichen Verhältnissen ebenso wenig möglich, wie die Führung getrennter Konten[178]. Andere Möglichkeiten zur Sicherung seiner Grundversorgung als die Anordnung eines Einwilligungsvorbehaltes für Verfügungen über das Girokonto stehen nicht zur Verfügung.

178 Die Diskussion darüber, ob es nicht doch andere Möglichkeiten bei anderen Banken geben könnte, sei hier dahin gestellt. Der Text soll zeigen, wie konkret sinnvoller Weise deratige Informationen sein sollten, um baldmöglichst zu einer Sachentscheidung kommen zu können.

§ 8 Vormundschaftsgerichtliches Verfahren

Die Tätigkeit des **Gerichtes für Betreuungssachen also des Vormundschaftsgerichtes,** gehört wie die des Grundbuchamtes u.a. zum Bereich der sogenannten **freiwilligen Gerichtsbarkeit.** Sie wird im allgemeinen von den ordentlichen[179] Gerichten erledigt. 177

Die Verfahren nach dem **FGG sind typischerweise nicht auf Streitentscheidung** ausgelegt. Es handelt sich vorwiegend um **Rechtsfürsorge**, Vorsorge, Sicherung, Registrierung, wenn auch auf der Hand liegt, dass im Vormundschaftsgericht heftige Auseinandersetzungen denkbar erscheinen. 178

Sie werden aber dort i.d.R. nicht mit Rechtskraftwirkung entschieden. So bindet eine Schlussrechnungsprüfung der Abrechnung eines Betreuers ohne Beanstandung niemanden. Die Beteiligten müssen nötigenfalls im Streitverfahren klären lassen, ob alles mit rechten Dingen zugegangen ist.

Das Verfahren ist insgesamt – zur Struktur wie zum Einzelablauf – im **FGG** geregelt. Das Gerichtsverfassungsgesetz gilt nicht; die ZPO nur, soweit eine Verweisung vorliegt, sonst im Analogiewege ergänzend.[180]

Die **Beteiligten** werden i.d.R. als Antragsteller bzw. Antragsgegner bezeichnet. Es gibt im FGG keine Kläger oder Beklagten. Während im Zivilprozess grundsätzlich die Beteiligten darüber entscheiden, worüber sie streiten und womit, gilt für das FGG i.d.R. die Offizialmaxime: das Gericht handelt von Amts wegen, veranlasst die Klärung, auch wenn das teilweise unerwünscht ist; § 12 FGG. Das gilt auch in Verfahren, die nur auf Antrag eingeleitet werden. Dort bestimmt der Antrag nur, ob das Verfahren beginnt, nicht ohne weiteres, wie es gestaltet wird. 179

Die zu Betreuende oder die bereits Betreute ist immer Verfahrenssubjekt, hat immer das Recht selbst mitzuwirken, unabhängig davon wie krank oder behindert sie ist. Es findet keine Zensur statt. Selbst die Befugnis „**Post**" rechtfertigt nie den Zugriff auf die Briefe des Vormundschaftsgerichts an die Betreute, wenn es sich um Briefe aus oder zu dem Betreuungsverfahren handelt. Insoweit wird die Betreute als Verfahrensbeteiligte angeschrieben. Sie muss die Möglichkeit haben, sich zu wehren. Das kann ihr nicht versagt werden. Wenn sie meint, es sei nicht gerechtfertigt, dass auch dieser Aufgabenkreis aufgenommen wird oder sie die Rechnung nicht für richtig hält, ist es ihre Sache, das zu beanstanden und Sache des Gerichts zu prüfen, ob die Abwehr berechtigt ist. Wenn der Betreuer über den Aufgabenkreis **Post** auch diese Briefe vorprüfen könnte, läge es in seiner Hand, ob und wie die Betreute beteiligt wird. Das kann nicht richtig sein. In diesem Verhältnis ist er potentieller Gegner der Betreuten, nicht ihr Sprecher. 179a

Die Betroffene ist stets **verfahrensfähig (§ 66 FGG)**. Sie kann sich am eigenen Verfahren immer wirksam beteiligen. Sie kann insoweit z.B. auch gegen den Widerstand des Verfahrenspflegers, Betreuers und der Angehörigen wirksam einen eigenen Rechtsanwalt beauftragen. 179b

---

179 Historisch geprägter Begriff; vgl. §§ 12,13 GVG; im Gegensatz insbes. zu den Verwaltungsgerichten etc.

180 Das System nähert sich dabei immer stärker an zivilprozessuale Abwicklungen an. Eine Abweichung besteht bei der Verpflichtung des Gerichts zur Klärung. Mittelfristig wird unser FGG insgesamt abgelöst werden. Unsere europäischen Nachbarn verstehen diesen deutschen Sonderweg nicht.

Dessen Honorarforderung entsteht durch den Auftrag selbst des geschäftsunfähigen Betroffenen und die Abwicklung durch den Rechtsanwalt nach Maßgabe der gesetzlichen Regeln im RVG.

Diese Möglichkeit zu ungehindertem Zugang zu einem Rechtsanwalt mit den Kostenfolgen aus dem RVG besteht aber nur aufgrund der Sondervorschrift in § 66 FGG und nur im Umfang seines Geltungsbereiches, nicht für beliebige Begleitaufträge.

180 Das Gericht prüft bei einer Befassung als erstes seine **Zuständigkeit**, sodann die

- Beteiligtenfähigkeit,
- Verfahrensfähigkeit,
- Vertretung (kein Anwaltszwang) und
- ggf. den Antrag.

181 Zu unterscheiden sind die sachliche, in erster Instanz: Amtsgericht – Vormundschaftsgericht – und die örtliche (§ 65 FGG) Zuständigkeit. Die Zuständigkeit der Betreuungsbehörde läuft damit nicht immer synchron.

I. Zuständigkeiten

182 In Betreuungssachen richtet sich die gerichtliche (örtliche) Zuständigkeit in der Regel nach dem **gewöhnlichen Aufenthaltsort**, hilfsweise nach dem Ort, an dem ein Regelungsbedürfnis besteht (§ 65 FGG). Wenn allerdings für die Betroffene bereits ein Betreuungsverfahren läuft, ist das Gericht zuständig, das dies betreibt, selbst wenn die Betroffene zwischenzeitlich ihren gewöhnlichen Aufenthaltsort geändert hat.

In **Unterbringungssachen**, die aus Betreuungssachen entstehen, ist ebenfalls das bereits tätig gewordene Betreuungsgericht zuständig, bei landesrechtlichen Unterbringungen, auch PsychKG-Sachen[181] genannt, dagegen das Gericht, in dessen Bezirk das Problem auftritt oder das, in dem sich die Einrichtung befindet, in der sich die Betroffene aufhält. Das bedeutet, dass das **PsychKG-Gericht und das Betreuungsgericht** für dieselbe Betroffene **oft nicht identisch** sind, zumal in der Mehrzahl der PsychKG-Sachen die Betroffenen erst in das Krankenhaus gebracht werden und dann der Antrag gestellt wird.

182a Im Gericht sind die **Aufgaben zwischen Richtern und Rechtspflegern** geteilt[182]. Bei der Einführung des Betreuungsrechtes 1992 hatte man eine richterliche Eingangsentscheidung für angemessen gehalten, später im Zuge der Kostensenkungsdiskussion auf Rechtspfleger auch schon für die Anordnungen zurück greifen wollen. Derzeit sind die Richter zuständig für die Grundsentscheidungen und können Rechtspfleger für die Betreuerauswahl und weitere Folgeentscheidungen zuständig sein. Richtern sind aus verfassungsrechtlichen Gründen stets die personenbezogenen eingreifenden Entscheidungen vorzubehalten.

Die allgemeine Begleitung, Beratung, Kontrolle, Entscheidung, auch alle Genehmigungen zu vermögensrelevanten Vorgängen, unabhängig von dem Wert, obliegen jedenfalls den Rechtspflegern.

---

181 s. Rdnr. 24. Nicht in allen Ländern heißen die Unterbringungsgesetze PsychKG.

182 Eine Ausnahme besteht aus historischen Gründen in Württemberg: Im OLG-Bezirk Stuttgart sind Notare zuständig; die Unterbringungsgenehmigungen sind aber auch dort den Gerichten vorbehalten.

Für den **Umgang mit dem Gericht** ist es bedeutsam, sich zwar bei häufigerem Kontakt damit vertraut zu machen, welche Personen zuständig sind. Es ist in der Regel aber nicht ratsam, diese unmittelbar anzuschreiben, weil es sonst zum Beispiel in deren Urlaub passieren kann, dass das Schreiben über Wochen ungeöffnet liegen bleibt. Auch unmittelbare Anrufe bringen nur dann Gewinn, wenn sicher gestellt ist, dass die Sachbearbeiter den Vorgang in den Einzelheiten kennen. 182b
Sie sind für hunderte von Sachen zuständig, brauchen in der Regel die Akten, um sinnvoll reagieren zu können. Deshalb führt der angezeigte Weg meist über die Geschäftsstelle oder Service-Einheit „Betreuung". Briefe adressiert man an das „Amtsgericht – Vormundschaftsgericht –" im Text dann unter hervor gehobener Nennung des Aktenzeichens und des Namens des Betreuten.

Während im Zivilprozess i.d.R. mündlich verhandelt wird, wird das Verfahren im FGG-Bereich i.d.R. mit schriftlichen und weniger formalisierten Maßnahmen gefördert. Es gibt aber auch **mündliche Anhörungen**. Die sind nicht Regelfall, wenn auch gelegentlich (wie im Betreuungsverfahren) ausdrücklich vorgeschrieben und insoweit nicht auf Geschäftsfähige beschränkt (vgl. z.B. § 50 b FGG). Das Verfahren ist **nichtöffentlich (grundsätzlich nur beteiligtenöffentlich)**! 183
Die Empörung mancher Angehöriger, sie seien nicht zu **Anhörungen** zugezogen worden, geht deshalb oft ins Leere. Sie dürfen gar nicht zugezogen werden, müssen ihre Anliegen gesondert einbringen. Das gilt in gleicher Weise für sonst Interessierte, wie Heimmitarbeiter, Ärzte, Psychologen etc.

II. Akteneinsicht

Die Akten können nach § 34 FGG bei **berechtigtem Interesse** eingesehen werden. Das sollte man bedenken, wenn einem Gericht vertrauliche Vorgänge übermittelt werden sollen. Das Gericht ist grundsätzlich gehalten, die Beteiligten zu informieren, die wie sonstige Berechtigte die Unterlagen dann auch einsehen können. 184
Das Gericht darf aus gutem Grund **keine Geheimakten** führen oder gar aus diesen entscheiden (Art. 103 GG). Akteneinsicht in die Gerichtsakten wird meist eher undifferenziert gewährt. Selbst vertrauliche Arztberichte, die nach sonstiger Rechtsprechung nicht einmal ohne weiteres dem Betroffenen selbst zugänglich gemacht werden, sind dadurch ebenso leicht einzusehen wie alle Vermögensunterlagen.[183] Der, wie man schon vor dem Betreuungsgesetz wusste, problematische Datenschutz ist auch mit den jetzt geltenden Regelungen nur sehr rudimentär geregelt worden.[184]

III. Aktenzeichen

Gerichte arbeiten in der Regel mit einheitlichen Aktenzeichensystemen. Öffentlichrechtliche Unterbringungen werden mit **XIV** er AZ erfasst, Betreuungen und Unterbringungen nach Betreuungsrecht werden als XVII er Sachen in Erscheinung treten (Unterbringungen von Kindern jetzt mit F – AZ). 185

183 Die berechtigten Versuche, so etwas zu unterbinden (vgl. z.B. den Ansatz bei OLG Karlsruhe FamRZ 2004, 1658, mit Anm.: Spickhoff) sind bisher eher marginal. Viele Landgerichte sind in diesem Bereich recht rigide. Beschwerden gegen Weigerungen haben oft „Erfolg".

184 S. im einzelnen unten bei Rdnr. 369 ff.

Da die gerichtlichen Zuständigkeiten nicht deckungsgleich sind, kann es hilfreich sein, dass man an dem XIV-Aktenzeichen sehen kann, dass es um eine PsychKG-Sache geht, während eine **XVII** auf eine Betreuung verweist. Wenn ich etwas zu der XIV-Sache mitteile, wird die Betreuungsrichterin i.d.R. nichts davon erfahren. Es ist eine Kopie zu der XVII er Sache zu schicken.

186 **Beispiele:**
12 XIV 32/05: Die Abteilung 12 des Gerichts ist in der PsychKG-Sache, die 2005 als lfd Nr. 32 erfasst wurde, zuständig. Ein nachgestelltes „L" kann auf die Unterbringung nach Landesrecht (PsychKG) verweisen: 12 XIV 32/05 L.
9 XVII 2367: Es handelt sich um eine Betreuungssache, bearbeitet in Abt. 9 des Gerichts. Das Gericht arbeitet nach dem alten System, nach dem in Betreuungssachen alle Vorgänge (d.h. seit 1.1.1992) fortlaufend gezählt werden; alternativ möglich z.B.: 9 XVII 25/04.
Etwaige vorgestellte zusätzliche arabische Zahlen betreffen i.d.R. eine EDV- Erfassung (wichtig z.B. für Überweisungen), sind bei direkten Rückfragen und für eine Zuordnung im richtigen Gericht unerheblich.

IV. Ärztliche Gutachten

187 Vor betreuungsrechtlichen Entscheidungen ist i.d.R. ein Arzt zu beteiligen, zumindest über ein ärztliches Attest, in der Regel mit einer gutachtlichen Äußerung.[185]
Unterbringungen sind nur auf der Grundlage **ärztlicher Gutachten** zulässig.[186] Nach § 70 e I 2 FGG „soll" der Gutachter in Unterbringungssachen in der Regel **Arzt für Psychiatrie** sein; jedenfalls muss er **Erfahrungen auf dem Gebiet der Psychiatrie** haben.[187] Was darunter i.e. zu verstehen ist, ist offen; ein Assistenzarzt wird i.d.R. nicht berechtigt sein, sich darauf berufen zu können.
In der Praxis werden oft jede Art ärztlicher Äußerungen hingenommen, ein zureichendes Gutachten dann gegebenenfalls nachgefordert. Für Maßnahmen nach § 1906 Abs. 4 BGB genügt immer ein ärztliches Zeugnis.

188 Die **Anforderungen an die Gutachten sind eigentlich recht streng.** In der Praxis ist davon, erstaunlicherweise insbesondere bei den Unterbringungen, wenig zu spüren. Da

185 Das 2. BtÄndG hat die lange diskutierte und in der Praxis schon teilweise (ohne rechtliche Grundlage) umgesetzte Forderung aufgegriffen, andere, ggf. bereits vorliegende ärztliche Stellungnahmen verwertbar zu machen. Die Neuregelung ist aber so eingegrenzt (nur Gutachten des med. Dienstes und mit an sich begrüßenswerter datenschutzrechtlicher Sicherung), dass sich gegenüber dem Vorzustand vermutlich nichts Wesentliches ändern wird, zumal diese Gutachtenserstellungen gerade im Seniorenbereich meist noch länger dauern, als das ganze Betreuungsanordnungsverfahren.

186 Seit dem 1.7.2004 haben sich, selbst von den Fachkreisen bisher kaum wahr genommen, die Grundlagen für die Bezahlung der Gutachten geändert. Nach dem nunmehr an Stelle des ZSEG einschlägigen JVEG sind die Stundensätze der Gutachter für Verlängerungsgutachten in der Regel niedriger als für Einrichtungsgutachten und sind am höchsten bei Unterbringungen.
Das Fatale an dieser Änderung ist, dass die Begutachtung der Geschäftsfähigkeit auch zu der höchsten Stufe (M 3) führt. Wird diese Frage also (unreflektiert oder nur für Dritte) aufgenommen, verteuert sich die Tätigkeit des Gutachters selbst dann deutlich, wenn das Gericht diese Antwort so eigentlich gar nicht benötigt. Die Gerichte werden zukünftig ihre Aufträge neu zu formulieren haben und weniger bereit sein, Randfragen aus Drittinteresse (z.B. zur Wirksamkeit von Verträgen) mit einzubeziehen. S. dazu auch Bienwald FamRZ 2004, 1774 f.

187 Zur Qualifikationsanforderung BayObLG FamRZ 2002, 494

die Rechtsbehelfsquote in dem gesamten Bereich sehr niedrig ist, wirkt sich das wenig aus; ändert sich letztlich wohl nichts.[188] – Zu den Anforderungen an die Gutachten hat z.B. das OLG Düsseldorf [189] zu Recht betont:

- *(durch das Gutachten nach § 70 e FGG) soll eine in den jeweiligen Einzelheiten nachprüfbare Entscheidungsgrundlage geschaffen werden..., was wiederum voraussetzt, dass das Gutachten insbes.*
  a) Art und Ausmaß der Behinderung im einzelnen anhand der Vorgeschichte, der durchgeführten Untersuchungen und der sonstigen Erkenntnisse darstellt und wissenschaftlich begründet,
  b) sich mit den gesetzlichen Voraussetzungen für die Freiheitsentziehung (§ 1906 I BGB) detailliert auseinandersetzt und
  c) auch zu der Frage Stellung nimmt, ob und welche Alternativen anstelle der Freiheitsentziehung zur Verfügung stünden.

Die **Auswahl der Sachverständigen** steht im Ermessen des Gerichts. 189
Ärzte verweigern sich häufiger Antragstellern,[190] verweisen auf das Bedürfnis eines gerichtlichen Auftrages, wohl nicht ganz selten aufgrund eines Irrtums über die dann angenommene Befreiung von der **Schweigepflicht**. Der Auftrag könnte nur für die Zukunft und die auftragsbezogenen Untersuchungen befreien, nicht für Alterkenntnisse.
Die bestellte **ärztliche Sachverständige** hat auch in Unterbringungsverfahren **keine ärztliche Schweigepflicht** und kein darauf gestütztes Aussage- und Gutachtensverweigerungsrecht, soweit es sich um die aus Anlass der Begutachtung festgestellten objektiven Befunde und die daraus ableitbaren Folgerungen handelt. Die Einzelheiten sind sehr streitig.

Die Sachverständige darf das Gutachten **nicht nach Aktenlage** erstatten. Sie muss die 190
Betroffene persönlich untersuchen bzw. befragen.
Wenn eine ambulante Untersuchung nicht genügt, kann das Gericht eine **Unterbringung zum Zwecke der Begutachtung** (6 Wochen, verlängerbar) anordnen, die auch zwangsweise umgesetzt werden kann.
Der Abstand zwischen Untersuchung und Gutachten darf max. einige Wochen betragen, kann dann schon problematisch sein. Zugezogene sachverständige Hilfskräfte (z.B. Psychologen) müssen im Gutachten benannt werden.

Bis zum 31.12.1998 durfte der Ärztin, die bei Entscheidungen nach § 1904 BGB als 191
Sachverständiger zugezogen werden musste, nicht zugleich **behandelnde Ärztin** sein (§ 69 d Abs. 2 S.2. FGG). Das ist ab 1.1.1999 relativiert worden, gilt nur noch als Regel, nicht mehr als Muss-Bestimmung. Einige Gerichte halten daran fest, dass die behandelnde Ärztin grundsätzlich ungeeignet ist, bei anderen hat sich das Regelverhältnis umgekehrt.

188 Die (grobe) Verletzung der Gutachterpflichten kann zu einer Schadensersatzpflicht führen; vgl. OLG Schleswig-Holstein MedR 1994, 325f.; OLG Nürnberg NJW-RR 1988, 791,796

189 BtPrax 1995, 29, 30; BayObLG FamRZ 2001, 1403

190 Da oft betont wird, nur der gerichtlich ausgewählte und bestellte Arzt könne Sachverständiger sein, vgl. z.B. BayObLG FamRZ 2001,1403, ist das grundsätzlich sogar sinnvoll. Andererseits begnügen sich manche Gerichte dennoch mit beigebrachten Bescheinigungen, fordern sie zum Teil sogar, insbes. im Sicherungsbereich unter Hinweis auf die Mitwirkungspflicht des Antragstellers.

V. Verfahrenspfleger

192 § 67 FGG schreibt vor, dass der Betroffenen bei wesentlichen Verfahrensabschnitten eine **Verfahrenspflegerin** beizuordnen ist. Das soll geschehen, wenn von einer **Anhörung abgesehen** werden soll oder wenn **alle Angelegenheiten** betroffen sind. Für **Unterbringungsverfahren** gelten entsprechende Regelungen (§ 70 b FGG).

193 Für **Unterbringungssachen** hat sich insoweit für die Betroffenen eine Einschränkung ergeben. Während früher (vor 1992) praktisch immer ein Rechtsanwalt beigeordnet wurde, erfolgt das heute nur noch gelegentlich, nicht einmal immer die Bestellung eines Verfahrenspflegers.

194 Die erstinstanzlichen Gerichte neigen zum Teil dazu, sich mit Bestellungen von Verfahrenspflegern jenseits von Unterbringungen zurückzuhalten. Mit dem Gesetzestext wie der instanzgerichtlichen Rechtsprechung ist das schwer zu vereinbaren. Andererseits muss man hier, wie generell im Betreuungswesen sehen, dass **weniger als 5 % aller Entscheidungen in die nächste Instanz** gelangen. Vor Ort hat man sich meist einen Weg gesucht, den man umsetzen kann und mit dem die Beteiligten vermeintlich am Besten leben können, nimmt dabei zum Teil in Kauf, dass die Beschwerdegerichte, wenn sie denn beteiligt werden, immer wieder dieselben „Belehrungen" erteilen. Es nützt aus Sicht dieser erstinstanzlichen Praxis niemandem, das Recht um seiner selbst Willen zu pflegen, wenn es nicht vermittelbar ist.

194a Man stelle sich vor, es kommt eine Nachricht vom Gericht, das mitteilt, es sei eine Betreuung angeregt worden. Das Gericht gibt Gelegenheit zur Stellungnahme und kündigt eine Ärztin wie sich selber an. Als nächste kommt die Ärztin, dann die Betreuungsbehörde. Es klingelt wieder und es steht jemand vor der Tür, der das Ganze noch einmal von vorn beginnt, dazu erklärt, er wolle einem im Verfahren helfen. Vielleicht kommt er auch erst mit dem Gericht, sitzt stumm daneben, schickt danach eine Rechnung zu den Akten.

195 Nicht nur für die Betroffenen ist die **Rolle der Verfahrenspfleger** wenig nachvollziehbar. Auch die so Bestellten scheinen oft nicht unerhebliche Schwierigkeiten zu haben, ihre eigene Rolle zu definieren, auszufüllen. Das Bewusstsein der Vorläufigkeit der Tätigkeit, der Abhängigkeit von dem bestellenden Gericht scheint die Extreme (fomalistisches langatmiges Erklären, Beschweren oder stummes Begleiten) zu begünstigen. Es ist auf diesem zeitlich sehr begrenzten Pfand wohl sehr schwer, Zugang zu dem Betroffenen zu finden und sich selbst mit der weitgehenden **inhaltlichen Hilflosigkeit** zu bescheiden, dennoch die Funktion in den Fällen, in denen etwas schief läuft, wahrnehmen zu können.

196 Vielleicht wäre es einfacher, wenn es sich wie z.B. in Österreich bei den **Patientenanwälte** in der Psychiatrie um **Dauereinrichtungen** handelte, die sich dann der dort Betroffenen annehmen.

VI. Entscheidungen

Die gerichtlichen Entscheidungen (Verfügungen oder **Beschlüsse**) werden mit Bekanntmachung (§ 16 FGG) **wirksam**. 197
Viele bis die meisten Beschlüsse im Betreuungsbereich enthalten allerdings die Anordnung der sofortigen Wirksamkeit. Dann gilt die Entscheidung unmittelbar (mit der Übergabe an die Geschäftsstelle).[191]

Für den **Bestand der Betreuung ist allein die Beschlusslage**, nicht der Ausweis, maßgeblich. Im Ausweis mag stehen, was will. Eine Gewähr für die Richtigkeit der dort enthaltenen Angaben gibt es grundsätzlich nicht. Der Ausweis ist bloßes (oft überschätztes) Hilfsmittel, nicht aussagekräftige Urkunde. 198

Das Gericht ist gehalten, die Entscheidungen auch **anderen Stellen mitzuteilen** (§§ 69k, l FGG). Das kann zum Beispiel die Führerscheinstelle, das Ordnungsamt (betr. Gaststättenerlaubnis oder Waffenschein) sein. Was diese daraus machen, ist nicht immer vorhersehbar. 199

Es ist generell nicht einfach, über Betreuungen derartige öffentlich rechtlichen Erlaubnisse zu beeinflussen, zumal man z.B. als Betreuerin nicht auf die **Fahrerlaubnis** des Betreuten wird wirksam verzichten können. Die Entziehung wegen einer etwaigen jetzt naheliegenden fehlenden Eignung kann sich quälend lange hinziehen, eine Zeitspanne, die auch aus Sicht des Schutzes des Betreuten, der blind daran festhalten will, ein Problem sein kann. 200

VII. Fristen

In dem die Betreuung anordnenden Beschluss muss eine **Kontrollfrist** genannt werden, z.T. sind für Beschlüsse Maximallaufzeiten vorgesehen. Es empfiehlt sich, die insoweit verwendeten Formulierungen sehr ernst zu nehmen.[192] 201

So heißt es in einem recht weit verbreiteten Standardbeschluss für vorläufige Regelungen, die **Betreuung „endet“** (o.ä.) am 9.9.2004. Wenn das so formuliert ist, besteht am 10.9. keine Handlungsbefugnis mehr, wird Tätigkeit ab 9.9.04, 24:00 Uhr nicht mehr bezahlt, greift die eigene grundsätzlich nicht beschränkbare Haftung für fast alle rechtsgeschäftliche Handlungen als Vertreter ohne Vertretungsmacht.

Anders ist es dagegen, wenn mit einem anderen Beschlussmuster nur angekündigt wird, die Betreuung werde **„spätestens zum 5.4.2004“ überprüft.** Dann gilt die Betreuung bis zu einer gegenteiligen Entscheidung auch am 10.4.2004 noch.

Ablauffristen werden sich in der Regel auch bei Unterbringungsgenehmigungen finden.[193] Insoweit handelt es sich um Maximalfristen. D.h., dass am letzten Tag die Befugnis zur Sicherung endet, am Folgetag die Straftat beginnt. d.h. aber nicht, dass während der Frist die Fortsetzung allein deshalb berechtigt ist, weil der Beschluss noch läuft. Die inhaltliche Berechtigung ist in eigener Verantwortung durch die Betreuerin zu prüfen, ggf. ist die Maßnahme zu beenden und die Beschlussaufhebung (danach) zu beantragen. 202

191 Beschlussbeispiele in Anlage I, 4, 11,17.
192 Die Fristen finden sich im Tenor der in der vorigen Fußnote erwähnten Beschlüsse
193 Beschlussbeispiel Anlage I, 11.

203 Dritte, wie Einrichtungen, Heime, Krankenhäuser usw. meinen oft, sie seien an diesen Verfahren ja nicht beteiligt, hätten keinen Einfluss auf die Abläufe, weshalb sie sie übergehen könnten. Das ist in doppelter Hinsicht unzutreffend.

Zum einen finden sich z.B. in den **heimrechtlichen Regelungen** wie bei allen **Zertifizierungen** ausdrücklich gegenteilige Anordnungen. Zum anderen dürfen sie sich nicht darauf verlassen, eine behauptete Handlungsberechtigung werde schon bestehen. Der Einsatz wie die Abwicklung der hier zu erörternden Maßnahmen sollte den bisher erörterten Kriterien so Rechnung tragen, dass die **Einsatzvoraussetzungen jederzeit nachvollzogen** werden können. Wer wann wie (ggf. warum wirksam) entschieden hat, muss ebenso klar bleiben wie was konkret angeordnet worden ist.

Jede Werkstatt oder Einrichtung etc., in der (auch) gesetzlich Vertretene arbeiten oder leben, wird für eine effektive eigene **Gegenkontrolle** bestehender Vertretungsberechtigungen, etwaiger Sicherungsgenehmigungen und der Ablauffristen Sorge zu tragen haben. Unwirksame oder abgelaufene Vertretungsberechtigungen ergeben keine geeigneten Ansprechpartner mehr, abgelaufene Genehmigungen (unabhängig von der Verantwortung der Betreuerinnen) legitimieren nichts mehr.

204 Übergabesituationen sind zu dokumentieren. Es sind **„Meldestrukturen"** erforderlich, in denen nachvollziehbar bleibt, wer wann (wirksam) an wen delegiert hat. Die Übergabe eines nicht einwilligungsfähigen behinderten Erwachsenen, der Medikamente benötigt, an einen nicht entscheidungsbefugten (medikamentenkritischen) Angehörigen entlastet die Einrichtung nicht, wenn nicht sicher gestellt ist, dass die notwendigen Maßnahmen auch tatsächlich durchgeführt werden.

VIII. Rechtsbehelfe und Rechtsmittel

205 Entscheidungen des Betreuungsgerichts (also des Vormundschaftsgerichts) sind in der Regel mit der **Beschwerde** anfechtbar, gleichgültig, ob ein Rechtspfleger oder ein Richter entschieden hat. Ob es sich um eine unbefristete oder eine nur befristete Anfechtungsmöglichkeit handelt, kann man in der Regel der beigefügten Rechtsmittelbelehrung entnehmen.[194]

Angreifbar sind „Entscheidungen", also z.B. nicht schon die Einleitung eines Betreuungsverfahrens oder die Anordnung der Begutachtung; Letzteres ist z.T. streitig.

205a **Beschwerdeberechtigt** ist nur, wer in eigenen Rechten betroffen ist (§ 20 FGG) oder wem das Gesetz ausdrücklich ein Anfechtungsrecht eingeräumt hat (§ 69 g FGG). Daraus folgt z.B., dass Angehörige nur einige Entscheidungen des Gerichts angreifen können, nicht generell beschwerdeberechtigt sind.

Nahe **Angehörige** können gegen die **erstmalige Bestellung** eines Betreuers durch das Vormundschaftsgericht Beschwerde auch mit dem Ziel einlegen, einen anderen (medizinisch sachverständigen) Betreuer an die Stelle des ausgewählten Betreuers zu setzen.[195]

---

194 Beispiele bei den Beschlüssen in der Anlage I.

195 OLG Zweibrücken, Beschl. v. 9.4.1999, BtPrax 1999, 157. Die Tochter des Betreuten hat aber kein Beschwerderecht, wenn ihr Begehren, den bestellten Betreuer zu entlassen und sie selbst zur Betreuerin zu bestellen, zurückgewiesen worden ist (BGH Beschl. v. 4.10.1996, BtPrax 1997, 28). Und: Zur Entlassung des Betreuers ist das Vormundschaftsgericht nur im Verhältnis zum Betroffenen, nicht auch gegenüber dessen Angehörigen verpflichtet (OLG Düsseldorf, Beschl. v. 14.11.1994, BtPrax 1995, 69).

Der **Betreute** ist grundsätzlich immer in **eigenen Rechten** betroffen, wenn es um seine Betreuung geht.[196] Wenn ihm eine Entscheidung, die ihn beeinträchtigt, nicht gefällt,[197] kann er sich wehren. Dabei ist es unwichtig, wie er die Abwehr bezeichnet. Sie muss nur deutlich ausgedrückt und dem Gericht so vorgelegt werden. 205b

Selbst die Befugnis „**Post**" rechtfertigt nie den Zugriff auf die Briefe des Vormundschaftsgerichts an die Betreute, wenn es sich um Briefe aus oder zu dem Betreuungsverfahren handelt. Insoweit wird die Betreute als Verfahrensbeteiligte angeschrieben. Sie muss die Möglichkeit haben, sich zu wehren. Das kann ihr nicht versagt wehren. Wenn der Betreuer über den Aufgabenkreis **Post** auch diese Briefe vorprüfen könnte, läge es in seiner Hand, ob und wie die Betreute beteiligt wird. Das kann nicht richtig sein. In diesem Verhältnis ist er potentieller Gegner der Betreuten, nicht ihr Sprecher. Sie kann auch versuchen, ihn mit einer Beschwerde von seinen Pflichten entbinden zu lassen, ob er das für angemessen hält oder nicht. 205c

Bei nicht fristgebundenen Angriffen sieht das Gesetz vor, dass zunächst das Gericht, das die Entscheidung erlassen hat, selbst noch einmal prüft, ob es Anlass sieht, die Sache neu zu beurteilen. Das nennt man: **Abhilfeverfahren.** 205d

Es kann deshalb längere Zeit dauern, bis ein Verfahren auf eine derartige Eingabe überhaupt durch die zweite Instanz geprüft wird. Das kann man auch nicht dadurch umgehen, dass man sich gleich dorthin wendet. Der Vorgang wird dann zunächst wieder an das Ausgangsgericht zur Abhilfeprüfung zurückgegeben.

Einige wenige Entscheidungen sind einer **Prüfung im Beschwerdewege ausdrücklich entzogen.** 206

Das gilt z.B. für wirksam gewordene gerichtliche Genehmigungen zu Rechtsgeschäften (§§ 62, 55 FGG). Das BVerfG hat daran z.T. Anstoß genommen und von dem Gesetzgeber verlangt, zumindest dem Betroffenen eine Möglichkeit zu geben, rechtliches Gehör auch durch einen Richter zu erhalten.[198] Die Praxis löst das derzeit dahin, dass bei solchen Fällen in einem **Vorbescheid** mitgeteilt wird, wie entschieden werden soll und gibt Gelegenheit, diese Bewertung anzugreifen. Wer die dafür gewährte Frist dann verstreichen lässt, bleibt gebunden,[199] kann sich nicht auf das BVerfG berufen und später mit Aussicht auf Erfolg Einwände erheben.

Anders als eine Sachbeschwerde richtet sich die sogenannte **Dienstaufsichtsbeschwerde** gegen den Sachbearbeiter, erbittet von dem Dienstvorgesetzten ein Eingreifen, um den Sachbearbeiter zu maßregeln oder das erstrebte Ziel nun endlich durch eine Anordnung zu erreichen. 207

Eine solche Beschwerde ist kein Ersatz für ein Rechtsmittel. Wenn nur ein fristgebundenes Rechtsmittel gegeben ist, wird die Frist durch eine bloße Dienstaufsichtsbeschwerde nicht gewahrt.

---

196 Das gilt aber nicht für alle Zwischenschritte sondern nur für außenwirksame Entscheidungen.
Ob die Bestellung eines Verfahrenspflegers anfechtbar ist, war lange streitig. Der zu dem Streit angerufene BGH hat ausgeführt, die Bestellung sei bloßer Zwischenschritt, der nicht belaste. Deshalb sei sie nicht anfechtbar; BGH FamRZ 2003, 1275 = BtPrax 2003, 266.

197 Es kommt nicht darauf an, ob er sich eingeschränkt **fühlt**. Das allein genügt nicht. Die rechtliche Betroffenheit ist schon Zulässigkeitsvoraussetzung. Er ist aber, anders als z.B. seine Angehörigen, im übrigen nicht in seinen Angriffsmöglichkeiten eingegrenzt.

198 BVerfG Beschl. v. 18.1.2000, FamRZ 2000, 731.

199 BayObLG BtPrax 2002, 261.

Man kann mit Dienstaufsichtsbeschwerden gelegentlich erreichen, dass Vorgänge, die hängen geblieben sind, beschleunigt werden. Freunde schafft man sich damit selten. Das enthält keine Aufforderung zum Stillhalten um jeden Preis, nur die Bitte, einer Sachdiskussion den Vorzug vor persönlichen Angriffen zu geben.

Dienstaufsichtsbeschwerden in Betreuungs- und Unterbringungssachen sind im übrigen oft fruchtlos, weil den Dienstvorgesetzten von **Richtern und Rechtspflegern** ein Eingreifen in deren Sachmaßnahmen versagt sind. Beide entscheiden **unabhängig**.

IX. Kosten

208 Für die Tätigkeit des Vormundschaftsgerichts werden **Gebühren** erhoben, außerdem sind die Auslagen zu erstatten. Kostenschuldner ist grundsätzlich der, der die Tätigkeit veranlasst hat, auch wenn eine Entscheidung dazu nicht ergeht. Die Kostenpflichtigkeit ergibt sich unmittelbar aus dem Gesetz.

Voraussetzung für eine Kostenpflicht ist i.d.R. die Überschreitung eines nicht unerheblichen **Schonvermögens** (z.Zt. 25.000€).[200] Daran ausgerichtet werden Gebühren erhoben, die sich auf das jeweilige Jahr beziehen und die bestimmt werden nach dem Wert des reinen **Vermögens, das 25.000 € übersteigt** (je 5.000 €. mehr: 5 € p.a.).[201]

Auslagen, z.B. die **Kosten für die Gutachten**, werden erst erhoben, wenn eine Gebührenpflicht eintritt, d.h. ebenfalls erst bei Überschreiten des Schonvermögens. Kommt es zu keiner Betreuung oder werden wichtige Änderungen später als unberechtigt kassiert, werden auch für diese Vorgänge keine Auslagen berechnet. Sie sind dann dauerhaft von der Staatskasse zu tragen.

208a Von Beteiligten zugezogene Rechtsanwälte sind grundsätzlich von ihnen selbst zu bezahlen, selbst dann, wenn sie weniger Geld als die Schonbeträge haben. Der Gegenstandswert[202] für etwa entstehende **Rechtsanwaltsgebühren** richtet sich nicht nach dem System der KostO und beträgt z.B. bei der Mitwirkung bei der Prüfung der Anordnung einer Betreuung in der Regel 4.000 €.[203]

208b Der **Rechtsanwalt** wird nur dann nach dem **Rechtsanwaltsvergütungsgesetz** (RVG) bezahlt, wenn er als solcher mitgewirkt hat,[204] nicht wenn er **als bestellter Betreuer** in

200 Diese Schonvermögen ist nicht identisch mit dem, dass dem Betreuten zum Beispiel im Verhältnis zum Betreuer zu verbleiben hat. Er muss seine Betreuerin schon selbst bezahlen, wenn er mehr als den SGB XII (früher: BSHG) Schonbetrag hat (s. Rdnr. 396), also mehr als 2.600 €, die gerichtlichen Auslagen und Kosten erst bei der vielen höheren Grenzen aus der KostO.

201 Wesentlicher als die entstehenden gerichtlichen Kosten ist die Frage danach, was eine Betreuung kostet. Insoweit verweise ich auf die Ausführungen zur **Vergütung**; Rdnr. 387 ff.

202 Der Gegenstandswert ist kein Zahlbetrag, sondern die Bemessungsgrundlage dafür. Es handelt sich um den Versuch, nicht geldwerte Vorgänge in Zahlen umzusetzen, weil die Bezahlung nach den Gebührentabellen eine derartige Basiszahl voraussetzt.

203 BayObLG FamRZ 2001, 1246 = NJW 2011, 1301. Mit der Kostenrechtsmodernisierung (7/04) nicht grundsätzlich geändert.

204 Das kann für Betreute zu Schwierigkeiten führen. Ihnen kann zu Recht niemand wirksam verbieten, sich anwaltlichen Schutz zu suchen. Sie sind für das Verfahren grundsätzlich immer verfahrensfähig. Ob andererseits ihre Vorstellung von „richtiger" anwaltlicher Vertretung aus Sicht Dritter nachvollziehbar bleibt, kann zweifelhaft sein. Diese haben dann nicht nur gelegentlich Problem mit den aus ihrer Sicht „sinnlosen Kosten".
Die Reaktionen in der Anwaltschaft auf Aufträge eher extrovertierter Betroffener/Betreuter sind sehr unterschiedlich. Es gibt sehr verantwortungsvolle Reaktionen aber leider auch Vorgänge, bei denen so lange „für die Freiheit" des Betroffenen „gekämpft" wird, bis er, völlig allein gelassen, seinen Problemen hilflos gegenüber steht.

seinem Aufgabenkreis oder als Verfahrenspfleger tätig geworden worden ist. Dann gelten auch für ihn die allgemeinen Vergütungsregeln.[205]

Anders als im Zivilprozess ist die **Auslagenerstattung** in FGG-Verfahren stark eingeschränkt, d.h. jede Beteiligte muss damit rechnen, ihre Rechtsanwältin **selbst bezahlen** zu müssen, auch wenn sie „Recht hat" (§ 13 a FGG). Eine Auslagenerstattung durch die Staatskasse ist nicht vorgesehen. 209

Die **Prozesskostenhilfe**-Vorschriften der ZPO gelten kraft Verweisung in § 14 FGG auch hier. Es wird aber häufig angenommen, dass in einfacheren Sachen die Zuziehung einer Rechtsanwältin nicht angemessen sei.

X. Abgabe an ein anderes Gericht

Da die örtliche Zuständigkeit an den regelmäßigen Aufenthalt gebunden ist, kann sie sich ändern, wenn die Betreute umzieht. Es bleibt zwar zunächst das mit der Sache befasste Gericht zuständig. Dies kann das **Verfahren aber nach Anhörung der Beteiligten abgeben** (§§ 65 a, 46 FGG). 210

Der **Sinn der Abgabe** liegt auch darin, das ortsnächste und damit zu den Lebensumständen sachkundigste Gericht mit der Sache zu befassen. Die Gerichte kennen z.B. die Umstände in den einzelnen Einrichtungen in der Regel nur in ihrem Bezirk. Auch können etwa erforderliche kurzfristige Anhörungen (z.B. bei Maßnahmen nach §§ 1904 oder 1906 BGB) sonst kaum sicher gestellt werden.

Selbst wenn es für ein Gericht aus Hannover z.B. nach Hildesheim nicht besonders weit ist, ist es ein Problem, in Hannover alles liegen zu lassen und die Fahrtzeit nach Hildesheim „abzuschreiben", zumal in Hildesheim entsprechende Strukturen bestehen, die dortigen Beteiligten zudem wissen, mit wem wie zu reden ist.

Für Betreuer kann das andererseits bedeuten, dass sich alle Ansprechpartner ändern, die neuen sich möglicherweise nicht an die alten **Absprachen** halten wollen. Wenn sich daraus wesentliche Probleme ergeben, kann man erwägen, anzuregen eine neue Betreuerin „vor Ort" zu bestellen. Ob das für die Betreute persönlich zumutbar erscheint, ist ein anderes Problem.

205 S. Rdnr. 385 ff.

§ 9 Einstweilige Anordnungen

211 Wenn ein Vorgang **wirklich dringlich** ist, kann eine Betreuungsentscheidung von dem Erstkontakt bis zur Verpflichtung in weniger als 1 Stunde durchgeführt werden. Man muss dazu nur die richtigen Wege finden, es auch wollen und darf das nicht missbrauchen.

Um etwaigen Notsituationen Rechnung zu tragen, sind insoweit die gerichtlichen Zuständigkeiten erweitert. Zuständig ist auch das Gericht an dem **Ort, an dem die Notmaßnahme erforderlich wird** (§ 65 Abs. 5 FGG). Es informiert dann zu gegebener Zeit das Hauptsachegericht, das für die weitere Abwicklung zuständig ist.

211a Die **Abwicklung eines Betreuungsverfahrens** nimmt in der Regel **erhebliche Zeit in Anspruch,** bis zu 3 Monate und mehr. Diese Zeit ist nicht immer vorhanden und es kann auch nicht immer wieder alles andere liegen bleiben, um in kurzer Frist ein komplettes Verfahren abzuwickeln. Deshalb gibt es die Möglichkeit einstweiliger Anordnungen (§ 69 f FGG). Insoweit kann z.B. schon ohne Sachverständigengutachten ein vorläufiger Betreuer bestellt werden.

211b Solche Eilentscheidungen sind z.B. in folgendem Fall denkbar:

- *Das Krankenhaus teilt mit, in der Intensivstation befinde sich eine Patientin, die am Vortag mit Kreislaufzusammenbruch eingeliefert worden sei. Sie beharre darauf, sofort entlassen zu werden. Der Ehemann habe Andeutungen zu einem Medikamentenmissbrauch gemacht.*
  Die Ursache des Kreislaufversagens sei bisher unklar. Die Ärzte befürchten, dass sie vor dem KH erneut zusammenbricht und ggf. verstirbt.
  Da sie sich weigere, über ihre Erkrankung bzw. eine Behandlung zu sprechen, sei nicht abschließend zu beurteilen, ob sie in der Lage sei, die Bedeutung des Problems für sich zu erfassen.
  Es werde um betreuungsrechtliche Entscheidung zum weiteren Vorgehen gebeten.

211c **Ärzte** haben ja **kein eigenes Zwangsbehandlungsrecht.** Der **Ehemann** hat als solcher keine Entscheidungsbefugnis. Die daraus immer wieder abgeleitete Antwort, wenn die Patientin es so wolle, müsse sie auch das Recht haben, zu gehen, verkennt, dass das nur dann richtig sein kann, wenn sie weiß, was sie tut, **einwilligungsfähig** ist.

Also muss das Gericht auf eine ärztliche Stellungnahme dringen. Die kann in Minuten gefaxt werden und dann kann das Gericht entweder anhören und ggf. selbst entscheiden. Es kann einen vorläufigen Betreuer bestellen und damit dem alle weiteren Probleme überlassen oder selbst entscheiden, was weiter werden soll.

Wenn ein **vorläufiger Betreuer** mit zureichendem Aufgabenkreis bestellt ist, hat der sich um die medizinischen und ggf. auch um die Sicherungsangelegenheiten zu kümmern und nötigenfalls zu entscheiden. Die etwa notwendigen gerichtlichen Genehmigungen für die Sicherungsmaßnahmen müssen nachträglich eingeholt werden. Der Betreuer ist dann zunächst auf sich gestellt.

I. Möglichkeiten und Mindesterfordernisse

212 **Einstweilige Anordnungen sind möglich, wenn dringende Gründe** für die Annahme bestehen, dass ein Betreuer zu bestellen oder ein Einwilligungsvorbehalt anzuordnen sein wird. Ein Antrag ist für diese vorläufigen Maßnahmen nicht erforderlich. Ein

ärztliches Zeugnis muss vorliegen **und** in der Regel muss auch die **Anhörung** der Betroffenen erfolgen. Diese gesetzliche Grundlage wird aber in der Praxis z.T. dadurch ausgehebelt, dass es eine Gegenausnahme gibt, die bei Eilentscheidungen recht oft dazu führt, dass zuerst die Entscheidung ergeht und dann die **Anhörung nachgeholt** wird (s. unten bei **Rdnr. 214**).

Die Voraussetzungen für die Bestellung einer Verfahrenspfleger sind hier nicht strenger 212a
als im allgemeinen Verfahren (§§ 69 f Abs. 1 Nr. 3 i.V.m. 67 FGG). Während es dort allerdings recht selten zur Bestellung einer Verfahrenspflegerin kommt, neigen die Gerichte bei dem „Überfall" mit einer vorläufigen Regelung zu Recht eher dazu, die Betroffene durch eine Verfahrenspflegerin in ihrer Verfahrensposition zu stärken.

Auch für (**vorläufige**) **Unterbringungsgenehmigungen** (§ 70 h FGG) bedarf es **immer** 212b
mindestens eines ärztlichen Zeugnisses (ausführlicher Befundbericht). Ohne Ärztin geht in diesem Bereich nichts, allein mit dem Arzt aber auch nichts. Er hat **keine Anordnungsbefugnis** für Maßnahmen.

Die Überweisung in die Klinik legt die Grundlage für die Kostenregelung wie für die Frage, ob die Klinik der Betreuerin die Patientin unter medizinischen Aspekten abnimmt, klärt nicht die Frage, ob ihre Befugnis die Maßnahme deckt.

Es gibt inzwischen z.B. beschützende Alteneinrichtungen, die die Aufnahme ohne den zusätzlichen gerichtlichen Beschluss schlicht verweigern. Allein daraus kann sich ein erheblicher Zeitdruck ergeben, weil die etwaige Entlassung aus dem Krankenhaus oder der Rehabilitations-Klinik selten mit zureichendem Zeitvorlauf mitgeteilt wird.

Der bestellte Betreuer hat in seinem Aufgabenkreis ein **Eilentscheidungsrecht**, muss 213
sich ggf. nachträglich an das Gericht wenden (s. auch **Rdnr. 216**). Ob es ihm gelingt, seine Entscheidung umzusetzen, ist in solchen Situationen zunächst allein sein Problem. Unter welchen Voraussetzungen die Betreuungsbehörde ohne ausdrückliche gerichtliche Ermächtigung nötigenfalls auch mit Zwang hilft, sollte tunlichst vorher abgeklärt sein.

Es gibt Situationen, in denen sich Zuspitzungen von Alltagsproblemen zeigen, die umgehend einer Lösung bedürfen, nicht bis zu einer Regelentscheidung, bei Schwierigkeiten am Wochenende nicht einmal ohne weiteres bis in die nächste Woche zurückgestellt werden können.

Jedem Betreuer oder sonstigen Vertreter muss **klar sein**, dass das nicht von der Einrichtung oder sonst von irgendwelchen Behörden erledigt wird, **sondern dass er gefordert ist.**

Der Arzt kann (außer bei echter Rettungsmedizin) wirksam nicht allein etwas regeln. Er kann nur die Überweisung ausstellen, damit die Klinik aufnimmt, vielleicht noch klären, wo überhaupt ein Platz frei ist. Das mag alles unspektakulär ablaufen, wenn die Betreute friedlich ist. Spätestens, wenn sie sich weigert, den Krankenwagen zu betreten oder sich darein bringen zu lassen, wird der Betreuer erleben, dass weder der Arzt einfach „ruhig" spritzt, noch die Fahrer von sich aus „zufassen".

II. Eilige einstweilige Anordnungen

Bei Gefahr im Verzuge sind einstweilige Anordnungen auch **ohne Anhörung** des Be- 214
troffenen möglich (§ 69 f Abs. 1 S.I 4 FGG). Die Anhörung und die Verschaffung des persönlichen Eindrucks werden dann alsbald nachgeholt.

Vorläufige Regelungen werden **zeitlich besonders befristet** (§ 69 f Abs. 2 FGG).
Als Beispiel unter Einbindung einer Vollmacht:

215 ▸ *Das Altenheim Sonnenschein teilt dem Gericht mit, die Bewohnerin Frau Moja müsse dringend und sofort zur medikamentösen Neueinstellung in eine Klink verlegt werden und auch mechanisch gesichert werden.*
Sie habe seinerzeit den Heimvertrag selbst unterschrieben. Um ihre sonstige Belange kümmere sich der Sohn, der über eine notarielle Generalvollmacht aus 1997 verfüge.
Jetzt sei es kurzfristig zu einer massiven Eskalation gekommen. Frau Moja sei altersverwirrt, laufe laut brummend durch die Station, erschrecke die anderen Bewohner, habe letzte Nacht eine Mitbewohnerin im Nachbarzimmer aus dem Bett geworfen, weil sie es wohl für ihr eigenes gehalten habe. Als sie das Zimmer habe verlassen sollen, habe sie getobt, auch Mitarbeiter geschlagen.
Das Ordnungsamt weigere sich, Maßnahmen nach dem PsychKG zu ergreifen, verweise auf den Vorrang des Betreuungsrechts und die Vollmacht. Der Sohn sei nicht erreichbar.

216 Das Gericht bestellt einen **Berufsbetreuer** zum **vorläufigen Ergänzungsbetreuer.** Es ist dann **seine Aufgabe**, die Verlegung zu veranlassen, wenn er sie für geboten hält, sonst eine andere Wohnmöglichkeit zu finden. Falls Frau Moja sich wehrt, wird die Frage nach Zwangsmitteln, der Zuziehung der Vollzugsbehörde (dafür ist die Betreuungsbehörde auf Ersuchen des Betreuers zuständig) und ggf. auch der Polizei auftreten.
Die Behörde und die Polizei werden eine gerichtliche Ermächtigung verlangen, so dass dem Betreuer sein vorläufiges Regelungsrecht oft leider nichts nützt. Er muss die Erreichbarkeit des richterlichen wie des behördlichen Notdienstes kennen und nutzen können.

216a Manchmal ergibt sich, dass ein Regelungsbedarf auf der Hand liegt, es aber wegen der Mitwirkungsverweigerung der Betroffenen nicht möglich ist, die für das weitere Verfahren notwendige fachärztliche Äußerung zu erreichen (§ 68 b Abs. 3 und 4 FGG). Weil sie z.B. niemanden in ihre Wohnung lässt. Wenn es unter strenger Beachtung des Verhältnismäßigkeitsgrundsatzes tragbar erscheint, kommt dann nötigenfalls auch eine **Regelung zur Erreichung einer Begutachtung** in Betracht. Das wird oft mit einer **vorläufigen Unterbringung** verbunden sein, die in der Praxis zumeist über eine einstweilige Anodnung erfolgt. Einzelheiten über die Zulässigkeit von Unterbringungen sind bei den Sicherungsmaßnahmen dargestellt (Kap. 12).

III. Unmittelbare gerichtliche Maßnahmen

217 Als dritte Form einstweiliger Anordnungen sind schließlich **unmittelbare Maßnahmen des Vormundschaftsgerichts** denkbar (§§ 1908 i Abs.1 i.V.m. 1846 BGB). Das kommt z.B. bei einer etwaigen Zustimmung zu Operationen, dem Bedürfnis nach PEG-Sonden[206] oder dergl., wohl auch im Zusammenhang mit Unterbringungsmaßnahmen in Betracht. Insoweit sind die Einzelheiten sehr umstritten. Es gibt auch die Ansicht, dann müsse immer zugleich eine vorläufige Betreuerin bestellt werden.[207]

206 Ernährungssonde durch die Baudecke.

207 Nach BGH BtPrax 2002, 162 ist für eine unverzügliche Betreuerbestellung Sorge zu tragen. Wenn das unterbleibt, bleibt z.B. eine unmittelbar veranlasste Unterbringung rechtswidrig, auch dann, wenn die materiellen Voraussetzungen vorgelegen haben.

Bei Maßnahmen nach § 1908 i in Verbindung mit § 1846 BGB vertritt das Gericht den Betroffenen unmittelbar, was sonst grundsätzlich nicht in Betracht kommt.

Es gibt Gerichte, die sich weigern, derartige Vorgänge in dieser Weise selbst zu entscheiden und grundsätzlich **immer** auf der **Bestellung einer vorläufigen Betreuerin beharren**. Der Grund wird nach den vorerwähnten Fällen auf der Hand liegen. Wenn das Gericht selbst entscheidet, müsste es bei entsprechend verantwortetem Engagement all diese personenbezogenen Fragen selbst klären, bewerten und verantwortlich entscheiden. Das ist schon wegen der Zahl der insgesamt anliegenden Fälle nicht umsetzbar. In der Sache spricht deshalb unabhängig von der rechtlichen Grundbewertung[208] viel für den Weg über den vorläufigen Betreuer, wenn man genug erreichbare Betreuer hat, die sich auf den Weg machen und sich wirklich vor Ort um die Betroffene und ihre Belange kümmern.[209] 218

208 S. vorherige Fußn.

209 Für nicht ungefährlich halte ich es, auf bloßen Zuruf aus der Ferne derartige Dinge entscheiden zu wollen. Insbes. bei Streitigkeiten um die Tragfähigkeit von Patientenverfügungen scheint es in einigen Bereichen immer wieder einmal Versuche zu geben, „unbequeme" Bevollmächtigte dadurch auszuhebeln, dass es heißt; „ dann hole ich mir eben die Genehmigung vom Gericht" und schon liege die Sonde etc.
Wenn es sich um echte Notfälle handeln, mag nach den Grundsätzen der Rettungsmedizin gehandelt werden. Sonst sollte man sich nicht zu sehr hetzen lassen. Ohne den persönlichen Kontakt mit Patienten, ggf. Bevollmächtigten und Arzt wird es nicht gehen.

§ 10 Kontrollen und Hilfen

219 Trotz aller Bemühungen im Betreuungsrecht, die persönlichen Dinge zu betonen, hat der Gesetzgeber die **stärkste und engste Kontrolle** der Betreuer durch das Vormundschaftsgericht im Bereich der **Vermögenssorge** (s. aber auch §§ 1904,1906,1907 BGB) vorgesehen. Nach wie vor besteht die Angst, fremdes Geld könne zu Leichtsinn verführen.[210]

220 Die Betreuerin bekommt **durch die Betreuungsentscheidung vom Staat** über die gerichtliche Entscheidung **Macht über einen anderen Menschen**. Derjenige, der diese Macht zuweist, ist danach sicher auch gehalten, aufzupassen, wozu die Macht genutzt wird.

Das bedeutet aber nicht, wie viele Menschen meinen, dass das Gericht der Auftraggeber der Betreuer „im eigenen Namen“ wird. Die Betreuer unterliegen zwar der Aufsicht des Gerichts. Sie handeln aber im Namen und für Rechnung des Betreuten, sind letztlich dem oder seinem Rechtsnachfolger verantwortlich.

Das Gericht versucht nur, an Stelle des tatsächlich derzeit nicht dazu in der Lage befindlichen Betreuten zu dessen Wohl zu steuern. **Verantwortlich** ist und bleibt die Betreuerin aber **stets** unmittelbar **dem Betreuten** und zwar selbst dann mit Vorrang vor dem Staat, wenn Genehmigungen erteilt worden sind. Die Genehmigungen erlauben dem Betreuer zu handeln, sind nicht primär dazu da, ihn zu entlasten. Das wird bei der Übersendung der Genehmigungen in der Regel auch jedes mal wieder betont[211].

221 Im Rahmen der **gesetzlichen Vertretung** haben die Vertreter,

- Rechtsgeschäfte für die Betroffene vorzunehmen,
- bei einem Einwilligungsvorbehalt auch über die Zustimmung zu eigenem Handeln des Betroffenen zu entscheiden und
- die Betreute in etwaigen Prozessen zu vertreten.

Grundsätzlich gelten §§ 164 ff. BGB, jedoch mit der Maßgabe, dass die Vertretungsmacht eben nicht aus Erteilung durch eine anderen, sondern kraft Gesetzes aufgrund der gerichtlichen Entscheidung besteht. **Der Inhalt wie die Begrenzung ergibt sich damit zwangsläufig ebenfalls unmittelbar aus dem Beschluss i.V.m. dem Gesetz** (vgl. z.B. §§ 1908 i, 1841, 1805 ff, 1905 BGB).

§ 164 BGB fordert **Offenkundigkeit**; sonst haftet der Betreuer selbst.

222 Das **Vormundschaftsgericht** ist wie erwähnt weder „Geschäftsherr“ noch **„Supervertreter“**, nur ausnahmsweise berechtigt, unmittelbar selbst tätig zu werden (§§ 1908i, 1846 BGB).[212]

Im übrigen bleibt es in den gesetzlich vorgesehenen Fällen zur Kontrolle aufgerufen, sonst auf eine allgemeine Missbrauchskontrolle beschränkt (§§ 1908 i, 1837 BGB). Auch darin kommt deutlich zum Ausdruck, dass **das eigentliche Geschäftsbesorgungsverhältnis zwischen dem Betreuter und dem Betreuten** besteht, nicht mit dem Staat bzw. dem Gericht.

---

210 Übersicht über die wichtigsten Genehmigungserfordernisse im Merkblatt; s. Anlage I, 6.

211 Beispiel in Anlage I, 10.3.

212 Beispiel in dem Beschluss in Anlage I, 5.

I. Allgemeine Kontrolltätigkeit

Das Vormundschaftsgericht verlangt[213] grundsätzlich einen **Anfangsbericht, wenn Vermögenssorge zugewiesen ist mit einem Vermögensverzeichnis**[214] (§ 1908i i.V.m. § 1802 BGB), sowie jährliche Folgeberichte (**Rechnungslegung und Bericht**[215] **zu den pers. Lebensbedingungen**). 223
Die erteilte Abrechnung wird dabei anhand der mit eingeforderten Belege recht genau geprüft.[216]
In der Regel bespricht die Rechtspflegerin bei der **Verpflichtung**, was sie als nächstes an Informationen erwartet und wird nach Eingang des VVerz (Vermögensverzeichnisses) mitteilen, ob und welche Art der Rechnungslegung in Zukunft vorzunehmen ist.
Wenn bei geringem Vermögen (bis 6.000 €) oder bei nur durchlaufenden Posten **keine Rechnungslegung** von dem Gericht gefordert wird, heißt das **nicht, dass die Betreuerin nicht verpflichtet bliebe**, genau zu buchen und zu belegen. Spätestens die etwaigen Erben werden nicht ganz selten zu jedem Euro wissen wollen, wofür er ausgegeben worden ist. **Und die Betreuerin muss das dann belegen können, auch noch nach Jahren.** Oder es aus eigener Tasche ersetzen.

Die Aufforderungen des Gerichts sind nicht nur lästige Begleiterscheinung. Unabhängig von der Frage nach ihrer Einzelberechtigung kann die **Beantwortung bzw. Umsetzung jeweils erzwungen werden (§ 33 FGG)**.[217] 224

Das BGB verlangt **Genehmigungen** für einige dem persönlichen Bereich zuzuordnenden Gegenstände und i.ü. i.d.R. für **alle Grundstücksgeschäfte und für alle weiteren Geschäfte, die es für besonders gefährlich oder belastend hält, auch für viele Kontenvorgänge** (§§ 1908 i i.V.m. 1812 ff, 1821 ff BGB).[218] Hier zeigt sich die Wirkung der Zurückverweisung in § 1908 i BGB besonders deutlich. Es gilt fast alles, was im Bereich der Vormundschaft über Minderjährige gilt, aber eben auch nur „fast". 225
Bei der Verpflichtung wird ein **Merkblatt**[219] ausgehändigt, in dem die wesentlichsten Genehmigungen aufgelistet werden.

Der **Genehmigungskatalog** ist unterschiedlich, je nachdem, ob ein (privater) Betreuer oder z.B. d. Betreuungsbehörde handelt (vgl. §§ 1908i, 1852 ff, 1857a BGB; **1908i Abs. 2 S. 2** BGB). Bei den privaten wird unterschieden, ob es sich um nahe Angehörige oder „Fremde" handelt. 226
Von den Angehörigen sind nur die befreit, die konkret in § 1908 i Abs. 2 BGB genannt sind. Ausnahmen, „weil ich doch fast genauso verwandt bin", sind nicht möglich, dann nur im Einzellfall etwaige Ermächtigungen (§§ 1908 i, 1825 BGB).

Betreuer, die keiner Kontroll- und Genehmigungsbefreiung unterliegen (§ 1908 i II 2 BGB) haben immer wieder Probleme mit den unterschiedlichen Bewertungen der Gerichte zu den Verfügungen über Girokonten[220] sowie zu **Sperrungsfragen.**[221] 226a

213 Einforderungsbeispiel in Anlage I, 9.1
214 Muster in Anlage I, 8
215 Muster in Anlage I, 9.2
216 Prüfvermerk in Anlage I, 10.6
217 Zwangsgeldandrohung in Anlage I, 9.3
218 Liste der häufigsten Genehmigungen in Anlage I 6 (Merkblatt)
219 Anlage I, 6
220 Übersicht über den Streitstand bei Suschkow in JurBüro 1997, 508 ff.
221 Dazu Bienwald in BtPrax 1998, 15 ff.

Während z.T. vertreten wird, eine Sperrung komme erst in dem Bereich von Einwilligungsvorbehalten in Betracht, gibt es andererseits sogar Versuche, Girokonten versperrt laufen zu lassen.[222] Ich halte beides so absolut für wenig sinnvoll. Aber: Die Betreuer werden sich insoweit jeweils mit ihrem „Hausgericht" verständigen müssen, sollten sich andererseits nicht widerstandslos auf alles einlassen. Sperrungen sind kein Hinweis auf einen Misstrauensbeweis. Ihr Vorteil liegt auch darin, dass generell Missbrauch durch Dritte unterbunden werden kann.

Viel hängt auch von den Abwicklungsmodalitäten der jeweiligen Hausbanken ab, die für Betreute und Betreuer immer wieder neue Probleme entdecken, dann zum Teil versuchen, den Geschäftsverkehr zu beschränken.[223]

227 Eine Chance ergibt sich insoweit aus § 1817 BGB durch eine generelle **Befreiung** bei Vermögen (ohne Grundbesitz) bis zu 6.000 €.

Es ist aber darauf zu achten, dass auch diese Freistellung **nicht von der internen Buchführung befreit.** Die Betreuerin bleibt bei Abgabe der Betreuung oder Beendigung nachweispflichtig für jeden Euro. Zwar nicht gegenüber dem Gericht, aber gegenüber den Erben etc. Die sind oft sehr viel weniger bereit, „großzügig" zu sein, als das Gericht.

228 In der Regel ist es hilfreicher, Klärungen und Abgrenzungen nicht „draußen" zu suchen, sondern über eine **Konkretisierung des Aufgabenkreises** den Problemen grundsätzlicher und klarer zu begegnen. So kann es z.B. lediglich erforderlich sein, Kostenfragen zu klären und Finanzierungen zu sichern. Dafür bedarf es nicht der „Vermögenssorge", sondern würde ein entsprechender engerer Aufgabenkreis genügen; in einigen Amtsgerichten wird insoweit der (oder ein Teil des) Aufgabenkreis „Vertretung gegenüber Kostenträgern, Banken, Einrichtungen und Behörden" in Betracht gezogen.

Wenn einzelne Konten oder Sparbücher von den Betreuten selbst verwaltet werden sollen, wäre z.B. **denkbar**, ein von der Betreuerin einzurichtendes **„nur im Guthabensbereich zu führendes Girokonto"** von der Vermögenssorge (sonst von einem Einwilligungsvorbehalt) **auszunehmen.** Mit einiger Phantasie und konkreten Absprachen sollten insoweit die meisten praktischen Fragen lösbar sein.

II. Beschränkung gegenüber engen Verwandten, Ämtern und Vereinen

229 Ein Teil der Betreuer ist von der **Rechnungslegungspflicht befreit** (§§ 1908 i Abs. 2 S. 2 BGB). Das schwächt nur die Nachweispflicht gegenüber dem Vormundschaftsgericht ab, nicht die Rechnungslegungspflicht im Innenverhältnis (z.B. Nachweis bei Beendigung der Betreuung; Abrechnung mit den Erben).

Rechtssystematisch begegnet man hier, wie bei manchen Teilen der Vermögenssorge, dem nicht nur für Laien am schlechtesten lesbaren Teil des Gesetzes. Die **Verweisung auf Teilbereiche des Minderjährigenrechts**, die untereinander wieder Verweisungen enthalten (z.B. § 1857a auf §§ 1852 ff. BGB), verwirrt erheblich.

222 Weiteres unten im Kapitel 15 „Vermögenssorge"

223 Ende 2004 waren einige Banken dazu übergegangen, Betreuer vom elektronischen Buchungsverkehr auszuschließen, weil andernfalls keine zureichende Kotrolle von Verfügungsgrenzen möglich sei. Die Folge ist in den Bezirken zum Teil, dass die Karten eingezogen wurden, Betreute (wenn sie denn nicht überhaupt ausgegrenzt werden) wie Betreuer nur noch in den Schalterstunden Geldgeschäfte abwickeln können, wenn und soweit Personal zur Verfügung steht.

Im Kern regeln diese Vorschriften im Ergebnis nur, dass für Standardgeldgeschäfte für diesen Beteiligtenkreis keine vormundschaftsgerichtlichen Genehmigungen erforderlich sind, dass sie nur ein Anfangsverzeichnis und jeweils belegte Jahresbestandsübersichten einreichen müssen, wenn das Gericht nicht ausdrücklich anderes einfordert.
Das Gericht kann auch in diesem Bereich **Gegenteiliges** anordnen. Das wird in der Praxis insbesondere bei größeren Werten oder Streit der Verwandtschaft in Betracht kommen.
Zum Ärger vieler **Berufsbetreuer** gelten die **Befreiungen nicht** für sie. Bei genauerem Hin- 230
sehen dürfte dieser Ärger unberechtigt sein, zumal die Freistellung nur für die Kontrolle durch das Gericht gilt, gerade nicht bedeutet, dass die Rechtsnachfolger der Betreuten nicht verlangen können, dass Rechnung gelegt und alles ganz genau abgerechnet wird. Es dürfte von daher im Interesse jeder Berufsbetreuerin sein, die interne Buchhaltung jeweils konkret und penibel auf dem Laufenden zu halten, nichts zu vereinfachen.[224]

III. Das System vormundschaftsgerichtlicher Genehmigungen

Eine Reihe von Rechtsgeschäften sind dem Erfordernis vormundschaftsgerichtlicher 231
Genehmigungen unterworfen.[225] Der Gesetzgeber hielt sie für so problematisch, dass er stets eine Kontrolle für sinnvoll hielt. **Ohne** eine wirksam erteilte und mitgeteilte **Genehmigung** ist im Fall der erforderlichen Außengenehmigungen das entsprechende Rechtsgeschäft schwebend **unwirksam.**[226]
Einseitige Rechtsgeschäfte sind dann sogar nichtig (§1831 BGB). Das bedeutet z.B., dass eine **Mietvertragskündigung ohne Genehmigung nichtig** ist, die Kündigungsfrist dadurch nicht eingehalten ist, man ggf. mit neuer Frist noch einmal kündigen muss, sobald man die Genehmigung hat.
Dieses **zusätzliche Wirksamkeitserfordernis** tritt neben die nach allgemeinem Recht bestehenden. D.h. ein Vertrag, der z.B. die erforderliche Form nicht erfüllt (z.B. §§ 311b, 125 BGB), bleibt auch dann nichtig, wenn er genehmigt wird, ist andererseits **nicht deshalb wirksam, weil ein Notar ihn beurkundet hat.**
Über die **Erteilung oder Versagung dieser Genehmigung entscheiden** die zuständigen 232
Rechtspfleger im Vormundschaftsgericht in sachlicher Unabhängigkeit.[227] Sie müssen gegebenenfalls vor einer Entscheidung Ermittlungen anstellen, so z.B. klären, ob das Geschäft wirtschaftlich sinnvoll ist und die berücksichtigten Bewertungen richtig bzw. angemessen sind.
In der Regel werden **Nachgenehmigungen** erbeten und erteilt. Die Betreuer können sich aber auch schon vorab (beratend) mit dem Rechtspfleger ins Benehmen setzen,

224 Anschaulich dazu OLG Karlsruhe, FamRZ 2004, 1601: Entnimmt er Betreuer dem Vermögen des Betreuten Geldbeträge, so hat er diese wieder herauszugeben, soweit er nicht nachweist, dass das Geld im Rahmen der Betreuung bestimmungsgemäß verwendet worden ist. Ob und inwieweit das Vormundschaftsgericht Abrechnungen des Betreuers beanstandet oder genehmigt hat, ist für die Ansprüche des Betreuten ohne Bedeutung.

225 Liste der wichtigsten Genehmigungserfordernisse in dem Merkblatt; Anlage I, 6

226 Das heißt, die Genehmigung kann nachgeholt werden. Aber nur bei mehrseitigen Rechtsgeschäften, wie Verträgen sowie bei amtsbezogenen Erklärungen. Einseitige Rechtsgeschäfte erfordern dagegen die vorherige Klärung und Genehmigung.

227 Der Versuch, bei Misshelligkeiten über den Gerichtsvorstand „Anweisungen" an den „unverständigen" Rechtspfleger zu erreichen, muss deshalb ebenso ins Leere gehen, wie bei richterlichen Maßnahmen. Beide unterliegen hinsichtlich ihrer Sachentscheidungen keiner Dienstaufsicht. Ihre Maßnahmen können nur mit der Sachbeschwerde angegriffen werde, wenn sie denn möglich ist.

sich ggf. eine **Vorgenehmigung** erteilen lassen oder auch nur vorher klären, ob sie für das Beabsichtigte später den „Segen" des Gerichts bekommen.

233 Die **instanzgerichtliche Überprüfung** ist in diesem Bereich nur eingeschränkt möglich.

233a Der **Vertragspartner** hat **nie** ein „Antrags"– und auch kein Beschwerderecht.

233b Einige wenige Entscheidungen sind nach dem noch geltenden Gesetzestext insgesamt einer Prüfung im Beschwerdewege ausdrücklich entzogen. Das gilt z.B. für wirksam gewordene gerichtliche Genehmigungen zu Rechtsgeschäften (§§ 62, 55 FGG). Das BVerfG hat daran z.T. Anstoß genommen und von dem Gesetzgeber verlangt, zumindest dem Betroffenen eine Möglichkeit zu geben, rechtliches Gehör auch durch einen Richter zu erhalten.[228]

234 Praktisch behilft man sich gegenwärtig mit sogenannten **„Vorbescheiden"**, kündigt die beabsichtigte Entscheidung an und ermöglicht so eine etwaige Anfechtung vor dem Wirksamwerden.

So ein Vorbescheid könnte etwa lauten:

beabsichtigt das Gericht, folgende vormundschaftsgerichtliche Genehmigung zu erteilen, falls nicht innerhalb einer Frist von zehn Tagen ab Zustellung entweder Einwände erhoben oder Beschwerde eingelegt wird:

Die Erklärungen der Betreuerin..werden genehmigt.

Einwände gegen diese beabsichtigte Genehmigung können beim Amtsgericht .... erhoben werden. Die Beschwerde kann beim Landgericht .... oder beim Amtsgericht .... schriftlich oder zu Protokoll der Geschäftsstelle eingelegt werden.

Wer die Frist dann nicht nutzt, um ggf. eine Überprüfung zu veranlassen, bleibt gebunden, kann sich nach Fristablauf nicht mehr mit Aussicht auf Erfolg auf das BVerfG berufen.[229]

IV. Hilfen gegen Betreuer

235 Die Tätigkeit des Gerichtes ist auf die Betreute bezogen. Das bedeutet aber nicht, dass alle anderen hilflos diesem „Machtbereich" ausgesetzt sind, hinnehmen müssen, was immer die Betreuer für richtig halten. Zwar gibt es keine Dienstaufsicht durch das Gericht.

Das **gerichtliche Kontrollsystem** setzt grundsätzlich auch erst bei **beabsichtigten Handlungen** der Betreuer an.[230] Nun sind aber Probleme nicht nur daraus, sondern ebenso gut dadurch denkbar, dass die **Betreuerin nichts unternimmt,** eine Handlung, eine Einwilligung ablehnt, sich deshalb gar nicht an das Gericht wendet.

236 Hält eine Einrichtung beispielsweise eine Sicherung für erforderlich, die Betreuerin lehnt sie aber ab und verlangt eine (nicht vorhandene) Stuhlwache, hat die Betreuerin keinen Anlass, sich an das Gericht zu wenden.[231]

---

228 BVerfG Beschl. v. 18.1.2000, FamRZ 2000, 731

229 BayObLG BtPrax 2002, 261

230 Eine wichtige Ausnahme gibt es seit März 2003 nach der Entscheidung des BGH zur sog. passiven Sterbehilfe; NJW 2003, 1588 ff. Der BGH hat dort gemeint, auch Unterlassen von Einwilligungen könne genehmigungspflichtig sein. Das stellt zu vielem die bisherige Dogmatik auf den Kopf. Was daraus zukünftig für andere Alltagsvorgänge folgen wird, bleibt abzuwarten.

231 Das Heim darf sich mit dieser Ablehnung nicht begnügen. Stürzt die Bewohnerin und wäre das bei einer gebotenen Sicherung vermieden worden, ist auch die Einrichtung haftbar. Weil sich nicht durch geeignete Anregungen auf die gebotenen Maßnahmen hingewirkt hat, vgl. OLG Dresden BtPrax 2005, 38 ff.

Lehnt die Betreuerin Geldausgaben ab, weil die vorhandene Kleidung genüge, sehen die anderen Verwandten oder Einrichtungsmitarbeiter das anders (weil die vorhandene Kleidung z.B. nicht wintergeeignet ist), hat die Betreuerin keinen Anlass sich an das Gericht zu wenden.

In derartigen Fälle greift §§ 1908 i Abs. 1 i.V.m. 1837 Abs. 2 BGB. Das Gericht hat von Amts wegen konkreten Anregungen nachzugehen und nötigenfalls zu klären, ob das **Nichthandeln noch angemessen** ist oder nicht doch Handlungen und Entscheidungen angebracht sind. 237

Es ist bisher recht selten, dass solche Anregungen erfolgen, weil es als „anschwärzen" gelten mag. Es geht aber auch hier nicht primär um Sanktionen, sondern darum, durch den zusätzlichen Blick aus einer anderen Warte das vermutete Problem zu beleuchten und ggf. einen neuen Weg zu finden.

Z.T. beruht die starke Zurückhaltung Außenstehender (außer im Streit liegender Verwandter) wohl auch darauf, dass ein Teil der Gerichte solche Hinweise nicht nur positiv aufnimmt, vielmehr als lästig, weil zusätzliche Arbeit verursachend und pauschal mit dem Hinweis auf die Entscheidungskompetenz der Betreuer abweist. Hat man ein berechtigtes Anliegen, sollte man mutig genug sein, die Reaktionen nötigenfalls zu hinterfragen.

V. Hilfen für die Betreuer

Betreuer sind berechtigt, sich an das Gericht zu wenden, müssen sich nicht mit dem Hinweis auf die angeblich unzulässige **Rechtsberatung** abweisen lassen. 238

§§ 1908 i Abs. 1 i.V.m. 1837 Abs. 1 BGB sieht ausdrücklich eine **Beratung durch das Gericht** vor, d.h. auch Arbeitshilfen, die in juristische Fragestellungen hineinreichen, ohne dass es natürlich z.B. Aufgabe des Vormundschaftsgerichts sein kann, eine Beratung durch Rechtsanwälte ersetzen zu wollen.

Eine unmittelbare Hilfe ist dem Gericht bei Herausgabestreitigkeiten und im **Umgangsrecht** zugewiesen. § 1908 i BGB verweist auch auf § 1632 Abs. 2 BGB. Danach kann ein Betreuer über den Umgang des Betreuten mit Dritten, das ist aus Sicht des Betreuungsrechts z.B. auch der Vater, entscheiden. Er kann also entscheiden, ob, wann, wie und in welcher Weise Kontakte möglich sind, wenn der Aufgabenkreis dies deckt. 239

Der Aufgabenkreis „Personensorge" würde das unproblematisch abdecken. Er wird aber selten gewählt. Oft wird erklärt, „Aufenthaltsregelung" genüge auch.

Wenn das so nicht akzeptiert wird,[232] kann man „Umgangsregelung" als Aufgabenkreisergänzung beantragen.[233]

232 Das Oberlandesgericht Köln (FamRZ 2000, 188) verlangt z.B., dass der Aufgabenkreis „Bestimmung des Umgangsrechts" zugewiesen ist, wenn der Betreuer Besuchsregelungen treffen will oder soll.
Weitere Rechtsprechung: Will eine Tante ihren Neffen besuchen und verweigert das der Betreuer, hat sie nach BayObLG FamRZ 1993,1222 kein Beschwerderecht. Bekannte haben erst Recht kein Beschwerderecht: OLG Saarbrücken BtPrax 1999, 153.

233 Zur Vermeidung von Missverständnissen: Der Betreuer kann weder dem Gericht, noch vom Betreuten angeforderten Rechtsanwälten, noch bestellten Verfahrenspflegern sowie Abgeordneten (Petitionsrecht) unbeaufsichtigte Kontakte verwehren.

§ 11 Ärztliche Maßnahmen und Medikationen

240 Das **allgemeine Persönlichkeitsrecht** jedes Patienten bedingt, dass der Arzt zu jeder Maßnahme, auch für bloße Untersuchungen, erst recht bei Eingriffen, eine **wirksame Einwilligung** benötigt. Sie kann sich bei geringfügigen Maßnahmen aus den Umständen ergeben.[234] Dass die Maßnahme medizinisch geboten ist, macht die Einwilligung nicht entbehrlich.

Die Einwilligung ist nur wirksam, wenn der Patient das Wesen, die Bedeutung und Tragweite der ärztlichen Maßnahmen in seinen Grundzügen **verstanden** hat. Dies setzt eine zutreffende, auch auf Alternativen hinweisende, Aufklärung durch den Arzt voraus.[235]

I. Selbstbestimmung der Patienten

241 Die in Medizinerkreisen oft betonte **„Therapiefreiheit"** des Arztes bezieht sich nur auf das Verhältnis zu der Krankenkasse und sonstige „Aufsichtsgremien", verdeutlicht auch, dass kein Arzt gezwungen werden kann, Maßnahmen durchzuführen, die er für falsch hält.

Sie bedeutet nicht, dass er Patienten gegenüber frei ist. Außerhalb von Notmaßnahmen und von unvorhersehbaren Situationen bei Operationen gibt es keine derartige Freiheit. Vor jeder Behandlung ist die Einwilligung des Patienten einzuholen,[236] nötigenfalls die des berechtigten Vertreters.[237]

> *„Es ist ein schwerer ärztlicher Behandlungsfehler, wenn der Patient über einen (bedrohlichen) Befund .... nicht informiert und ihm die erforderliche ärztliche Beratung versagt wird. Die therapeutische Aufklärung naher Angehöriger, soweit sie überhaupt ohne Einwilligung des Patienten zulässig ist, kann in aller Regel nicht das direkte Gespräch zwischen Arzt und Patienten ersetzen."*[238]

242 Auch wenn sich herausstellt, dass der Vorschlag oder Weg des Arztes der „Richtige" war, rechtfertigt das nicht, ändert nichts an dem Vorwurf des rechtswidrigen Übergriffs in die Entscheidungsfreiheit des Betroffenen.[239]

243 Liegt **keine wirksame Einwilligung vor, ist nur bei** PsychKG-Unterbringungen (Unterbringungen nach den Landesunterbringungsgesetzen) im begrenztem Umfang **eine Behandlung**, jedoch keine Operation zulässig.

243a Eingriffe ohne wirksame Zustimmung sind nur zulässig, wenn der Arzt sie nicht einholen kann **und** zusätzlich zugleich Gefahr im Verzuge besteht. **Lebensrettende Sofortmaßnahmen** sind immer zulässig,[240] können ggf. sogar geboten sein.

---

234 Ein eigenmächtiger HIV-Test verletzt das Persönlichkeitsrecht des Patienten, der allein deswegen ein Schmerzensgeld verlangen kann; LG Köln MedR 1995, 409 = NJW 1995, 1621

235 BGH NJW 1981, 633

236 Systematisch dazu Scholz MDR 1996, 649 ff.

237 Mit dem richtigen Aufgabenkreis. Die Existenz eines Bevollmächtigten oder Betreuers an sich nützt nichts.

238 BGHZ 107, 222

239 BGH MDR 2003, 806

240 Vorsicht sollte allerdings im sonstigen Umgang mit dem Nothilferecht des StGB geübt werden. Nicht nur Wigge, MedR 1996, 291, 296 f geht m.E. etwas sorglos mit diesen Begriffen um.

Die vorstehende Bemerkung führt leicht zu Missverständnissen bzw. Auseinandersetzungen bei dem Umgang mit **Patientenverfügungen** oder Vertreterentscheidungen im Rahmen der **passiven Sterbehilfe.** 243b

Auch dort darf der Arzt aus eigenem Recht nicht behandeln, bis es ihm wirksam verboten wird, benötigt er vielmehr zuvor die wirksame Billigung der Behandlung. Der Streit entzündet sich dort gerne an der Frage, ob die Lebensverlängerung dann noch eine „Lebensrettung“ oder eine menschenunwürdige Zumutung ist.[241]

Die einem bestimmten Arzt erteilte Einwilligung ermächtigt einen anderen nicht. **Ohne** wirksame **Einwilligung** ist schon der fachgerecht[242] durchgeführte Eingriff mit den dabei gegebenenfalls nicht vermeidbaren Beeinträchtigungen eine **schadensersatzfähiger Körperschaden.**[243] Es kommt also nicht darauf an, ob der Patient sich wehrt. Auch wenn er nichts einwendet, ist die Maßnahme noch nicht gerechtfertigt. Erst die wirksame Einwilligung legitimiert. 244

Erteilte Einwilligungen sind nur dann wirksam, wenn sie auf einer konkreten, vollständigen Aufklärung beruhen. Die mancherorts übliche telefonische Kurzaufklärung mit folgendem Einwilligungsfax wird deshalb selten genügen.

Bei der gebotenen Aufklärung wird üblicherweise unterschieden, ob es sich um eine **„Eingriffs“-Aufklärung** oder eine therapeutische handelt. Z. T. wird dargestellt, die Aufklärungspflicht sei umfassender, je weniger lebensnotwendig die Maßnahme sei. Es müsse aber auch bedacht werden, ob psychische Schäden eintreten können, die möglicherweise (unberechtigt) durch Informationen ausgelöst wurden, die einer bloßen Zwischenklärungsstufe entsprachen, aber kein abgesicherter Befund waren.[244] Es ist teilweise diskutiert worden, ob der Arzt im psychiatrischen Bereich von einer Aufklärung und der Einholung **von Einwilligungen absehen** kann, wenn die Aufklärung nach dem psychischen bzw. psychiatrischen Krankheitsbild kontraindiziert ist.[245] Dieser Ansatz dürfte heute überholt sein. Die starke Betonung des Rechts auch auf die/ an der eigenen Krankheit wie ggf. Verwirrtheit spricht wie der Diskussionsstand zu dem Selbstbestimmungsrecht gegen derartige Ansätze.[246] 245

Bei der Eingriffsaufklärung soll gewährleistet werden, dass der Patient, bevor er sich zu einer Einwilligung in eine vom Arzt für notwendig erachtete Behandlung oder eine Operation entschließt, zur **Wahrung seines Selbstbestimmungsrechts** die zu seiner Entscheidung notwendigen Informationen über das Für und Wider erhält. 246

Bei der **Sicherheitsaufklärung** hingegen besteht weniger Anlass zu der ärztliche Sorge, den Patienten gesundheitlich nicht über Gebühr zu beschweren, durch belastende Hinweise zu schädigen oder von dem Gebotenen abzuhalten. Daher können hier sehr niedrige Zwischenfallquoten genügen.[247]

241 Einzelheiten bei Rdnr. 279 ff.

242 „lege artis“.

243 Der dogmatische Streit über die richtige Zuordnung der „Rechtswidrigkeit“ ist insoweit ohne Belang; Einzelheiten dazu zutreffend bei Katzenmeier ZRP 1997, 156 ff.

244 OLG Köln NJW 1987, 2936.

245 Deutsch NJW 1979, 1905 f., OLG Celle VersR 1981, 1184 f.

246 Scholz in MDR 1996, 649, 653.

247 BGH MDR 1995, 585, 586.

247 Die **Folgedienste** wie sonstige Helfer **können sich nicht darauf berufen, „der Arzt"** habe etwas angeordnet. Die Krankenhäuser und Einrichtungen,[248] in denen Besucher auf Unverständnis stoßen, wenn sie fragen, welche Grundlage bestehe, wenn Ärzte z.B. über Tage das Anbinden der Hände von Patienten zur Verhinderung des Herausziehens einer Ernährungssonde anordnen, sind zu Recht deutlich rarer geworden.

Es geht hier nicht um Sofortmaßnahmen. Die kann der Arzt anordnen, muss es nötigenfalls sogar. Dieser Sofortschutz ist aber nur aus Augenblicksproblemen zulässig. Nicht auf Dauer und nicht, wenn es immer wieder zu erwarten ist.

248 Ist eine erwachsene Patientin nicht in der Lage, eine wirksame Einwilligung zu erklären, bedarf es ggf. einer Fremdentscheidung, die durch einen ausreichend ermächtigten[249] Vertreter oder das Vormundschaftsgericht, aber nicht durch Angehörige[250] als solche erklärt werden kann.

248a Die **Betreuerin** kann im Gesundheitsbereich **nur** dann entscheiden, wenn die Betreute **einwilligungsunfähig** ist **und** ihr dieser **Aufgabenkreis** zugewiesen ist. Die Zuweisung des Aufgabenkreises allein genügt nicht. Anders als bei Eltern/Kind-Konstellationen gibt es hier keine Bereiche mit Doppelzuständigkeit.

Gegen diese Grundsätze wird in der Praxis häufiger verstoßen. Außerhalb betreuungsrechtlicher Fachkreise ist selten bekannt, dass die Aufgabenzuweisung „Gesundheitsfürsorge" oder „Zustimmung zu ärztlichen Maßnahmen" entgegen dem vermeintlichen Gesetzeswortlaut allein keine Vertretungsbefugnis verschafft. **Nur wenn die Betreute einwilligungsunfähig ist**, können in diesem Bereich Entscheidungen für sie getroffen werden.[251]

248b Gelegentlich versucht man, **möglichst beide**, die Betreue und die Betreuerin unterschreiben zu lassen, in der Hoffnung, dann liege jedenfalls eine wirksame Einwilligung vor. Das ist vom Ansatz nicht unzutreffend, hilft allerdings nur, solange man sich unproblematisch außerhalb des Umfeldes von **§ 1904 BGB** bewegt. In dem Augenblick, wo dessen Anwendung in Betracht kommt, gibt es ein **Dilemma.** Die Betreute benötigt für eine eigene wirksame Einwilligung nie eine **Genehmigung**, die Betreuerin in diesem Bereich schon. Wenn die vorgesehene Maßnahme § 1904 BGB unterfällt, nützen also auch beide Unterschriften allein noch nichts. Das wird dann leicht übersehen.

248c Es können also **drei Vorgaben** zu erfüllen sein, bevor eine wirksame Einwilligung der Betreuerin vorliegt. Zum einen die **Einwilligungsunfähigkeit** der Betreuten. Dann die Übertragung dieses **Aufgabenkreises.** Und gegebenenfalls noch die etwa nach § 1904 BGB notwendigen **Genehmigung** des Gerichts.

---

248 Eigenartiger Weise ist in § 13 HeimG davon noch nichts zu spüren. Dort klingt es immer noch so, als käme es allein auf die ärztliche Entscheidung an.

249 gesetzlichen Vertreter im Rahmen seines Aufgabenkreises oder einen rechtgeschäftlichen Vertreter mit nach Form und Inhalt zureichender sowie auch sonst wirksam erteilter Vollmacht. Letzteres ist oft nicht schnell genug verlässlich zu klären. Dann kann trotz zweifelhafter Vollmacht der Bevollmächtigte zum Betreuer für diesen Bereich bestellt werden, damit wirksam gehandelt werden kann. Beschlussbeispiel in Anlage I, 17.

250 Das jetzt in der Reformdiskussion vorgeschlagene Angehörigenentscheidungsrecht ist aus verfassungsrechtlichen Gründen nicht Gesetz geworden. Auch Angehörige bedürfen einer zusätzlichen Legitimation.

251 Das ist, entgegen seinem Wortlaut, nicht mit § 1903 BGB (Einwilligungsvorbehalt) korrigierbar. S. i.e. Rdnr. 167 ff.

Die Problematik der Struktur erschließt sich besonders bei **Zwangsmedikationen.** 249
Das LG Kassel hat dazu betont.[252]

> Im Bereich von Heilbehandlungen ist dabei anerkannt, dass ein grundsätzlicher Willensvorrang des Betreuten besteht. Solange dieser über eine natürliche Einsichtsfähigkeit[253] verfügt, muss der Betreuer den Willen des Betroffenen respektieren und achten, selbst wenn dieser Wille sachlich auf die Verweigerung eines medizinisch an sich gebotenen Eingriffs gerichtet ist .... Lehnt der Betreute eine bestimmte ärztliche Gesundheitsmaßnahme ab, ist der Betreuer nicht befugt, seine Meinung an die Stelle des Betroffenen zu setzen ....
> Letztendlich bleibt der Betreuer hinsichtlich einer medikamentösen Behandlung gezwungen abzuwarten, ob eines Tages der Zustand der Einwilligungsunfähigkeit oder des Notfalls eintritt. .... Dies mag unbefriedigend erscheinen, folgt aber aus dem Grundsatz, dass im Bereich von Heilbehandlungen dem Willen des einsichtsfähigen Betroffenen der absolute Vorrang einzuräumen ist.

Betroffen war eine Frau, die an einer schizoaffektiven Psychose litt. Sie war schon 250
mehrfach untergebracht. Die Unterbringungen wurden immer wieder dadurch ausgelöst, dass sie die Behandlung beim Facharzt abbrach und sich weigerte, Medikamente zu nehmen oder eine Depotspitze zu tolerieren. Das Amtsgericht hatte den Betreuer ermächtigt, zur Vermeidung erneuter Unterbringungen auch gegen den Willen der Betroffenen entsprechende Medikamente verabreichen zu lassen, nötigenfalls unter **zwangsweiser Umsetzung.** Das Landgericht hat diesen Beschluss aufgehoben.

Der Beschluss zeigt sehr klar, dass viel von der **Vorbewertung der Einwilligungsfähigkeit** 251
abhängt. Hier hätte man (ohne dass ich die Einzelheiten der Krankengeschichte kenne) sicher auch darüber nachdenken können, ob nicht zumindest eine partielle Einwilligungsunfähigkeit bezüglich gerade dieser Behandlung vorliegt. Das mag im Hinblick auf die Nebenwirkungen nicht zwangsläufig nahe liegen.

Die Frage verdeutlicht aber, warum es viele Rechtsfragen in diesem Bereich nicht oder erst dann gibt, wenn der Sachverhalt aufbereitet ist und wie schwierig es ist, Kontroversen nicht über Sachverhaltsverschiebungen unlösbar zu machen.

In den ersten Vorlagen zum 2. BtÄndG war vorgesehen, über eine Neuregelung in ei- 251a
nem § 1906 a BGB einen Teil dieser Problematik aufzufangen und einige Einzelfragen zu Zwangsmedikationen bzw. zwangsweisen Zuführungen zu Behandlungen zu regeln. Diese Entwurfsteile sind im Zuge des Gesetzgebungsverfahrens gestrichen worden, weil die Gesamtproblematik zu komplex erschien, als dass mit derartigen Insellösungen verfassungskonforme Strukturen hätten geschaffen werden können.

Die Ärztin hat sich von den Beeinträchtigungen ein eigenes Bild zu machen, Angaben 252
Dritter nachzuprüfen und wichtige Befunde selbst zu erheben. **Maßnahmen müssen medizinisch indiziert sein, sonst ist auch eine Einwilligung unbeachtlich.**[254] Bestehen

252 BtPrax 1997, 38. Die Einzelheiten dieser Diskussion sind schwer zu überschauen. Die Entscheidung des BGH zu Zwangsmedikationen wird zwar in diesem Zusammenhang ebenfalls regelmäßig erwähnt, bezieht sich aber nur auf Zwangszuführungen zu Medikationen, nicht die Medikation an sich; BGH BtPrax 2001, 32. Vgl. auch OLG Schleswig FamRZ 2002, 984.

253 Der Begriff ist so missverständlich. Es geht um die Einwilligungsfähigkeit, die mehr voraussetzt, als die Fähigkeit „Ja" oder „Nein" zu sagen.

254 Das ist etwas, was nicht allen Betreuern zu vermitteln ist. Ihre Entscheidungskompetenz rechtfertigt allein keine Anordnungen gegenüber dem Arzt, einem Krankenhaus, einem Altenheim oder einer Einrichtung.

Zweifel, ob vorgeschlagene Maßnahmen durch die Kostenträger übernommen werden, ist der Patient auch darauf hinzuweisen.

253 Der Arzt hat die vertragliche Pflicht, sorgfältige und **vollständige Krankenunterlagen** zu führen; diese sind nicht nur interne Gedächtnisstütze. (Auch) Der Krankenhausträger hat dafür zu sorgen, dass über den Verbleib von Behandlungsunterlagen jederzeit Klarheit besteht. Verletzt er diese Pflicht, dann ist davon auszugehen, dass er es zu verantworten hat, wenn die Unterlagen nicht verfügbar sind. Gerät dadurch der Patient mit seiner Behauptung, dem Arzt sei ein Behandlungsfehler unterlaufen in Beweisnot, dann kann ihm eine Beweiserleichterung zugute kommen.

254 Für Betreuer schwierig zu handhaben, weil in der Praxis immer noch als angeblich unproblematisch bewertet, **sind Untersuchungen und Behandlungen bei stationären Behandlungen oder Unterbringungen.**

Anders als nach den landesrechtlichen Unterbringungsgesetzen finden sich im Betreuungsrecht keine spezifischen Regelungen. Erstaunlich ist dabei, wie in manchen Krankenhäusern die Bestimmungen des Landesrechts gelesen und umgesetzt werden und dass der tradierte Behandlungsstil (selbstverständlich) auf die Behandlung im Zuge anderer Unterbringungen umgesetzt wird. Das Landesrecht legitimiert in der Regel nur die Behandlung der Auffälligkeit, die Einweisungsanlass war, keine Verlegung in das Allgemeinkrankenhaus wegen etwaiger Probleme aus dem internistischen Bereich, keine Maßnahmen im Zusammenhang mit Ernährungssonden etc. und selbst im zulässigen Behandlungsbereich keine, die § 1904 BGB unterfallen, wenn nicht zuvor eine gerichtliche Genehmigung eingeholt worden ist.

II. § 1904 BGB

255 Hat die Betreuerin oder wirksam Bevollmächtigte anstelle des Betroffenen zu entscheiden, bedarf sie ggf. noch der vormundschaftsgerichtlichen Genehmigung (zusätzliche Wirksamkeitsvoraussetzung). Nicht die Behandlung (oder der Mediziner) bedarf nach § 1904 BGB der **Genehmigung**, sondern der Handelnde für seine[255] Einwilligung.

Das Genehmigungserfordernis hängt nicht davon ab, ob „der riskantere Weg“ gewählt werden soll, sondern es wird allein an das Risiko der beabsichtigten Maßnahmen (nur ihr spezifisches Moment) angeknüpft. Auf die Frage, ob der risikoärmere Weg gewählt werden soll, kommt es erst für das Gericht an, wenn es prüft, ob die Genehmigung zu erteilen ist.

256 Um es zu verdeutlichen: Ein Patient mit einem schwer geschädigten Bein soll allein dann eine Chance haben, wenn amputiert wird. Der Arzt sagt dann leicht, die **Voraussetzungen des § 1904 BGB** seien nicht ersichtlich, weil die einzige Chance, der „bessere“ Weg, in dem Eingriff liegt. Der Jurist sagt:

1. Die Operation ist **genehmigungsbedürftig**, weil es sich um einen entsprechenden erheblicher Eingriff handelt.
2. Sie ist **genehmigungsfähig**, weil zum Überleben geboten.

Dass niemand den Betroffenen durch eine Behandlungsverweigerung sterben lassen dürfte, ist eine mit der Genehmigungsbedürftigkeit nicht identische Frage.

255 Es geht deshalb nur um Maßnahmen für Betroffene, die nicht selbst einwilligungsfähig sind.

Dasselbe Problem stellt sich bei vielen Psychopharmaka. Ausgangspunkt der Betrachtung zu § 1904 ist der **Patient „ohne Mittel"**. Es geht ihm angeblich oder vermutlich schlecht. Deshalb soll er etwas erhalten. Für die Bewertung nach § 1904 BGB ist weiter zu fragen: Ist das unproblematisch oder riskant? Abstrakt bei jedem oder trotz generell geringen Risikos hier mit besonderem individuellen Gefahrpotential? 257

Dann darf aber weiter für die Frage der **Genehmigungsbedürftigkeit** nicht der Vergleich mit anderen Mitteln oder einer Entwicklung ohne Behandlung erfolgen. Zu fragen ist für § 1904 BGB: was wird dem Patienten mit der vorgesehenen Handlung „angetan"? Dies ist zwar aus einer gesamtsystematischen Betrachtung nicht ganz konsequent, weil man z. B. im Strafrecht auch das **Unterlassen als „Tat"** betrachtet.

Das an dieser Stelle sehr alte **Konzept des BGB** und auch noch des Familienrechts **geht anders vor.** Vormundschaftsgerichtliche Genehmigungen knüpfen grundsätzlich nicht an Unterlassungen, sondern an aktiven (beabsichtigten) Handlungen an.[256] Gegen pflichtwidrige Unterlassungen sieht das Familienrecht Aufsichtsmaßnahmen vor; vgl. z. B. §§ 1908 i, 1837 BGB.

Der Patient soll also eine „gesperrtes" Mittel erhalten. Über die Entscheidung des Betreuers. Das Gericht kontrolliert den Betreuer, nicht den Arzt. Das Gericht prüft (mit dem Sachverständigen) und kommt zu dem Ergebnis: für diesen Patienten ist es der bessere Weg. Also besteht Genehmigungsfähigkeit; die Genehmigung ist zu erteilen.[257] 258

Ob eine gerichtliche Genehmigung erforderlich ist, ergibt sich aus einer Abschätzung der Folgen der Maßnahme, zu der der Betreuer zustimmen will. **„Standard"-Risiken**, wie sie z.B. bei jeder Vollnarkose eintreten, sollen noch nicht als Gefahren angesehen werden, die ein Genehmigungserfordernis auslösen; erst darüber hinausgehende. 259

Oft wird dabei der Blick auf die unerwünschten Nebenfolgen der Maßnahmen gerichtet, nicht die erstrebten. Das Gesetz gibt diesen Blickwinkel nicht vor, geht im Gegenteil auch davon aus, dass gewollte schwere Folgen, wie z.B. bei einer Amputation, Genehmigungsgrund sein können.

Die Auflösung der Bewertungsschwierigkeiten zu § 1904 BGB wird **nicht über** die Erarbeitung von **Listen** möglich sein, wie nach den vereinzelten gegenteiligen Versuchen Anfang der 1990er Jahre nunmehr wohl allgemein anerkannt ist. 260

Das Problem bei Eingriffen wie Medikationen liegt in der oft nur schwer quantifizierbaren konkreten Risikobestimmung und der Scheu nicht ganz weniger Mediziner, die bestehenden Risiken quantifiziert mit Laien zu diskutieren.

Für eine wirksame Einwilligung der Betreuer wäre stets eine Aufklärung erforderlich, die auf Risiken wie Alternativen eingeht. Wenn sich die Betreuer darauf bewusst ein-

256 Das ist von dem BGH in dem „Sterbehilfebeschluss" NJW 2003, 1588 zum Teil „gekippt" worden. Ob und welche grundsätzlichen Auswirkungen sich daraus ergeben, ist noch nicht abzusehen. Bis zum 31.10.2004 ist bei Fragen der sonstigen ärztl. Behandlung dennoch niemand auf die Idee gekommen, dass die Verweigerung einer Behandlung genehmigungspflichtig sein könnte, zumal für die Behandlung dann ja immer noch die nötige Einwilligung fehlen würde. Der gegenteilige Versuch des Referentenentwurfs eines 3. BtÄndG erscheint bisher wenig nachvollziehbar. Ich befürchte, es stehen wieder einmal rechtsirrige Grundannahmen im Hintergrund.

257 Für die Antragstellung kann das Muster aus Anlage I, 10.7 entsprechend abgewandelt werden. Für die Übersendung der Genehmigung gilt prinzipiell das, was in dem Standardübersendungsschrieben in Anlage I, 10.3 steht, nur dass das Gericht hier nicht an der Zustellung an den Dritten interessiert ist sondern daran, ob bzw. wie die Genehmigung genutzt worden ist. Beispiel für ein Umsetzungsschreiben in Anlage I, 10.9

lassen, sich nicht von Ärzten und/oder Einrichtungsmitarbeitern überspielen lassen, dürfte es eigentlich nicht so schwer sein, die Fälle zu finden, die „anders“ sind, die einen Kontakt mit dem Gericht gebieten.

261 Selbst wenn eine **gerichtliche Genehmigung** oder Ermächtigung vorliegt, bedeutet das nur, dass die **Betreuer nunmehr entspr. handeln**/entscheiden **kann**, dagegen nicht, dass die von der Entscheidung unterrichteten Ärzte/Einrichtungen irgendwelche eigenen Kompetenzen erhalten. Sie haben immer nur eine abgeleitete, verantwortet von dem Betreuer.

262 Zu erinnern ist auch daran, dass es für den Arzt **keinen Gutglaubensschutz** bzgl. des Vorliegens einer wirksamen Einwilligung gibt. Er allein trägt im Streitfall die Beweislast dafür, dass der Richtige korrekt und vollständig aufgeklärt worden ist und danach wirksam zugestimmt hat. Zu letzterem gehört ggf. auch das (zusätzliche) Vorliegen einer gerichtlichen Genehmigung.

263 §§ 1906 und 1904 BGB greifen auch, wenn solche Maßnahmen sonst fremdbestimmt veranlasst werden, z.B. auf Grund einer **Vorsorgevollmacht**,[258] aus einer **Patientenverfügung** heraus oder einer sonstigen Erklärung. Die Berufung auf eine mutmaßliche[259] oder fortwirkende Einwilligung wird daneben in der Regel nicht mehr tragen.[260]

264 Das praktische Problem ergibt sich daraus, dass die inhaltlichen Anforderungen an eine wirksame Bevollmächtigung recht hoch sind. Die generelle Zuweisung von Entscheidungen im gesundheitlichen Bereich genügt nicht, auch nicht, wenn sie in einer beurkundeten Generalvollmacht steht. Die ausdrückliche Bevollmächtigung, „alles, was rechtlich möglich sei, könne entschieden werden“, ist unzureichend. Das BGB verlangt hier, das konkret benannt, was mit „alles“ gemeint ist.

Die Bereiche aus § 1904 BGB müssen ausdrücklich erwähnt sein. Ziel ist **Warnung.** Dem Vollmachtgeber soll deutlich vor Augen geführt werden, was er für sich damit auslösen kann. Erst wenn er das ausdrücklich ausgesprochen hat, kommt überhaupt eine Zuständigkeit des Bevollmächtigten in Betracht. Er benötigt dann aber noch **zusätzlich** eine **gerichtlichen Genehmigung,** widrigenfalls seine Erklärungen ohne Wert sind.

265 War die äußerlich perfekte Vollmacht nicht wirksam, weil der **Vollmachtgeber** bei Erteilung doch schon **geschäftunfähig** war, ist trotz gerichtlicher Genehmigung die Einwilligung unwirksam, weil nicht zureichend auf bestehende Vertretungsmacht gestützt.

Das verwirrt juristische Laien. Deshalb haben viele Einrichtungen und Krankenhäuser lieber mit Betreuern zu tun, als mit Bevollmächtigten. Wer zum Betreuer bestellt ist, habe jedenfalls überhaupt Kompetenzen[261] und das Vormundschaftsgericht einen Vorgang, kann nötigenfalls ergänzend befragt werden.

258 Der Entwurf des 3. BtÄndG will die Anwendbarkeit von § 1904 BGB auf Vollmachten einschränken. Dem ist mit Hinweis auf den dann eintretenden Systembruch auch zu § 1906 BGB widersprochen worden. Derzeit ist nicht absehbar, welche Argumentation sich dazu durchsetzen wird. nach noch geltendem Recht (Stand Mai 2005) gilt § 1904 BGB auch für Bevollmächtigte, ohne inhaltliche Einschränkungen.

259 Die „mutmaßliche Einwilligung“ ist eine oft missverstandene Rechtsfigur. Damit kann nicht etwa alles das, was die gerade Behandelnde für richtig hält, umgesetzt werden. „Ein vernünftiger Betroffener hätte natürlich auf sie gehört“. Es geht vielmehr um das, was dieser Patient mit allen seinen individuellen Vorstellungen und auch Abneigungen gewollt hätte, trägt also erst dann, wenn wirklich im Einzelfall diese konkrete Klärung erfolgt ist. Das ist viel mühsamer, als gemeinhin angenommen.

260 BGH NJW 2003, 1588

261 Eine Annahme, die rechtlich auch nur begrenzt tragfähig ist; vgl. Rdnr. 248 a – c.

Exkurs: § 1904 gilt nicht, auch nicht entsprechend, bei Minderjährigen. Dort ist durch die Eltern (§ 1629 BGB) bzw. den sonst zuständigen gesetzlichen Vertreter zu entscheiden. Aus verfassungsrechtlichen Gründen ist gegebenenfalls **zusätzlich** die Aufklärung und Zustimmung auch des Minderjährigen erforderlich, wenn er alt genug ist, d.h. oft also ab etwa 14 Jahren denkbar. Im BGB ist das nicht normiert, kann nur in der Rechtsprechung oder Literatur nachgelesen werden.[262] 266

III. Übertragungen von Entscheidungsbefugnissen auf Heime, Einrichtungen und Werkstätten

Weil und soweit Entscheidungsbefugnisse zu Medikationen und medizinischen Leistungen nur vom Betroffenen oder einem wirksam für ihn Legitimierten abgeleitet werden können, wird gerne vorgeschlagen, schon in dem Aufnahmevertrag eine umfassende **pauschale Übertragung** zu „vereinbaren". Das ist ebenso sinnlos wie unwirksam. 267

Wirksame **Übertragungen** setzen **konkrete Beschreibungen** voraus und: Die Einsatzfälle müssen klar umschrieben sein. Es muss nach den Umständen ausgeschlossen sein, dass eine besondere Aufklärung nötig wird. Pauschale Vereinbarungen können also nur für einfache Standardmaßnahmen wirksam vereinbart werden. 268

Eine **Regelung in einem Aufnahmevertrag**, die dahin geht, der Bewohner oder Mitarbeiter sei allein verantwortlich, ist gegenüber Einwilligungsunfähigen unwirksam, nicht geeignet, die Verantwortlichkeit abzuwälzen; auch nicht, wenn der Vertrag von einem Vertreter unterzeichnet worden ist. 269

Eine Klausel, die auf Hilfe abstellt, so weit der Betroffene nicht selbst handeln könne, verdeckt die eigentliche Problematik. Es kommt nicht auf die Handlungsfähigkeit, sondern die Fähigkeit zu eigenverantwortlichen Entscheidungen und der Möglichkeit der eigenverantwortlichen Umsetzung an.

Entscheidungs**übertragungen** können immer nur insoweit erfolgen, als der Übertragende selbst wirksam handeln kann. Einwilligungsunfähige können nichts legitimieren. Betreuer und Bevollmächtigte können nichts übertragen, was sie nicht selbst wirksam entscheiden können, z.B. weil sie eine Genehmigung benötigen (§ 1904 BGB). 270

IV. Koordinationsprobleme

Der Einsatz wie die Abwicklung der hier zu erörternden Maßnahmen sollte den bisher dargestellten Kriterien so Rechnung tragen, dass die Einsatzvoraussetzungen **jederzeit nachvollzogen** werden können. Wer wann wie (wirksam) entschieden hat, muss ebenso klar bleiben wie, was konkret angeordnet worden ist. 271

Wenn es Meinungsverschiedenheiten gibt, müssen etwaige Klärungsversuche nachvollziehbar sein. Sonst kann einer Inanspruchnahme z.B. aus verletzter Garantenpflicht nicht wirksam entgegen getreten werden.

Übergabesituationen sind zu dokumentieren. Es sind **Meldestrukturen** erforderlich, in denen nachvollziehbar bleibt, wer wann wirksam an wen delegiert hat. Die Übergabe 272

262 S. bei Rdnr. 132; Einwilligungsfähigkeit Minderjähriger.

eines nicht einwilligungsfähigen behinderten Erwachsenen, der Medikamente benötigt, z.B. an einen nicht entscheidungsbefugten medikamentenkritischen Angehörigen entlastet die Einrichtung nicht, wenn nicht sicher gestellt ist, dass die notwendigen Maßnahmen auch tatsächlich durchgeführt werden.

273 Jede Werkstatt oder Einrichtung, in der auch gesetzlich Vertretene arbeiten oder leben, wird für eine effektive eigene Gegenkontrolle bestehender **Vertretungsberechtigungen** und etwaiger Sicherungsgenehmigungen Sorge zu tragen haben. Unwirksame oder abgelaufene Vertretungsberechtigungen ergeben keine geeigneten Ansprechpartner mehr, abgelaufene Genehmigungen legitimieren nichts mehr.

Wenn Drittstellen einbezogen werden müssen, sollten Strukturen geschaffen sein, die bei immer wieder auftretenden Fragen einen **schnellen verlässlichen Ablauf** ermöglichen. Wenn ausnahmsweise der Einsatz von Zwangsmaßnahmen ansteht, sollte es nicht dazu kommen müssen, dass erstmals Grundsatzfragen oder die Positionen der beteiligten Behörden bzw. Gerichte geklärt werden müssen.

V. Dokumentationen

274 Betreuer haben dafür Sorge zu tragen, dass sie zureichend informiert sind, können in diesem Zusammenhang, wenn ihr Aufgabenkreis das trägt auch auf bestehende **Dokumentationen** zugreifen, müssen das ggf. sogar tun, um sicher zu stellen, dass die verabredeten Abläufe eingehalten werden.

Es gibt im Bürgerlichen Recht keine Regelung für **Dokumentationspflichten**. Sie sind für den ärztlichen Sektor weitgehend von der Rechtsprechung entwickelt worden:

Der BGH[263] hat z.B. im Zusammenhang mit der **notwendigen Dokumentation** im Krankenblatt bei einem Durchliegegeschwür ausgeführt:

- *Im Krankenblatt eines Krankenhanspatienten, bei dem die ernste Gefahr eines Durchliegegeschwürs (Dekubitus) besteht, sind sowohl die Gefahrenlage als auch die ärztlich angeordneten Vorbeugungsmaßnahmen zu dokumentieren.*
  Aus den Gründen:
  *Nach der Rspr. des erkennenden Senats kommen zugunsten eines Patienten **Beweiserleichterungen** dann in Betracht, wenn die gebotene ärztliche **Dokumentation lückenhaft** bzw. unzulänglich ist und deswegen für ihn im Falle einer Schädigung die Aufklärung des Sachverhalts unzumutbar erschwert wird .... Dasselbe hat zu gelten, wenn erforderliche Aufzeichnungen über Maßnahmen der Krankenpflege fehlen, die nicht die normale Grundpflege betreffen, sondern wegen eines aus dem Krankheitszustand des Patienten folgenden spezifischen Pflegebedürfnisses Gegenstand ärztlicher Beurteilung und Anordnung sind. Ebenso wie die vom Arzt angeordnete Medikation in das Krankenblatt aufzunehmen ist, sind auch ein derartiges besonderes Pflegebedürfnis und die aus diesem Anlass erforderlichen Maßnahmen zu dokumentieren.*

275 Für Heime im Sinne des Heimgesetzes gibt es eine Regelung in **§ 13 HeimG.** Das HeimG regelt insoweit die Anforderungen des Staates (der **Heimaufsicht**) an Heime,

263 Urt. vom 18.3.1986, MDR 1986, 836.

nicht aber z.B. die Frage, wer was entscheiden oder regeln darf. Der Text in § 13 ist für die Klärung von Entscheidungsbefugnissen eher irreführend. Gedacht haben die Gesetzesverfasser wohl an den **Arzt, der ja aber** gerade **keine** (bürgerlich-rechtlichen) **Entscheidungsbefugnisse hat.** Die komplexe Thematik betreffend wirksamer Einwilligungen wird darin nicht einmal angerissen.

Ein ähnliches Problem ergibt sich zu Nr. 5 „Verabreichung". Im Heimbereich wird das wohl überwiegend dahin verstanden, dass die Hingabe an den Betroffenen dokumentiert werden muss. Das wird im bürgerlich-rechtlichen Bereich als unzureichend angesehen, wenn die Einnahme nicht sicher gestellt ist.

§ 13 HeimG (Aufzeichnungs- und Aufbewahrungspflicht)

(1) Der Träger hat nach den Grundsätzen einer ordnungsgemäßen Buch- und Aktenführung Aufzeichnungen über den Betrieb zu machen und die Qualitätssicherungsmaßnahmen und deren Ergebnisse so zu dokumentieren, dass sich aus ihnen der ordnungsgemäße Betrieb des Heims ergibt. Insbesondere muss ersichtlich werden: 276

1. ....

5. der Erhalt, die Aufbewahrung und die Verabreichung von Arzneimitteln einschließlich der pharmazeutischen Überprüfung der Arzneimittelvorräte und der Unterweisung der Mitarbeiterinnen und Mitarbeiter über den sachgerechten Umgang mit Arzneimitteln,

6. die Pflegeplanungen und die Pflegeverläufe für pflegebedürftige Bewohnerinnen und Bewohner,

....

(2) Der Träger hat die Aufzeichnungen nach Absatz 1 sowie die sonstigen Unterlagen und Belege über den Betrieb eines Heims fünf Jahre aufzubewahren. Danach sind sie zu löschen. ***Die Aufzeichnungen nach Absatz 1 sind, soweit sie personenbezogene Daten enthalten, so aufzubewahren, dass nur Berechtigte Zugang haben.***

Das Auseinanderfallen von bürgerlich-rechtlicher Regelung und heimrechtlicher Regelung führt immer wieder zu Schwierigkeiten, weil die **Heime** sich auf ihre vermeintlichen Spezialregelungen berufen, die **Betreuer** auf ihre Entscheidungskompetenzen und Pflichten. **Beides** steht aber nicht, wie oft gemeint im Widerspruch, sondern **gilt nebeneinander.** 277

Im Heimrecht steht, was die Heimaufsicht verlangt und kontrolliert. Daraus ergeben sich keine Kompetenzen gegenüber den Bewohnern. Die vertraglichen Pflichten können weitergehen. Die Erfüllung von Schutzpflichten kann nicht damit „bewiesen" werden, dass eine nach § 13 HeimG zureichende Dokumentation geführt worden ist.

Der Umgang mit den Bewohnern hat auf deren **Selbstbestimmungsrecht**, gegebenenfalls wahrgenommen durch den Vertreter, Rücksicht zu nehmen. **Handlungslegitimationen** können sich nur aus der Entscheidung des Bewohners oder seines Vertreters ergeben. Nicht aus der Aufgabenzuweisung an das Heim oder den sonstigen Helfer. Derartige Parallelprobleme gibt es in unserem Rechtssystem oft. 277a

Ein ähnliches Problem gab es z.B. zum **Taschengeld** im Sinne des SGB XII (früher: BSHG). Seinerzeit haben viele geglaubt, es falle schon deshalb aus der Betreuerkompetenz, weil es ja sozialhilferechtlich zweckgebunden sei. Inzwischen ist anerkannt, dass das ein Trugschluss ist. Nötigenfalls kann eine Betreuung nur für die Taschengeldum- 277b setzung erforderlich werden, wenn nämlich aus Sicht des Betreuungsrechts der Betreute sich insoweit alleine nicht helfen kann.[264]

278 Auseinandersetzungen gibt es im Alltag immer wieder bei **Auskunftsverlangen von Angehörigen.** Es ist nicht selbstverständlich, dass nicht sorgeberechtigte Angehörige einen Anspruch darauf haben, darüber unterrichtet zu werden, wie es dem Bewohner/Mitarbeiter geht und welche Medikationen er erhält.

Ich empfehle Wohneinrichtungen wie Werkstätten, zunächst auf den Bewohner/Mitarbeiter zu verweisen und wenn er überfordert ist an den rechtlichen Vertreter, **nicht selbst** in **Außenrechtfertigungen** einzutreten. Wenn es Streit um solche Fragen gibt, kann ohnehin nur **der Betroffene** selbst oder wenn er es nicht wirksam kann, **sein rechtlicher Vertreter** entscheiden, nötigenfalls das angerufene Gericht für Betreuungssachen. Das ist das Vormundschaftsgericht.

VI. Entscheidungen am Lebensende

279 Zu den schwierigsten Situationen gehört es, persönliche Entscheidungen für anvertraute Menschen zu treffen, wenn damit unmittelbare Auswirkungen auf das Leben oder Sterben verbunden sind.

Entscheidungen von **Betreuern und Bevollmächtigten** sind in diesem Bereich zunächst zwar immer Entscheidungen für das Leben und erst danach zum Sterben. Solange versucht wird, durch Maßnahmen mit erheblichen Begleitrisiken oder massiven Nebenwirkungen das Leben zu stützen, ist das Vormundschaftsgericht von Bevollmächtigten wie Betreuern nach § 1904 BGB zu beteiligen, sind Genehmigungen erforderlich, wenn der Zeitablauf es zulässt. Was aber genau gilt, wenn die **Grenzen der Hilfemöglichkeiten** berührt werden, wenn es nicht um die Abwehr von Sterben geht, sondern darum, ob es jetzt nicht willkommen ist, ist im BGB bisher leider nicht geregelt und wird sehr unterschiedlich beantwortet.

Ob und in welchem Umfang **das Vormundschaftsgericht** auch dann **zu beteiligen** ist, wenn die Maßnahmen beendet werden, dem Patienten dadurch ein Sterben ermöglicht werden soll, war lange Zeit und ist zu Einzelfragen immer noch heftig umstritten.

280 Angesprochen ist damit die sogenannte **passive Sterbehilfe.** Dass in Deutschland eine aktive Sterbehilfe verboten ist, ist rechtlich unstreitig.[265] Ob sie z.B. in Anlehnung an das in den Niederlanden geltende Recht rechtspolitisch wünschenswert wäre, ist hier nicht zu erörtern.

---

264 Soweit erforderlich, ist die **Taschengeldverwaltung** sowie – auszahlung im Heim durch die Betreuerin sicher zustellen bzw. zu klären. Die Einrichtung hat dazu keine eigenen Befugnisse. Die immer noch nicht ganz seltene Verwaltung auf einem Sammelkonto der Einrichtung dürfte nach dem Heimgesetz wie nach dem Betreuungsrecht unzulässig sein. Wenn die Betroffene das nicht mehr selbst zureichend sicher überschaut, muss die Betreuerin den Alltag auch dazu vorausplanen und regeln. Sie wird nicht bei jeder Ausgabe zugezogen werden wollen oder können. Es bedarf auch dazu konkreter Umsetzungsvereinbarungen.

265 Der Ende 2004 geführte Streit zwischen der Kommission des BMJ (Volltext unter: www.bmj.bund.de; Stand Anfang 2005) und der Ethik-Enquete beruht zum Teil darauf, dass die Grenzen zwischen passiver und aktiver Hilfe schwer zu bestimmen sind, wenn der Patient nicht mehr selbst wirksam entscheiden und handeln kann. Die BMJ Kommission wollte eine „Tötungsentscheidung durch die Vertrauensperson" zulassen, wenn der Patient das denn früher legitimiert hat und hat das noch als passive Sterbehilfe definiert. Die Ethik – Enquete hält das für unzulässige aktive Tötung.

Es geht auch nicht um die **indirekte Sterbehilfe**, d.h. eine Schmerzbehandlung,[266] die in Kauf nimmt, dass der Tod früher eintritt, als ohne eine derartige Medikation. Inzwischen dürfte allgemein anerkannt sein, dass eine derartige Schmerzbehandlung oft geboten, jedenfalls nicht unzulässig ist. Wenn die dazu nötigen Entscheidungen über einen Vertreter getroffen werden, mag man an eine Genehmigungsbedürftigkeit nach § 1904 BGB denken. Oft wird allerdings das Zeitmoment einer gerichtlichen Beteiligung entgegen stehen (s. § 1904 Abs. 1 S.2 BGB).

Das Thema der passiven Sterbehilfe ist in den letzten 10 Jahren richterrechtlich entwi- 281
ckelt worden,[267] kann so also bisher nicht im BGB nachgelesen werden.

Der BGH hatte zunächst in einem Strafrechtsfall, angeklagt und verurteilt war u.a. der Arzt, entschieden, dass straflos ein **Abbruch lebensverlängernder Maßnahmen beim entscheidungsunfähigen**, schwer kranken, aber noch nicht moribunden Patienten in Betracht kommt, wenn dessen mutmaßlicher Wille bei strenger Prüfung[268] dies deckt. Ob und in welchem Umfang dabei § 1904 BGB zu beachten ist, war zu der Zeit im einzelnen sehr str.[269] Der BGH hatte angenommen, § 1904 BGB müsse „erst recht" gelten.

(Leitsätze:)

> „Bei einem unheilbar erkrankten, nicht mehr entscheidungsfähigen Patienten kann der Abbruch einer ärztlichen Behandlung oder von Maßnahmen ausnahmsweise auch dann zulässig sein, wenn die Voraussetzungen der von der Bundesärztekammer verabschiedeten **Richtlinien für die Sterbehilfe** nicht vorliegen, weil der Sterbevorgang noch nicht eingesetzt hat. Entscheidend ist der mutmaßliche Wille des Kranken.
>
> An die Voraussetzungen für die Annahme eines mutmaßlichen Einverständnisses sind strenge Anforderungen zu stellen. Hierbei kommt es vor allem auf frühere mündliche oder schriftliche Äußerungen des Patienten, seine religiöse Überzeugung, seine sonstigen persönlichen Wertvorstellungen, seine altersbedingte Lebenserwartung oder das Erleiden von Schmerzen an.
>
> Lassen sich auch bei der gebotenen sorgfältigen Prüfung konkrete Umstände für die Feststellung des individuellen mutmaßlichen Willens nicht finden, so kann und muss auf die Kriterien zurückgegriffen werden, die allgemeinen Wertvorstellungen entsprechen. Dabei ist jedoch Zurückhaltung geboten; im Zweifel hat der Schutz menschlichen Lebens **Vorrang vor persönlichen Überlegungen** des Arztes, eines Angehörigen oder einer anderen beteiligten Person".[270]

Fortgeführt worden ist diese Argumentation durch eine Entscheidung des OLG Frank- 282
furt,[271] das sich zur Genehmigungsbedürftigkeit wie -fähigkeit des **Abbruchs von lebensverlängernden Maßnahmen** geäußert hat. Konkret ging es um die Beendigung der

266 Erfasst meist als „Palliativmedizin". Deren Definition und Grenzen scheinen auch bei Medizinern noch nicht abschließend geklärt zu sein.

267 Nach Ansicht von Hufen ZRP 2003, 248 ff. bis hinein in verfassungsrechtlich bedenkliche Bereiche.

268 Eine (jur.?) Formulierung, die jedenfalls z.T. mehr nach Ausweichen klingt, als nach konkret umsetzbarem Einzelkriterium.

269 Nachweis zum seinerzeitigen Streitstand bei Laufs NJW 1996, 1573 und S.M. Meier BtPrax 1996, 161 ff.

270 BGH MDR 1995, 80.- Eine engagierte Gegenstellungnahme bei Deichmann in MDR 1995, 983 ff.

271 NJW 1998, 2747.

Ernährung durch eine PEG-Sonde. Auch diese Entscheidung hat zu heftigen öffentlichen Diskussionen geführt. Plakativ wurde beanstandet: „Betreuer ordnen Tötung von Betreuten an". „Gerichtliche angeordnetes Verhungern".

Nicht nur Ärzte haben diese Entscheidungen andererseits ausdrücklich begrüßt, weil so vor einer Maßnahme ein Gesprächspartner gestellt wird, statt sie nach der Maßnahme mit dem Staatsanwalt als Ankläger zu konfrontieren. „Rechtsfrei" kann kein Arzt entscheiden.

Die Bundesärztekammer hat diese wie die späteren Entscheidungen in ihre **Grundsätze zur ärztlichen Sterbebegleitung** aufgenommen.[272]

283 **Exkurs:** Diese Thematik ist nur für Erwachsene, die nicht selbst entscheiden können, relevant. **Bei Minderjährigen ist das anders.** Das hat das Brandenburgische OLG im Jahr 2000 deutlich betont. Es ging um einen 7 Jahre alten Jungen, der beim Baden so schwer verunglückt war, dass er nur noch mit künstlicher Beatmung und Ernährung weiter leben konnte. Sein Gehirn war stark geschädigt, steuerte nur noch die „primitiven Regulationszentren". Das Gericht hat den Antrag, die Einstellung lebenserhaltender Maßnahmen gerichtlich zu genehmigen mit dem Hinweis zurückgewiesen, es gebe für Minderjährige keine Regelung wie in § 1904 BGB, der auch nicht entsprechend angewandt werden könne. Deshalb müssten die Eltern allein entscheiden.[273]

284 Für **Erwachsene** sind die so vorbereiteten Grundlagen bestätigt worden durch die Entscheidung des Bundesgerichtshofs aus dem März 2003.[274] Sie hat einiges geklärt, aber leider auch vieles offen gelassen.

Danach gilt:

Konkrete Entscheidungen in Patientenverfügungen sind als Ausdruck des Selbstbestimmungsrechtes gerade dann zu respektieren, wenn der Betroffene zu eigenverantwortlichen Entscheidungen nicht (mehr) in der Lage ist.

Wenn eine Patientenverfügung unmittelbar umsetzbar ist, bedarf es nie gerichtlicher Genehmigungen. Ist eine Patientenverfügung nicht konkret genug oder gibt es keine, beurteilt sich die Zulässigkeit von Maßnahmen nach dem mutmaßlichen Willen des Patienten, der individuell zu ermitteln ist, nicht nach Standardbewertungen unterstellt werden darf.

285 Es heißt in dem Beschluss weiter:

> **„Ist für einen Patienten ein Betreuer bestellt, so hat dieser dem Patientenwillen gegenüber Arzt und Pflegepersonal in eigener rechtlicher Verantwortung .... Ausdruck und Geltung zu verschaffen.** Seine Einwilligung in eine ärztlicherseits angebotene lebenserhaltende oder -verlängernde Behandlung kann der Betreuer jedoch nur mit Zustimmung des Vormundschaftsgerichts wirksam verweigern ....

272 Neu gefasst 2004. Der Text findet sich im Internet unter: www.bundesaerztekammer.de. Diese Grundsätze sind jenseits der Sterbehilfediskussion hilfreich, weil in ihnen die Grundsätze ärztlichen Handelns bei Einwilligungsunfähigen mit wenigen gut nachvollziehbaren Sätzen zusammengefasst worden sind.
Soweit dort allerdings auf den Streit zu der hypothetischen Einwilligung Bezug genommen wird, verlässt auch dieses Papier wohl die Grundlagen der Rechtsprechung des BGH, erscheint eher standespolitisch orientiert. Missverständlich ist der Teil zu dem Vorrang von Äußerungen des Patienten. Es wird nicht zureichend betont, dass sie nur relevant sind, wenn auf Einwilligungsfähigkeit beruhend. Nicht selbst verantwortete Eigenschädigung ist nicht zu unterstützen.

273 FamRZ 2000, 1033.

274 NJW 2003, 1588.

Die Entscheidungszuständigkeit des Vormundschaftsgerichts ergibt sich nicht aus einer analogen Anwendung des §1904 BGB, sondern aus einem unabweisbaren Bedürfnis des Betreuungsrechts."

Damit hat der Bundesgerichtshof zum Teil leider wieder neuen Streit verursacht.[275] Nicht nur die Eingangsgerichte verstehen diese und weitere Ausführungen ganz unterschiedlich. Man kann sich insoweit auf wenig verlassen. Deshalb soll in einen neu in das BGB aufzunehmenden § 1901 b BGB zukünftig die Wirksamkeit von Patientenverfügungen geregelt werden.

Man wird als aktuellen Rechtszustand gegenwärtig folgende Thesen aufstellen können: 286

- Der Arzt hat sich am Patientenwillen auszurichten, hat keine eigene Entscheidungsbefugnis.
- Kein Arzt kann zu Maßnahmen gezwungen werden, die er medizinisch für falsch oder sinnlos hält.
- Sobald ein Vertreter für den einwilligungsunfähigen Patienten vorhanden ist oder geschaffen werden kann, ist allein dieser Ansprechpartner und Entscheidungsvermittler für den Patienten.
- Entscheidungen über den Abbruch vom Maßnahmen mit dem Ziel, ein Sterben zu ermöglichen, bedürfen jedenfalls bei Betreuern und wohl auch bei Bevollmächtigten[276] und Ermächtigten aus Patientenverfügungen der Genehmigung des Vormundschaftsgerichts.[277]
- Hat der Sterbeprozess unmittelbar begonnen und sind **alle Beteiligten einig**, dass weitere Maßnahmen den Sterbeprozess nur verlängern würden, bedarf es keiner gerichtlichen Mitwirkung.

Wie zu verfahren ist, wenn **Maßnahmen** nicht abgebrochen werden sollen, sondern von vornherein **abgelehnt** werden, ist zur Zeit nicht generell zu beantworten. Der BGH spricht von einem „Angebot" des Arztes. Der Arzt kann anbieten, darf aber nicht selbst anordnen, auch nicht „zur Rettung wegen Lebensgefahr". Der mutmaßliche Wille, möglichst lange leben zu wollen, trägt so allein nicht. Es geht gerade darum, ob das Sterben (noch) eine Gefahr ist oder nicht zulässiges Ziel.[278] 287

Es handelt sich um eine Falle, die im Umfeld von ärztlichen Maßnahmen häufiger auftritt. Dabei wird gerne angenommen, wer sich **nicht weigere**, sei **einverstanden**. Das ist schon bei Einwilligungsfähigen nicht zutreffend, bei Koma – Patienten offensichtlich **falsch.** 288

275 Eine Interpretation durch die Vorsitzende des Senats findet sich bei: Hahne, Zwischen Fürsorge und Selbstbestimmung, FamRZ 2003, 1619 ff.

276 Die im Text erhobene Behauptung, das gelte auch für Bevollmächtigte, dürfte nicht ganz unbestritten sein. Der BGH hatte nur zu einer rechtlichen Betreuung zu entscheiden. Ob das ohne weiteres wirklich auch auf rechtgeschäftliche Vertreter zu übertragen ist, scheint seit Ende 2004 wieder streitiger zu werden.

277 Liegt beides vor, heißt das nicht, dass eine Einrichtung gezwungen werden kann, an der Sterbehilfe mitzuwirken. Nötigenfalls muss die Einrichtung gewechselt oder sonst eine Lösung gesucht werden; vgl. OLG München BtPrax 2003, 133.

278 Auch zu diesem Punkt könnten die Richtlinien der Bundesärztekammer missverständlich sein. Sie nehmen an, der Arzt habe bis zu der gerichtlichen Klärung eine vorläufige Handlungsbefugnis und den Auftrag wie die Legitimation zunächst ohne Einwilligung weiter zu behandeln, Maßnahmen zu veranlassen. Das ist so umfassend sicher nicht richtig.

In der Praxis wird man sich als Betreuer und Bevollmächtigter damit behelfen können, dass man nach sorgfältiger Prüfung die für geboten gehaltenen Entscheidungen trifft, das Gericht darüber informiert und gegebenenfalls auch nur hilfsweise um Genehmigung bittet.[279]

288a Der Referentenentwwurf eines **3. Betreuungsrechtsänderungsgesetzes** vom 1.11.2004 knüpft an die Entscheidung des BGH aus dem März 2003 und die Folgediskussion an. Mit dem 3. BtÄndG sollen die vorstehend argestellten Grundsätze in das BGB integriert werden. Wann und wie das konkret erfolgt, ist derzeit noch nicht abzusehen. Die Vorschläge des Entwurfes verweisen auf einen noch bestehenden erheblichen Diskussionbedarf. Sie sind in der gegenwärtigen Form im Alltag nicht umsetzbar, so wenn in **§ 1904 BGB eine Regelung integriert** werden soll, die eine gerichtliche Genehmigung auch für ein „Nichthandeln" vorsieht, ohne zu verraten, wie die ausgelöst werden soll und was bei einer Genehmigungsversagung gelten könnte.

288b Zudem will der Entwurf deutliche **Überdenkungsfristen** einführen. Entscheidungen in diesem Umfeld sollen erst 2 Wochen nach Bekanntgabe wirksam werden. Bedenkt man den üblichen Zeitdruck, der bei diesen Fragen ansteht (nicht bei einem Wachkomeaptienten, der seit Jahren liegt, aber um den geht es ja wohl auch in den wenigsten Fällen) ist kaum vorstellbar, dass die Beteiligten es ertragen, ein bewusst formalisiertes gerichtliches Verfahren abwarten zu sollen (zwingender Verfahrenspfleger etc.) und dann auch noch nach der Entscheidung 2 Wochen warten müssen, bis die Entscheidung umgesetzt werden kann.

Wenn ich an den typischen Patienten denke, der mit einer vorläufig eingesetzen Ernährungssonde liegt und bei dem die Betroffenen uneins sind, ob er über eine Magensonde ernährt werden soll, kann ich mir nicht vorstellen, dass er einen derartigen Verfahrensablauf ohne massive Komplikationen überlebt.

288c Der Entwurf soll in der bisher vorgelegten Form noch nicht Gesetz werden, ist vom Bundesjustizministerium „zurückgezogen" worden. Der Regelungsbedarf ist aber weiter unbestritten. Gegenwärtig ist noch nicht vorauszusehen, wohin die weitere (politische) Diskussion führen wird.

279 Antragsbeispiel in Anlage I, 10.11.

§ 12 Unterbringungen

Es kann immer wieder Situationen geben, in denen Erwachsene vor sich selbst **geschützt** werden müssen, nötigenfalls durch fremd beschiedene Sicherungsmaßnahmen. 289

Es mag sich um einen Patienten im Durchgangsdelir nach einer Operation handeln, um ein Unfallopfer, dass alle Versorgungsleitungen abreißt, Freiheit sucht, die gegenwärtig lebensgefährlich ist, einen verwirrten Menschen, der sich und andere dadurch gefährdet, dass er auf der Autobahn herumläuft.

Dabei handelt es sich um ganz unterschiedliche Sicherungsansätze und Verantwortlichkeiten. **Unterbringungen** können demgemäss auch nach ganz unterschiedlichen Regeln veranlasst werden, sind nach **Bürgerlichem Recht (Betreuungsrecht)** wie nach **öffentlichrechtlichen** Vorschriften, insoweit insbes. nach den landesrechtlichen Unterbringungsgesetzen, hier als **Beispiel** herangezogen **das niedersächsische PsychKG**, denkbar. Verfahrensrechtlich sind beide Formen in §§ 70 ff FGG erfasst. Daneben sind Maßnahmen auf strafrechtlicher Grundlage wie nach Sondergesetzen (Seuchenrecht) usw. denkbar.

Rechtlicher Hintergrund für Unterbringungen sind Art 104 Abs. 1 und 2 GG, wonach über die Zulässigkeit und Fortdauer jeder **Freiheitsentziehung** nur ein Richter entscheiden kann. Unsere Verfassung stellt auf der Grundlage der Erfahrungen aus der Zeit davor auf das zusätzliche Erfordernis ab, Außenstehende, einen Richter zu beteiligen. Diese richterliche Entscheidung ist jeweils „unverzüglich" herbeizuführen, spätestens in der Regel aber bis zum Ablauf des Tages, der auf den folgt, ab dem jemand ohne seine wirksame Zustimmung festgehalten wird. Es gibt außer für sofortige, kurzfristige Hilfen keine anderweitige, auch keine ärztliche, Anordnungskompetenz, auch nicht im Rahmen von Behandlungen. 290

Freiheitsentziehung ist die Unterbringung einer Person **gegen ihren Willen oder im Zustand der Willenlosigkeit** in einer Justizvollzugsanstalt, einem sonstigen Haftraum, einer abgeschlossenen Anstalt der Fürsorge, einer abgeschlossenen Krankenanstalt oder einem abgeschlossenen Teil [einer Krankenanstalt] (§ 1 FEVG). 291

Die sonst im übrigen bei Art. 104 Abs. 1 und 2 GG betonte Unterscheidung einer bloßen **Freiheitsbeschränkung** (Abs. 1; nur: Gesetzesvorbehalt) zu einer **Freiheitsentziehung** (Abs. 2; zusätzlich: Richtervorbehalt) spielt für die Praxis betreuungsrechtlicher Maßnahmen kaum eine Rolle. Zureichende konkrete gesetzliche Grundlagen außerhalb von § 1906 BGB gibt es nicht (vgl. im einzelnen Kap. 13, Zwangsmaßnahmen). Innerhalb von § 1906 BGB handelt es sich praktisch immer um freiheitsentziehende Handlungen. Die früher vertretene Ansicht, die unterbringungsähnlichen Maßnahmen seien nur freiheitsbeschränkender Natur, unterlägen deshalb geringeren Anforderungen, ist nicht mehr relevant. Inzwischen ist anerkannt, dass die Beschränkung auf Bereiche, die kleiner sind als Räume („bloße Sicherungsmaßnahmen im Bett" etc.), nicht etwa weniger eingreifen, sondern deutlich intensiver als z.B. die Unterbringung in einer verschlossenen Station (s. **Rdnr. 306**). 291a

Aus der verfassungsrechtlichen Diskussion zu der Zulässigkeit freiheitsbeschränkender Maßnahmen lässt sich dennoch ein wichtiger Aspekt heranziehen, um eine im Betreuungsrecht immer wieder mit falschen Grundannahmen diskutierte Frage zu klären. Es 291b

geht um die **Ausgrenzung** aus Räumen, z.B. in Behindertenwohnungen oder Heimen. Derartige **Aussperrungen** unterfallen dem hier diskutierten Sonderbereich **nicht.**
Das BVerfG hat in seinem Urteil von Urteil vom 14. Mai 1996 ausgeführt:[280]

> Das Grundrecht des Art. 2 Abs. 2 Satz 2 GG schützt die im Rahmen der geltenden allgemeinen Rechtsordnung gegebene tatsächliche körperliche Bewegungsfreiheit vor staatlichen Eingriffen. Sein Gewährleistungsinhalt umfasst **von vornherein nicht eine Befugnis, sich unbegrenzt überall aufhalten** und überall hin bewegen zu dürfen.
>
> Demgemäss liegt eine **Freiheitsbeschränkung nur** vor, wenn jemand durch die öffentliche Gewalt gegen seinen Willen daran gehindert wird, einen **Ort oder Raum** aufzusuchen oder sich dort aufzuhalten, **der ihm an sich (tatsächlich und rechtlich) zugänglich ist.**[281] Der Tatbestand einer Freiheitsentziehung (Art. 104 Abs. 2 GG) kommt ohnehin nur in Betracht, wenn die – tatsächlich und rechtlich an sich gegebene – körperliche Bewegungsfreiheit durch staatliche Maßnahmen ...... aufgehoben wird.

292 Verfassungs- wie zivilrechtlich **kommt es nicht auf die Art der Einrichtung** an, sondern auf die Einschließungswirkung, die z.B. schon dadurch entstehen kann, dass jemand durch das Personal am Verlassen des Bereichs gehindert wird, durch Trickschaltungen, auch einfachster Art oder sonstige Hilfsmittel.[282]

Wie sich die Einrichtung oder Station versteht, ist unerheblich. Wer in einer „geschlossenen" Station lebt, aber auf Wunsch jederzeit die Station verlassen kann, ist nicht untergebracht i.S.d. § 1906 BGB. Wer in einer „offenen Station" wohnt, aber als Rollstuhlfahrer an der Treppe scheitert und auf seine Hilfsbitte hört, ihm könne nur hinausgeholfen werden, wenn eine Begleitperson frei sei, ist ohne eigene Bewegungsfreiheit, also untergebracht i.S.d.§ 1906 BGB.

293 Eine eigene **Zustimmung** eines Betroffenen legitimiert nur dann, wenn er versteht, worum es geht, die Folgen seiner Zustimmung überblickt und sie dennoch **nach sachgerechter Abwägung** erteilt.

Es kommt für die Anwendbarkeit dieser Vorschriften dagegen **nicht** darauf an, **ob der Beteiligte sich wehrt.** Auch wer alles hinnimmt, ist untergebracht, wenn er sich nicht ohne drittkontrollierte Begrenzungen bewegen kann.

Erforderlich ist entweder eine wirksame Zustimmung des Betroffenen oder eine anderweitig legitimierte, dann regelmäßig mit einer gesonderten gerichtlichen Entscheidung.

294 Schon die Unterbindung bloßer ungezielter Bewegungsimpulse wird insoweit als „Zwang" verstanden.

---

280 2 BvR 1516/93, BVerfGE 94, 166 ff.

281 Vgl. Dürig in: Maunz/Dürig, Grundgesetz, Art. 104 Rn. 12.

282 Auch dazu sind die Einzelheiten leider streitig. Während eine stark vertretene Front die oben erwähnte Position vertritt, gibt es auch den Ansatz, derartige Maßnahmen seien nicht genehmigungsfähig, weil es an der dafür erforderlichen einfach gesetzlichen Regelung fehle; OLG Hamm FamRZ 2003, 255. Das bedeutet dann aber nicht, dass sie genehmigungsfrei durchgesetzt werden können, sondern dass sie gar nicht eingesetzt werden dürfen!

Ob denen **ein erkennbarer Sinn, ein bewusstes, nachvollziehbares Verhalten zugrunde liegt, ist unerheblich.**

Das immer wieder vorgebrachte Argument, der Betroffene habe „keine Motivation", die Einrichtung zu verlassen, trägt jedenfalls nicht. Als Kontrollfrage mag man sich vorlegen, ob man noch gut schlafen kann, wenn man den Betroffenen am nächsten Tag und in der Nacht bei offener Tür alleine lässt. Wer das verneint,[283] sollte nicht gleichzeitig behaupten, es werde kein fremder Wille eingesetzt, um den Betroffenen einzugrenzen.

Es kommt auch nicht darauf an, dass die Hilfen **„nur zum Schutz"** da sind. Wenn es anders wäre, wäre keine Genehmigung denkbar. Das ist aber erst das Ende der Diskussion, nicht zureichender Grund, gar nicht erst damit zu beginnen.

Wichtig ist für das Verständnis, dass § 1906 BGB wie die landesrechtlichen Unterbrin- **295**
gungsregelungen **kein Verbot von Sicherungen** oder Hilfen aussprechen. Es soll lediglich in eine nach außen gerichtete Diskussion eingetreten werden.

Bei dem Umgang mit **Unterbringungen** müssen sowohl die **Begrenzung der Hand-** **296**
lungsberechtigung wie die etwaige **Pflicht zum Handeln** gesehen werden. Hilfe zu leisten kann auch „Wegnehmen" gebieten.

Die Frau, die durch einen misslungenen Suizidversuch lebenslang entstellende und behindernde Verletzungen erlitten hat, mag später ebenso erbittert über die ihr gewährte „Freiheit" zu dem Versuch sein, wie sie diese während der Phase eingefordert hat.

Der allgemeine Sprachgebrauch unterscheidet sich hier deutlich von dem fachlichen. **297**
Unterbringung in dem hier behandelten Sinn ist **nicht** identisch mit der umgangssprachlichen „Unterbringung".

Wenn jemand in einem Heim „untergebracht" wird, ist das vielleicht eine Frage der Aufenthaltsregelung. Rechtlich wird es erst dann eine „Unterbringung", wenn es sich um ein Einschließen handelt. Nicht die Verbringung in ein Heim ist Unterbringung, erst die Verbringung in die **„beschützende" (geschlossene) Station.**

Jede dieser Maßnahmen erfordert rechtliche Kompetenz (z.B. Aufenthaltsbestim- **298**
mung[284]), die geschlossene oder beschützende Unterbringung **zusätzlich eine richterliche Genehmigung.**

Unabhängig davon, dass die Legitimierung von Folgemaßnahmen[285] je nach der Art der Genehmigungsentscheidung unterschiedlich geregelt ist, ist die Abgrenzung der beiden Unterbringungsarten für die Praxis immer noch auch deshalb von Bedeutung, weil die landesrechtlichen Unterbringungen auf die dafür ausgewiesenen Einrichtungen beschränkt sind.

Das kann z.B. bedeuten, dass ein fremdgefährdender geistig Behinderter nicht in seiner Einrichtung eingegrenzt werden dürfte, weil sie keine anerkannte Unterbringungseinrichtung nach Landesrecht ist, er wieder wie in alten Zeiten auf die geschlossene Station eines Landeskrankenhauses bzw. Psychiatrischen Krankenhauses verbracht

283 Dabei geht es hier natürlich nicht um die Angst vor Übergriffen von außen.

284 Das wird bei § 1906 Abs. 1 Nr. 2 BGB nicht genügen!

285 Die Berechtigung zu medizinischen Maßnahmen folgt unterschiedlichen Regelungen. Diese Differenzierung wird in der Praxis selten ernst genommen.

werden müsste, **wenn** man wirklich dabei bleiben wollte, Fremdgefährdungen könnten nicht über das BGB aufgefangen werden.[286]

I. Unterbringungen nach bürgerlichem Recht

299 Eine Freiheitsentziehung nach § 1906 Abs. 1 BGB liegt vor, wenn die Betroffene ohne ihre wirksame Zustimmung auf der Grundlage einer Entscheidung ihrer Betreuerin am Verlassen eines räumlichen Bereichs gehindert wird. Nicht erst, wenn die Betreute widerspricht, ist eine Regelung nach § 1906 BGB nötig; sondern immer schon dann, wenn sie nicht **wirksam** zugestimmt hat. Das bloße „ja, ist gut" besagt also auch noch nichts.

Verantwortungsträger der Maßnahmen im Umfeld von § 1906 BGB ist der **Betreuer,** nicht das Gericht. Das zeigt sich deutlich in § 1906 Abs. 2 BGB, der dem Betreuer eine eigenständige vorläufige Einweisungsbefugnis zuspricht, allerdings verbunden mit der Pflicht, das dann unverzüglich einer gerichtlichen Entscheidung zuzuführen. Folge davon ist auch, dass der Betreuer die Rechtmäßigkeit der Maßnahme unabhängig von der richterlichen Genehmigung selbst zu verantworten hat.[287]

Die Befugnis zu einer eigenen vorläufigen Regelung wird auf dem Hintergrund von **Art. 104 GG** auf Stunden, höchstens jedoch 2 Tage begrenzt sein, eine Einschränkung, gegen die in der Praxis sehr oft verstoßen wird.

Der Rechtswidrigkeitsvorwurf aus derartigen Fristüberschreitungen trifft den Betreuer. Die Gerichte sind an jedem Tag des Jahres erreichbar. De Betreuer muss sich nur kundig gemacht haben, wie er das Gericht erreichen kann.

300 Für § 1906 Abs. 1 und 4 BGB ist lange streitig gewesen, welche Interessen insoweit Maßnahmen rechtfertigen, ob es z.B. möglich ist, einen Altenheimbewohner, der Mitbewohner dadurch ängstigt , dass er laut brummt, in fremde Zimmer geht und dort herumschreit, über § 1906 BGB zu „reglementieren" oder ob erst dann eingegriffen werden kann, wenn die Schwelle des Landesrechts (akute **Gefährdung Dritter**) erreicht ist. § 1906 Abs. 1 BGB stellt auf das **„Wohl des Betreuten"** ab. Was das genau heißt, ist wohl nur mit anderen sehr allgemeinen Worten zu beschreiben.

Aus dem engen Wortlaut des Gesetzes allein kann man hier wie bei den Absätzen 2 und 4 allein nichts klären. So ist es ja auch nicht wörtlich zu nehmen, wenn Abs. 2 sagt, die Genehmigung sei unverzüglich nachzuholen. Gemeint ist, der Antrag auf Genehmigung sei nachzureichen. Das Gericht kann natürlich auch nachträglich eine Genehmigung verweigern mit der Folge, dass die Betreute dann unverzüglich zu entlassen ist.Die Begrenzung in Abs. 4 „ohne untergebracht zu sein" ist nach inzwischen ganz einhelliger Meinung ebenfalls sprachlich verfehlt[288].

Auch bei **genehmigter Unterbringung ist ggf. eine zusätzliche Genehmigung** nachzusuchen, **wenn die Betreute auf der Station noch weiter begrenzt** werden soll. Und: diese Regelung greift nicht nur bei Maßnahmen in den aufgezählten Einrichtungen, sondern auch bei einem Einschluss außerhalb solcher Bereiche.[289]

---

286 Fallbeispiel in Anlage II am Ende des Buches.

287 Einzelheiten in Kapitel 18.

288 deutlich betont in BayObLG FamRZ 1994, 721 ff.

289 AG Tiergarten BtPrax 1998, 194. Die Einzelheiten sind wie erwähnt streitig, s. OLG Hamm FamRZ 2003, 255.

Früher hat man aus dem „Wohl“ abgeleitet, gemeint sei jeweils **nur** das **eigene Interesse** der Betreuten an der Durchführung der Maßnahme als solcher. Dieser Ansatz, Maßnahmen nach § 1906 BGB seien **nur im Eigeninteresse** zulässig, hat sich zu Recht überlebt.[290] Eigeninteresse und Drittinteresse werden oft lediglich dasselbe Phänomen aus unterschiedlichen Blickwinkeln beschreiben. 301

Verhaltensweisen, die die weiteren **Lebenschancen verschlechtern**, verletzen die eigenen Interessen. Die Tatsache, dass (auch) Dritte von den Handlungen betroffen sind, schließt eine Bewertung dahin nicht aus, dass die Unterbindung des Übergriffs auf Dritte dennoch dem eigenen Interesse dienen kann.

In den Bezirken, in denen die Gerichte noch darauf bestehen, dass eine **Drittschutzbegründung ausgeschlossen** ist, dann nur noch Maßnahmen nach Landesrecht möglich bleiben, die einrichtungsgebunden sind, wird ggf. dem Grundanliegen durch eine entsprechende **sprachliche Umsetzung** Rechnung zu tragen sein. Das Problem ist dann aus der anderen Sicht zu beschreiben, nicht aus der der Dritten. In der Mehrzahl der Fälle wird das keine unlösbare Probleme aufwerfen. 302

Ein andere überkommene immer wieder aufgestellte Behauptung geht dahin, die **landesrechtliche Unterbringung** sei **„nachrangig“**, könne bei bestehender Betreuung nicht eingesetzt werden. Das geht so weit, dass in der Praxis einiger Ordnungsbehörden wie Gerichte Unterbringungsanträge bzw. Unterbringungsgenehmigungen nach Landesrecht abgelehnt werden mit dem Hinweis, die Betreuerin möge sich (gefälligst) an das Betreuungsgericht wenden. 303

Das ist so kaum haltbar, selbst wenn die Ausgangsthese zum Teil stimmen mag. Wenn eine Betreuerin bestellt ist, deren Aufgabenkreis sich auf die Maßnahme erstreckt und sie die Unterbringung befürwortet, ihrerseits bereit ist, einen Unterbringungsantrag zu stellen, wird das Landesrecht als ordnungsrechtliches Modell „nachrangig“ sein. Das **setzt** im Alltag aber die Feststellung zureichender Kompetenz der Betreuerin und die **übereinstimmende Bewertung wie die Mitwirkung** (Gutwilligkeit) der Betreuerin **voraus.**

Erzwungen werden kann das nicht. Die Behauptung eines (absoluten) Vorrangs der betreuungsrechtlichen Unterbringung ist damit falsch.[291] § 1906 BGB setzt die Entscheidung der Betreuerin voraus.

Wenn sie sich pflichtwidrig sperren sollte, mag das Betreuungsgericht die Möglichkeit haben, mit ihr in einen Diskurs dazu einzutreten (§§ 1908 i, 1837 BGB), wozu auch eine Gewährung rechtlichen Gehörs gehört, damit Zeit erforderlich ist. Das kann aber nicht ernsthaft begleitend dadurch gelöst werden, dass die Betreute in der Zeit „auf der Straße“ steht.

290 Holzhauer, FamRZ 1995, 1463, 1472: „Nur leidenschaftliche Erwachsenenbildner würde es vielleicht reizen, die subtilen rechtlichen Unterschiede dem Pflegepersonal zu vermitteln und den Ärzten auch zu begründen, die beide wahrlich ganz andere Sorge haben“.
Das ist dann zutreffend, wenn diese bereit sind, endlich auch für den landesrechtlich geregelten Bereich die Reste „hoheitlichen“ Verständnisses (das überholte „besondere Gewaltverhältnis“) über Bord zu werfen. Zu dem Problem ausführlicher: Pardey BtPrax 1995, 81 ff und FamRZ 1995, 713 ff.

291 vgl. auch OLG Hamm BtPrax 2000, 35 f.

304 Im Alltag machen die **Standardfälle der Unterbringung in der Gerontopsychiatrie, der Akutpsychiatrie und beschützenden Stationen**[292] von Einrichtungen wenig Probleme, weil die Sachlage offen zu Tage liegt. Es gibt aber auch jeweils Grenzfälle, bei denen der Sinn durchaus problematisch ist. An solchen Nahtstellen wird deutlich, dass es um Rechtsschutz geht, darum geht nicht „**nur** zu helfen“, andererseits das **Gesetz** auch **nicht** zum **Selbstzweck** werden darf.[293] Gerade wegen der „Grauzonen“ ist es wichtig, sich nicht mit internen Strukturen/Kontrollen zu beruhigen, sondern die Thematik je nach außen offen zu legen und die Lösung zu suchen.

II. Unterbringungsähnliche Maßnahmen

305 Nach § 1906 Abs. 4 BGB bedürfen auch die sog. **unterbringungsähnlichen Maßnahmen** gerichtlicher Genehmigungen. Das betrifft Sicherungsmaßnahmen wie z.B. Bettgitter, Fixierungen u.ä. Sie sind nach jetzt ganz einhelliger Ansicht nicht bereits mit der etwaigen Unterbringungsgenehmigung genehmigt, müssen vielmehr gesondert beantragt und genehmigt werden und zwar trotz des misslungenen Gesetzeswortlautes des § 1906 Abs. 4 BGB. Wenn der Betroffene z.B. fixiert oder in der Station in seinem Zimmer eingeschlossen werden soll, bedarf es auch bei Vorliegen einer Genehmigung nach § 1906 Abs.1 BGB entsprechender zusätzlicher Einwilligungen und Genehmigungen.

306 Das BayObLG[294] hat zu diesem Thema grundsätzlich und seitdem eigentlich nicht mehr ernsthaft angegriffen ausgeführt:

> Die **Unterbringungsgenehmigung** umfasst grundsätzlich alle mit der Unterbringung in einer geschlossenen Einrichtung regelmäßig verbundenen Beschränkungen der körperlichen Bewegungsfreiheit. Hierzu **gehört nicht** das **Anbinden** des Betreuten **im Bett** durch einen Beckengurt für einen längeren Zeitraum oder regelmäßig..............Fügt das Amtsgericht der Genehmigung eines Anbindens des Betreuten im Bett den Zusatz hinzu, der Betreute dürfe nur nach ausdrücklicher Anordnung des behandelnden Arztes angebunden werden, so wird damit nicht die Verantwortung des Betreuers auf den Arzt übertragen, sondern nur die dem Betreuer erteilte Genehmigung ...eingeschränkt.

In den Gründen weist das Gericht darauf hin, dass diese Bewertung aus verfassungsrechtlichen Gründen trotz des Wortlautes von § 1906 Abs. 4 BGB geboten sei. Das **Anbinden sei die stärkste Form der Freiheitsentziehung.**

307 Die bloße Genehmigung der Verbringung in eine geschlossenen Station deckt damit genau dies, nicht mehr; im übrigen könnte auch eine bloße gesetzliche Regelung ohne ei-

---

292 BayObLG BtPrax 2004, 193 f.: Die geschlossene Unterbringung eines alkohol- und medikamentenabhängigen Betreuten ist genehmigungsfähig, soweit die Abhängigkeit schon zu einer tief greifenden Beeinträchtigung der cerebralen Leistungen geführt hat und weitere lebensbedrohende Gefahren zu vergegenwärtigen sind.

293 Eine psychisch kranke Frau, deren Unterbringungsgenehmigung morgen ausläuft, die aber erst in einer Woche in ein anderes von ihr akzeptiertes offenes Heim kann, in der gegenwärtigen Einrichtung den offenen Bereich nicht erträgt, erfüllt die Unterbringungsvoraussetzungen nicht (mehr). Sie kann aber auch nicht ohne Weiteres entlassen werden, die Genehmigung versagt werden. Wo soll sie in dieser Woche bleiben? Nicht ernsthaft auf der Straße. Nicht nur sie wird es als Hohn empfinden, wenn ihr mit Hinweis auf ihre Grundrechte ein Verbleib versagt, ein gleitender Übergang unterbunden wird.

294 BayObLG FamRZ 1994, 721 ff.

ne Art. 104 GG entsprechende Umsetzung keine Legitimationswirkung für Einzelmaßnahmen entwickeln. Es sind jedenfalls **gerichtliche Einzelentscheidungen geboten.**

> „Als Freiheit der Person wird ... die körperliche Bewegungsfreiheit geschützt. Diese kann kaum stärker entzogen werden, als durch die hier in Rede stehende (es ging um eine Sicherung im Bett) weit stärker als die bloße Unterbringung in die körperliche Bewegungsfreiheit eingreifende Maßnahme; gerade eine solche Maßnahme stellt auch dann eine Freiheitsentziehung dar, wenn sie nur verhältnismäßig kurze Zeit andauert. Über ihre Zulässigkeit und Fortdauer muss daher der Richter entscheiden."[295]

Ansätze, auch **Schutzmaßnahmen in der häuslichen Umgebung** entgegen dem Wortlaut 308
des § 1906 BGB für genehmigungsbedürftig zu halten, haben immer mehr Anhänger gefunden.[296] Die Einzelheiten sind dazu aber weiter unklar und werden von Gericht zu Gericht unterschiedlich behandelt.[297]

Dem entspricht, dass man auch für die Klienten/Patienten/Bewohner offener Stationen von einer entsprechenden Genehmigungspflicht ausgeht, wenn sie eingegrenzt, gesichert erscheinen, mit ihren Fähigkeiten nicht in der Lage sind, die konkrete Situation im Sinne einer eigenen Aktionsfreiheit auszunutzen.[298] Das gilt z.B. bei **Drehknöpfen an Außentüren**, die die entsprechenden Bewohner mangels feinmotorischer Koordinierung **nicht benutzen bzw. bedienen können.**

Ich habe Zweifel, ob sich hier inzwischen nicht teilweise schon wieder eine Übersensibilität ergibt und neige eher dazu, auf den Einzelfall, die Gesamtmöglichkeiten der Betroffenen und die Ziele der Baulichkeiten abzustellen.[299]

Richtig ist aber sicher, dass es **nicht auf den Zuschnitt der Station** oder der Wohngrup- 309
pe ankommt, sondern die **Einschlusswirkung.** Ist die Gruppe verschlossen, verfügen Bewohner über Schlüssel, die sie jederzeit nutzen können, liegt für sie keine Genehmigungsbedürftigkeit nach § 1906 BGB vor. Ist die Alteneinrichtung „offen", sagt eine Mitarbeiterin auf Befragen aber ganz unbefangen „hier läuft nach 19:00 Uhr keiner mehr draußen rum, was soll er da auch", handelt es sich nicht mehr um eine „offene Unterbringung".

Da es möglich ist, dass das jeweilige Heimatgericht und die dort i.ü. beteiligten Behörden die Situation unterschiedlich beurteilen, empfehle ich in diesen Grenzfällen einen Kurzbericht mit einem **Hilfsantrag.** Ähnlich kann man in den Grenzbereichen von § 1904 BGB und § 1906 Abs. 4 BGB verfahren.[300]

---

295 BayObLG a.a.O.

296 vgl. z.B. AG Tiergarten BtPrax 1998, 194; LG München I BtPrax 1999, 242; anders wohl OLG Hamm FamRZ 2003, 255.

297 Die Außenstehenden können sich in solchen Situationen behelfen, indem sie die getroffenen Regelungen mitteilen und das mit einem Hilfsgenehmigungsantrag verbinden; vgl. Anlage I Muster 10.7 in Verbindung mit 10.11.

298 Sehr weitgehend AG Wolfshagen BtPrax 1998, 83 f, ausdrücklich gegen solche Übertragungsbewertungen OLG Hamm FamRZ 2003, 255.

299 Für wenig glücklich würde ich es andererseits halten, derartige Vorgänge zu unterbinden und auf den Gesetzgeber zu verweisen, s. OLG Hamm a.a.O., auch wenn ich die grundsätzlichen verfassungsrechtlichen Bedenken teile, vgl. die Verweise in BGH BtPrax 2001, 32 f auf meine Ausführungen vor Inkrafttreten des Betreuungsrechts.

300 Muster in Anlage I 10.7 in Verbindung mit 10.11.

310 Auch bei Anträgen auf Bettgitter etc. ergeben sich oft nicht unerhebliche Unsicherheiten über die zulässige Verfahrensweise nach Antragstellung bis zur Genehmigung. Entsprechendes gilt für den Umgang mit **ablaufenden Genehmigungen.** Wenn die Betreuer „ihr“ Gericht dazu befragen, werden sie nicht ganz selten hören, sie hätten die Anträge rechtzeitig zu stellen, eine sorgfältige gesetzeskonforme Prüfung koste Zeit, i.ü. hätten sie ja eigene vorläufige Schutz- und Sicherungspflichten.[301]
Es wird angeregt, mit dem Hausgericht zu vereinbaren, dass mit der Antragstellung die Maßnahme umgesetzt werden kann und das Gericht sich meldet, wenn es dagegen Einwendungen erheben will, andernfalls die **vorläufige Regelung** bis zum Eingang einer Entscheidung zulässig ist. Das Zeitproblem ist damit auf das Gericht verschoben, zu dessen Kernaufgaben es gehört, dies zu lösen.
Dieser Ansatz sollte dann jeweils auch in die eigenen Berichte bzw. Antragstexte eingearbeitet werden[302].

311 Die Regelungsbefugnis der Betreuer, nicht die gerichtliche Entscheidung ist auch gefragt, soweit es um **Erprobungen, Beurlaubungen** etc. geht.[303] Die erteilte Unterbringungs- oder Sicherungsgenehmigung bedeutet keine Pflicht zum Einsperren, verleiht nur das Recht dazu, wenn es denn nötig ist.
Das schließt es nicht aus, dass z.B. ein jüngerer geistig behinderter Wohnheimbewohner an einer Erprobungs- und Trainingsphase, ggf. auch über Jahre, beteiligt wird, mit dem weitere **Freiräume für ihn geklärt werden** können. Die Grenzen ergeben sich insoweit aus den Aufsichtspflichten, nicht aus der Genehmigung. Die Genehmigung bestimmt die Grenzen der zulässigen maximalen Eingrenzung, nicht zugleich den Soll-Bereich.
Es steht auch nicht in der Entscheidung der Einrichtung oder des Arztes, ob/ wann die Betroffene **entlassen** wird. Wenn insoweit aufgrund mangelnder Koordinierung mit dem Betreuer Folgeprobleme eintreten, kann es zu nicht unerheblichen Regressforderungen kommen.[304]

312 Ärztliche Maßnahmen können nach § 1904 BGB genehmigungsbedürftig sein. Nicht nur bei Psychopharmaka ist man sich, unabhängig von allem sonstigen Streit zu § 1904 BGB einig, dass eine Genehmigung nach § 1904 BGB nur in Betracht kommt, wenn eine Verbesserung des Gesundheitszustandes zu erwarten ist. Das macht Schwierigkeiten, wenn der **Einsatz aus verhaltensverursachten, pädagogischen Erwägungen** in Betracht gezogen wird und bei einer Ablehnung der Betroffene wegen seiner unbehandelt für die Gemeinschaft untragbaren Verhaltensweise sein Wohnumfeld verlassen müsste. Aber auch bei der unglücklichen Altenheimbewohnerin wird man hier schnell an Grenzen stoßen, es sei denn man wollte postulieren, nur ein glücklicher (sedierter) Mensch sei ein gesunder Mensch.
Denkbar ist, diesen **Einsatz von Medikamenten** mit allen Folgen für die Betroffenen zu unterbinden oder an eine Anwendung von § **1906 Abs. 4** BGB zu denken. Wenn ich

301 Ich halte die darin liegende Bewertung, die Eilregelungsbefugnis trage bis zum Ablauf des gerichtlichen Standardverfahrens, also über Wochen, verfassungsrechtlich für nicht vermittelbar. Das BVerfG, beginnend: NJW 1983, 691, ist insoweit wenig bereit, über die Grenzen von Art. 104 GG hinaus „großzügig“ zu sein.

302 Muster zu den Anträgen im Verfahren nach § 1906 BGB finden sich in Anlage I, 10.7 ff. ggf. in Verbindung mit 10.11

303 s. Checkliste in Kapitel 6.4, Rdnr. 159 a.E.

304 Zur Haftung aus Aufsichtspflichtverletzungen s. Rdnr. 415 ff.

jemandem über Medikamente den Wunsch nehme, sich so zu bewegen, wie er es unbeeinflusst tun würde, kann es nicht zureichen, dass er rein physisch noch in der Lage wäre, zu gehen.[305]

Dem ist das OLG Hamm[306] entgegengetreten. Es ging um eine Betreute, für die Cyatil-Z-Depot eingesetzt werden sollte, um eine „einigermaßen ausreichende Impulssteuerung für sich zu erlangen". Sie war ohne Medikation durch Eigen- und Fremdverletzungstendenzen aufgefallen. **Das Amtsgericht hatte den Einsatz des Mittels unter Bezug auf § 1906 Abs.4 BGB genehmigt**, die Beschwerde war erfolglos. Das OLG Hamm hat die Heranziehung von § 1906 Abs.4 BGB schon grundsätzlich für verfehlt gehalten und gemeint, eine Genehmigung komme nur auf der Grundlage von § 1904 BGB in Betracht: 313

> **Leitsatz:** Die Verabreichung von **Medikamenten** stellt nur dann eine unter § 1906 Abs. 4 BGB fallende **unterbringungsähnliche Maßnahme** dar, wenn sie gezielt eingesetzt wird, um den nicht untergebrachten Betreuten am Verlassen seines Aufenthaltsortes zu hindern.
>
> Aus den Gründen: .....Das Landgericht hat aber weder festgestellt, dass das Medikament...zur Einschränkung der Bewegungsfreiheit verabreicht werden soll, noch ist ersichtlich, dass die Betroffene infolge der Einnahme...überhaupt gehindert würde, ihren Aufenthaltsort zu verlassen, auch wenn diese Medikament eine sedierende Wirkung hat. Das Landgericht hat nämlich nicht auf die räumliche Bewegungsfreiheit abgestellt, sondern auf die persönliche Willensfreiheit, die durch die zwangsweise Verabreichung von Medikamenten eingeschränkt wird. Deren Schutz erfolgt aber nicht durch § 1906 Abs. 4 BGB.

Ich halte das für überdenkenswert. Wenn man jemandem über Medikamente den Wunsch nimmt, sich so zu bewegen, wie er es unbeeinflusst tun würde, kann es doch nicht zureichen, dass er rein physisch noch in der Lage wäre, zu gehen. Im übrigen würde das **bedeuten, dass erheblich sedierende Mittel trotz des gezielten Einsatzes zur Eingrenzung entweder kontrollfrei** blieben, solange sie nicht das Gefahrenpotential aus § 1904 BGB erreichen oder eigentlich konsequenter Weise unzulässig sind, weil es an einer entsprechenden Eingrenzungsnorm fehlt.[307] 314

Auch insoweit wird es angezeigt sein, nicht auf der Basis unterstellter Einwilligungsfähigkeiten oder **verdeckend medizinisch** zu argumentieren. Eine Genehmigung nach § 1904 BGB wird man kaum erwarten können, weil dessen Voraussetzungen[308] wohl nicht ernsthaft bejaht werden können. Es sollte offen diskutiert werden dürfen, soweit es z.B. um **Disziplinierungsmaßnahmen oder Anpassungsstrategien** geht. Die „Gesundheitsdiskussion" hilft weniger, als wenn über die Erwartungen gesprochen werden darf. Ein Kampf gegen derartige Begründungen kann die Diskussion darüber, wie viel Anpassungsdruck ausgeübt werden darf und womit, nur verdrängen, wird die Maßnahmen nicht wirklich verhindern können.

305 Man käme nicht einmal im Strafrecht auf die Idee, eine Betäubung erst dann als ausreichend für eine Freiheitsberaubung anzusehen, wenn sie sich auf die physischen Möglichkeiten (Muskelversagen) auswirkt; vgl schon RGSt 61, 241.

306 BtPrax 1997, 162.

307 In Fortführung von BGH BtPrax 2001, 32 f.

308 Einsatz im medizinischen Behandlungsinteresse trotz der Begleitwirkungen.

III. Unterbringungen nach öffentlichem Recht (Landesunterbringungsrecht)

315 Neben den Sicherungsmaßnahmen nach Betreuungsrecht gibt es einen weiteren, historisch viel älteren Bereich, der einen ganz anderen Ansatz hat. Mit Einführung polizeirechtlicher Regelungen vor mehr als 200 Jahren wurde auch vorgesehen, dass die Polizei, später die Ordnungsbehörden, Menschen in Sicherungsgewahrsam nehmen konnten, um **Gefahren von der Öffentlichkeit** oder einem Einzelnen **abzuwenden.** Das hatte nichts mit Strafverfolgung zu tun. Es sollte zum Beispiel verhindern, dass jemand weitere Probleme überhaupt erst auslöste.

Diese sehr allgemeinen Regelungen haben mit zunehmenden rechtsstaatlichen Verfestigungen **spezielle Ausformungen** erhalten und sind immer weiter von der Polizei in den ordnungsrechtlichen Bereich verschoben worden. Heute gibt es in allen Bundesländern einschlägige Regelungen mit weitgehend inhaltsgleichen Normen. Dem entspricht, dass es in § 70 Abs. 1 Nr. 3 FGG heißt, die Bestimmung gelte bundeseinheitlich für die Anordnung einer freiheitsentziehenden Unterbringung nach den Landesgesetzen über die Unterbringung psychisch Kranker.

316 Die Schwierigkeiten im Alltag ergeben sich daraus, dass die Geltungsbereiche der betreuungsrechtlichen und der ordnungsrechtlichen Maßnahmen nicht klar gegeneinander abzugrenzen sind.[309]

Die Landesgesetze gelten nicht nur für psychisch Kranke, sondern auch für Behinderte, also **grundsätzlich dieselbe Klientel** wie das Betreuungsrecht. Beide Normensysteme werden auch ineinander verwoben benutzt, zum Teil sogar mit zeitlichen **Überschneidungen** für dieselben Personen. Unglücklicherweise haben sie aber unterschiedliche Ausgestaltungen erfahren, ist zum Beispiel **bei der landesrechtlichen Unterbringung** eine **Zwangsbehandlung** ohne Einwilligung in einem spezifischen Umfang **zulässig**, aber nur dort.

Es würde den Ansatz diese Buches sprengen, die Unterschiede der Landesgesetzgebungen darzustellen. Hier sollen die Berührungspunkte aus Sicht des Betreuungsrechts angesprochen werden und eine Verständnisgrundlage für die Überschneidungsfälle geschaffen werden. Dabei könnte es sich z.B. um folgenden handeln:

316a ▶ *Fritz Müller ist altersdement. Er kann soziale Kontakte nicht mehr zutreffend einschätzen und neigt zu aggressiven Ausbrüchen, wenn er sich überfordert sieht. Es ist ein Berufsbetreuer bestellt (Aufgabenkreis: Vermögenssorge, Gesundheitsfürsorge, Aufenthaltsregelung). Der hat ambulante Hilfe und Essen auf Rädern organisiert, kommt 2 bis 3 mal in der Woche selbst.*

Herr Müller fühlt sich von Nachbarskindern bedrängt und ist auf sie mit einem Baseball-Schläger losgegangen.

316b *Die zu Hilfe gerufenen Polizei hat Herrn Müller nach Anweisung der Ordnungsbehörde dem Gesundheitsamtsarzt vorgeführt und dann in die geschlossene Akutpsychiatrie des Landeskrankenhauses eingeliefert.*

309 Übersicht über die Schnittstellenregelungen bei Horst Deinert, Betreuertätigkeit und Freiheitsentziehungen nach den Psychisch-Kranken-Gesetzen, BtPrax 2000, 191.
(Fallverlaufsbeispiele mit Anträgen und Entscheidungen in der Anlage II am Ende des Buches, Fälle 3 und 4).

Der Betreuer hört im Landeskrankenhaus, Herr Müller sei wegen Fremdgefährdung mit einem 6-Wochen-Beschluss durch das Gericht am Sitz des Krankenhauses untergebracht. Er, der Betreuer, solle sich bitte um eine betreuungsrechtliche Genehmigung bemühen. Die ordnungsrechtliche Unterbringung sei nachrangig und werde demnächst aufgehoben.[310]

Solche **Überschneidungen gibt es oft.** Dies Problem stellt sich Betreuern wie Bevollmächtigten. Sie müssen sich dann an das zuständige Betreuungsgericht, also das Vormundschaftsgericht, wenden und dort das Nötige veranlassen, sich weiter selbst kümmern.[311] 317

Da die landesrechtlichen Bestimmungen schwerer zugänglich sind, als die bundesrechtlichen wird zur Verdeutlichung der Systemunterschiede zum Betreuungsrecht als **Beispiel** ein **Textauszug** wiedergegeben. Im **niedersächsischen PsychKG** heißt es insoweit: 318

§ 1 PsychKG:

Dieses Gesetz regelt

1. *Hilfen für Personen, die infolge einer psychischen Störung krank oder behindert sind oder gewesen sind oder bei denen Anzeichen für eine solche Krankheit oder Behinderung bestehen,*
2. *die Unterbringung von Personen, die im Sinne der Nummer 1 krank oder behindert sind.*

§ 15 PsychKG:

(1) Die Unterbringung wird in der Regel in den Krankenhäusern des Landes vollzogen. Krankenhäuser anderer Träger kann diese Aufgabe mit deren Zustimmung widerruflich übertragen werden.

(2–4).........

§ 16 PsychKG:

Die Unterbringung einer Person ist nach diesem Gesetz nur zulässig, wenn von ihr infolge ihrer Krankheit oder Behinderung im Sinne des § 1 Nr. 1 eine gegenwärtige erhebliche Gefahr ....für sich oder andere ausgeht und diese Gefahr auf andere Weise nicht abgewendet werden kann.

§ 17 PsychKG:

(1) Das Vormundschaftsgericht entscheidet über die Unterbringung nach diesem Gesetz auf Antrag der zuständigen Behörde. Satz 1 gilt entsprechend, wenn die betroffene Person zur Vorbereitung eines Gutachtens über ihren Gesundheitszustand untergebracht werden soll, um festzustellen, ob die Voraussetzungen des § 16 erfüllt sind. Dem Antrag ist ein ärztliches Zeugnis beizufügen.

(2) Die Ärztin oder der Arzt, die oder der das ärztliche Zeugnis nach Abs. 1 Satz 3 erstellt hat, soll in dem weiteren Verfahren nicht für die Verwaltung tätig werden.

(3) Abs. 1 gilt entsprechend, wenn der Person, die nachdiesem Gesetz untergebracht werden soll oder bereits untergebracht worden ist, durch mechanische Vorrichtungen, Medikamente oder auf andere Weise über einen längeren Zeitraum oder regelmäßig die Freiheit zusätzlich beschränkt werden soll. In diesem Fall ist auch die Leitung des Krankenhauses antragsberechtigt.

310 Zum Rangverhältnis und den sonstigen Abgrenzungsschwierigkeiten s. bereits oben bei Rdnr. 301–303.

311 Antragsmuster in Anlage I, 10.7 ff.

§ 18 PsychKG:

(1) Kann eine gerichtliche Entscheidung nicht rechtzeitig herbeigeführt werden, so kann die zuständige Behörde die betroffene Person längstens bis zum Ablauf des folgenden Tages in ein geeignetes Krankenhaus (§ 15) einweisen, wenn die Voraussetzungen des § 16 durch das Zeugnis einer Ärztin oder eines Arztes mit Erfahrung auf dem Gebiet der Psychiatrie dargelegt werden, dem ein frühestens am Vortage erhobener Befund zugrunde liegt.

(2) ....

§ 21 PsychKG:

(1) Eine untergebrachte Person erhält während der Unterbringung die nach den anerkannten Regeln der ärztlichen Kunst gebotene Heilbehandlung. Diese kann die Förderung durch heilpädagogische und psychotherapeutische sowie durch beschäftigungs- und arbeitstherapeutische Maßnahmen einschließen.

(2) Die Heilbehandlung bedarf der Einwilligung der untergebrachten Person. Ist die untergebrachte Person nicht fähig, Grund, Bedeutung und Tragweite der Behandlung einzusehen oder ihren Willen nach dieser Einsicht zu bestimmen, so ist die Einwilligung der Personensorgeberechtigten oder die Einwilligung der Person einzuholen, die zur Betreuung oder Pflege bestellt ist und deren Aufgabenkreis diese Einwilligung umfasst. § 1904 des Bürgerlichen Gesetzbuches bleibt unberührt.

(3) Ist die Einwilligung im Sinne des Abs. 2 nicht erteilt, so hat die untergebrachte Person eine Heilbehandlung zu dulden, wenn diese notwendig ist, um

1. diejenige Krankheit oder Behinderung zu heilen oder zu lindern, wegen derer sie untergebracht ist, oder

2. die Gesundheit anderer zu schützen.

Satz 1 ist im Falle der Nummer 1 nicht anzuwenden, wenn die nach § 1904 des Bürgerlichen Gesetzbuches erforderliche Genehmigung des Vormundschaftsgerichts nicht erteilt worden ist.

319 § 25 PsychKG regelt die **Kontrolle** und Regulierung von **Brief- und anderen Sendungen** sowie von Ferngesprächen. Auch diese Befugnis hat das Krankenhaus bei Betreuungs-Unterbringungen nicht, in der Regel so nicht einmal der Betreuer.[312]

Der vermeintlich besonders sorgfältige Stationsarzt, der bei nach § 1906 BGB untergebrachten Betreuten die Post kontrolliert, macht sich strafbar. Er hat unreflektiert die Befugnisse nach Landesrecht und BGB (Betreuungsrecht) gleich gesetzt.

319a Nach 26 PsychKG kann eine **Beurlaubung** erfolgen. Auch das ist nur bei dieser Unterbringungsart durch den Arzt zu entscheiden.

Eine nach § 1906 BGB untergebrachte Betreute darf nicht ohne Absprache mit der Betreuerin „beurlaubt" werden.

§§ 27 ff. PsychKG regeln die Entlassung.

320 Träger der Hilfen sind die Landkreise und kreisfreien Städte, die dafür bei den Gesundheitsämtern einen **sozialpsychiatrischen Dienst** einzurichten haben.

312 vgl. § 1896 Abs. 4 BGB

Schutzmaßnahmen einschließlich des Vollzuges der gerichtlichen Entscheidung über die Unterbringung **obliegen** den Landkreisen und kreisfreien Städten (**Verwaltungsbehörden**). Dort werden geeignete und entsprechend ausgebildete Bedienstete bereit gehalten, denen nötigenfalls die Polizeidienststellen Vollzugshilfe leisten.
Die **Verwaltungsbehörde kann eine vorläufige Einweisung** verfügen. Danach hat das Vormundschaftsgericht zu entscheiden, dem es auch obliegt, ggf. die Entlassung anzuordnen.
Während der Unterbringung kann die Betroffene nach PsychKG also ohne ihre Zu- 321
stimmung (**zwangs-)behandelt** werden **Operationen** dürfen auch hier **nur mit ihrer Einwilligung oder** der Zustimmung **des gesetzlichen Vertreters** durchgeführt werden. Andererseits enthält die Regelung auch in dem Bereich zulässiger Behandlungen eine wesentliche **Rückverweisung auf § 1904 BGB**, wodurch der dort bestehende Streit von zentraler Bedeutung auch für die öffentlichrechtliche Unterbringung und Behandlung wird. Das gilt für alle Mittel und Maßnahmen, die von dieser Diskussion berührt sind.
Der Untergebrachte ist mit **Ablauf der Unterbringungsgenehmigung zu entlassen**, wenn 322
nicht zuvor eine gerichtliche Verlängerung der konkreten Unterbringungsanordnung erfolgt ist.

IV. Freiwillig in der geschlossenen Abteilung

In einem LKH befand sich ein Patient mit HOPS[313] nach langjährigem Alkohol- 323
missbrauch „**freiwillig**" in einer **geschlossenen Station**. Der darauf angesprochene Stationsarzt meinte, der Patient habe die Station kennen gelernt und sich dort arrangiert. Er akzeptiere das so. Wenn man ihm gegenüber allerdings den Charakter als „verschlossen" betone, werde er sich wehren. So war es in der Folgezeit. Er hat sich bis zu ernsthaften Suicidansätzen gegen die weitere Unterbringung in dieser Station, gegen die entsprechenden Entscheidungen empört.
Die „Erklärung", es sei dem Patienten vorher besser gegangen, verkennt die von unserer Verfassung allein anerkannten **Legitimierungsstrukturen**.
Es mag sein, dass es besser gewesen wäre, den Patienten nicht zu behelligen. Das steht aber nicht in der Entscheidungsgewalt der Einrichtung. Die Zustimmung hätte dann anderweitig geprüft und ggf. erteilt oder versagt werden müssen.
Jede **freiwillige Schutzmaßnahme** in derartigen Bereichen ist in sich schwierig, eigent- 324
lich ein offensichtlicher Widerspruch. Dabei hilft das Argument wenig, die Betroffene könne in unbeeinträchtigen bzw. klaren Momenten die **Ermächtigung** geben, sie in den weniger klaren/akuten festzuhalten, wenn es nötig sei. Spätestens seit der Neuregelung des § 1906 BGB, der Anfügung von dessen Abs. 5, trägt diese Begründung kaum mehr. Wenn auch Bevollmächtigte eine gerichtliche Genehmigung benötigen, i.ü. Vollmachten an Einrichtungsmitarbeiter nicht tragfähig sein sollen (§§ 1896 Abs. 2 i.V.m 1897 Abs. 3 BGB), wird die Ermächtigung aus der vorab abgegebenen **„Freiwilligkeitserklärung"** allein nichts legitimieren können.
Natürlich gilt weiter:

313 hirnorganischem Psychosyndrom.

„Die Anordnung der Unterbringung ist nicht verhältnismäßig, weil nicht erforderlich, wenn sich der Betroffene zum freiwilligen Verbleib in der Einrichtung bereit erklärt.
Dies gilt jedoch dann nicht, wenn Zweifel an der Ernsthaftigkeit und Verlässlichkeit der Freiwilligkeitserklärung bestehen."[314]

V. Unterbringungen durch Bevollmächtigte

325 Seit dem 1.1.1999 ist durch § 1906 Abs. 5 BGB ausdrücklich geklärt, dass es möglich ist, **Vollmachten auch für den Unterbringungsbereich** (beschützende Unterbringungen und unterbringungsähnliche Maßnahmen) zu geben, dass andererseits dadurch eine gerichtliche Mitwirkung nicht entfällt.

„Die Unterbringung des Betroffenen, durch einen Bevollmächtigten, zu dessen Aufgaben dies gehört, ist unter den gleichen Voraussetzungen vormundschaftsgerichtlich zu genehmigen, wie die Unterbringung durch einen Betreuer."[315]

Der Umgang mit diesen Regelungen ist für alle Beteiligten nicht einfach, weil **keine Vorkontakte bestehen** und es offenbar schwer zu vermitteln ist, dass neben der ausdrücklichen Erwähnung in der Vollmacht[316] auch noch das Gericht zu beteiligen ist, dass mit der Vollmacht ja gerade verdrängt werden sollte.

326 **Verfassungsrechtlich** ist die **Genehmigungsbedürftigkeit** konsequent. Es handelt sich ja nicht, wie von den Gegnern in der Regel eingewendet wird, um eine echte Beschneidung des Selbstbestimmungsrechts. Wenn der Vollmachtgeber (noch) selbst bestimmen könnte, wäre keine Entscheidung des Bevollmächtigten gefragt. Es handelt sich um eine abgeleitete Drittentscheidung mit einschneidenden Wirkungen, für die unsere Verfassung immer die Mitwirkung eines Richters verlangt, ob Eltern für ihre minderjährigen Kinder handeln (vgl. auch § 1631 b BGB) oder wer sonst. Auch der Satz, dass niemand Unrecht geschehen könne, der das, was geschieht, selbst wollte, ist wie jetzt allgemein anerkannt ist, so generell nicht haltbar. Weil der Vollmachtgeber in den Fällen der Sicherung als Kontrolle gerade ausfällt, ist eine andere Kontrolle nötig. Sie ist über § 1906 Abs. 5 BGB dem Gericht zugewiesen.

VI. Das Unterbringungsgenehmigungsverfahren

327 Die rechtlichen Ansätze aus dem Landesrecht wie dem Betreuungsrecht würden eigentlich ein entsprechendes Nebeneinander der Fachgerichtsbarkeiten erwarten lassen. Mit Rücksicht auf historisch begründeten Einbindungen ist der Gesetzgeber im Umfeld von Art 104 I GG diesen Weg nicht gegangen. **Verfahrensrechtlich** bewegt man sich hier insgesamt unsystematisch **in einem Spezialbereich** des Zivilrechts; **der ordentlichen Gerichtsbarkeit.**

Diese Vereinheitlichung hat 1992 zusätzliche Verfahrensgarantien geschaffen, z.T. aber auch einen Rückschritt bewirkt. Anders als nach früherem landesrechtlichen Verfahrensrecht muss nicht mehr immer ein Rechtsanwalt beigeordnet werden. Das Gesetz

---

314 LG München BtPrax 1998, 152.
315 AG Frankfurt a.M. BtPrax 1999, 246.
316 Wirksamkeitsvoraussetzungen für die Vertretungsmacht, s. § 1096 Abs. 5 BGB. – Wenn die Erwähnung fehlt, hilft nur eine ergänzende Bestellung; s. Anlage I Muster 16.

sieht jetzt **Verfahrenspfleger** vor (§ 70 b FGG). Der Vorteil gegenüber dem alten Recht ist wohl, dass dieses Arbeitsfeld damit auch für andere Professionen eröffnet worden ist. Ob es sich allerdings wirklich für viele Ehrenamtliche eignet, erscheint problematisch.

Eine erhebliche Einschränkung hat sich in der Praxis daraus ergeben, dass es sich bei den Bestellungsregelungen nur noch um eingeschränkte Sollvorschriften handelt, die zudem seit 1999 weiter relativiert worden sind.

Bei der **zivilrechtlichen Unterbringung** handelt es sich um die Genehmigung einer **Entscheidung der Betreuer,** bei der **öffentlichrechtlich eine gerichtliche Anordnung,** nach möglicherweise vorausgegangener vorläufiger Regelung durch die entsprechende Behörde. 328

Das bedeutet, dass Ansprechpartner für Krankenhäuser, Ärzte und Dritte im BGB-Bereich grundsätzlich nur die Betreuerin ist, im öffentlichrechtlichen Bereich unmittelbar das Gericht.

Unterbringungsverfahren sind angeblich echte **Antragsverfahren.** Das Gericht wird nur auf Antrag eines Berechtigten tätig. Das gilt für den öffentlichrechtlichen Bereich (Landesrecht) uneingeschränkt, im BGB-Bereich nicht immer. Das Gericht kann die **betreuungsrechtliche Unterbringung** zwar nicht gegen den Willen der Betreuer betreiben, ist bei den Einzelentscheidungen aber **nicht durch den Antrag** gebunden.

Manche Gerichte verlangen von den Antragstellern die Beibringung einer zureichenden ärztlichen Stellungnahme, bevor sie sich weiter mit dem Antrag beschäftigen. Das ist so eigentlich nicht tragbar. Bestellung und **Auswahl der Sachverständigen** ist Pflicht des Gerichts. Es sucht auch die Person aus. 328a

Ärzte verweigern sich häufiger sogar Antragstellern,[317] verweisen auf das Bedürfnis eines gerichtlichen Auftrages. Das liegt aber wohl weniger an einer zutreffenden rechtlichen Zuordnung sondern beruht auf einem Irrtum über die dann angenommene Befreiung von der **Schweigepflicht.** Der Auftrag könnte nur für die Zukunft und die auftragsbezogenen Untersuchungen befreien, nicht für Erkenntnisse aus der davor liegenden Behandlung.

Unterbringungen sind nur auf der Grundlage **ärztlicher Gutachten** zulässig.[318] Nach § 70 e I 2 FGG „soll" der Gutachter in der Regel **Arzt für Psychiatrie** sein; jedenfalls muss er **Erfahrungen auf dem Gebiet der Psychiatrie** haben.[319] Was darunter im einzelnen zu verstehen ist, ist offen. Ein Assistenzarzt wird i.d.R. nicht berechtigt sein, sich darauf berufen zu können. 328b

Für Maßnahmen nach § 1906 Abs. 4 BGB genügt immer ein ärztliches Zeugnis.

317 Da oft betont wird, nur der gerichtlich ausgewählte und bestellte Arzt könne Sachverständiger sein, vgl. z.B. BayObLG FamRZ 2001,1403, ist das grundsätzlich sogar sinnvoll. Andererseits begnügen sich manche Gerichte dennoch mit beigebrachten Bescheinigungen, fordern sie zum Teil sogar, insbes. im Sicherungsbereich unter Hinweis auf die Mitwirkungspflicht des Antragstellers.

318 Seit dem 1.7.2004 haben sich, selbst von den Fachkreisen bisher kaum wahr genommen, die Grundlagen für die Bezahlung der Gutachten geändert. Nach dem nunmehr an Stelle des ZSEG einschlägigen JVEG sind die Stundensätze der Gutachter für Verlängerungsgutachten in der Regel niedriger als für Einrichtungsgutachten und sind am höchsten bei Unterbringungen.

319 Zur Qualifikationsanforderung BayObLG FamRZ 2002, 494

328c Die **Anforderungen an die Gutachten sind eigentlich recht streng.** Da die Rechtsbehelfsquote selbst hier sehr niedrig ist, wirkt sich das wenig aus. Zu den Anforderungen an die Gutachten hat z.B. das OLG Düsseldorf[320] zu Recht betont:

> (durch das Gutachten nach § 70 e FGG) soll eine in den jeweiligen Einzelheiten nachprüfbare Entscheidungsgrundlage geschaffen werden..., was wiederum voraussetzt, dass das Gutachten insbesondere
>
> a) Art und Ausmaß der Behinderung im einzelnen anhand der Vorgeschichte, der durchgeführten Untersuchungen und der sonstigen Erkenntnisse darstellt und wissenschaftlich begründet,
>
> b) sich mit den gesetzlichen Voraussetzungen für die Freiheitsentziehung (§ 1906 I BGB) detailliert auseinandersetzt und
>
> c) auch zu der Frage Stellung nimmt, ob und welche Alternativen anstelle der Freiheitsentziehung zur Verfügung stünden.

Die Sachverständige darf das Gutachten **nicht nach Aktenlage** erstatten. Sie muss die Betroffene persönlich untersuchen bzw. befragen.

Der Abstand zwischen Untersuchung und Gutachten darf max. einige Wochen betragen, kann dann schon problematisch sein. Zugezogene sachverständige Hilfskräfte (z.B. Psychologen) müssen im Gutachten benannt werden.

328d Wenn eine ambulante Untersuchung nicht genügt, kann das Gericht eine **Unterbringung zum Zwecke der Begutachtung** anordnen, die auch zwangsweise umgesetzt werden kann.

Diese Unterbringung kann für bis zu 6 Wochen angeordnet werden. Die Unterbringung kann nötigenfalls verlängert werden.

329 Das Gericht ist gehalten, den Betroffenen zu verschiedenen Fragen (ggf. auch wiederholt) anzuhören **und** (kumulative Pflicht) sich einen **persönlichen Eindruck** von ihm zu verschaffen. Wenn erhebliche Nachteile für den Betroffenen zu befürchten sind, kann die Anhörung (nur diese) unterbleiben. Ansehen muss sich das Gericht den Betroffenen auch in diesen Fällen.

Der Kreis der **Beteiligten bei Anhörungen** ist eng gezogen. Zur Anwesenheit berechtigt sind ein etwaiger Rechtsanwalt des Betroffenen oder der etwa bestellte Verfahrenspfleger (§ 68 Abs. 4 FGG; vgl. auch § 70 c S. 5 FGG). Das Gericht kann einen Sachverständigen hinzuziehen, wenn es den Betroffenen anhört und sich einen unmittelbaren Eindruck von ihm verschafft. Auf Verlangen des Betroffenen ist einer Person seines Vertrauens die Anwesenheit zu gestatten. Anderen Personen kann das Gericht die Anwesenheit gestatten, jedoch nicht gegen den Willen des Betroffenen. Angehörige haben kein eigenes Anwesenheitsrecht.

330 Über Unterbringungen entscheidet immer ein Richter. **Anlaufstelle im Gericht** ist jeweils zunächst die **Geschäftsstelle bzw. heute sog. Service-Einheit**, der die Aktenverwaltung und Koordination sowie die Schreibarbeiten obliegt.

331 Denkbare Kontrollliste für Betreuer:

- Welcher Handlungsbedarf besteht und warum?
- Welche Alternativen (räumlich, zeitlich, sozialer Rahmen) sind möglich?

---

320 BtPrax 1995, 29, 30; s. auch BayObLG FamRZ 2001, 1403.

- Welche gesetzlichen Grundlagen sind die Basis für die beabsichtigte Entscheidung und deren Umsetzung?
- Muss eine Erweiterung der Betreueraufgaben bei nicht ausreichend erscheinendem Aufgabenkreis beantragt werden?
- Welche Institutionen sind mit einzubeziehen?
- Welche Schritte sind im Vorfeld einer Zwangsmaßnahme erforderlich?
- Stimmt die Ablaufkonzeption für die Umsetzung der Zwangsmaßnahmen?
- Was muss als vertrauensbildende Maßnahmen für die Zeit „danach" konzipiert werden?
- Sind die Informationswege für die Beendigungsmöglichkeiten von Unterbringungsmaßnahmen gesichert?

Die Möglichkeit, einzelne **Vollzugs-/ Umsetzungsmaßnahmen** durch das Gericht 332
überprüfen zu lassen, besteht **nur** bei der **öffentlichrechtlichen** Unterbringung (§ 70 l FGG).
Im betreuungsrechtlichen Bereich ist das **nicht** vorgesehen, weil insoweit nach Ansicht des Gesetzgebers nicht „öffentliche Gewalt" zu kontrollieren sei (Art 19 IV GG), vielmehr alle Vollzugsakte von dem Betreuer zu verantworten seien.[321]
Eine Betreute kann nur über eine Anregung, die Anrufung des Vormundschaftsgerichts mit der Anregung von Kontrollmaßnahmen nach §§ 1908 i Abs.1, 1837 Abs. 2 BGB, versuchen, sich gegen Einzelakte zu wehren. Ein derartiges Vorgehen würde allerdings eine sehr differenzierte Artikulationsmöglichkeit voraussetzen, zumal das Gericht wohl nur eine Missbrauchskontrolle vornehmen kann.

Mit der Entlassung, nicht schon mit der Beurlaubung aus der genehmigten Unterbrin- 333
gung, wird der **Genehmigungsbeschluss gegenstandslos**, was gegebenenfalls klargestellt werden muss. Der Beschluss ist, selbst wenn er nicht aufgehoben wird, **nicht geeignet, eine erneute Aufnahme** in die geschlossene Unterbringung zu legitimieren. Auch dann nicht, wenn die angegebene Maximalzeit noch läuft, vermeintlich „nicht verbraucht" ist. Es ist vielmehr ggf. ein neues Verfahren zu betreiben.

Die gerichtliche Unterbringungsgenehmigungen erledigen sich mit der Entlassung des 333a
Betroffenen aus der genehmigten Unterbringung. Während die bisherige gerichtliche Praxis davon ausging, dass gerichtliche Unterbringungsverfahren sich erledigt haben, wenn der Betroffene entlassen worden ist, hat das BVerfG klargestellt,[322] dass das Beschwerdegericht auch über die **Rechtmäßigkeit erledigten Unterbringungsmaßnahmen** zu befinden hat, das Verfahren nicht schlicht unter Hinweis auf die Erledigung abgeschlossen werden kann. Die Rechtsprechung der Instanzgerichte ist nicht nur zu den Unterbringungsvoraussetzungen oft erheblich rigider als die erstinstanzliche Praxis.

Dieser Abschnitt behandelt das Verfahren bei Genehmigungen von Unterbringungen. 334
In der Praxis finden sich daneben gelegentlich auch bei besonders eilbedürftigen Unterbringen oder Sicherungen **unmittelbare Maßnahmen des Vormundschaftsgerichts**

321 Das wird so nicht zutreffend sein, vgl. den Ansatz in BGH BtPrax 2001, 32 f.
322 BVerfG BtPrax 1998, 184.

(§§ 1908 i Abs. 1 i.V.m. 1846 BGB).
Insoweit sind die Einzelheiten sehr umstritten. Einige Gericht meinen, weil sie nötigenfalls auch selbst direkt entscheiden könnten, seien z.B. Urlaubsvertreter nicht erforderlich. Andere betonen, es dann müsse immer zugleich eine vorläufige Betreuerin bestellt werden,[323] jemand der akut erreichbar ist und die Belange der Betreuten sofort wahrnehmen kann.
Es gibt deshalb **Gerichte, die sich weigern**, derartige Vorgänge in dieser Weise selbst zu entscheiden. Das hat nichts mit Faulheit oder Feigheit zu tun. Wenn das Gericht selbst entscheidet, müsste es bei verantwortetem Engagement alle personenbezogenen Fragen selbst klären, bewerten und verantwortlich umsetzen. Das ist schon wegen der Zahl der insgesamt anliegenden Fälle nicht umsetzbar. In der Sache spricht deshalb unabhängig von der rechtlichen Grundbewertung[324] viel für den Weg, solche Entscheidungen nie ohne einen erreichbaren Betreuer zu treffen.

323 Nach BGH BtPrax 2002, 162 ist für eine unverzügliche Betreuerbestellung Sorge zu tragen. Wenn das unterbleibt, bleibt z.B. eine unmittelbar veranlasste Unterbringung rechtswidrig, auch dann, wenn die materiellen Voraussetzungen vorgelegen haben.

324 s. vorherige Fußn.

§ 13 Zwangsmaßnahmen

Das Gesetz enthält außer in wenigen unsystematischen Einzelbemerkungen wie § 70 g Abs. 5 FGG keine Regelung darüber, wie **Betreuer sich notfalls gegen ihre Betreuten durchsetzen** können. 335

Es geht davon aus, dass dies grundsätzlich Sache der Betreuer sei, die sich erforderlichenfalls der Hilfe der Betreuungsbehörde und der dortigen Kräfte versichern könnten. Problematisch kann das schon bei dem ersten Kontaktversuch sein, klassisch ist es bei Kriseninterventionen oder z.B. bei dem Versuch eines Transports zur Unterbringung in einem Landeskrankenhaus.

I. Fehlende Grundlagen für Zwangsmaßnahmen

Dieses betreuungsrechtliche System beruht auf der Annahme, dass der Betreuer Maßnahmen gegen den Willen der Betreuten umsetzen kann. Das wird im Zusammenhang mit Aufenthaltsbestimmungen oder insbesondere **Zwangsbehandlungen** offensichtlich. 336

Diese Entscheidungsbefugnisse machen wenig Sinn, wenn sie nicht in gleicher Weise umgesetzt werden könnten, also auch durch unmittelbare Einwirkung.

Es **fehlen** aber die speziellen **Eingriffsnormen.** Das mutet deshalb eigenartig an, weil der Gesetzgeber in § 1896 Abs. 4 BGB zwar ein verfassungsrechtlich relevantes Themenfeld gesondert angesprochen hat,[325] bei den wichtigeren personenbezogenen aber schweigt.

Nach unserem grundsätzlichen Verfassungsverständnis ist für derartige Zwangsmaßnahmen Voraussetzung, dass in einem **Gesetz** geregelt wird, wer wann und unter welchen **Voraussetzungen** die Betreute in diesem Sinn **Zwang** oder gar **Gewalt** aussetzen darf.[326]

Der Gesetzgeber wusste, dass es an dieser Stelle Schwierigkeiten geben würde, hat sich damit beruhigt, in dem alten Recht sei es auch ohne solche Regelungen nicht zu Schwierigkeiten gekommen. Dem ist in der Diskussion während der Konzeption des Betreuungsrechtes bereits ausdrücklich widersprochen worden.[327]

Das hat dann nach vielen unterschiedlichen Diskussionsansätzen[328] Ende 2000 dazu geführt, dass der BGH erklärt hat, ohne gesetzliche Ergänzung seien jedenfalls **medizinische Maßnahmen nicht über Sicherungsmaßnahmen erzwingbar**, die in die körperliche Bewegungsfreiheit eingreifen. Der Gesetzgeber habe das Problem gekannt, aber nicht geregelt. Also sei es eine bewusste Lücke. 337

325 Die Regelung enthält auch nur eine pauschale materielle Norm, keine Umsetzungsregelungen, zeigt aber immerhin eine gewisse Sensibilität für die bes. verfassungsrechtliche Aufgabenstellung.

326 natürlich zu ihrem Wohl, was immer das konkret bedeuten mag.

327 s. Pardey, Betreuung Volljähriger: Hilfe oder Eingriff, Sarstedt 1989.

328 Übersicht über den Streitstand betr. medizinische Maßnahmen bei Walther, Ambulante Zwangsbehandlungen und Fürsorglicher Zwang in BtPrax 2001, 96 ff.

Das führt zu folgendem Ergebnis:

> „Die gegen den Willen eines Betreuten in regelmäßigen .... Zeitabständen durchzuführende Dauermedikation mit Neuroleptika und die zwangsweise Zuführung des Betreuten zu dieser Behandlung sind........nicht genehmigungsfähig.“[329]

Entschieden ist damit nur ein Teilaspekt, der zudem die Beteiligten im Alltag mit dem ungelösten Problemen alleine lässt[330]. Dieselbe Grundproblem stellen sich bei vielen weiteren Maßnahmen, wie bei Zugriffen auf Wohnungen, nicht nur im Zusammenhang mit Vermüllungsfällen.

II. Zugriffe auf Wohnungen

338 Folge des insoweit ungeklärten grundsätzlichen Streites ist, dass auch vertreten wird, Betreuer dürften nie zwangsweise in eine **Wohnung eindringen.**[331]

Das kann so wohl kaum richtig sein[332]. Man wird deshalb unmittelbar auf Art. 13 Abs. 2 GG zurückgreifen müssen. Das hilft zwar nur wenig weiter, weil Art. 13 GG gerade wieder ein – hier fehlendes – Gesetz fordert. § 33 FGG hilft nicht weiter, da auch diese Vorschrift eine richterliche Entscheidung fordert, die ihrerseits einer **Ermächtigungsgrundlage** bedarf.

Ableitbar ist danach nur, dass die entsprechenden Ermächtigungen allenfalls durch **richterlichen Beschluss** erfolgen können und dieser an enge Voraussetzungen gebunden ist.[333]

Auf was sich dabei das jeweils zuständige Gericht vor dem Hintergrund seines Instanzgerichtes einlässt, wird der Verhandlung im Einzelfall überlassen sein.

III. Vollzugshilfe

339 In den meisten Bezirken wird die eigentlich nur für den Unterbringungs- und Vorführungsbereich ausdrücklich geregelte **Vollzugshilfe durch die Betreuungsbehörde** dahin verstanden, dass sie auch für andere Fälle nötiger Vollzugshilfe, wie bei Zugriffen auf Wohnungen, zuständige Behörde sei.[334]

Vollzugshilfe wird also in der Regel durch die Betreuungsbehörde geleistet, die deshalb sogar allein dafür zuständig sein soll, die Kosten für einen etwa zugezogenen Schlüsseldienst zu tragen.[335]

---

329 Beschluss vom 11.10.2000, BtPrax 2001, 32 ff

330 Vorsichtige Absetzversuche z.B. in OLG Schleswig NJW – RR 2002,794 und BayObLG BtPrax 2002, 215. Auch sonst bemüht man sich, den Alltag handhabbar zu lassen, s. BayObLG FamRZ 2003, 325 (keine Genehmigung bei Sicherung in der eigenen Wohnung). Bei strikt verfassungsrechtlich orientierter Betracht bewegt man sich dabei oft auf „dünnem Eis“. Selbst die kühnsten Reformvorschläge gehen nicht davon aus, dass es ein Angehörigenentscheidungsrecht geben könne, dass zu Freiheitsentziehungen gegenüber Erwachsenen legitimiert.

331 Das hält das OLG Oldenburg, FamRZ 2004, 1320 ff., betr. eine Vermüllung, für so unproblematisch, dass als Lösung auf die öffentlich-rechtliche Unterbringung (!), das Einsperren des „Messies“ verwiesen wird.

332 Rechtlich, wie ich weiß, ein kaum tragfähiges Argument zur Einschränkung von Grundrechten. Die Alltagsprobleme bleiben aber erhalten. Der vom Gesetzgeber gefühlte Änderungsdruck ist gering. S. vorstehende Fußnote.
Andererseits wird Untätigkeit gegenüber anvertrauten Kranken und Behinderten wiederum Vorwürfe auslösen. Damit schließt sich der Kreis. Der Hilfeanspruch verbietet das Warten, der Freiheitsanspruch verbietet den Zugriff.

333 BayObLG BtPrax 2002, 215.

334 Grundsätzlich zu der Problematik: Guy Walther, Vorführungen und Zuführungen – eine neue Aufgabe örtlicher Betreuungsbehörden. Ein Praxisbericht, in BtPrax 1997, 42.

335 LG Limburg BtPrax 1998, 116; LG Koblenz FamRZ 2004,566.

Sie zieht nötigenfalls die Polizei zu, die sich im Alltag damit begnügt, dass in einem richterlichen Beschluss die Anwendung von Gewalt zugelassen wird.[336] Ob es für einen Betreuer gelingt, einen derartigen Beschluss zu erreichen, wird von der Diskussion mit dem vor Ort Zuständigen abhängen, ist generell wenig vorhersagbar.

IV. Zwangsmaßnahmen in Krankenhäusern, Einrichtungen und Heimen

Krankenhäuser, Einrichtungen und Heime haben gegenüber Betreuten **keine eigene Eingrenzungskompetenzen**, immer nur abgeleitete.[337] Entscheidungsträger ist und bleibt die Betreuerin. Das ist besonders wichtig z.B. zu Fragen des Postverkehrs, der Besucherbegrenzung usw. Das Hausrecht der Einrichtung trägt nicht. Eigene Kompetenzen hat sie nicht. 340

Generelle Ermächtigungen im Zusammenhang mit dem Aufnahmevertrag tragen nicht, schon weil in §§ 1904, 1906 BGB Gegenteiliges steht.[338] Etwaige Vereinbarungen müssen konkret ausgestaltet werden.[339]

Es hilft also auch hier nur die (im einzelnen zweifelhafte; s.o.) **Zwangsmaßnahmenbefugnis der Betreuer**. Die sind in der Regel nicht vor Ort, können im übrigen nicht mehr Rechtsmacht weitergeben, als ihnen selbst zusteht.

Da es zum **Einsatz von Zwangsmitteln einer gerichtlichen Ermächtigung bedarf**, wird die auch erforderlich sein, wenn abgeleitete Befugnisse eingesetzt werden sollen. Die in der Anlage I des Buches abgedruckten Unterbringungsgenehmigungsbeschlüsse enthalten deshalb (alternativ) Ermächtigungsklauseln, die bei Fällen zu § 1904 BGB etc. entsprechend herangezogen werden kann.[340] 341

Selbst wenn eine gerichtliche Genehmigung vorliegt, bedeutet das nur, dass die Betreuerin nunmehr entspr. handeln/entscheiden bzw. eine Umsetzung der Entscheidung versuchen oder veranlassen kann, dagegen nicht, dass die von der Entscheidung unterrichteten Ärzte/Einrichtungen irgendwelche unmittelbaren Kompetenzen erhalten. Daraus ist ableitbar, wie intensiv die Rückmeldesicherungen aufgebaut werden müssen.[341]

336 Antrags- und Beschlussbeispiel in Anlage I, 10.7 und 11.

337 Das ist nur bei landesrechtlichen Unterbringungen teilweise anders.

338 Zu den entsprechenden Genehmigungserfordernissen und Verfahren s. Kap. 12. Hier geht es um mehr, nämlich die praktische Umsetzung, wenn die Klienten die Entscheidungen nicht akzeptieren, also die Frage, wie Entscheidungen durch unmittelbare Einwirkung verwirklicht werden können.

339 S. oben bei Rdnr. 165.

340 Anl. I, 11 und 12.

341 Zum System s. oben bei Rdnr. 165.

§ 14 Sterilisation

342 Mit der Einführung des Betreuungsrechts ist 1992 ein Verbot der Sterilisation Minderjähriger in das BGB aufgenommen worden (§§ 1631 c, 1800, 1915 BGB).
Sterilisationen Erwachsener sind zulässig, aber nur unter sehr engen Voraussetzungen und nach einem aufwändigen Verfahren. Nicht selbst veranlasste Sterilisationen sind nur bei Erwachsenen und nur dann zulässig, wenn andernfalls die Gefahr einer Schwangerschaft besteht und infolgedessen massive Gefahren für die Schwangere drohen, die im einzelnen in § 1905 Abs. 1 BGB beschrieben sind.
Die Gefahr einer Schwangerschaft muss konkret und ernstlich bestehen. Eine vorbeugende Sterilisation bei bloß abstrakter Möglichkeit einer Schwangerschaft soll unzulässig sein.[342]

343 Für die Entscheidung über die Einwilligung in eine Sterilisation ist immer ein **besonderer (zusätzlicher) Betreuer** nötig (§ 1899 Abs. 2 BGB). Der Aufgabenkreis „Gesundheit" oder „Zustimmung zu ärztlichen Maßnahmen" deckt die Entscheidung über eine Sterilisation nicht.

344 Wenn die Betreute **einwilligungsfähig** ist, entscheidet sie allein über eine etwaige Sterilisation. Ist sie **einwilligungsunfähig,** ist festzustellen, ob das ein Dauerzustand ist. Wenn nicht, ist eine Sterilisation über die Entscheidung eines Betreuers unzulässig. Wenn sie auf Dauer einwilligungsunfähig ist, scheidet eine Drittentscheidung dennoch aus, wenn sie widerspricht. Ob das für Außenstehende „Sinn" macht, ist unerheblich. „Will nicht" ist Widerspruch und zu beachten.

345 Dazu hat das OLG Hamm ausgeführt:

> Die Annahme eines der Sterilisation widersprechenden natürlichen Willens erfordert die Feststellung, dass die Betreute sich gegen die Sterilisation als solche wehrt. Richtet sich der Widerstand der Betreuten gegen andere Beeinträchtigungen, so müssen die diesen Widerstand hervorrufenden Verhältnisse geändert werden[343].

Wie das bei dem festgestellten **Widerstand** und der **nicht steuerbaren Angst vor Ärzten** umsetzbar sein soll, ist in der Entscheidung nicht mitgeteilt.

346 Ist eine besondere Betreuerin bestellt und liegen nach Ansicht aller Beteiligten die Voraussetzungen für eine Sterilisation vor, bedarf es zusätzlich einer gerichtlichen Genehmigung (§ 1905 BGB), die erst erteilt werden kann, wenn **Gutachten** (mehrere!) eingeholt worden sind, die sich auf die medizinischen, psychologischen, sozialen, sozialpädagogischen und sexualpädagogischen Gesichtspunkte erstrecken. Keiner der Gutachter darf zugleich später ausführende Ärztin sein.
Aus diesem Aufwand erhellt sich, dass ein erheblicher Zeitaufwand erforderlich ist, bis der Vorgang abgeschlossen ist. Das erfordert Geduld, auch bei der nicht Einsichtsfähigen, die ja zugleich der konkreten Gefahr einer Schwangerschaft ausgesetzt sein soll, die ihrerseits erhebliche Gefahren zu verursachen droht.

---

342 BayObLG FamRZ 2001, 1560 = NJW 2002, 149.

343 OLG Hamm, Beschl. v. 28.2.2000, Rpfleger 2000, 328.

Der Gesetzgeber hat die inhaltliche **Schwelle bewusst hoch** angesetzt. Dadurch ist erreicht worden, dass sich die Zahl der Sterilisationen Behinderter deutlich verringert hat. Offen ist, wie groß das Dunkelfeld ist und wie groß der Bereich, in dem sonst Betreute phasenweise als „einwilligungsfähig" bezeichnet werden, eine Einwilligungsfähigkeit, die ihnen nicht ganz selten bei den nächsten Gesundheitsfragen wieder „abgesprochen" wird. 347

Dass diese Norm angeblich in gleicher Weise für Männer wie für Frauen greift, sei nur als Randbemerkung mitgeteilt.

§ 15 Vermögenssorge

348 Das Betreuungsrecht hat personenbezogene Angelegenheiten in der Vordergrund gerückt, zu Recht betont, dass die **Hilfe zu einem menschenwürdigen Leben** im Kern der Bemühungen stehen soll.

Das hat andererseits nichts daran geändert, dass die Masse der Alltagsgeschäfte, der Hauptinhalt der Akten der Betreuer wie der Gerichte sich meist auf **vermögensbezogene Aktionen** bezieht. Das kann **auch** eine **Schuldenregulierung** sein. **Vermögen** in diesem Sinn meint **nicht nur Aktivwerte**, sondern alle finanzielle bedeutsamen Vorgänge, Positionen.

349 Jeder Betreuerin wird bei der Verpflichtung ein Merkblatt[344] ausgehändigt, in dem die wichtigsten **Vertretungshindernisse** sowie **vormundschaftsgerichtlichen Genehmigungen** aufgelistet sind.

Das Merkblatt betont daneben die gesetzlichen **Vertretungsausschlüsse** im Zusammenhang mit §§ 1908 i, 1795, 181 BGB. Trotz grundsätzlich bestehender Vertretungsmacht (Deckung durch den Aufgabenkreis) ist in diesen Fällen kraft Gesetzes (auch wenn alle einverstanden sind) die Betreuer nicht berechtigt. Sie kann nicht sich selbst gegenüber vertreten oder gegenüber ihren Kindern usw., auch nicht mit einer gerichtlichen Genehmigung.

Systematisch ist die erste Frage stets: Reicht die Vertretungsmacht. Dazu ist der entsprechende Aufgabenkreis erforderlich. Als zweites ist zu beachten, dass trotz der Aufgabenzuweisung Gegenausnahmen eingreifen können.

Die Vertretungsverbote sind solche Gegenausnahmen. Wenn sie vorliegen, besteht keine Vertretungsmacht, trotz einer Benennung im Anordnungsbeschluss.

Die weitere Folgefrage: benötigt die Betreuerin trotz Vertretungsmacht zusätzlich eine Genehmigung, kann in diesen Fällen nicht mehr auftreten. Geholfen werden kann nur über eine **Ergänzungsbetreuung**, nicht über eine Genehmigung. Das kraft Gesetzes bestehende Vertretungsverbot bindet auch das Gericht, kann von ihm nicht überbrückt werden.

350 Es wird in dem Merkblatt auf die personenbezogenen **Genehmigungen** nach §§ 1906, 1904, 1907, und dann insbesondere auf die vermögensorientierten nach §§ 1908i i.V.m. 1821, z.T. § 1822 sowie § 1812 BGB hingewiesen. Das enthält eine Gewichtungsabstufung, keine nach der Häufigkeit des Vorkommens.

So sind alle größeren Geldbewegungen, schon die Annahme von geschuldeten Geldbeträgen (z.B. aus Versicherungen) und insbesondere praktisch **alle auf Grundstücke bezogene Geschäfte,** genehmigungsbedürftig. Das Gericht wird dabei jeweils nicht nur wissen wollen, warum gerade dieses Geschäft jetzt so ausgeführt werden soll, sondern auch, warum die behaupteten Werte zutreffen.

351 Es ist Sache des Betreuers, zu entscheiden, welche Geschäfte vorgenommen werden und die Angemessenheit der Geschäfte zu prüfen. Er muss sodann eine Genehmigung beantragen[345] und wird in der Regel seine **Wertbehauptungen belegen** müssen. Das be-

---

344 Anl. I, 6.

345 Grundmuster (in Form eines unmittelbaren Antrags vor Ort; bei schriftlicher Antragstellung gilt entsprechendes) in Anl. I, 10.1.

deutet z.B. dass man möglicherweise nicht nur überhaupt einen Käufer für ein lange nicht mehr renoviertes Haus suchen muss, sondern auch noch belegen muss, dass man mit dem erzielten Preis alles erwirtschaftet hat, was erzielbar war. Dazu ist bei Grundstücken meist ein beizubringendes **Wertgutachten** erforderlich.

Für die Vermögenssorge muss in der Regel viel Zeit aufgewandt werden und erfolgt 352
nach wie vor (außer gegenüber nahen Verwandten) eine penible Rückkontrolle, die die Betreuer nicht davon freistellt, sich nach Ende ihrer Betreuung dem Betreuten, dem nächsten Betreuer oder dem Sonderrechtsnachfolger des Betreuten erneut umfassend zu verantworten.

Auch vom Gericht geprüfte Vorgänge[346] sind mit der Prüfung nicht abschließend erledigt.

Der Prüfvermerk klingt zwar so, als sei der Abrechnungszeitraum erledigt. Das bezieht sich aber nur auf die laufende Belegpflicht. **Das Gericht ist nicht der Geschäftsherr,** sondern nur Interimsaufpasser ohne eigene endgültige Verfügungsbefugnis.

Ob z.B. Ausgaben endgültig akzeptiert werden, entscheidet der Geschäftsherr. Das ist der Betreute, der derzeit nichts wirksam entscheiden kann. Also sind alle Belege usw. aufzuheben, bis ihm bei **Ende der Betreuung** oder sonst dem, der am Ende als Berechtigter abnimmt, die Werte und Unterlagen herausgegeben werden können und auf Verlangen über die gesamte Tätigkeit **Rechenschaft gelegt** werden kann.[347]

Das gilt auch und das kann nicht deutlich genug betont werden, wenn Betreuer von **Genehmigungspflichten oder Rechnungslegungen gegenüber dem Gericht befreit** sind, sei es wegen der Nähe zum Betreuten (§§ 1908 Abs. 2 S.2 i in Verbindung mit §§ 1857 a, 1852 ff BGB), sei es über § 1817 BGB (wegen geringer Höhe; bis 6.000 €), sei es als Vereinsmitarbeiter oder Behördenmitarbeiter. Das entbindet nicht von umfassender Rechenschaftspflicht bei Beendigung der Betreuung oder der eigenen Betreuertätigkeit.

So wenig wie sonst der Hinweis auf die Prüfung des Gerichts verschlägt, ist hier der Hinweis auf die Befreiung zureichender Grund, sich der **Rechenschafts- und Belegpflicht** entziehen zu können. Die Betreuer riskieren sonst, jede Ausgabe, deren Berechtigung sie nicht auf den Euro belegen können, aus eigener Tasche erstatten zu müssen. Wirklich aus eigener Tasche, weil in diesem Bereich die Versicherungen grundsätzlich nicht greifen.

Die Bestellung zur Betreuerin mit dem Aufgabenkreis „Vermögenssorge“ bringt zu- 353
nächst die Pflicht mit sich, den **Bestand zu erfassen**[348] und dabei auch zu prüfen, ob in der Vergangenheit Vorgänge abgewickelt worden sind, deren Wirksamkeit zweifelhaft erscheint, die **Rückforderungsansprüche** begründet haben.

Diese Rückbezogenheit wird gerne übersehen, weil die Beteiligten meinen, sie seien ja nur für die Zukunft bestellt. Das ist richtig. Aber: Zu der Tätigkeit in der Zukunft

346 Prüfvermerk in Anlage I, 10.6.

347 Sehr anschaulich dazu OLG Karlsruhe, FamRZ 2004, 1601:
Entnimmt er Betreuer dem Vermögen des Betreuten Geldbeträge, so hat er diese wieder herauszugeben, soweit er nicht nachweist, dass das Geld im Rahmen der Betreuung bestimmungsgemäß verwendet worden ist. Ob und inwieweit das Vormundschaftsgericht Abrechnungen des Betreuers beanstandet oder genehmigt hat, ist für die Ansprüche des Betreuten ohne Bedeutung.

348 Vermögensverzeichnis Anlage I, 8.

gehört auch die Geltendmachung von bestehenden Ansprüchen aus nichtigen (unvorteilhaften) Geschäften. Ob solche Ansprüche bestehen, kann man nur mit **Blick auf die Vergangenheit** feststellen.

Der Widerstand der Vertragspartner gegen solche Ansinnen kann sich einmal aus einem Streit über die Geschäftsfähigkeit ergeben, zum anderen aus vermeintlichem Gutglaubensschutz oder bereicherungsrechtlichen Fragen. Andererseits hat sich insoweit inzwischen wohl doch weitgehend herumgesprochen, dass **der (gute) Glaube** an/in die **Geschäftsfähigkeit nicht geschützt** ist und bereicherungsrechtliche Einwände Geschäftsunfähigen nicht entgegengehalten werden können.

354 Die **Genehmigungsbedürftigkeiten** beziehen sich immer nur auf die Tätigkeit der Betreuerin, grundsätzlich nie des Betreuten. Schließt der also während der Betreuung selbst Geschäfte, kommt es nur auf seine Geschäftsfähigkeit und die Einhaltung der allgemeinen Erfordernisse (z.B. Beurkundung bei Grundstücksgeschäften) an. Bei **(zweifelhafter) Geschäfts(un)fähigkeit** mag also ein eigener (nicht abgesprochener) notarieller Vertrag des Betreuten wirksam sein, selbst wenn die bestellte Betreuerin ihn nur mit einer vormundschaftsgerichtlichen Genehmigung hätte abschließen können.

Im Streit über die Vertragspflichten entscheidet mit Wirkung nur zwischen den Parteien später allein das dann angerufene Prozessgericht, **nicht** das Vormundschaftsgericht, über die Wirksamkeit. **Ohne (vorherigen) Einwilligungsvorbehalt** gibt es insoweit keine Steuerungsmöglichkeit.

Ein anderes Thema ist es, wieweit es außergerichtlich gelingen kann, mit Hinweis auf vorliegende Gutachten einen derartigen Prozess zu vermeiden, das gewünschte Ergebnis per Akzeptanz zu erreichen.

355 Wenn der Aufgabenkreis pauschal „Vermögenssorge" umfasst, wird zum Teil unberechtigterweise behauptet, dass eine Belegpflicht für **Taschengeldausgaben** entsteht. Das ist falsch. Taschengeld kann als solches ausgebucht werden, was Streit nicht ausschließt, zumal wenn es z.B. offensichtlich umgeleitet worden ist.[349]

Soweit erforderlich, ist auch bei einem Einrichtungsaufenthalt die **Taschengeldverwaltung** sowie – auszahlung durch die Betreuerin sicher zustellen bzw. zu klären. Die Einrichtung hat dazu keine eigenen Befugnisse. Wenn die Betroffene das nicht mehr selbst zureichend sicher überschaut, muss die Betreuerin den Alltag auch dazu vorausplanen und regeln. Sie wird nicht bei jeder Ausgabe zugezogen werden wollen oder können.

I. Grundfragen

356 Der Aufgabenkreis „Vermögenssorge" meint die Maßnahmen bezogen auf alle Konten (Giro, Spar, Darlehen, Bausparverträge usw.), alle sonstigen Vermögensangelegenheiten, d.h. auch alle Verträge (Bestandsprüfung, Prüfung von Veränderungsbe-

349 Es gibt im Seniorenbereich immer wieder Angehörige, die erstaunlicherweise meinen, sie benötigten das Geld dringender als der betreute Heimbewohner und es an sich ziehen wollen, verlangen z.B. in der Zuspitzung gar die eigene Bestellung, in einem Fall kürzlich wieder mit dem erklärten Ziel, selbst über das Taschengeld verfügen zu wollen. Das geht natürlich nicht. In diesem Sinne ist Taschengeld nicht kontrollfrei. Wenn aber feststeht, dass das Taschengeld von dem Betreuten ausgegeben oder mit seinem Einverständnis für ihn ausgegeben worden ist, müssen die einzelnen Ausgaben nicht belegt werden. Kein Betreuter muss für seinen Taschengeldverbrauch Quittungen sammeln.

darf wie Kündigungen), Schuldenregulierungen bis zu Insolvenzverfahren,[350] etwa notwendige Vermögensumschichtungen, Grundstücksangelegenheiten und Erbangelegenheiten.[351]

Wenn einzelne **Konten oder Sparbücher** durch die Betreute selbst verwaltet werden sollen, wäre z.B. denkbar, ein von der Betreuerin einzurichtendes „nur im Guthabensbereich zu führendes Girokonto" von der Vermögenssorge (sonst von einem Einwilligungsvorbehalt) auszunehmen. Das muss dann aber durch gerichtlichen Beschluss geschehen. Wenn nur die Betreuerin ein weiteres Konto anlegt und der Betreuten zuweist, erledigt sich dadurch nicht die Verantwortung der Betreuerin für dieses Geld.

Bei erheblich verschuldeten Betreuten tritt im Zusammenhang mit etwaigen Schulden- 357
regulierungsvereinbarungen, Stillhalteabkommen und angekündigtem Teilerlass immer wieder die Frage nach dem **Anspruch auf Titulierung** auf. Die Betreuer meinen gelegentlich, der Anspruch an sich genüge doch, ggf. nach einer entsprechenden Bestätigung durch sie (Schuldanerkenntnis in Vertretung des Betreuten). Das ist irrig.[352]

Unabhängig von dem Problem der etwaigen Genehmigungsbedürftigkeit[353] solcher Anerkenntnisse dürfte darin eine Verkennung des **Rechtes auf** eine **Titulierung** liegen, die nur dann nicht besteht, wenn nicht nur anerkennt, sondern zugleich auch (voll) erfüllt wird (einschließlich etwaiger berechtigter Nebenforderungen).[354]

Es scheinen sich daneben immer noch Auseinandersetzungen zu den Zugriffsrechten 358
von Betreuern auf **Sparbücher** zu ergeben, die **auf den Namen von Dritten** angelegt worden sind, sowie zu Sparbüchern, die auf den Todesfall für Dritte bestimmt, z.T. insoweit auch bei den Kreditinstituten hinterlegt sind.

In mehreren Fällen haben sich Institute geweigert, auch nur **Auskunft über den Inhalt** zu geben. Das dürfte so nicht haltbar sein, zum einen wegen der vertraglichen Struktur. Die Bank hat zunächst nur Beziehungen zum Versprechensempfänger, das ist der Betreute. Zum anderen wegen der **Kündigungsmöglichkeiten**. Selbst wenn eine Unwiderruflichkeit (mit der Bank) vereinbart sein sollte, behält der Kunde, mithin die Betreute, vertreten durch die Betreuerin, ihre Kündigungsmöglichkeit.[355] Man wird deshalb nicht einmal die in § 313 BGB normierten Grundsätze über den Wegfall der Geschäftsgrundlage bemühen müssen, die sonst greifen würden. Auch auf § 528 BGB muss deshalb nicht mehr abgestellt werden. Die Existenz dieser Möglichkeiten sprechen deutlich gegen die grundsätzlichen Abwehrversuche.

350 Es ist zweifelhaft, ob der Aufgabenkreis Vermögenssorge für die Wahrnehmung der Aufgaben des Betroffenen im InsO – Verfahren genügt. Es sollte eine Ergänzung beantragt werden.

351 Die immer wieder beantragte Ergänzung auf „Erbangelegenheiten" ist neben Vermögenssorge in fast allen Fällen entbehrlich. Personenbezogen ist z.B. die Regelung der Beisetzung. Die obliegt aber ohnehin nicht dem Erben. Wenn es einmal sonstige rein personenbezogene Vorgänge dabei gibt, sollten die benannt und die Erweiterung dann spezifisch dazu vorgenommen werden.

352 Man streitet wohl nur im Bereich der Prozesskostenhilferegelungen darum, ob es auch ohne Titulierung geht. Im materiellen Zivilrecht wird sich zu Recht kaum ein Gläubiger auf die Hoffnung einlassen, er werde auch ohne Titel nicht in Verjährungsprobleme laufen.

353 § 1822 Nr. 8 oder 12 BGB (je über § 1908 i BGB), ggf. auch § 1907 Abs. 3 BGB (wenn länger dauernde Abzahlpflicht).

354 vgl. § 93 ZPO. S. auch Zöller-Herget § 93 Rn. 6 bei: Geldschulden.

355 Palandt, BGB, § 331 Rn 3 i.V.m. § 330 Rn.5 m.w.Nachw. – Das wird nirgendwo ernsthaft bestr.

358a Gelegentlich finden sich auch immer noch gleichartige Auseinandersetzungen bei Geldverwaltungen durch Einrichtungen. Soweit erforderlich, ist die **Taschengeldverwaltung** sowie -auszahlung durch die Betreuerin, ggf. mit Hilfe der Einrichtung, sicher zustellen bzw. zu klären.

Die Einrichtung hat dazu keine eigenen Befugnisse. Die Verwaltung auf einem Sammelkonto der Einrichtung dürfte unzulässig sein. Wenn die Betroffene das nicht mehr selbst zureichend sicher überschaut, muss die Betreuerin den Alltag auch dazu vorausplanen und regeln. Sie wird nicht bei jeder Ausgabe zugezogen werden wollen oder können.

358b Wenn eine Einrichtung einen Teil der Verwaltung absprachegemäß mit übernimmt, hat sie daran und daraus nie eigene Rechte auch keine Abwehrberechtigung. Sie muss Auskunft geben. Die Einrichtung ist insoweit bloße Hilfsperson. Die Grundverantwortung bleibt bei der Betreuerin oder Bevollmächtigten.

II. Vermögensanlage und Vermögensumschichtungen

359 Bei der **Anlage und Verwaltung des Vermögens** ist die Betreuerin verpflichtet, sich weitgehend an dieselben Regelungen zu halten, **wie (fremde) gesetzliche Vertreter Minderjähriger** (§ 1908 i BGB i.V.m. §§ 1805 ff BGB). Der Betreuungsgesetzgeber hat es nicht für erforderlich gehalten, hier eigene Wege zu gehen, ist wie mit der Bezeichnung des Gerichts (Vormundschaftsgericht) bei Altem haften geblieben.

Das bedeutet, dass Betreuer Anlagen primär **sicher und vermögenserhaltend** vorzunehmen haben. Die einschlägigen Bestimmungen des BGB sind mehr als 100 Jahre alt, stammen aus einer Zeit, als es am sichersten galt, lieber nichts als etwas falsch zu bewegen. Sicherheit geht danach vor Rendite, selbst wenn die sichere Anlage nur knapp mehr bringt als den Inflationsausgleich und sich durch die Betreuerbezüge im Ergebnis ein ständiger Wertschwund ergibt.

360 **Vorhandene Werte müssen nicht** nach Maßgabe der §§ 1805 ff BGB **umgeschichtet** werden, es sei denn ihre unveränderte Fortführung widerspräche den wirtschaftlichen Interessen der Betreuten, so z.B. bei 10.000 € auf einem Sparbuch mit gesetzlicher Kündigungsfrist und Minimalzinsen.

360a Die Gerichte haben für Betreute ein stärkeres **Mitspracherecht**[356] entwickelt, als es dem Verständnis der angewendeten Vorschriften aus dem Minderjährigenrecht entspricht. Die dazu bestehenden Darstellungen können also nur mit Vorsicht hierher übertragen werden. Im Betreuungsrecht können auch „unvernünftige" Strukturen beibehalten werden, wenn der Betreute es wünscht und sich die Unvernunft leisten kann.

360b Rechtstechnisch ist dies über eine eigentlich problematische Vermischung der Vorschriften aus Innen- und Außenverhältnis erreicht worden. So führt z.B. das BayObLG[357] in einer Entscheidung aus, ein Gericht könne nach Anhörung der Betreuten zu Recht eine Genehmigung (zu einem sehr vorteilhaften Grundstücksverkauf) versagen, wenn die (86 jährige) Betreute (die das Grundstück weder nutzt noch benötigt) in

356 BayObLG Rpfleger 1998, 22 f.

357 BayObLG a.a.O.

der gerichtlichen Anhörung erklärt, sie wolle das (von den Eltern ererbte) Grundstück behalten und ihr aus der Umsetzung auch kein über die Nichtnutzung hinausgehender Nachteil erwachse.

Diese Mitspracherecht steht aber nur der Betreuten zu, nicht etwa auch den Erben 361
und/oder Angehörigen. Die Erben müssen warten und sich mit dem begnügen, was bleibt. Die Angehörigen haben ernsthaft nicht einmal umfassende Auskunftsrechte.[358] Es kann gegen das **informationelle Selbstbestimmungsrecht der Betreuten** verstoßen, wenn ihnen zugemutet wird, dass ihre finanziellen Verhältnisse plötzlich dem Rest der Familie offen gelegt werden. Das ist von einigen zu Recht schon mit Erfolg geltend gemacht worden, wenn sie dadurch gar in Rechtfertigungsdruck geraten.[359]

III. Mündelsichere Anlage und Genehmigungspflichten für Verfügungen

Die Betreuerin hat Geld grundsätzlich **verzinst anzulegen** und darf dabei in der Regel 362
nur die Wege gehen, die § 1807 BGB vorgibt, widrigenfalls sie die Abweichung begründen und eine (Außen-)Genehmigung beantragen muss. Nur Geldmittel, die jeweils benötigt werden, dürfen bar oder auf einem Girokonto bereit gehalten werden.

Anlagen haben grundsätzlich versperrt zu erfolgen. Darüber hat es nach Inkrafttreten 363
des Betreuungsrechts viel Streit gegeben, zumal mit der Anordnung der Betreuung ja gerade nicht geklärt ist, ob oder dass die Betreute nicht mehr selbst darüber verfügen kann. Die Aufgeregtheit hat sich gelegt, in der Praxis scheint man zur Tagesordnung übergegangen zu sein,[360] in dem man überwiegend so verfährt wie früher, d.h. dass kaum eine Betreute noch an die eigenen Anlagen kommt, wenn erst einmal eine Betreuung für Vermögenssorge eingerichtet ist. Viele Banken machen dabei mit, offenbar weil sie befürchten, doppelt zahlen zu müssen, falls sie nicht befreiend an die Betreute selbst auszahlen, diese doch geschäftsunfähig war. Einige Geldinstitute besinnen sich aber dann auf die Grundsätze des Betreuungsrechts (keine Entmündigung), wenn sie versehentlich doch ausgezahlt haben, die Betreuerin das beanstandet oder z.B. ein süchtiger Betreuter in der Geschäftsstelle jeweils so hartnäckig stört, dass Frieden geschaffen werden muss; er geht, wenn er das Geld erhält.

Dennoch gibt es immer wieder Verständigungsprobleme zu den unterschiedlichen Bewertungen betreffend Verfügungen über **Girokonten**[361] sowie zu **Sperrungsfragen.**[362] Während z.T. vertreten wird, eine Sperrung komme erst in dem Bereich von Einwilligungsvorbehalten in Betracht, gibt es andererseits sogar Versuche, Girokonten versperrt laufen zu lassen. Die Betreuer werden sich jeweils mit ihrem „Hausgericht"

358 Selbst die nicht sorgeberechtigten Eltern Minderjähriger haben nur Auskunftsansprüche zu der persönlichen Entwicklung (vgl. § 1689 BGB). Es enthält eine eigenartige Diskriminierung der Betreuten, wenn insbesondere von erbhoffnungsträchtigen Abkommen plötzlich vermeintlich umfassende eigene Beteilungsrechte reklamiert werden, sobald die potentiellen Erblasser betreut werden, sie Sorge haben, dass „ihr Erbe" nicht sorgsam verwaltet wird. Dagegen OLG Saarbrücken MDR 2001, 634.

359 s. OLG Saarbrücken a.a.O.

360 Rechtlich ist das so wenig haltbar. Der Versuch, Laien die dabei bedeutsamen Unterschiede zu vermitteln, ist aber in der Regel wenig von Erfolg gekrönt. Sie wollen Klarheit. Entweder, sie verantworten etwas oder nicht. Auch alle Folgekontrollen und Genehmigungen werden bei der eigentlich gebotenen Diff. schnell zum Selbstzweck, können leicht unterlaufen werden.

361 Übersicht über den Streitstand bei Suschkow in JurBüro 1997, 508 ff.

362 Dazu Bienwald in BtPrax 1998, 15 ff in Anm. zu LG Mönchengladbach, das davon ausgeht, Sperrvermerke seien erst im Bereich von Anordnungen nach § 1903 BGB möglich.

verständigen müssen, sollten sich aber auch nicht widerstandslos auf alles einlassen, andererseits die Sperrungen nicht stets als persönlichen Misstrauensbeweis verstehen. Die Genehmigungspflichten gehen i.d.R. ohnehin weiter.

364 Grundsätzlich ist jede Neuanlage genehmigungspflichtig, zudem alle Forderungsrealisierungen, die nicht den bloßen Zugriff auf bereit gehaltenes Geld umsetzen. Daneben gibt es die Genehmigungen, die in der Grundsatzliste aufgeführt werden,[363] also insbesondere

- zu Rechtsgeschäften über ein Grundstück (Wohnungseigentum, Erbbaurecht) oder ein Recht an einem Grundstück, über den Kauf oder Verkauf eines Grundstücks und die Belastung eines Grundstücks mit Grundpfandrechten (Hypothek, Grundschuld),
- zur Ausschlagung einer Erbschaft oder eines Vermächtnisses und zu einem Erbauseinandersetzungsvertrag,
- zur Aufnahme eines Darlehens für die oder den Betreuten,
- zu einem Vergleich, wenn der Wert des Streitgegenstandes 3.000 € übersteigt. Dies gilt nicht, wenn ein Gericht den Vergleich schriftlich vorgeschlagen oder protokolliert hat.

Ein Vertrag, der ohne die erforderliche Genehmigung abgeschlossen worden ist, bleibt zunächst unwirksam. Es ist erforderlich, nachträglich die vormundschaftsgerichtliche Genehmigung einzuholen und diese dem Vertragspartner mitzuteilen.[364] Erst damit wird der Vertrag wirksam. Es genügt nicht, wenn der Vertragspartner die Genehmigung von dritter Seite erfährt.

Bei **einseitigen Rechtsgeschäften** ist dagegen in der Regel die **vorherige Genehmigung einzuholen**, eine nachträgliche heilt nicht.

IV. Mischkonstellationen

365 Als eine der wesentlichen Errungenschaften des Betreuungsrechtes wird gerne wiederholt, dass die Betreute mit der **Anordnung der Betreuung** ihre bestehenden Kompetenzen nicht verliere, **rechtlich weiter handlungsfähig** bleibe. Verdeckt wird mit dieser Betonung, dass nur das unangegriffen bleibt, was wirklich besteht. Der Schluss auf die uneingeschränkte Handlungsbefugnis der Betreuten ist jedenfalls verfehlt. Vielmehr spricht die Anordnung der Betreuung eigentlich eher für das Gegenteil, solange die Anordnungsvoraussetzungen ernst genommen werden.

Der voreilige Schluss führt gelegentlich zu **Versuchen**, unbequeme Vorgänge durch eingeholte Unterschriften der Betreuten zu „vereinfachen“, auch um dadurch den **Genehmigungspflichten** zu **entgehen**.

Häufiger eingesetzt wird so etwas im Zusammenhang mit der Heimaufnahme (“sie hat doch noch selbst unterschrieben“), wie bei den „freiwilligen Aufenthalten“ in beschützenden und geschlossenen Bereichen. Das kann das Betreuerhandeln nicht legitimieren.

363 Anl. I, 6.

364 Übersendungsschreiben des Gerichts in Anlage I, 10.3.

Wenn eine Betreuerin als solche handelt, hat sie nur die Befugnisse, die ihr das Betreuungsrecht gibt. Sie ist **vertretungsbefugt im Rahmen des Aufgabenkreises**, wenn keine Vertretungshindernisse bestehen und zusätzlich die etwa für das konkrete Geschäft erforderlichen Genehmigungen wirksam erteilt worden sind.[365]

„Wirksam" erteilt, heißt auch, dass nur das genehmigt ist, was dem Gericht vorlag, 366
bei einem etwaigen (teilweisen) **Schwarzgeschäft** also nicht das tatsächlich Gewollte, das damit z.B. trotz § 311b BGB mangels wirksamer Genehmigung nicht bindend werden kann.

Der Streit darüber, **ob eine Betreuerin** daneben überhaupt (nachträglich, also nach ihrer Bestellung und in dem zugewiesenen Aufgabenkreis) wirksam **rechtsgeschäftlich bevollmächtigt werden kann,**[366] betrifft einen anderen Gesichtspunkt, setzt aber jedenfalls eine wirksam erteilte Vollmacht sowie des weiteren voraus, dass die Betreuerin auch in dieser Weise nach außen aufgetreten ist (sog. Offenkundigkeitsprinzip; vgl. § 164 BGB). Sie muss beim Handeln schon deutlich sagen, worauf sie sich stützen will, kann es sich nicht später aussuchen oder andere Gründe nachschieben.

Eine andere Frage ist, ob bei zweifelhaften **Vorsorgevollmachten** nicht eine ergänzende **Betreuerbestellung** möglich ist. Das kann geschehen,[367] ersetzt dann aber gerade die zweifelhafte oder unvollständige Grundlage. Die Eingesetzte ist in dem genannten Aufgabenkreis dann nur noch Betreuerin nicht verstärkt legitimierte Bevollmächtigte. Es gelten also alle Anforderungen des Betreuungsrechts in dem zugewiesenen Aufgabenkreis, auch alle Genehmigungserfordernisse.

V. Betreute als Erben

Die Betreuerin für Vermögenssorge ist auch dafür zuständig, sich um einen etwa ange- 367
fallenen **Nachlass** oder angefallene Nachlassteile zu kümmern.

Der **Antrag auf Erteilung eines Erbscheines** enthält die **Annahme** der Erbschaft. Man sollte also zunächst die Wertigkeit klären, dann erst für den Betreuten „ich will" rufen.

Erbschaften gelten im übrigen schon dann als angenommen, wenn man nicht binnen der **Ausschlagungsfrist** (6 Wochen) gegenüber dem Nachlassgericht mit Genehmigung des Vormundschaftsgerichts formgerecht die Ausschlagung erklärt. Ob das geboten ist, ist bei dem Nachlassgericht allein in der Regel nicht zu klären, muss von der Betreuerin selbst ermittelt werden. Wer nicht reagiert, bewirkt die Annahme. Wenn sich daraus z.B. eine unvertretbare Überschuldung ergeben sollte, kann dieses Versäumnis zu einem fatalen Regress führen.

Wird die Erbschaft angenommen, muss der Erbe, hier vertreten durch die Betreuerin, 368
sich um alle Rechte und Pflichten kümmern, darf nicht darauf warten, dass Informationen herangetragen werden. Er tritt in die Rechtsstellung des Erblassers ein, muss sich an dem Stand des Übernommenen festhalten lassen.

365 OLG Frankfurt MDR 1998, 367 f.

366 vgl. OLG Frankfurt a.a.O., S. 368 letzter Abs.

367 Beschlussbeispiel in Anlage I, 16.

Wird die Betreute gemeinsam mit anderen Erbin, ist auch der etwaige **Erbteilungsvertrag** genehmigungsbedürftig. Das Vormundschaftsgericht wird hier wie bei anderen wirtschaftlichen Bewertungen erwarten, dass im einzelnen dargelegt und nötigenfalls sachverständig nachgewiesen wird, dass die Interessen der Betreuten dabei wirtschaftlich zureichend gewahrt sind.
Diese hier exemplarisch genannten Aufgaben sollen vermitteln, dass die **Vermögensverwaltung** weniger mit personenbezogenen Handlungen zu tun haben wird, einen nicht unerheblichen Teil bürokratischen Aufwandes verlangt, der andererseits unvermeidbar ist, wenn man sich auf diese Art der Tätigkeit einlassen will.

§ 16 Schweigepflichten

Bei der Arbeit mit Betreuten bewegt man sich in einem Gebiet, das einerseits mit vielen Datenschutzregeln Berührung hat, andererseits über keine spezifischen eigenen verfügt. 369

Eine der Schrecknisse der rechtlichen Betreuung ist für viele Menschen der **Datenstriptease**-Effekt. Sie sehen sich plötzlich der Neugier zahlreicher Stellen ausgesetzt, die Fragen zu Bereichen stellen, deren Beantwortung Fremden gegenüber jedenfalls älteren Betroffenen noch kurze Zeit zuvor nicht einmal in ihren Alpträumen eingefallen wäre. Ihr Gesundheitszustand, ihre Einkommensverhältnisse, ihr sozialer und wirtschaftlicher Umgang, ihre Gewohnheiten, ihre Beeinträchtigungen werden hervor gezerrt, ihnen vorgehalten, weiter gemeldet und plötzlich von ganz anderen Fremden wieder erwähnt und benutzt.

Die Daten werden in **Akten verschiedenen Dienststellen** festgehalten, die zu einem erheblichen Teil Routinen entwickelt haben, die keine interne Rücksicht auf Datenempfindlichkeiten kennen, es unter dem Hinweis auf Aufsichtspflichten für richtig halten, dass zum Beispiel in Behörden jeweils viele Mitarbeiter an die vollständigen Daten gelangen können. Die Begründung, alle seien ja schweigepflichtig, verschlägt natürlich nicht. Keine berechtigter Empfänger ist dazu legitimiert, ihm anvertraute Daten offen zu legen, bloß weil der weitere Empfänger auch schweigepflichtig ist. Das wird selbst zum Strafrecht (§ 203 StGB) nicht mehr ernsthaft bestritten.[368]

Die Betreuerin ist der ständigen Aufsicht des Gerichts unterworfen (§§ 1908 i Abs.1, 1837 Abs. 2 BGB), vermag keine gerichtsresistenten Informationen vorzuhalten. Im übrigen ist das Gericht in der Lage, notfalls selbst als Vertreter des Betreuten zu agieren, also unmittelbaren Zugang zu Informationen zu erreichen (§§ 1908i, 1846 BGB).

Es kommt andererseits immer noch vor, dass Betreuer sich bei ihren Versuchen, Informationen über das bisherige persönliche Schicksal ihres Betreuten zu erhalten, bei dem Gesundheitsamt, der Hausärztin wie bei dem Sozialdienst einer Einrichtung, in der der Betreute arbeitet, dem Widerstand **„Datenschutz"** ausgesetzt sehen. Frühere Gutachten, die Medikation wie die aufgetretenen Verhaltensprobleme gingen sie nichts an, sagte man dann, jedenfalls könne man aus Gründen des Datenschutzes keine Auskunft geben. Sie seien keine **berechtigte Empfangsstelle.** 370

Diese Schwierigkeiten sind u.a. dadurch vorgegeben, dass die Beteiligten in unterschiedliche **Systeme mit widerstreitenden Interessen** eingebunden sind.

Gegenüber Dritten hilft der bloße Hinweis auf § 1902 BGB, die **Außenentscheidungsbefugnis** der Betreuerinnen, allein nicht weiter, zumal immer wieder – zu Recht – be- 371

368 Grundsätzlich BayObLG NStZ 1995, 187 f; vgl. auch Klie BtPrax 1998, 3, 4.
§ 203 StGB enthält andererseits keinen eigenständigen Aussageverweigerungstatbestand für alle dort genannten Berufsgruppen. Er betrifft die materielle Schweigepflicht für die dort Genannten in den in Bezug genommenen Funktionen. Ob in etwaigen Verfahren Aussage- oder Auskunftsverweigerungsrechte bestehen, bestimmen allein die jeweiligen spezifischen Verfahrensordnungen.

tont wird, dass die Betreuerbestellung keinen Eingriff in die bestehen bleibenden Recht der Betreuten darstelle.[369]

„Patentlösungen“ stoßen deshalb schnell auf Einwände. So versteht es sich zwar, dass die Betreuerin mit entspr. Aufgabenkreis als gesetzliche Vertreterin Aufklärung von der Ärztin verlangen kann; jedenfalls, wenn die Betreute einwilligungsunfähig ist. Die Abgrenzung der Einwilligungsfähigkeit im Einzelfall ist aber nach wie vor eines der schwierigsten Themen.

Das **Einsichtsrecht der Betreuerin in Krankenunterlagen** wird nicht nur so weit wie das (möglicherweise beschränkte) der Betreuten[370] gehen; richtigerweise ist sie diesen Begrenzungen nicht unterworfen, weil sie nicht gefährdet ist. Sie darf mehr wissen als die Betreute. Daraus ergibt sich aber die Frage: Was passiert bei der Ablösung dieser Betreuerin mit den Unterlagen, was bei der Beendigung der Betreuung? Die schlichte Aushändigung an die Betreute kann dann keine Lösung sein.[371]

I. Grundlagen des Datenschutzes

372 Das Bundesverfassungsgericht hat im **Volkszählungsurteil** betont[372]

> Unter den Bedingungen der modernen Datenverarbeitung wird der Schutz des einzelnen gegen unbegrenzte Erhebung, Speicherung, Verwendung und Weitergabe seiner persönlichen Daten von dem allgemeinen Persönlichkeitsrecht des Art. 2 Abs. 1 i.V.m. Art 1 Abs. 1 GG umfasst. Das Grundrecht gewährleistet insoweit die Befugnis des einzelnen, grundsätzlich selbst über die Preisgabe und Verwendung seiner persönlichen Daten zu bestimmen.

Angesetzt ist damit bei technisierten Vorgängen. Das BVerfG wie andere Gerichte haben jedoch immer wieder betont, dass der Schutz auch im nicht technisierten Bereich gilt.[373] Durch diese Vorgabe wird unabhängig von den z.T. fehlenden spezial-gesetzlichen Ausformungen deutlich, warum **Datenschutz in Betreuungsangelegenheiten besondere Probleme** aufwerfen muss.

Datenschutzbestrebungen gehen grundsätzlich davon aus, dass Individuen vor dem Missbrauch ihrer Daten dadurch geschützt werden können, dass ihre Zustimmung erfragt wird, die dann auch Nutzungsvoraussetzung ist. Dieser Ansatz bereitet selbst im unmittelbaren Kontaktfeld Betreuerin – Betreute Probleme, weil Betreute häufig Schwierigkeiten mit einem (angemessenen) Selbstschutz haben, die Betreuerinnen gerade deshalb bestellt werden sollen bzw. sind und dann die Interessen der Betreuten wahrnehmen sollen, im Rechtsverkehr in ihrem Aufgabenkreis weitgehend (aber eben gerade nicht verdrängend) an deren Stelle treten, sie vertreten (§ 1902 BGB).

---

369 Dass das in der konkreten Umsetzung jedenfalls im Gesundheitsbereich im Ergebnis meist anders ist, weil Anordnungsvoraussetzung die fehlende Eigenentscheidungsbefugnis sein wird (BayObLG BtPrax 1995, S. 64 f. und S. 218 f.), ist bei den an die jur. Laienkreise gelangten Informationen bisher zu wenig berücksichtigt worden; möglicherweise deshalb zu Recht, weil die Anordnungspraxis sich der (nicht nur durch das BayObLG geforderten Diff.) zu wenig angeschlossen hat.

370 BayVerfG BtPrax 1994, 168 ff.; BGHZ 106, 146; BverwGE 82, 45; zu neueren Ansätzen Stalinski BtPrax 2002, 111

371 Zur Abwicklung bei der Beendigung der Betreuung grundsätzlich: Kap. 20, Rdnr. 433 ff.

372 BVerfGE 65,1.

373 Nachweise bei Gola NJW 1993, 3109, 3110.

Der **Schutz der Privatsphäre** wie die **Eigenentscheidungsmöglichkeit** über die persönlichen Daten ist selbstverständlicher Teil der privaten Rechtssphäre jedes Menschen. Datenschutzgesetze richten sich primär an öffentliche Stellen. Insoweit unterliegen die **Betreuungsbehörden** sowohl in dieser Funktion wie als Betreuer dem Geltungsbereich. Erfasst werden grundsätzlich sowohl automatisierte wie nicht automatisierte Dateien und Akten. Nach noch geltendem Recht erfolgt aus den Datenschutzgesetzen in den erfassten Bereich aber nur eine **Anlasskontrolle, keine** dauernde oder regelmäßige **Überwachung.** 373

II. Spezielle Regelungen

Auffallend ist, dass es **für Betreuer keine besondere Regelung** gibt, sie damit „nur" den allgemeinen familienrechtlichen Bindungen unterliegen, aber nicht einmal einer strafrechtlich sanktionierten Schweigepflicht;[374] wie erwähnt nur ganz eingeschränkt dem BDSG oder den Landesdatenschuzgesetzen. 374

Es ist ein z.T. eher eigenwilliger Vorgang, dass u.a. die Gerichte mit hoheitlichem Nachdruck Informationen sammeln und dann ohne weiteres z.B. ehrenamtlichen privaten Interessenten und später Betreuern zugänglich machen; Betreuern, die nicht einmal ansatzweise zu Vertraulichkeit verpflichtet werden oder durch irgendeine Regelung außerhalb von sehr allgemeinen Prinzipien zum Schweigen angehalten sind.

Für die anderen Beteiligten gibt es z. B. folgende speziellen Regelungen: 375

- Für die Gerichte: das Recht zum Fragen (§ 12 FGG) und vielfach verkannt ggf. nach § 1908 i in Verbindung mit § 1846 BGB.
  Die Pflichten nach § 69a, §§ 69 k-m FGG (Mitteilungen) und § 34 FGG; die Gewährung von Akteneinsicht, vielfach überlagert von Art. 103 Abs. 1 GG (rechtl. Gehör).
- Für die Betreuungsbehörden: §§ 7, 8 BtBG (Mitteilungen an das Gericht und Unterstützung des Gerichts).
- Für andere Behörden: (weit angesetzt) § 7 Abs. 3 BtBG, i.ü.: Sonderregelung in den PsychKG auch im Verhältnis zur Betreuungsbehörde.

Sozialdaten, die einmal in den gerichtlichen Bereich (der ordentlichen Justiz) gelangt sind, werden in den dortigen Vorgängen nicht mehr den Regelungen des SGB unterliegen.[375] Sie sind dann über Art 103 I GG, § 34 FGG nach Maßgabe der allgemeinen Kriterien relativ leicht zugänglich. Auch die Datenschutzgesetze treten hinter diese Sonderregelung zurück. 375a

Einen Schutz wird man nur dann erreichen können, wenn es endlich gelingt, die Akten inhaltlich differenzierter zu betrachten, sie verschlossener zu halten als bisher.[376]

Angehörige haben allein als solche kein Recht, alles zu hinterfragen und Akten einzusehen.[377] Sie können sich auch nicht undifferenziert darauf berufen, sie wollten die Rechte der Betreuten wahrnehmen. 376

---

374 Soweit sie einem der in § 203 StGB genannten Berufe zuzuordnen sind, mag diese Bestimmung greifen; aber nicht, weil sie als Betreuer eingesetzt sind, sondern wegen des Berufes, wenn sie denn in der in § 203 StGB angesprochenen Funktion beteiligt sind.

375 Ich halte den entgegenstehenden Hinweis von Schimke in BtPrax 1993, 74, 77 für irrig.

376 s. z.B. LG Köln BtPrax 1998, 118 mit zu Recht beanstandender Anmerkung von Walther in BtPrax 1998, 225.- Wohl mit anderem Ansatz: OLG Karlsruhe FamRZ 2004, 1658.

377 vgl. OLG Karlsruhe FamRZ 2004, 1658

Das FGG nennt die Bereiche ausdrücklich, in denen Angehörigen gefragt sind, ihnen eigene Rechts zugewiesen sind, sie nötigenfalls z.B. Beschwerde einlegen können (z.B. § 69 g Abs. 1 FGG).[378] Gerade diese sehr speziellen Regelungen bestätigen, dass es **kein** grundsätzliches **Angehörigenprivileg** gibt.

Ein Blick in das Minderjährigenrecht bestätigt diesen Ansatz. In § 1686 BGB ist dem nicht sorgeberechtigten **Elternteil eines Minderjährigen** ausdrücklich **nur bei berechtigtem Interesse** ein **Auskunftsrecht** über die **persönlichen Verhältnisse** zugewiesen. Eltern Minderjähriger sind verfassungsrechtlich privilegiert. Deshalb greifen ihnen gegenüber die Freiheitsrechte der Kinder weniger. Wenn diese Kinder nun Volljährige werden, kann es wohl nicht sein, dass das bisher inhaltlich beschränkte Recht plötzlich zu einem unbeschränkten Auskunftsrecht über alle in den Akten erfassten privatesten und wirtschaftlichen Angelegenheiten anwächst.

In gleicher Weise ist das **Verhältnis älterer Betreuter zu ihren erwachsenen Kindern** zu sehen. Kein erwachsenes Kind wird auf die Idee kommen, es habe einen Anspruch darauf, gegenüber dem nicht unter Betreuung stehenden Elternteil verlangen zu können, er möge offen legen, wie er lebe, wie er wirtschafte. Der Betreuer nimmt die Belange des Elternteils wahr, er soll seinen Schutz stärken. Dennoch meinen viele „Kinder“ in dieser Situation, sie seien nun berechtigt, alle Informationen zu erhalten, auch mit dem erklärten Ziel, nötigenfalls eingreifen zu wollen. Dass in solchen Verhaltenstrukturen zum Ausdruck kommende Verständnis ist archaisch.

377 Der **Amtsermittlungsgrundsatz** erlaubt wie das **Amtshilfeprinzip** allenfalls das Fragen, rechtfertigt noch keine Antwort.

Die zum Betreuungsrecht gelegentlich vertretene gegenteilige Ansicht ist bloßer Beleg der dortigen Hilflosigkeit.

Das **OLG Oldenburg** führt zwar aus[379]:

> „Datenschutzgesichtspunkte verbieten im Betreuungsverfahren nicht, Daten anderer Behörden (hier: Schulbehörde) im Wege der Amtshilfe einzuholen.
> **Aus den Gründen:** Das Gericht hat auch nicht gegen das DatenschutzG verstoßen, indem es die Schulbehörde angeschrieben hat.....(§ 12 FGG)...Im Rahmen der gebotenen Sachaufklärung kann es andere Behörden beteiligen, die gehalten sind, im Wege der Amtshilfe Auskünfte zu erteilen. Sie sind durch den Datenschutz nicht prinzipiell gehindert, Daten weiterzugeben, deren das VormG im Interesse der Betr. dringend bedarf, um über die Erforderlichkeit einer Betreuung entscheiden zu können ...“

Anders zu Recht aber das **OLG Köln:**[380]

> „Die in der Entscheidung BVerfGE 27, 344 dargelegten Grundsätze über die Gewährung von Einsicht in die Akten eines Ehescheidungsverfahrens gelten auch für gerichtliche Aktenanforderungen.

---

378 vgl. auch BGH BtPrax 1997, 28 f., OLG Düsseldorf BtPrax 1995, 69 f, OLG Saarbrücken MDR 2001, 634.

379 FamRZ 1996, 757. – Gegen die Frage ist nichts einzuwenden. Das Fragerecht ermächtigt aber nicht ohne weiteres zur Antwort.

380 FamRZ 1995, 751.

Aus den Gründen: Die Unabhängigkeit der Gerichte ist kein zureichender Grund, ihnen ohne Beachtung des Verhältnismäßigleitsgrundsatzes Einsicht in Scheidungsakten zu gewähren. Art. 35 I GG bietet hierfür keine Rechtsgrundlage. Nach dieser Vorschrift leisten sich alle Behörden des Bundes und der Länder gegenseitige Rechts- und Amtshilfe. Das entbindet die um Amtshilfe ersuchte Behörde nicht von der Pflicht zu prüfen, ob die von ihr erbetene Maßnahme rechtmäßig ist.(sc.: Ihr eine Rechtsgrundlage zur Offenbarung gegeben ist)."

III. Schweigepflichten auch im Team und der Supervision

Informationen, die eine Schweigepflichtige erhalten hat, sind zunächst nur ihr anver- 378
traut, nicht ihrem Haus, ihrer Gruppe o.a. Die Tatsache, dass zwei Zuständigkeitsbereiche sich organisatorisch unter „einem Dach" befinden, rechtfertigt **keinen Datentausch.**[381] Das Sozialamt mag an Dingen aus der Betreuungsbehörde, diese an Informationen aus dem Jugendamt und umgekehrt interessiert sein. Sie unterliegen jeweils den eigenen Pflichten, haben darauf zu sehen, **zu welchem Zweck** sie die bei ihnen vorrätig gehaltenen **Daten erlangt** haben und dürfen grundsätzlich nur in diesem Bereich damit umgehen. Auch das ist eine z.B. im Kinder- und Jugendhilferecht schon vor Jahrzehnten geklärte Grundkonstellation, soll aber angeblich im Betreuungsrecht nicht gelten.[382]

Auf diesem Hintergrund wird es immer wieder nötig sein, die hausinternen **Abläufe der beteiligten Behörden** zu durchdenken. Ich halte es für unvertretbar, wenn zunächst die Eingangsstelle die Vorgänge (Gutachten, Vermögensübersichten, alles was kommt) je offen erhält und so weiter gibt, dann der Dezernent sie durchsieht und im Hause weiterleitet, wonach sie dann irgend wann zum Beispiel in der Betreuungsbehörde bei der Sachbearbeiterin ankommen.

Die Inkontinenz des früheren Mitarbeiters geht den Dezernenten nichts an. Er hat auch kein Zugriffsrecht, weil er im Hause dafür verantwortlich ist, dass der Betrieb der Betreuungsbehörde sachgerecht funktioniert. Im Jugendrecht ist das wie erwähnt seit Jahren selbstverständlich, im Betreuungsrecht erstaunlicher Weise bis heute nur selten zu vermitteln.

Ein Abgleich von **Daten aus verschiedenen Behördenaufgaben** (z.B. Sozialamt, Be- 378a
treuungsbehörde) ist grundsätzlich **ebenso unzulässig wie eine Abgleich von Parallelvorgängen.** Die zu einem Familienmitglied erhobenen Daten stehen nicht in dem Verfahren für den anderen zur Verfügung. Es gibt insoweit keinen familialen Gemeinschaftsbereich. Die Datenschutzzonen betreffen die einzelnen Individuen.

Keine Mitarbeiterin einer Stelle hat die generelle Befugnis, ihre Erkenntnisse ohne 379
weiteres (anders natürlich bei wirksamen Vertretungsregelungen) auch nur bei einer **Teambesprechung** oder gar in der **Supervision** wiederzugeben[383], schon gar nicht, sie „im Haus" zu streuen. Schweigepflichtig ist nicht der Landkreis oder die Stadt, vielmehr jede unmittelbar mit dem Vorgang befaßte Stelle.

381 Anschaulich dazu auch die Beispiele bei Gola in NJW 1996, 3312,3316 (für den Bankbereich)
382 S. z.B. LG Köln BtPrax 1998, 118 mit zu Recht beanstandender Anmerkung von Walther in BtPrax 1998, 225
383 BayObLG NStZ 1995, 187 f.

Für die **Supervision** besteht insoweit **kein Verbot, das eigene Problem einzubringen.** Die Daten der **Betroffenen** dürfen aber **nicht** so benannt werden, dass sie **individualisierbar** ist, die anderen Teilnehmer der Runde dürfen nicht in der Lage sein, die Informationen konkret zuzuordnen, selbst wenn sie die Betroffene kennen.

379a Ich weiß – auch aus eigener Supervision –, dass dagegen ständig verstoßen wird. „Das haben wir immer schon so gemacht", legitimiert aber ebenso wenig wie „das geht gar nicht anders".

Hier wie an vielen anderen Stellen geht es letztlich darum, wie offen ich mit den Betroffenen umgehe. Wenn ich **Vertraulichkeit verspreche**, müssen sie sich darauf auch dann noch **verlassen** dürfen, wenn sie einem anderen Mitglied aus der Supervisionsgruppe begegnen. Wenn ich das nicht einhalten kann oder will, sollte ich dazu stehen.

IV. Handlungsgrundsätze

380 Bei Ermittlungen im Zusammenhang mit Betreuungsanregungen ist der Kreis der Befragten möglichst klein zu halten, auch darauf zu achten, bei wem am ehesten damit gerechnet werden kann, dass die **Vertraulichkeit** gewahrt bleibt.

Potentielle Betreuer (außerhalb ohnehin betroffener und informierter (!) Familienangehöriger) sollten nur mit **anonymisierten Vorgängen** konfrontiert werden, nicht mit Aktenauszügen oder gar der ganzen Akte.

381 **Informationen** über die Betreuung **an Dritte** (auch Behörden) obliegen grundsätzlich dem Gericht (§§ 69 k ff. FGG), nicht dem Betreuer. Das schließt nicht aus, dass es im Einzelfall geboten sein kann, sich zu legitimieren. Es gibt insoweit allerdings keinen Anspruch Dritter auf Überlassung eines vollständigen Beschlusses oder des Ausweises. Die Betreuerin kann im Rahmen ihres Aufgabenkreises die bekannten und benötigten Daten der Betreuten weitergeben bzw. benutzen.

Die **Kontrollfrage** lautet: Würde ich, wenn es mich beträfe, aus diesem Anlass diese Information an diese Stelle weitergeben?

381a Es ist **unangebracht, zu mehreren Betreuungsvorgängen** in einem Schreiben Stellung zu beziehen.

Die Betreuer haben auch bei sich die Vorgänge mehrerer Betreuter strikt getrennt zu halten.

382 Bisher ungeklärt ist der generelle Umgang mit **Handakten von Betreuern.**

Anders als bei z.B. Rechtsanwälten[384] gibt es keine spezifischen Regeln, obwohl nach der Art der materiellen Verpflichtung wie unter Berücksichtigung der eigenen Rechte der Betreuer sicher nicht verlangt werden kann, dass z.B. mit dem Abschluss der Tätigkeit, mit der Abgabe einer Betreuung, alles aus der Hand gegeben wird. Das wäre nicht nur bei selbständigen Berufsbetreuern unmöglich, würde sie Folgekonflikten aussetzen.

Sie werden darauf zu achten haben, beide Bereiche zureichend getrennt zu halten, so dass z.B. bei der Beendigung des Amtes die eigene Handakte behalten werden kann,

384 dazu Rüpke, Anwaltsrecht und Datenschutz, in NJW 1993, 3097 f.

um den eigenen Pflichten zu genügen, eigene Rechte wahrzunehmen und dennoch die Herausgabe bzw. Vernichtung der personenbezogenen Informationen über d. Betreuten möglich bleibt.[385]

Die Betreuerin ist Interessenwahrerin der Betreuten und nur **im Aufgabenkreis** legitimiert. Darüber hinausgehende Auskunftsansprüche bestehen nicht. Informationsweitergabe aus anderen Bereichen ist unzulässig. 382a

Die Betreuerin, die nur für „Vermögenssorge" zuständig ist, hat mit dem Heim nicht über Gesundheit zu reden, auch wenn sie aus den Akten weiß, was insoweit problematisch ist. Wenn es nötig ist, ist eine Nachricht an das Gericht mit der Anregung auf Ausweitung der eigenen Kompetenz angezeigt.

Im Außenverhältnis ist darauf zu achten, dass (Berufs-) Betreuer nicht durch eine überzogene Selbstdarstellung (z.B. mit einem Briefkopf der nur auf „Berufsbetreuer" verweist[386]) irreführende Hinweise auf die Situation der Betreuten geben. Nach den derzeitigen Gepflogenheiten tritt die **Vertretungssituation** oft viel zu sehr in den Hintergrund. Betroffene bleibt die Betreute, ist nicht die Betreuerin. 382b

385 Soweit die persönlichen Unterlagen den Betreuten gehören, sind sie natürlich herauszugeben. Darum geht es aber i.d.R. in dem hier fraglichen Bereich nicht. Zur Abwicklung bei Beendigung der Tätigkeit s. Kap. 20

386 Ein abstrakter umfassender Briefkopf verdeckt die konkrete begrenzte Vertretungsbefugnis. Man sollte schon genau darauf achten, in welchem jeweiligen Bereich man handeln kann und das auch benennen.

§ 17 Vergütung und Aufwendungsersatz

383 Die Führung von Vormundschaften, Pflegschaften und Betreuungen erfolgt grundsätzlich **unentgeltlich.**

Das bedeutet zunächst nur, dass die Tätigkeit der Betreuer in erster Linie ohne Entgelt erbracht werden soll, ist in dieser Weise für viele Familienagehörige oder sonst nahestehende Personen oft selbstverständlich. Da deutlich **mehr als die Hälfte aller Betreuungen ehrenamtlich** geleistet wird, wird dieses Prinzip der Unentgeltlichkeit dort umgesetzt.

383a Dieses System der Unentgeltlichkeit passt nicht, wenn die Betreute Geld hat und die Betreuerin viel Arbeit hatte. Dann kann es angemessen sein, trotz des vorstehenden Grundsatzes der Unentgeltlichkeit eine Entschädigung zuzuweisen (§§ 1908 i in Verbindung mit 1836 Abs. 2 BGB).

Dabei handelt es sich dann nicht um eine stundenweise Entlohnung. In der Regel wird ein geringer (eher niedriger einstelliger) Prozentsatz des Aktivvermögens für angemessen gehalten. Ausgeschlossen von dieser Möglichkeit sind Behörde und Verein.

383b Auch wenn kein verteilbares Geld vorhanden ist, soll niemand Geld mitbringen müssen, um eine Betreuung führen zu können. **Auslagen werden daher stets erstattet.**[387]

Zu den **Aufwendungen** gehören alle Vermögensopfer, die die Betreuer zur Ausführung der Betreuung machen oder die als Folge der Ausführung entstehen, soweit der Betreuer sie den Umständen nach für erforderlich halten konnte. Hierzu zählen insbesondere **Kosten** wie Briefporto, Fotokopierkosten, Telefon- und Telefaxgebühren, Fahrtkosten zum Besuch des Betreuten oder um auf andere Weise dessen Angelegenheiten zu regeln.

In keinem Fall gehören Kosten für tatsächliche Pflegeleistungen dazu.

Die Fahrt mit dem Betreuten zum Arzt als Taxiersatz bleibt damit ohne Erstattung als Aufwendung. Die Fahrt, um mit dem Arzt die weitere Behandlung zu besprechen und entsprechende Entscheidungen zu treffen, ist dagegen Betreuertätigkeit, wenn der Aufgabenkreis sich darauf erstreckt. Dann sind diese letzteren Fahrtkosten als Aufwendungen ansetzbar.

383c Irgendwelche Auslagen werden immer entstehen. Das Beharren darauf, jede Briefmarke nachweisen zu müssen, könnte dabei leicht kleinlich und abschreckend erscheinen. Der Gesetzgeber hat sich deshalb entschlossen, für Ehrenamtliche eine **Pauschalabgeltung** anzubieten, die derartige Kleinlichkeiten vermeiden und zugleich eine Grundanerkennung zum Ausdruck bringen soll. Ehrenamtliche erhalten (auch als Anerkennungsbetrag) eine jährliche Pauschalentschädigung von z.Zt. 323 € (ab 1.7.2004).

Diese **Aufwandsentschädigung** ist ein bloßes Vereinfachungsangebot. Statt dessen können die ehrenamtlichen Betreuer etwaige höhere Aufwendungen konkret geltend machen. Sie müssen sich nur für einen Weg entscheiden, können nicht beides nebeneinander in Anspruch nehmen.

---

387 Ob konkret oder pauschaliert, ist eine andere Frage.

Die Pauschale ist begrenzt steuerpflichtig. Sie soll nach § 22 Nr. 3 EStG in Höhe von 256 € steuerfrei, i.ü. zu versteuern sein, wenn den Finanzbehörden gegenüber im Einzelfall keine höheren tatsächlich entstandenen Aufwendungen belegt werden können.[388] 383d

Der Grundsatz der Unentgeltlichkeit kann weiter dann nicht gelten, wenn Betreuer als 384
Professionelle in Anspruch genommen werden. **Diese Betreuer sind zu entlohnen**, d.h. wenn und soweit es vor der Tätigkeit ausdrücklich ausgesprochen worden ist.

In etwa 1/3 aller Fälle findet sich kein Ehrenamtlicher, der bereit oder in der Lage ist, die Aufgaben zu übernehmen. Damit bliebe nur, gerade die Menschen mit den meisten Problemen allein zu lassen, wenn man denn an der Unentgeltlichkeit festhalten wollte. Oder man muss Profis in Anspruch nehmen, Menschen, die dafür und davon leben, dass sie rechtliche Hilfe leisten.

Der Gesetzgeber des Betreuungsrechtes hat sich, wenn auch nur unwillig, dazu entschlossen, den zweiten Weg zu gehen. Er wollte einerseits das Postulat der Ehernamtlichkeit nicht infrage stellen lassen, hat andererscits eingesehen, dass es Grenzen der Belastungsmöglichkeit für Ehrenamtliche gibt.

Das BGB verlangt, dass von Anfang an klar ist, ob zu zahlen ist. Dieses System gilt 384a
durchgängig, **unabhängig von der Art des Berufes des Betreuers**. Wer in der Bestellungsentscheidung nicht als professioneller Betreuer berufen worden ist,[389] wird nicht bezahlt, auch wenn er (sonst) Berufsbetreuer ist.

Wer bezahlt wird,[390] wird nach Stundensätzen, gegebenenfalls begrenzt durch die Vorgaben über die Maximalzahl der abrechenbaren Stunden, bezahlt, nicht nach anderen Vergütungsordnungen wie z.B. dem RVG.

Die besonderen Vergütungsordnungen aus anderen Regelungsbreichen können aus- 384b
nahmsweise nur dann greifen, wenn Betreuer ihre berufliche Tätigkeit als solche genutzt haben, um sonst anderweitig „einzukaufende“ Fachtätigkeit zu ersetzen, also dann, wenn ein anderer Betreuer ebenfalls einen Rechtsanwalt hätte zuziehen müssen.[391]

I. Gesetzliche Grundlagen und Kostenträger

Aufwendungsersatz, Aufwandsentschädigung und Vergütungen werden nach §§ 1835 385
ff. i.V.m. 1908i BGB sowie dem Gesetz über die Vergütung von Vormündern und Betreuern (VBVG) gezahlt, entweder aus dem Vermögen des Betreuten oder aus der Staatskasse.

Vorrangig ist der Betreute verpflichtet. Die Maßnahme werden für ihn und in seinem Interesse durchgeführt. Er muss sie deshalb auch bezahlen, wenn er es kann.

Anderseits sollen **mittellose** betreuungsbedürftige Menschen nicht ausgeschlossen werden, weil sie die Leistungen nicht selbst bezahlen können. Für sie tritt deshalb **der**

388 Erlass des bayr. Finanzministeriums vom 7.4.2004, der mit den obersten Finanzbehörden der anderen Länder abgestimmt worden sein soll.

389 Diese Voraussetzung gilt seit 1999

390 Für die Tätigkeit als solche. Es geht dabei also nicht um Entschädigungen aus vorhandenem Vermögen (s. oben bei Rdnr. 383 a).

391 Ansatz ist § 1835 Abs. 3 BGB, vgl. BayObLG NJW 2002, 1660.

Staat ein. Es handelt sich materiell um eine nachrangige Sozialleistung, die aus den Justizkassen erbracht wird.

Die Abgrenzung, ob **Mittellosigkeit** vorliegt wird an das SGB XII angelehnt (Nachfolger des BSHG). Durch die Änderung der Verweisung hat sich ab 1.1.2005 eine Erhöhung des Vermögensfreibetrages von bisher 2.301 € auf jetzt 2.600 € ergeben. Andererseits hat es dabei auch sein Bewenden. Die früher teilweise vorgenommenen Erhöhungen sind ersatzlos entfallen.

Per 1.7.2004 ist der Einkommensfreibetrag von 853 € auf 690 € herabgesetzt worden. – Im Einzelfall ist im übrigen auf die besonderen Lebensumstände abzustellen und in eine detaillierte Prüfung einzutreten.[392]

386 Auch die **Aufwandspauschale**, die jedem[393] Betreuer zusteht, wenn er nicht anders abrechnet, ist wirklich ebenso wie der Aufwendungsersatz nach Einzelabrechnung (§ 1835 BGB) bzw. die Vergütung (§ 1836 BGB oder nach dem VBVG) **durch die betreute Person zu zahlen.**

Nur in den Fällen, in denen die betreute Person mittellos sein sollte, ist eine Zahlung der Aufwandspauschale aus der Staatskasse, aus dem Justizhaushalt des jeweiligen Bundeslandes, vorgesehen.

387 Alle Zahlungen erfolgen **nur nach Geltendmachung** durch die Betreuer, wobei diese nicht an eine bestimmte Form nicht gebunden ist. Es sind aber Ausschlussfristen zu beachten.[394] Wenn diese Fristen überschritten wird, gibt es kein Geld mehr, auch nicht mit Billigkeitserwägungen. Der Begriff **Ausschlussfristen** ist sehr ernst gemeint.

388 Dieses Kostenausgleichssystem, das sich in erster Linie **aus den Mitteln der Betreuten** finanzieren soll, kann für Menschen mit kleineren Vermögen ein intensiv **emotional besetzter Ablehnungsgrund** für eine rechtliche Betreuung sein oder werden.

Wer etwa 10.000 € „für das Alter" angespart hat und nun erlebt, dass in den ersten Monaten davon je rund 400 € für die Kosten der rechtlichen Hilfe, also das bloße Organisieren der nötigen tatsächlichen Hilfe, aufgefressen werden, kann sich dem Hinweis auf den Wert dieser Hilfe nur noch selten richtig öffnen.

388a Die **Zahlungen aus der Staatskasse**, also den Justizhaushalten nur für diesen Bereich, ohne die Kosten der Gerichte für deren Personal etc, haben sich in den letzten Jahren regelmäßig deutlich erhöht und bei den dort Verantwortlichen **ebenfalls Abwehrreaktionen** ausgelöst,[395] die ihren Niederschlag in dem 2. BtÄndG gefunden haben.

---

392 Einzelheiten z.B. bei Dodegge/ Roth, Praxiskommentar BetreuungsR, Kap. F.

393 Die Rechtsprechung ist bei mehreren bestellten Ehrenamtlichen nicht ganz einheitlich. Die Tendenz geht aber deutlich dahin, jedem die volle Summe zu geben; vgl. BayObLG NJW-RR 2002, 942.

394 Grundsätzlich 15 Monate für berufliche Tätigkeit ab Fälligkeit (§ 2 VBVG) und bei Ehrenamtlichen eine gleitende Frist, jeweils bis zum Ende März des folgenden Jahres (also eine Frist zwischen 15 und 3 Monaten; § 1835 a Abs. 4 BGB). In die Falle der unterschiedlich langen Frist sind schon manche Ehrenamtliche gelaufen und haben dann sehr ungehalten reagiert. Es handelt sich um Ausschlussfristen, die nicht verlängert werden können und für die es auch keine Wiedereinsetzung bei unverschuldeter Überschreitung gibt.

395 Zahlenentwicklung s. bei Rdnr. 47.

II. Vergütungsregelungen für Betreuer

Für die Bezahlung ist der **Bestellungsvorgang wichtig.** Während bis zum 31.12.1998 erst bei der Abrechnung die Frage aufzuwerfen war, ob jemand Berufsbetreuer ist und welche Tätigkeiten zu vergüten sind, muss seit dem die Entgeltlichkeit in dem anordnenden Beschluss bestimmt[396] werden (§ 1836 BGB i.V.m. § 1 VBVG).[397] 389
Das Gericht soll sich bei der Anordnung klar werden, ob eine beruflich geführte Betreuung angemessen ist. Alle anderen Beteiligten sollen sich auf die Kostenfolgen, wie auch die Beschränkung der Aktivitäten nach der Einführung der Kostendämpfungsregelungen, einstellen können.
In Anknüpfung an die alte Rechtsprechung des BVerfGes, dass der Staat berufliche Tätigkeit, die er durch staatliche Anordnung in Anspruch nimmt, auch zu bezahlen hat,[398] stellen die Vergütungsregelungen **grundsätzlich** auf eine **Entlohnung nach Stundensätzen** ab, die auskömmlich sein sollen.[399]
Da sich gezeigt hat, dass das erhebliche Gefahren in sich birgt, die Tätigkeit dann kaum zu begrenzen ist, sich wichtige Gründe für noch mehr Stunden fast immer haben finden lassen, hat das 2. BtÄndG als Folgeschritt pauschale Stundenvorgaben eingeführt. Es sind äußerlich also zwar keine gesetzlichen Fallpauschalen eingeführt worden. Da andererseits nur noch Standardstunden berechnet werden dürfen und zwar ohne konkreten Nachweis über die Entstehung, entspricht das neue System im Ergebnis einem Fallpauschalensystem, mit der Relativierung, dass es auf die Qualifikation des Bestellten ankommt, welche Pauschale er erhält und für wen er bestellt ist.
Mit dieser Regelung ist der umfangreiche alte Streit darüber, welche Einzeltätigkeiten abgerechnet werden können, für die meisten Betreuerinnen erledigt. Sie erhalten die vorgegebenen Stundensätzen, auch in Härtefällen nicht mehr.

Das **VBVG** geht für Betreuer von einem Basisstundensatz von 27 € aus (**incl. Ust. und Aufwendungsabgeltung**, pauschaliert), der auf 33,50 € oder 44 € angehoben werden kann, wenn entsprechende durch Ausbildung nachzuweisende Qualifikationen vorliegen (§ 4 VBVG). 390
Berufsbetreuer sind umsatzsteuerpflichtig und nach dem BFH Urteil vom 4.11.2004 auch gewerbesteuerpflichtig.[400]
In den vorgenannten Sätzen sind alle Aufwendungen, also Ausgaben für die Betreute enthalten, Porto, Telefon, km-Kosten. Sie enthalten damit alle Wegekosten, Bürokosten, Versicherungskosten etc.

Gesondert geltend gemacht werden können nur Tätigkeiten aus besonderen beruflicher Zuwendung, so z.B. wenn ein bestellter Rechtsanwalt für den Betreuten als Anwalt tätig wird, damit die Zuziehung eines anderen Rechtsanwalts erspart, und dem Betreuer insoweit Vergütungsansprüche nach dem RVG entstehen (§ 1835 Abs. 3 BGB). 390a

---

396 Nicht erforderlich bei Vereinsbetreuern

397 Beschlussbeispiele in Anlage I, 4; dort „als Berufsbetreuer“ oder mit einer ähnlichen Floskel. Es gibt auch Gerichte, die formulieren: Die Betreuung wird berufsmäßig geführt.
Der Anordnungsbeschluss sollte darauf jeweils genau geprüft werden. Rückwirkende „Berichtigungen“ sind außerordentlich problematisch.

398 BVerfGE 54, 251, 269; BVerfG BtPrax 2002, 35

399 Ob sie das je waren und zukünftig sein werden, ist naturgemäß ein dauernder Streitpunkt.

400 IV R 26/03.- Diese Zusatzbelastung ist bei den Sätzen bisher nicht zureichend berücksichtigt.

390b Nach vorläufigen Schätzungen bleiben von einem Stundensatz von 44 € nach Abzug der vorerwähnten Kosten (Rdnr. 390) etwa 35 € übrig.

Diese 35 € können durch die Tätigkeit für einen Betreuten nicht mehr beliebig vervielfältigt werden. Nach altem Recht kam es nur auf die Bedarfslage an, konnte es geschehen, dass für einen psychisch belasteten Suchtstoffabhängigen in einer Woche mehr als 10 Stunden aufgewendet und abgerechnet wurden.

Das ist zukünftig unterbunden. Die **abrechenbaren Stunden** sind **vorgegeben**, wobei die Vorgaben eine **strikte Begrenzung** enthalten, für jede Art der Tätigkeit. Die Stundengrenzen schließen es aus, zusätzliche bezahlte Zeit in Rechnung zu stellen, müssen die unmittelbar zugewendeten Arbeitsleistungen, Rüstzeiten, Wegezeiten, Bürozeiten abdecken.

391 Jede Betreuerin soll pro Betreuter nur noch einen vorgegebenen Betrag erzielen können, wird sich für eine Ausweitung ihres Einkommens also zusätzlichen Betreuten zuwenden müssen (s. oben **Rdnr. 119**).

Der einer Betreuerin zu vergütende **Zeitaufwand** ist seit dem 1.7.2005 danach zu **unterscheiden**, ob es sich um **vermögende/bemittelte oder mittellose** Betreute handelt und ob sie in oder außerhalb eines Heimes leben.

Selbstzahler erhalten mehr Zuwendung, müssen sie jedenfalls bezahlen. Nimmt man die neue Regelung ernst, wird es ihnen versagt sein, sich mehr rechtliche Betreuung „zu kaufen", selbst wenn sie es wollen und sich leisten können. Das mag zum einen ärgerlich erscheinen, schließt zukünftig andererseits den nicht ganz seltenen Streit mit Angehörigen über die vermeintliche „Ausplünderung" Wohlhabender aus.

391a Die **Betreuten, die auf Leistungen der Staatskasse angewiesen** sind, werden auf geringere Zuwendung, weniger Stunden der Tätigkeit für sie verwiesen.

391b **Für Selbstzahler** sind durch professionell tätige, und als solche bestellte Betreuer abrechenbar, wenn die Betreute in einem Heim wohnt:

> In den ersten drei Monaten der rechtlichen Betreuung je 5 ½ Stunden, im vierten bis sechsten Monat je 4 ½ Stunden, im siebten bis zwölften Monat je 4 Stunden, danach je 2 ½ Stunden.

Wohnen sie außerhalb eines Heimes:

> In den ersten drei Monaten der rechtlichen Betreuung 8 ½ Stunden, im vierten bis sechsten Monat 7 Stunden, im siebten bis zwölften Monat 6 Stunden, danach 4 ½ Stunden.

391c **Mittellose Betreute** erhalten dagegen nur, wenn sie in einem Heim wohnen:

> In den ersten drei Monaten 4 ½ Stunden, im vierten bis sechsten Monat 3 ½ Stunden, im siebten bis zwölften Monat 3 Stunden, danach 2 Stunden.

Wohnen die mittellosen Betreuten außerhalb eines Heimes sind abrechenbar:

> In den ersten drei Monaten je sieben Stunden, im vierten bis sechsten Monat je 5 ½ Stunden, im siebten bis zwölften Monat je 5 Stunden, danach je 3 1/2 Stunden.

391d Die Abstufung zeigt sehr deutlich, dass es auch Ziel ist, berufliche Betreuungen nach der schwierigen Anfangsphase, in der die Professionellen gebraucht werden, für sie möglichst unattraktiv zu machen.

392 Man mag sich daran stoßen, dass der Gesetzgeber die Heimaufenthalte als vermeintlichen Standard vorweg geregelt und den anders wohnenden Betreuten erst an zweiter Stelle genannt hat. Der inhaltliche Ansatz, dass der Aufwand bei den selbständiger

Wohnenden in der Regel höher sein wird, ist zutreffend, mit 3 ½ Stunden je Monat jedoch kaum abdeckbar. 3 ½ für alles, einschließlich des jeweiligen Weges zu ihm.

Was das Vergütungsrecht unter einem **Heim** versteht ist in § 5 Abs. 3 VBVG zum 392a Teil eigenständig und zum Teil mit einer ausdrücklichen Bezugnahme auf § 1 Abs. 2 HeimG geregelt. Es kommt insoweit **nicht** auf die **Selbstdefinition** der genutzten Einrichtung an, sondern nur auf diese Definition des Vergütungsrechts. Im Kern stellt sie auf die Zusatzleistungen neben dem Wohnen ab (tatsächliche Betreuung und Verpflegung), dass die Einrichtungen entgeltlich betrieben werden und deren Bestand unabhängig von den jeweiligen Bewohnern ist. Der Verweis auf das HeimG schließt aus, dass aus verpflichtenden untergeordneten Drittleistungen der Heimcharakter abgeleitet werden kann.

In einer Sonderregelung versucht das VBVG Berufsbetreuer zu motivieren, ehrenamtliche hinzuzuziehen, bietet den beruflichen bei der Abgabe einen kleine Stundenbonus für die Übergangszeit (§ 5 Abs. 5 VBVG).

Das 2. BtÄndG hat versucht, alle vermeintlichen Schlupflöcher zu schließen, die disku- 393 tiert worden sind, um der strikten Pauschalierung zu entgehen.

So dürfen bezahlte Betreuer nicht nebeneinander bestellt werden. Damit ist es ausgeschlossen, den einer einzelnen Betreuten zuzuwendenden Aufwand dadurch zu vergrößern, dass z.B. eine Betreuerin die personenbezogenen Bereiche übernimmt und eine die Vermögenssorge.

Auch Urlaubs- und Krankheitsvertreter sind der Pauschalierung unterworfen, erhalten nur anteilige Stundenkontingente (§ 6 VBVG), anteilig nach Tagen, interessanter Weise mit einer Dezimalunterteilung (Aufrundung auf volle Zehntel).

Das wird es mit sich bringen, dass die früher von Betreuungsbüros und manchen Vereinen angestrebte Standarbestellung von Vertretern in dieser Weise nicht mehr umgesetzt werden kann.

Lediglich die besonderen Betreuer für eine Sterilisation und Vertreter bei einer recht- 394 lichen Verhinderung (gesetzlicher Vertretungsausschluss, s. **Rdnr. 142**) erhalten eine echte Stundenbezahlung, allerdings nach den schlechteren Stundensätzen des Vormundschaftsrechts, dafür mit gesonderten geltend zu machenden Aufwendungen.

Früher hat es viel Streit um die Frage gegeben, **welche Qualifikationen wann nütz-** 395 **lich** für die Betreuung sein können oder sind. Man stellt nunmehr darauf ab, ob die nachgewiesene Ausbildung „im Kern“ nutzbare Fähigkeiten vermittelt hat. Das bringt den eigenartigen Effekt mit sich, das jemand, der möglicherweise mehr als z.B. ein Betriebswirt weiß, nicht zureichend qualifiziert ist, weil er zuviel anderes auch noch gelernt hat, der Kern seiner Ausbildung auf andere Themen gerichtet war. Ob das alles so richtig ist und ggf. auch bei etwaigen neuen Auseinandersetzungen vor dem BVerfG Bestand haben wird, bleibt abzuwarten.

Unproblematisch[401] sind Abschlüsse wie z.B. bei Heilerziehungshelfern, Bankkaufleuten, Altenpflegern (2. Stufe), Rechtsanwälten , Betriebswirten[402] oder Sozialpädagogen

401 Weiter gehende Übersicht bei Dodegge NJW 2002, S. 2919,2926.
402 mit Studium.

(3. Stufe) also klassischen Berufen aus dem Metier, bei denen niemand die Diskussion über die Einsatzqualifikation wieder aufnehmen will.[403]

396 Die **Vergütungspflicht** für Tätigkeiten der Betreuer beginnt[404] mit Zugang/ Bekanntgabe des Beschlusses über die Bestellung.[405] Das heißt aber nicht, dass es unmöglich ist, z.B. für die Zuziehung zu **Vorgesprächen** Fahrtkostenaufwand etc. zu erhalten. Man darf das nur nicht über §§ 1835 ff BGB bzw. das VBVG versuchen, sondern wird sich insoweit z.B. auf das Justizvergütungs- und EntschädigungsG[406] stützen müssen.

397 Wer sich in der **Aufbauphase** befindet, sollte deutlich erklären, dass er im nötigen Umfang bereit steht, um die Voraussetzungen des „in absehbarer Zeit" zu erfüllen (§ 1 Abs. 1 VBVG). Das dürfte jedenfalls dann gegeben sein, wenn es nur noch von der Bearbeitungsgeschwindigkeit des Gerichtes und der sonst Beteiligten abhängt, dass die 10er-Schwelle (oder die Zeitgrenze) in den nächsten Wochen überschritten wird.

Auch in dieser Phase muss die Bestellung als Berufsbetreuer in dem Beschluss ausgewiesen werden, nötigenfalls im Beschwerdewege. Sonst gibt es kein Geld. **Rückwirkende Nachbesserungen** sind allenfalls ab Antragstellung (auf Beschlussänderung unter Einsetzung als beruflich Tätiger) möglich, wenn die nachzuweisenden Voraussetzungen vorliegen, nicht generell.[407]

Wird ein **beruflich Qualifizierter** gerade **wegen dieser Fähigkeiten herangezogen** und werden ihm mehrere Betreuungen übertragen, liegt darin eine berufliche Inanspruchnahme, eine Überschreitung der staatsbürgerlichen Pflichten zu einer ehrenamtlichen unentgeltlichen Tätigkeit.[408] Daraus folgt aus verfassungsrechtlichen Gründen eine Entgeltlichpflicht,[409] die aber mit der Bereiterklärung eingefordert werden und **in dem Beschluss zum Ausdruck kommen muss.**

398 **Vergütungen** werden **nur auf Antrag** gewährt. Sie sind mit dem Auslagenersatz vor Ablauf der 15 – monatigen Ausschlussfrist (ab Entstehung des Anspruchs, nicht erst ab Rechnungsstellung) geltend zu machen. Diese Frist kann von dem Vormundschaftsgericht aber auch verkürzt sein (§§ 1, 2 VBVG i.V.m. § 1835 Abs. 1 a BGB).

In dem Antrag ist anzugeben, ob Vergütung aus der Staatskasse oder Festsetzung zum Zugriff auf das Vermögen des Betreuten erstrebt wird. Es ist grundsätzlich **Sache des Betreuers** die **Voraussetzungen** selbst **zu klären** (vgl. § 56 g Abs. 2 FGG), auch wenn ihm die Vermögenssorge nicht mit übertragen ist.

399 Besteht das Vermögen des Betreuten nur aus derzeit nicht realisierbaren Unterhaltsansprüchen, kann eine Festsetzung zu Lasten der Staatskasse begehrt werden, ohne dass diese darauf verweisen kann, der Unterhaltsanspruch sei zunächst nachhaltiger geltend zu machen.[410]

---

403 Das war nicht selbstverständlich. So hat es zeitweise Ansätze gegeben, hinterfragen zu wollen, was Rechtsanwälte in den personenbezogenen Bereichen qualifiziere. Insoweit fehlt ihnen in der Regel jede Ausbildung. Diese Erörterungen dürften aber endgültig erledigt sein.

404 OLG Schleswig MDR 1998, 972.

405 Nicht dagegen erst mit der Verpflichtung. Die Struktur im Minderjährigenrecht ist anders!

406 Früher das Gesetz über die Entschädigung von Zeugen und Sachverständigen (ZSEG). – Wenn eine Betreuung durch Fristablauf endet, der Betreuer weiter arbeitet und danach erst die Verlängerung erhält, wird manchmal versucht mit Geschäftsbesorgungsregeln des BGB zu helfen. Das ist aber höchst problematisch.

407 BayObLG NJW-RR 2001, 943.

408 Das wird z.B. bei der Zuziehung von Rechtsanwälten häufig der Fall sein.

409 OLG Frankfurt/M., Beschluss vom 8.1.2001, 20 W 243/00, RdLH 2001, 133

410 BayObLG BtPrax 2002, 40.

Es gibt kaum noch einen **Berufsbetreuer**, der die Rechnungserstellungen freihändig macht. Auf dem Markt gibt es mehrere **Software-Angebote** für Betreuer, die alle notwendigen Daten abfragen und Muster für die Anträge vorhalten. Grundsätzlich gehen Betreuungsbehörden wie die Gerichte ohnehin davon aus, dass eine entsprechende PC-Ausstattung wie Fax-Gerät und Handy zur **Mindestbürohardware** gehören. 400

Bei der Geltendmachung ist vorab zu klären, ob und ggf. welche Vordrucke in dem Land eingeführt worden sind oder welche Vorgaben von dem betreffenden Gericht gemacht werden. Das kann sich von Bundesland zu Bundesland unterscheiden, zum Teil in den einzelnen Gerichtsbezirken. Soweit das auf unterschiedlichen Ländergesetzen beruht, muss es ohnehin beachtet werden. Soweit es sich um Absprachen in den einzelnen Bezirken handelt, wird es die Betreuerin nicht weiter bringen, wenn sie darauf beharrt, sie wolle nur das liefern, was ihre Software immer auswerfe, es sei denn, sie ist nicht daran interessiert, in jenem Bezirk noch einmal bestellt zu werden.. 401

Der früher für Berufsbetreuer zu den einzelnen Betreuungen bestehende **Bestandsschutz**, der sich daraus ergab, dass bestellte Betreuer nur bei mangelnder Eignung ohne ihre Zustimmung entlassen werden konnten, ist seit 1999 deutlich verändert. Sie sind nur noch so lange zu beschäftigen, bis sich ein/e Ehrenamtliche/r findet. Man mag sich aus Sicht beruflicher Betreuung damit beruhigen wollen, dass die Zahl der herandrängenden Ehrenamtlichen überschaubar erscheint. 402

Schwieriger erscheint mir die Situation in zerstrittenen oder nur schwierigen Familien, bei denen zunächst der Ruf nach „der Neutralen“ laut wird; bis ein Familienmitglied sich anbietet, es nun doch selbst machen zu wollen; nach der ersten Rechnung wegen der Sorge um das Erbe? Diese Entlassungsanträge müssen jetzt potentiell mehr Erfolg haben können, als nach altem Recht.

Seit dem 1.1.2005 gilt ein einheitlicher Freibetrag von 2.600 €, die früheren unterschiedlichen hohen **Grundselbstbehalte** sind gegenstandslos. 403

Geschützt sind aber weiter bestimmte Vermögensgegenstände, z.B. eine selbstgenutzte Eigentumswohnung oder ein entsprechendes Haus.

Der Grundfreibetrag (**Schonvermögen**) der Betroffenen beträgt zwar jetzt immer **2.600 €.** Die gegebenenfalls erstattungspflichtigen Erben können aber nur den geringeren Schutz, in Höhe von 2.070 €, geltend machen (pflegende Angehörige bis zu 15.340 €).

III. Abwicklung nach Versterben der Betreuten

Ist die **Vergütung aus dem Nachlass** zu bezahlen, so sind Ansprechpartner die Erben, denn die Betreuerin darf über das Konto nicht mehr verfügen. Die Zahlung der Vergütung ist keine unaufschiebbare Maßnahme. 404

Das Nachlassgericht hat mit der Betreuervergütung nichts zu tun. Entscheiden muss das Vormundschaftsgericht darüber. Die Vergütungsansprüche sind dann Nachlassverbindlichkeiten, genau so wie unbezahlte Rechnungen, Mietrückstände oder die Kosten der Bestattung.

Ist der Erbe unbekannt, so kann die Betreuerin selbst beim Nachlassgericht eine **Nachlasspflegschaft** nach § 1960 BGB beantragen. Gefährdet ein bekannter Erbe die Vergütungsforderung der Betreuerin, so kann sie eine **Nachlassverwaltung** beantragen, für deren Abwicklung ähnliches gilt wie für die Nachlasspflegschaft. 405

In einigen Bezirken neigt man offenbar dazu, die Betreuerin nötigenfalls auch zur Nachlasspflegerin zu bestellen. Ob das im Hinblick auf die durch die Nachlasspflegerin auszuübende Kontrolle glücklich ist, ist zu bezweifeln. Auch der Betreuerin sollte eine koordinierte Abwicklung wichtiger sein, als die Möglichkeit noch einige EURO zu verdienen.
Die Tätigkeit der Nachlasspflegerin wird ebenfalls vergütet. Darüber entscheidet das Nachlassgericht (§ 1962 BGB).
Das Nachlassgericht versucht andererseits gerne, die Betreuerin wieder zu verpflichten, um eine neue Einarbeitung zu vermeiden. Man sollte sich darauf nur bei offensichtlich unproblematischen Vorgängen einlassen. Dann ist auch der Aufwand der Einarbeitung gering.

IV. Vergütung für Verfahrenspfleger

406 **Verfahrenspfleger** werden ebenfalls nur dann bezahlt (bis zum 30.6.2005 nach § 67 Abs. 3 FGG, seit dem 1.7.2005 nach § 67 a FGG), stets zunächst aus der Staatskasse, wenn das bei der Anordnung entschieden worden ist. Bei einem Schweigen in der Anordnung sind sie als ehrenamtliche tätig, mithin **unentgeltlich**, erhalten nur Auslagenersatz.
Das 2. BtÄndG hat auch das **Vergütungsrecht für Verfahrenspfleger** neu geregelt, für sie eine eigene Norm geschaffen (§ 67 a FGG), betont zunächst das Ziel auch Verfahrenspfleger möglichst unentgeltlich zuzuziehen. Die Behörde und ein Verein als Verfahrenspfleger erhalten dann nicht einmal Aufwendungsersatz.
Es heißt weiter, „wird eine Pflegschaft ausnahmsweise berufsmäßig geführt" (§ 67 a Abs. 2 FGG), ist eine Vergütung nach §§ 1 bis 3 VBVG zu zahlen, also mit den niedrigeren Stundensätzen des Vormundschaftsrechts, zzgl. Aufwendungsersatz, ohne Stundenbegrenzung wie bei Betreuern.
Das Gericht kann alternativ statt Aufwendungsersatz und Vergütung einen Festbetrag vorgeben, wenn dessen Ausschöpfung durch Arbeitsleistung gewährleistet erscheint (§ 67 a Abs. 3 FGG).

V. Ausblick

407 Die durch das 2. BtÄndG eingeführten Neuregelungen haben schon vor ihrem Inkrafttreten heftigen Protest ausgelöst. Viele Berufsbetreuer, gerade die mit besonderen Arbeitsschwerpunkten für sehr schwierige Klientel fürchten um ihr wirtschaftliches Überleben, sehen sich gehalten, unproblematische Basisbetreute zu übernehmen, die die nötige Grundstundenmasse gewährleisten sollen. Machbar ist so etwas, wenn man beispielsweise die Bewohnerinnen größerer Einrichtungen „blockweise vergibt", damit z.B. sicher stellt, dass keine unverhältnismäßigen Fahrtstunden anfallen. Welche Art der Zuwendung (§ 1901 BGB) diese Betreuten dann erwarten dürfen, zumal sie insoweit nur Grundpuffer für den Stundenüberbedarf der schwierigen Klienten sein würden, liegt auf der Hand.
Es bleibt abzuwarten, ob es dennoch gelingt, den Geist des Betreuungsrechtes zu bewahren, oder ob der Weg hinter 1992 zurück führt, wie vielerorts vorausgesagt wird.

§ 18 Haftung und Versicherungen

Die Übernahme von Betreuung ist oft mit der Sorge vor eigener Verantwortlichkeit verbunden. Viele fürchten strafrechtlicher Verfolgung wegen etwaiger Fehler. Oder sie haben Angst vor Schadensersatzansprüchen. 408

In der Praxis zeigen sich typische Risikozonen, die viel schmaler sind, als oft befürchtet. Strafrechtliche Maßnahmen sind außer in Veruntreuungsfällen selten.[411]

Es gibt zivilrechtliche Auseinandersetzungen um **personenbezogene Schäden**; zu der Frage, wie eng Gangunsichere begleitet, **Gefährdete überwacht** werden müssen, um Stürze oder Körperschäden auszuschließen.[412] Es gibt Probleme im Zusammenhang mit angeblich überschießend eingesetzten Sicherungsmaßnahmen, mit der Folge dass etwa Schmerzensgeld zu zahlen sowie Anwaltskosten zu erstatten sind. 408a

Es sind Verletzungen anderer mit Werkzeugen in der Werkstatt mit dem Küchenmesser in der Küche einer Behinderteneinrichtung vorgekommen und es war dann die Frage zu klären, wer wegen etwaiger Aufsichtspflichtverletzungen die Heilbehandlungskosten zu tragen hat. Auch dabei handelt es sich allerdings eher um seltene Vorgänge, bei denen zudem oft davon ausgegangen werden kann, dass **Erprobungsfreiräume gewährt werden, hingenommen werden** müssen.

Häufiger gab es bisher Streit um „das Geld". Bei dem Streit um die **Nichtbeachtung finanzieller Interessen** steht die versäumte Geltendmachung von Ansprüchen im Vordergrund, zum Beispiel wegen einer Versäumung der Anmeldungsfristen für eine Krankenversicherung, recht häufig auch wegen der dortigen kurzen Fristen bei Beihilfeansprüchen. 408b

Unser System erwartet, dass jede, die sich auf eine rechtliche Betreuung einlässt, Grundkenntnisse zu sozialen Sicherungen hat und auch weiß, wie Ansprüche durchzusetzen sind. Ob diese Annahme so immer zutreffend ist, mag hier dahin stehen.

Es wird zum Beispiel erwartet, nötigen **Versicherungsschutz** bald und verlässlich zu klären oder herzustellen. Wenn dabei etwas versäumt wird, kann das dramatische Kostenfolgen, auch für die Betreuerin haben. Sie muss dann nötigenfalls die Betreute so stellen, als sei sie zureichend versichert, Mehrkosten tragen. 408c

Erwartet wird auch, dass die Einkünfte gesichtet und gesichert werden. Dazu kann es auch gehören, rechtzeitig und mit den richtigen Unterlagen eine **Erwerbsunfähigkeitsrente durchzusetzen.**

Die **Fristen für Rentenantragstellungen** wie für und bei **Versicherungen** sollten Betreuerinnen recht ernst nehmen. Es kann z.B. sehr teuer werden, wenn man für eine Betreute nur noch eine begrenzte private Versicherung findet, weil man eine Anschlussversicherung versäumt hat. 408d

Ausschlussfristen sind in der Regel nicht diskutierbar. Beihilfestellen geben die Rechnungen bei Fristüberschreitungen ungeprüft zurück, mit der Folge, dass die Betreuerin diese Beträge aus eigener Tasche zu erstatten hat, wenn ihre Betreuerversicherung nicht einspringt.

---

411 Auch die Vorwürfe wegen unberechtigter Freiheitsbegrenzungen beschränken sich auf wenige Fälle von Missbrauch, auf Fälle, in denen die Beteiligten sich „sehenden Auges" über Mindeststandards hinweggesetzt haben.

412 z.B. OLG Dresden, BtPrax 2005, 38 ff.

Wenn keine eigene Versicherung eintritt, muss die Betreuerin nötigenfalls die Fehlbeträge aus eigenen Mitteln erstatten, also z.B. Krankheitskosten ersetzen oder für die fehlenden Renteneinkünfte einstehen.

408e Im Alltag gründen sich die meisten Auseinandersetzungen in diesem Bereich aber auf kleinere Mängel, wie die verzögerte Neuanlage frei werdender Gelder. Zwar erfordert die Anlage gerichtliche Genehmigungen. Auch insoweit bleibt die **Verantwortlichkeit für** etwaige **Abwicklungsverzögerungen** aber **bei der Betreuerin.** Das Gericht übernimmt diese Verantwortlichkeit nicht, ermächtigt den Betreuer zum Handeln in der Regel mit dem ausdrücklichen Hinweis, dass die Umsetzungsprüfung in seiner Pflicht liegt.[413] Dem entspricht, dass es auch seine Aufgabe ist, für eine rechtzeitige und richtige Genehmigung Sorge zu tragen.

So hat bei einer beantragten Anlagegenehmigung, die erst mit dreimonatiger Verzögerung erteilt wurde, der Erbe – durch zwei Instanzen erfolgreich – Regress wegen der verlorenen Zinsen geltend gemacht. Man hat der Betreuerin vorgeworfen, sie hätte sich nicht mit der Antragstellung begnügen dürfen, hätte **nachfragen und drängen müssen.** Dann wäre es zu einer schnelleren Umsetzung gekommen.

409 Betreuer sind für vieles verantwortlich, aber nicht für alles. Für vieles heißt: sie sind auch dann verantwortlich, wenn z.B. das Gericht etwas konkret geprüft und genehmigt hat. **Die Genehmigung entlastet die Betreuerin nicht.**

Ihre Haftung hat jedenfalls Vorrang; die **Staats- wie Bedienstetenhaftung**, wenn sie denn überhaupt in Betracht kommt, ist insoweit **immer nachrangig.** Man geht dabei so weit, von der Betreuerin eine kritische Kontrolle, ggf. die Einlegung von Rechtsmitteln oder die Nichtumsetzung falscher Entscheidungen zu erwarten. Ob das alles so ohne weiteres nachvollziehbar ist, sei dahingestellt. Man sollte sich dem Risiko nur nicht verschließen.[414]

Die bestellte Betreuerin muss sich darüber im klaren sein, dass sie bei der üblichen Anordnung der sofortigen Wirksamkeit in der Pflicht ist, **sobald sie den Beschluss zur Kenntnis** erhält, als Berufsbetreuer auch dafür zu sorgen hat, dass die Kenntniserlangung alsbald geschieht. Die gerichtliche Verpflichtung ist, anders als im Minderjährigenrecht, ebenso unmaßgeblich wie die Erlangung der sonst etwa vorhandenen Unterlagen.

I. Haftung gegenüber dem Betreuten

410 Betreuer **haften** zunächst dem Betreuten über §§ 1908i, 1833 BGB **für jedes Verschulden,** für jede schuldhafte Verletzung der Betreuerpflichten. In der Regel entsteht dabei seltener wirklich Streit mit dem Betreuten, allenfalls mit einem Folgebetreuer oder insbesondere mit den Erben, sonst mit den Krankenkassen, auf die etwaige Ersatzansprüche übergegangen sind und die die Aufwendungen für Behandlungen geltend machen, so etwa bei durch Sicherungsmaßnahmen vermeidbaren Stürzen.

---

413 Übersendungsschreiben einer entspr. Genehmigung in Anlage I, 10.3.

414 Die Zuziehung anwaltlicher Hilfe bei Auseinandersetzungen mit dem eigenen Vormundschaftsgericht sollte unter Kostenaspekten sorgfältig überdacht werden. Auch wenn das zum Erfolg führen sollte, ist in FGG-Verfahren nur in Ausnahmefällen mit einer Erstattung zu rechnen (§ 13 a FGG); vgl. LG Koblenz BtPrax 1998, 156.

Solche Auseinandersetzungen können teuer werden. So hat das OLG Dresden am 23.9.2004[415] in einem Regressstreit die Fürsorgepflichten nochmals betont und hervorgehoben, dass es auch zu den Pflichten gehören kann, die Betreute gegen ihren Willen einzugrenzen. 410a

- *Eine Krankenversicherung hatte von einem Heimträger 86.000 € Entschädigung verlangt, weil nach früheren Stürzen einer Bewohnerin nicht verhindert worden war, dass es zu einem weiteren Sturz kam. Nachdem die Geschädigte sich bei dem nächsten Sturz u.a. Wirbelsäulenschäden mit Lähmungsfolgen zugezogen hatte, sollte das Heim die Kosten der stationären Behandlung ersetzen.*

Das OLG Dresden ist davon ausgegangen, zu der Pflicht des Heimes gegenüber der Bewohnerin habe es auch gehört, notwendige Sicherungen herbeizuführen. Das Heim habe sich nicht mit ihrer Verweigerung begnügen dürfen, sondern hätte das Gericht anrufen müssen. Aus der Verletzung dieser nebenvertraglichen Pflichten sei der Bewohnerin ein Schaden entstanden. Der Ersatzanspruch sei Kraft Gesetzes (§ 116 SGB X) auf die Krankenkasse übergegangen. Die Krankenkasse hatte Erfolg mit ihrem Schadensersatzbegehren.

Das OLG hat zu Recht ausgeführt, das Heim habe zwar keine eigene Umsetzungsbefugnis aber zureichende andere Möglichkeiten gehabt, sicher zu stellen, dass der notwendige Schutz eintrete.

Diese Argumentation kann und muss ohne weiteres für die Pflichten der etwa schon bestellten Betreuerin umgesetzt werden. Sie ist noch näher an der Betreuten und den Schutzpflichten, hat das Heim nötigenfalls im Interesse der Betreuten zu überwachen, dort auf die im Interesse der Betreuten gebotenen Maßnahmen hinzuwirken, etwa erforderliche Genehmigungen zu beschaffen. 410b

Die Verantwortlichkeit wird selbst dann greifen können, wenn der Aufgabenkreis die unmittelbare Tätigkeit noch nicht deckt. Die Betreuerin hat ja auch die Pflicht, etwa erkannte Probleme weiter zu melden und ggf. auf eine Ausweitung der eigenen Befugnisse hinzuwirken.

Auch in der **Überschreitung der Kompetenzen** aus den zugewiesenen Aufgabenkreisen kann eine **Pflichtverletzung** im Verhältnis zu dem Betreuten liegen. So soll ein Betreuer, der zwar die Aufgabe „Gesundheitsfürsorge“, nicht aber auch „Aufenthaltsregelung“ hatte, zum Schadensersatz verpflichtet sein, wenn er dennoch eine geschlossene Unterbringung (mit gerichtlicher Genehmigung) veranlasst.[416] Die Genehmigung allein rechtfertigt die Unterbringung ebenso wenig wie die medizinische Indikation! 411

Bisher hat es dazu im Betreuungsbereich nur wenige Folgeauseinandersetzungen gegeben. Die meisten[417] Betroffenen, die sich unberechtigt untergebracht fühlten und sich wehren konnten, haben sich mit der Feststellung der Rechtswidrigkeit begnügt. Das ist nicht selbstverständlich und kann nicht ohne weiteres auch für die Zukunft vorausge- 411a

415 AZ: 7 U 753/04; BtPrax 2005, 38 ff.

416 s. OLG Hamm, Urteil vom 9.1.2001, 29 U 56/00, RdLH 2001, 180

417 Nicht alle; vgl OLG Oldenburg VersR 1991, 306, das schon für 1988 je Tag unberechtigten Psychiatrieaufenthaltes 350 € zuerkannt hat. Der BGH hat das Urteil bestätigt.

setzt werden. Vergleicht man den Streit aus dem Umfeld der Aufenthalte in Justizvollzugsanstalten, ist davon auszugehen, dass ein Tag unberechtigter Unterbringung jetzt 750 bis 1.000 € Schadensersatz kosten kann.

Dabei kommt es nicht nur darauf an, ob die Unterbringung „eigentlich" doch nötig oder sinnvoll war, sondern auch auf die formalen Voraussetzungen.

411b Schaut man sich im Alltag Unterbringungsanträge wie Genehmigungen einmal kritischer an, ist erstaunlich, wie vieles „großzügig" behandelt wird.

Wenn es Streit zum Schadensersatz gibt, hilft das keinem mehr. Die Betreuerin kann sich hier nicht, wie auch sonst nie, zu ihrer Entlastung darauf berufen, das Gericht habe die von ihr durchgeführte Maßnahme schließlich genehmigt.

Es ist Aufgabe der Betreuerin, sich zu vergewissern, dass der Aufgabenkreis genügt. Ist er unzureichend, ist die Maßnahme selbst dann rechtswidrig, wenn das Gericht das ebenfalls übersieht und genehmigt. Anders als in anderen Bereichen handelt es sich gerade **nicht** um eine **gerichtlich angeordnete** Freiheitsentziehungen, **sondern um Genehmigungen zu Maßnahmen der Betreuerin.**

412 Wenn die Betreuerin bestellt ist und Hilfspersonen zugezogen werden, haftet die Betreuerin zwar bei Fachpersonal in der Regel nur für die **sorgfältige Auswahl**, nicht auch für die fachgerechte Abwicklung. Das ändert aber nichts an einer bestehen bleibenden Pflicht zur Begleitung bzw. Überwachung und nichts an der Pflicht, erkannten Problemen sofort und nachdrücklich nachzugehen.

Schwieriger ist die Verantwortlichkeit bei zugezogenen **Urlaubsvertretungen**, Untervollmachten und dergleichen. Insoweit wird die Betreuerin in der Pflicht bleiben, auch für deren Verschulden einstehen müssen. Das ist wirtschaftlich problematisch, weil die **eigene Versicherung der bestellten Betreuerin diese Risiken nicht deckt.**

Deshalb wird oft empfohlen, für eigenen Urlaub und längere Abwesenheiten lieber einen **Vertretungsbetreuer** (§ 1899 Abs. 4 BGB) zu beantragen. Er wird in manchen Bezirken auch als **Ergänzungsbetreuer** bezeichnet. Ob das Vormundschaftsgericht zu einer derartigen Bestellung bereit ist, wird zu klären sein. Es wird keinen generellen Anspruch auf einen Vertreter geben.[418]

II. Haftung gegenüber Dritten

413 Die Aufgaben der Betreuer sind auf die **Wahrnehmung der Interessen der Betreuten** ausgerichtet. Ihnen ist nicht zugleich die Aufgabe übertragen, Drittinteressen wahrzunehmen. Das gilt selbst dann, wenn eine Betreuung ausnahmsweise aus Anlass sonst bestehender Nichtdurchsetzbarkeit von Drittinteressen eingerichtet worden ist. Der Betreuer ist dann der bis dahin fehlende Ansprechpartner, handelt aber in fremdem Namen und Interesse. Daraus ergibt sich in der Regel keine unmittelbare eigene Haftung, jedenfalls solange nicht, wie er sich an diese Rolle hält.

413a Dieses System hat der Gesetzgeber im wesentlichen bisher nur an einer Stelle im Interesse öffentlicher Kassen durchbrochen. Mit Wirkung zum 1.1.2005 ist im **Sozialhilferecht** eine die **eigenständige Haftung handelnder Vertreter** stärker betont worden.

418 Antragsbeispiel oben bei Rdnr. 146.

Es heißt in § 103 Abs. 1 der Vertreter sei (aus eigener Tasche) zum Kostenersatz verpflichtet, wenn er die Rechtswidrigkeit des der Leistung zugrunde liegenden Verwaltungsaktes kannte oder infolge grober Fahrlässigkeit nicht kannte. Das bedeutet, dass die Betreuerin nicht über ein problematisches Verhalten ihres Betreuten oder seiner Familienangehörigen „hinweg sehen" darf. Hat sie erkennen können, dass die Werte vor dem Sozialamt „gerettet" haben oder daran vorbei nutzen, ist sie offenlegungspflichtig, widrigenfalls sie selbst zahlungspflichtig wird. Erst Recht darf sie nicht an Transaktionen mitwirken, mit denen derartige „Werteerhaltungen" versucht werden sollen.[419]

Die Betreuerin haftet Dritten gegenüber als **Vertreterin ohne Vertretungsmacht** (§ 179 414
BGB), wenn sie handelt, insbesondere Rechtsgeschäfte schließt, die nicht in ihren Aufgabenkreis fallen.[420] Wer ohne Vertretungsbefugnis einen Heimvertrag abschließt, riskiert, alle ungedeckten Kosten selbst zahlen zu müssen.

Der Betreuer kann selbst als berechtigter Vertreter mit eigenem Vermögen haften, wenn er persönliches Vertrauen in Anspruch nimmt oder sonstige nebenvertragliche Pflichten verletzt (§ 311 Abs. 3 S. 2 BGB).[421]

Auf diesem Hintergrund **empfiehlt** es sich **nicht, nur auf** den Status als **Betreuerin zu verweisen.** Damit würde die Betreuerin jedenfalls alle Risiken eines Missverständnisses zum Handlungsumfang für sich selbst festschreiben.

Auch der Hinweis auf die bisherige unproblematische Zusammenarbeit in anderen Fällen und die Einforderung entsprechenden Vertrauens kann zur Falle werden, weil sich daraus eine eigene Verantwortlichkeit ergeben kann. Fatal ist das z.B. für Heim- oder Unterbringungskosten, die schnell zu nicht unproblematischen Höhen auflaufen können.

III. Aufsichtspflichten

Ist die Betreuerin aufsichtspflichtig, kommt eine Haftung für Schäden in Betracht, die 415
die Betreute Dritten verursacht hat. Voraussetzung hierfür ist die **Verletzung der Aufsichtspflicht** (§ 832 BGB). Die greift allerdings im Betreuungsbereich viel seltener, als oft behauptet wird.[422] Die Betreuerin betrifft das nur, wenn sie gerade für diesen Bereich zuständig ist, der Aufgabenkreis auch die Verhinderung der damit entsprechender Gefahren umfasst.[423] Die heute wieder stark betonte Seite „nur" als gesetzlicher Vertreter zuständig zu sein, kann sich in diesem Bereich also hilfreich auswirken.

---

419 Die zudem oft nichtig sein werden. Die Rechtsprechung toleriert keine derartigen Verträge zu Lasten der Allgemeinheit (OLG Frankfurt, BtPrax 2004, 200 f.).
Hier geht es auch um etwas anderes als bei den zulässigen Versuchen, durch geschickte Gestaltung eines Testamentes einem Behinderten Werte neben Sozialleistungen zu erhalten. Mit dem Testament werden Vermögensbewegungen gesteuert, die noch nicht zum Vermögen des Betroffenen gehören. Bei „Rettungen" sollen Vermögensteile verschoben werden.

420 In der Überschreitung der Kompetenzen aus den zugewiesenen Aufgabenkreisen kann auch eine Pflichtverletzung im Verhältnis zu dem Betreuten liegen, OLG Hamm, Urteil vom 9.1.2001, 29 U 56/00, RdLH 2001, 180. – Kritisch zu der Entscheidung Beck in BtPrax 2001, 195.

421 BGH MDR 1995, 95. – Zur Haftung bei der Unterzeichnung eines Krankenhausaufnahmeantrages Schwarz in MDR 2001, 674.

422 Zur „Entdramatisierung" dieses Themas s. Bauer in BtPrax 1998, 123 ff. und 168 ff.

423 LG Bielefeld BtPrax 1999, 115.

416 Grundsätzlich neigt die Rechtsprechung der letzten Jahre dazu, Sicherheitsrisiken für **Erprobungsfreiräume** insbesondere bei Personen, die die Folgen eigenen Handelns nicht überschauen können, grundsätzlich zwar zu akzeptieren, aber andererseits deutlich auch auf den nötigen Schutz zu verweisen.

Das wird z.B. in einer BGH-Entscheidung[424] deutlich, in der es um den Schadensersatz für eine abgebrannte Scheune ging, allerdings Minderjährige betraf. Das juristische Prinzip ist hier strukturell dasselbe.[425] Eine ähnliche Frage hatte das OLG Hamm zu beantworten, nachdem eine Behinderte in der Küche einer Einrichtung einen anderen Bewohner mit einem Messer schwer am Auge verletzt hatte.[426]

Bei Erwachsenen wird aber zu Recht betont, dass es **nicht sinnvoll** sein kann, eine grundlose **nahtlose Überwachung** zu inszenieren.

> „Bei der Beaufsichtigung einer erwachsenen geistig Behinderten in einer betreuten Werkstatt ist deren Würde zu wahren. Hat sie sich längere Zeit unauffällig verhalten, ist es nicht pflichtwidrig, sie im Küchenbereich unter Aufsicht mit einem Kartoffelmesser arbeiten zu lassen. Eine jedes Risiko ausschließende Überwachung ist nicht möglich.“[427]

417 Dagegen steht die Verurteilung einer Stiftung zu Schadensersatz, der unterlaufen war, dass sich ein bei ihr wohnender erwachsener Behinderter auf dem unbeaufsichtigten Weg von der Wohngruppe zur Werkstatt unterwegs von den anderen abgesondert hatte und ein Wochenendhaus in Brand steckte.[428] Die Klage war durch zwei Instanzen erfolgreich. Beide Gerichte sind von einer **Beaufsichtigungspflicht** ausgegangen, weil bei dem Bewohner ausgeprägte **Störungen des Sozialverhaltens** mit emotionalen Störungen bekannt gewesen seien. Die Einrichtung habe mit der Aufnahme vertraglich die Verantwortung von der bestellten Betreuerin übernommen und sei gehalten gewesen, Vorsicht walten zu lassen und Beschränkungen anzuordnen, soweit es greifbare Anhaltspunkte für eine wesentliche Drittgefährdung gab, auch wenn sich die Dinge noch nicht erkennbar konkretisiert hatten.

418 Das Eigenartige ist, dass sowohl das OLG Koblenz wie das OLG Hamm keine Bedenken hatten, von einer abgeleiteten Aufsichtspflicht zu sprechen, einer Pflicht, die „durch Vertrag“ übernommen sei. Die Frage ist nur, von wem? Üblicherweise wird die abgeleitete Pflicht nach § 832 Abs. 2 BGB nur angenommen, wenn es auch einen **primär Verantwortlichen** gibt. Das könnte hier jeweils nur die **Betreuerin** sein, der i.ü. bei Ausflügen, Urlauben etc. konsequenter Weise derselbe Vorwurf entgegen gehalten werden müsste. Die Pflicht bei der Betreuerin fest zu machen, fällt aber schwer, da es nach den Bestimmungen des Betreuungsrechtes gerade an einer gesetzlichen Grundlage für eine Aufsichtspflicht fehlt.

Die Bestellung zur gesetzlichen Vertreterin enthält selbst dann **keine Aufsichtsaspekte**, wenn sie recht umfassend ist. Oder weiter gefragt: auf welcher Grundlage hätte die Betreuerin ihre Betreuten festhalten sollen, der fortgehen will, wie sie befürchtet, um ein

---

424 BGH RdLH 1996, 126.

425 OLG Koblenz NJW RR 1997, 345 ff. Das OLG hielt eine Wegeüberwachung bei einem zum Zündeln neigenden volljährigen Behinderten für erforderlich, hat aus § 832 BGB verurteilt.

426 OLG Hamm NJW RR 1994, 863 f.

427 OLG Hamm a.a.O.

428 OLG Koblenz NJW RR 1997, 345 ff.

Haus anzünden, solange ihr keine Sicherungsgenehmigung (mit welchem Inhalt) erteilt worden ist?[429] Und: die Sicherungsgenehmigung enthält das Recht zur Sicherung, nicht die Pflicht und wohl erst recht nicht allein im Interesse eines Drittvermögensschutzes.

Damit keine Missverständnisse entstehen, soll hier aber nochmals betont werden, dass 418a
diese Argumentation nur auf unmittelbar betroffene Drittvermögensinteresse abzielt. Natürlich gibt es der Betreuten gegenüber auch Sicherungspflichten. Wenn die verletzt werden und daraus Schäden entstehen, für die andere einstehen müssen, ist die Regresspflicht nicht bestreitbar (s. oben **Rdnr. 410 a/b**).

Es zeigt sich mithin, dass immer noch **vieles im Fluss** ist, niemand garantieren kann, 419
dass die o.a. Rechtsprechungslinie zur Verantwortung nicht fortgesetzt wird. Insoweit ist es wichtig, sich klar zu machen, dass jedenfalls **keine Haftungserleichterungen** wie z.B. zugunsten der Eltern (vgl. § 1664 BGB) gelten, auch nicht analog.

Auch im **Unterbringungsbereich** kann bedeutungsvoll werden, wie weit oder eng Auf- 420
sichtspflichten gesehen werden. Eine Haftung gegenüber Patienten wird eher bei unberechtigter Unterbringung praktisch werden. Eine Haftung gegenüber Dritten mag auch bei zu Unrecht abgelehnter Unterbringung in Betracht kommen. Z.B. wenn eine Fehleinschätzung angedrohter Übergriffe erfolgt ist.

Bei stationären **Suicidpatienten** ist der Haftungsmaßstab nicht abstrakt nach allgemei- 421
nen Sicherheitsrisiken, sondern vor dem Hintergrund der konkreten Behandlungssituation zu bestimmen. Die Tatsache, dass Suicide gerade auch in Psychiatrischen Krankenhäusern unvermeidbar sind, rechtfertigt es nicht, die Sorgfaltsanforderungen zu lockern. Nötigenfalls ist eine konkrete und zeitlich wie räumlich wirksam sichernde Begleitung zu gewährleisten.

So ist ein Notdienstarzt vom OLG Koblenz zivilrechtlich zur Verantwortung gezogen 422
worden, weil er nicht erkannt hatte, dass bei der Frau, zu der er gerufen wurde, Suicidgefahr bestand. Er hätte nach Ansicht des OLG für eine dauernde Beobachtung Sorge tragen, sie nötigenfalls in eine Klinik einweisen lassen müssen. Sie war nach seinem Besuch und Medikamentengabe aus einem Fenster gesprungen, sechs Meter tief abgestürzt und hatte erhebliche Verletzungen erlitten.[430]

Hier kann die etwaige Haftung des Arztes nicht weiter beleuchtet werden. Eher als ihn trifft aber eine etwaige **Garantenpflicht** sicher einen Betreuer mit entsprechendem Aufgabenkreis, erst Recht, wenn er gar bei einer psychisch Kranken auf dem Hintergrund früherer Selbstaggressionen bestellt worden ist.[431]

IV. Versicherungen

Das Vormundschaftsgericht kann der Betreuerin den Abschluss einer **Haft-** 423
pflichtversicherung auferlegen (§ 1837 BGB).

Das ist für ehrenamtliche in der Regel kein Problem, weil die Länder für **ehrenamtliche** Betreuer, nicht aber für Berufsbetreuer, **Sammelversicherungen** abgeschlossen haben.

429 Mit einer ähnlichen Begründung ist die Klage einer Krankenkasse abgewiesen worden, die nach einem nächtlichen Sturz mit Knochenbruch den Vorwurf versucht hatte, eine Bettsicherung habe gefehlt.

430 BGH MDR 1998, 407. – Vgl. auch BGH MDR 2003, 989 (betr. sedierten Patienten)

431 Die möglicherweise fehlende eigene Zwangsumsetzungsbefugnis hindert die Verantwortlichkeit nicht, wie an einem weiteren Fall aus dem Minderjährigenrecht deutlich wird; OLG Hamm MDR 1996, 801.

Im Rahmen dieser Sammelversicherung besteht ein begrenzter Deckungsschutz in der Vermögensschadenshaftpflichtversicherung und der allgemeinen Haftpflichtversicherung.

Inanspruchnahmen aus Haftpflicht sind unverzüglich, z.B. über das Vormundschaftsgericht oder direkt an die Versicherung, zu melden. Über die Einzelheiten wie die Ansprechpartner werden die Betreuer bei der Verpflichtung informiert.

424 **Berufsbetreuer** müssen sich **selbst versichern.**

Bei Vereins- oder Behördenbetreuungen haftet nach außen i.d.R. der Verein bzw. die Behörde für die Mitarbeiter. Ein Regress wird allerdings nicht ausschließbar sein.

§ 19 Betreuungsvereine

Den Betreuungsvereinen obliegen die Mitarbeitereinstellung, deren Beaufsichtigung, Weiterbildung und Versicherung, die Gewinnung ehrenamtlicher Mitarbeiter, Beratungen und der Erfahrungsaustausch/Supervision (§ 1908f. BGB) sowie die Werbung für Vollmachten und Patientenverfügungen. Auch ihr Auftrag befindet sich damit in einem besonderen Spannungsfeld. Sie sollen zugleich notwendige Betreuungsressourcen stellen wie dafür Sorge tragen, dass möglichst wenig benötigt werden 425

Das ursprüngliche Anliegen, die Anerkennung der **Vereine überörtlich zu bescheiden,** 425a
ist nicht flächendeckend umgesetzt worden. Ihr Schicksal, die Arbeitschance wie die Entwicklungsmöglichkeiten, ist mit den jeweiligen örtlichen Gegebenheiten verknüpft. Es gibt Bezirke, in denen der jeweilige Verein oder die Vereine für die örtliche rechtliche Betreuung eine ganz zentrale Rolle spielen, Bezirke, in denen es nominell einen Verein gibt, der aber praktisch ohne jede Bedeutung ist, wie Bezirke, die keinen arbeitenden Verein haben.

Die Entwicklung in den einzelnen Vereinen hat sehr unterschiedliche Wege genommen. Zum Teil sind mit den örtlichen Vormundschaftsgerichten oder Betreuungsbehörden Absprachen getroffen und umgesetzt worden. So gibt es Bezirke, in denen[432] zwei Vereinsbetreuer jeweils als Vertretungstandem eingesetzt werden, aber auch die etwas kuriose Variante, dass das Gericht immer alle Vereinsbetreuer des Vereins namentlich nennt, „als einzelvertretungsberechtigte Vereinsbetreuer" für einen Betreuten einsetzt, der Verein dann später mitteilt, welchem Betreuer intern die Zuständigkeit übertragen worden ist. Die angebliche **Unpraktikabilität** einer vorherigen Einzelbenennung überdeckt, dass damit die Verantwortlichkeiten vernebelt werden und die gerichtliche Entscheidung für den Betreuten wie sein Umfeld kaum mehr lesbar bzw. nachvollziehbar ist.[433]

Die **Finanzierung** ist durch **Landesrecht** sicherzustellen. Die Länder sind dabei unter- 425b
schiedliche Wege gegangen.[434] Die tendenziell eher knappe Mittelzuweisungen haben auch immer wieder dazu geführt, dass **Betreuungsvereine** aufgegeben haben oder sogar in die **Insolvenz** gegangen sind. Der Bedarf ist so hoch, dass dennoch die Gesamtzahl gestiegen ist.

Es gab 2001 insgesamt 915 Betreuungsvereine im Bundesgebiet, mit einer Zuständig- 426
keitsbandbreite von 62.000 Einwohnern je Verein (Brandenburg) und 282.000 Einwohnern (Berlin).[435]

1998 waren es noch 868 Betreuungsvereine; 1992 erst 361.

Solange der **Verein selbst als Betreuer** bestellt ist, erhält er nur Aufwendungsersatz, 427
wenn dieser aus dem Vermögen des Betreuten bezahlbar ist, im übrigen keinen Auf-

432 Bis Mitte 2005; ob das weiter umsetzbar bleibt, ist abzuwarten.

433 Der Hintergrund liegt auf der Hand; s. bei Rdnr. 427. Ohne die Einzeleinsetzung könnte keine Vergütung beansprucht werden. Es handelt sich um eine nahezu klassische Umgehung der gesetzlichen Vorgaben zu der Abgrenzung der Bestellung eines Vereinsbetreuers statt des Vereins selbst.

434 Die Zuschüsse je betreuter Person lagen zwischen 7,50 € und 94 €.

435 Zahlen nach Deinert in BtPrax 2002, 206; Grundlage waren insoweit neben den Standardwerten die Sondererhebung zum Betreuungsrecht in Vorbereitung des 2. BtÄndG.

wendungsersatz und nie eine Vergütung. Wenn ein/e Vereinsbetreuer/in bestellt ist, erhält der Verein Aufwendungsersatz (ohne Versicherungskosten) und Vergütung.
In keinem Fall erhält der Verein Ersatz der anteiligen allg. Verwaltungskosten.

428 Bei der **Kostenerstattung** fällt ein Schlaglicht auf ein recht **störanfälliges Viereck**. Die Mitarbeiterin ist in der Verantwortung gegenüber der Betreuten (§§ 1902, 1901 BGB) und wird durch das Vormundschaftsgericht beaufsichtigt (§§ 1908 i, 1837 BGB).
Sie steht als Vereinsmitarbeiterin in der Pflicht gegenüber ihrem Arbeitgeber, der insoweit auch Weisungsbefugnisse hat, sie bezahlt, seinerseits für die konkret im Einzelfall erbrachten Dienste Entgelt erhält; für seine Gesamtfinanzierung auf eine **Mischkalkulation** verwiesen bleibt.

Verein (Arbeitgeber)	**Gericht** (Aufsicht)
Mitarbeiterin (Pflichten gegenüber der Betreuten, aus dem Arbeitsverhältnis, der gerichtlichen Bestellung wie Aufsicht).	**Betreute**

429 Die Aufgabe, **ehrenamtliche Mitarbeiter zu gewinnen**, ist nicht zu unterschätzende Teilaufgabe der Vereine.
Dies wie die Verwaltungs- und Koordinationsarbeit, die nicht mit einzelnen Klienten verbunden ist, ist von den Vereinen neben den (nur begrenzt) abrechenbaren Stunden zu leisten.
Um die Suche nach Ehrenamtlichen attraktiver zu machen, sind einige Länder dazu übergegangen, Kopfpauschalen für neu gewonnene Ehrenamtliche auszuloben. Ob das wirklich hilft, den Kreis Ehrenamtlicher effektiv auszuweiten, ist noch nicht abzusehen. Dieser zusätzliche finanzielle Anreiz dient mittelfristig im übrigen natürlich ebenfalls einer Kosteneinsparung, soll die einzusetzenden öffentlichen Mittel begrenzen, nicht ausweiten.

429a Die **Fallzahlen** haben sich vielerorts so entwickelt, dass kaum noch ein Unterschied zu der vor 1992 beklagten **Massenverwaltung** erkennbar ist. Die Hoffnung, pro Professioneller/m nicht mehr als etwa 30-40 Klienten betreuen zu müssen, hat sich wohl wieder endgültig erledigt.

§ 20 Abschluss der Betreuung/Verwahrungsrechte

Eine **Betreuung endet mit Fristablauf** (**bei festem Termin**) oder mit der **Aufhebung, spätestens** mit dem **Tod der zu Betreuenden.** 430
Bei der Mehrzahl der Betreuungsgerichte wird die Regelung der Beerdigung als **Notfallabwicklung** (vgl. §§ 1908 i; 1893, 1698 a und b BGB) verstanden und finanziell mitgetragen, innerhalb der vorgegebenen gesetzlichen Pauschalen.
Die Betreuerin kann nicht gezwungen werden, diese Dinge abzuwickeln.

I. Totenfürsorge

Für die Zuständigkeit zu der **Totenfürsorge** stellt man bürgerlich-rechtlich auf **Gewohnheitsrecht** und insoweit primär den Willen des Verstorbenen ab. Zuständig sind nicht die Erben, sondern die Angehörigen, nur hilfsweise auch die Betreuerin.[436] 431
Im Streit der sonstigen Angehörigen mit den Erben ist für die **Totenfürsorge** wichtig, dass sie nicht dem Erben als solchen zusteht,[437] sondern den nächsten Angehörigen.[438]
Die Betreuerin ist, sobald solche Auseinandersetzungen entstehen, gut beraten, sich auf formale Abwicklungen zurückzuziehen und die Angehörigen untereinander streiten zu lassen.
Die Kosten tragen dagegen die Erben (§ 1968 BGB).
Nach den **Landesbestimmungen über das Leichenwesen**, dies sind in der Regel Verordnungen zu den jeweiligen Ordnungsbehördengesetzen, stellt eine nicht bestattete Leiche eine Gefahr für die öffentliche Sicherheit dar. Nach diesen Bestimmungen haben die nächsten Familienangehörigen des Verstorbenen, auch wenn sie die Erbschaft ausgeschlagen haben, für die **Bestattung** zu sorgen. Kümmern sie sich nicht darum, ist es Aufgabe des Ordnungsamtes, die Bestattung zu organisieren. 432
Lediglich in Bayern und Sachsen kann die Ordnungsbehörde auch den bisherigen Betreuer, der die Personensorge inne hatte, zur Bestattung verpflichten. Aufgabe des Betreuers ist es i.ü. daher nur, die Ordnungsbehörde (der Stadt oder des Landkreises) von der bestattungsbedürftigen Leiche zu informieren.

II. Schlussabwicklung und Herausgabe

Durch die Führung der Betreuung ist der Betreuer in der Regel im Besitz von Unterlagen, die ihm nicht gehören. Zu dem Zugriffsrecht auf diese Unterlagen haben sich die **Auseinandersetzungen um Herausgabepflichten** insbesondere nach Beendigung der Betreuungen vermehrt. Empfangsberechtigt ist bei Beendigung der Betreute oder sein Rechtsnachfolger. 433
Offenbar ist es nicht einfach zu vermitteln, dass nicht alle Unterlagen der Betreuerin solche der Betreuten sind und damit nicht alle herauszugeben sind. Andererseits ist z. B. die Vorstellung einer Betreuerin, die Kontoauszüge gehörten zu ihren Unterlagen, da sie nur so den Verlauf der Betreuung und die erteilte Abrechnung belegen könne, ebenfalls unzutreffend.

---

436 LG Bonn FamRZ 1993, 1121; Stockert BtPrax 1996, 203.
437 Übersicht bei Grziwotz in MDR 1998, 1452.
438 LG Bonn FamRZ 1993, 1121, AG Grevenbroich MDR 998, 418, Stockert BtPrax 1996, 203.

Das Konto kann nur eines der Betreuten gewesen sein (sonst läge eine unzulässige Vermischung von Geldern vor). Mithin gehören auch die **Kontounterlagen der Betreuten** und sind deshalb nach Beendigung herauszugeben.

434 Die Ursachen für den Streit beruhen auch auf der oft unzureichenden Trennung der Unterlagen bei den Betreuern. Sie sollten die eigenen **Handakten von den Unterlagen, die der Betreuten gehören, trennen.** Technisch lässt sich das leicht durchführen, ist in anderen Bereichen seit Langem durchgängige Praxis. Jeder Notar führt neben seinen Akten Sonderhefte für sog. Verwahrungen, treuhänderisch verwaltete Gelder, bei denen sich auch die Kontounterlagen befinden. Jeder Rechtsanwalt hält die Unterlagen des Mandanten von seinen eigenen Handakten getrennt, verwahrt beides dabei natürlich so miteinander, dass die Zusammengehörigkeit nie infrage gestellt ist. Kein Steuerberater käme auf die Idee, die Unterlagen des Kunden in seine Handakten zu heften und zu behaupten, nunmehr gehörten sie ihm, weil er sie bearbeitet hat.

Mit der Beendigung des Amtes muss beides jeweils ohne Weiteres trennbar sein, darf nicht erst ein Zusammensuchen oder Auseinandertrennen notwendig werden.

435 Ein häufig genutztes Schreiben des Gerichts zur **Einleitung der Schlussabwicklung** lautet:

> Sehr geehrte Frau/Herr,
> zu dem Versterben von Herrn/Frau .... spreche ich mein Beileid aus.
> Mit ihrem/seinem Tod ist Ihr Amt als Betreuer/in beendet. Ich bitte um Rückgabe des Betreuerausweises und Einreichung der Schlussabrechnung (§§ 1908 i, 1892 BGB).
> Teilen Sie bitte mit, ob seitens der Erben bereits ein Antrag auf Erteilung eines Erbscheins gestellt worden ist. Um Angabe der Geschäftsnummer des Nachlassgerichts wird gebeten.
> Sollte kein Testament oder Erbschein vorhanden sein, teilen Sie bitte – soweit bekannt – die Namen und Anschriften des Ehegatten und der nächsten Verwandten mit und weisen Sie dies durch Vorlage entsprechender Urkunden (z. B. Geburtsurkunden, Stammbuch, etc.) nach.
> Wegen der Beendigung des Amtes müssen Sie bitte das verwaltete Vermögen, Familienpapiere, standesamtliche Urkunden usw. **an die Erben herausgeben, nicht an das Vormundschaftsgericht.** Es wird empfohlen, eine Quittung zu erbitten.
> Ich danke Ihnen für die Arbeit, die Sie als Betreuer/in geleistet haben.

436 Bei dieser **Schlussabwicklung** wird die doppelte Bindung der Betreuerin noch einmal besonders deutlich. Sie muss eine Schlussabrechnung bei dem Gericht abliefern. Das prüft.

Damit hat die Betreuerin aber das, was sie in der Betreuung für den Betreuten erhalten und verwaltet hat, noch nicht zurück gegeben. Das nimmt ihr das Gericht auch nicht ab. Sie muss dies bei **dem Betreuten** oder dessen Vertreter oder **Rechtsnachfolger abliefern.**

Dabei muss sie sich gegebenenfalls erneut und abschließend rechtfertigen und zwar unabhängig davon, ob das Gericht Beanstandungen erhoben hat oder nicht.

Der Hinweis darauf, das Vormundschaftsgericht habe doch alles geprüft, wird in dieser Beziehung nicht akzeptiert.

Es ist allerdings nicht ganz selten, dass von den Empfangsberechtigten eine pauschale **Entlastungserklärung** erteilt wird und das Gericht sich dann auch damit begnügt. Ein Anspruch auf eine derartige Entlastung steht dem bisherigen gesetzlichen Vertreter 437
nicht zu.

Wenn es **Streit** darüber gibt, ob er ordnungsgemäß tätig geworden ist, wird er von dem Betreuten oder Rechtsnachfolger zur Rechenschaft gezogen, nicht von dem Vormundschaftsgericht. Die können sich in erster Linie auch nur an ihn, nicht an das Gericht oder den Staat halten. Der Betreuer war Vertreter des Betreuten. Der Staat hat mit seiner Kontrolle versucht, zu verhindern, dass er diese Funktion missbrauchte. Ob das gelungen ist oder nicht, **müssen die Beteiligten** dann letztlich **unter sich ausmachen.**

Der **Streit** wird bei einer gerichtlichen Austragung **von dem Prozessgericht** nach den Regeln der ZPO als Streitverfahren, nicht von dem Vormundschaftsgericht und auch ohne Bindung an dessen Vorbewertungen entschieden. 438

Diese **Abschlussregelungen** bestätigen erneut und abschließend, dass eine Bevollmächtigte und eine Betreuerin rechtlich sehr ähnliche Positionen haben. Der Unterschied besteht darin, dass die Bevollmächtigte von dem Betroffenen selbst ausgewählt worden ist, er ihr vertraut und deshalb wenig Kontrolle statt findet. Betreuer werden vom Gericht ausgesucht und es wird versucht, sie durch staatliche Aufsicht zu kontrollieren. Ihre **Hauptverantwortung** besteht dennoch **dem Betreuten gegenüber.** Dem können sie sich nicht entziehen und das Vormundschaftsgericht kann davon nicht wirksam entlasten.[439]

439 OLG Karlsruhe, FamRZ 2004, 1601: Entnimmt der Betreuer dem Vermögen des Betreuten Geldbeträge, so hat er diese wieder herauszugeben, soweit er nicht nachweist, dass das Geld im Rahmen der Betreuung bestimmungsgemäß verwendet worden ist. Ob und inwieweit das Vormundschaftsgericht Abrechnungen des Betreuers beanstandet oder genehmigt hat, ist für die Ansprüche des Betreuten ohne Bedeutung.

Anlagen

Anlage I: Anträge, Muster

1. Antrag auf Bestellung einer Betreuerin / eines Betreuers

Bitte füllen Sie diesen Antrag gut lesbar aus. Lesen Sie bitte vorher das **anliegende Merkblatt.** Wenn Sie mehr Platz brauchen, als nachstehend vorgesehen, nehmen Sie bitte zusätzliche Blätter und heften sie an diesen Antrag.
Wenn Sie Fragen haben, können Sie sich an das Amtsgericht oder die Betreuungsbehörde wenden.
Schicken Sie den Antrag bitte an das Amtsgericht __________ .

1. Personalien d. **Betroffenen:**
2. Name und Anschrift, Telefon der **Antragstellerin/**des **Antragstellers:**

   Beziehung zu d. Betroffenen:
3. (Weitere) **Angehörige** d. Betroffenen (Namen, Anschriften):
4. Behandelnder **Arzt** (Name, Anschrift, Telefon):
5. Art der **Beeinträchtigung/** Anlass der Antragstellung (Was ist passiert):
6. Was muss geregelt werden:
7. Wer kümmert sich bisher um diese Probleme? Auf welcher Grundlage:
8. Was kann/wird ohne Anordnung einer Betreuung passieren:
9. Haben Sie den Antrag mit d. **zu Betreuenden** besprochen? Ist sie bzw. er einverstanden:
10. Ist die/der zu Betreuende mit einer Anhörung in ihrer/seiner üblichen Umgebung einverstanden:
11. Gibt es besondere Umstände, die das Gericht berücksichtigen sollte?
12. Mit wem sollte das Gericht über Hilfsmöglichkeiten für den/die zu Betreuende reden:
13. Wer könnte/sollte die rechtliche Betreuung nach Ihrer Vorstellung übernehmen:

____

Ort, Datum:
Unterschrift

2. Merkblatt für einen Antrag auf Betreuung an das Amtsgericht

Der Antrag auf Einrichtung einer Betreuung sollte möglichst Angaben zu folgenden Fragen enthalten:
(Wenn Sie nicht alle Angaben machen können, genügen natürlich auch die Informationen, über die Sie verfügen. Es kann dann aber länger dauern, bis über die Anregung entschieden wird. Das Gericht muss versuchen, die Informationen anderweitig zu erhalten.)

----

1) **Für wen** soll die Betreuung eingerichtet werden: Bitte geben Sie den Namen, Vornamen, gewöhnlichen Aufenthaltsort und den derzeitigen Aufenthalt (z.B. Krankenhaus / Altenheim) an. Soweit er telefonisch erreichbar ist, auch die Telefonnummer.

   Außerdem bitte das Geburtsdatum und den Geburtsort.

2) Erbeten ist **Ihr Name**, Ihre Anschrift und die Telefonnummer. Für Rückfragen ist es hilfreich, wenn Sie schnell erreicht werden können. Teilen Sie deshalb bitte mit, wann sie wo / wie am besten erreichbar sind.

   Beschreiben Sie bitte die Art Ihrer Beziehung zu der/m zu Betreuenden (sind Sie z.B.: Eltern / Kind / Lebensgefährte / Nachbarin). Wie lange regeln Sie die Angelegenheiten d. Betroffenen schon?

3) Das Gericht soll auch Kontakt zu den **Angehörigen** d. Betroffenen suchen, wenn es möglich ist. Deshalb helfen Angaben, wo diese zu finden sind.

4) **Arzt**

   Das Gericht muss vor der Bestellung eines Betreuers auch einen Arzt beteiligen. Es kann dafür hilfreich sein, den bisher behandelnden Arzt befragen zu können. Falls bereits ärztliche Atteste vorhanden sind: Legen Sie sie bitte mit **vor.**

5) Woraus ergibt sich die Notwendigkeit einer Betreuung?
   - Welche Krankheit oder Behinderung liegt vor? Grad der Ausprägung?
   - Welche Auswirkungen auf die Fähigkeit d. zu Betreuenden, ihre/seine Angelegenheiten selbst zu besorgen sind bisher deutlich geworden?

6) Welche Aufgabenkreise soll die Betreuung umfassen? z.B.:
   - Zustimmung zu ärztlichen Maßnahmen
   - Aufenthaltsregelung
   - Vermögenssorge
   - Einwilligungsvorbehalt für die Vermögenssorge
   - Entgegennehmen und Öffnen der an d. Betreute/n gerichteten Post

   oder andere. Dann: welche?

   Wenn das Problem nicht zu diesen Stichworten passt, beschreiben Sie es bitte mit eigenen Worten. Das ist hilfreicher, als wenn Sie einfach alles nennen.

7) Wir möchten wissen, wer bisher die anstehenden Dinge tatsächlich erledigt hat. Hat die Person dafür schon etwas in der Hand? Sind Vollmachten vorhanden? Mit welchem Inhalt?

   Bitte fügen Sie dann eine Kopie bei.

   Warum genügt die Vollmacht nicht? Wer hat sie wo nicht anerkannt?

8) Welche Befürchtungen bestehen? Ist **besondere** Eile geboten? Warum?

9) Wenn Sie es nicht besprochen haben: Welche Gründe haben Sie veranlasst, diesen Weg zu gehen?

10) Falls eine sprachliche Klärung nicht möglich ist: Hat d. Betroffene Schwierigkeiten damit, wenn Fremde in ihren / seinen Privatbereich kommen?

11) Gibt es zum Beispiel Themen, die für d. Betroffene besonders problematisch sind? Regt sie / er sich leicht auf? Worüber?

12) Gibt es besondere Vertrauenspersonen d. zu Betreuenden? Wer kümmert sich bisher um eine etwa notwendige Pflege?

13) Können Sie eine geeignete Betreuerin oder einen geeigneten Betreuer vorschlagen? Gefragt ist damit nicht, wer die persönlichen und täglichen Dinge erledigen soll. Wir möchten wissen, wer das regeln könnte. Wer soll sich zukünftig darum kümmern, dass alles Notwendige geschieht?

3. Das ärztliche Gutachten bzw. Zeugnis

im Betreuungsverfahren sollte auf folgende Themen eingehen:

1. Notwendigkeit der Betreuung.

   Welche Krankheit oder Behinderung liegt vor? Grad der Ausprägung? Auswirkungen auf die Fähigkeit der/des Betroffenen, ihre/seine Angelegenheiten selbst zu besorgen?

2. Erforderliche Aufgabenkreise des Betreuers.

   Zum Beispiel sind denkbar:
   - Zustimmung zu ärztlichen Maßnahmen
   - Aufenthaltsregelung
   - Vermögenssorge
   - Einwilligungsvorbehalt für die Vermögenssorge
   - Wohnungsangelegenheiten

     andere?

     (Bitte führen Sie nicht einfach alle Möglichkeiten auf, sondern überlegen, welche hier wichtig sind. Vergessen Sie bitte die Begründung nicht.)

3. Dauer der Betreuungsbedürftigkeit, Behandlungsmöglichkeiten, voraussichtliche weitere Entwicklung, Behandlungs- und Rehabilitationsmöglichkeiten.

4. Notwendigkeit eines Einwilligungsvorbehalts (§ 1903 BGB).
   Normalerweise wird die Geschäftsfähigkeit des Betroffenen durch die Anordnung der Betreuung nicht berührt. Sie/er kann weiter allein handeln. Das kann für sie/ihn gefährlich sein. Deshalb werden Sie auch um Stellungnahme gebeten, ob es hier ausnahmsweise notwendig erscheint, dass die/der Betroffene für Willenserklärungen, die den Aufgabenkreis des Betreuers betreffen, dessen Einwilligung bedarf sowie dazu, um welchen Bereich es sich dabei im einzelnen handelt;
   und: ob auch geringfügige Angelegenheiten des täglichen Lebens hiervon erfasst werden müssen.

5. Möglichkeit der Anhörung
   Kann man sich mit der/dem zu Betreuenden verbal verständigen? Zu mehr als zu einfachen Alltagsfragen? Sind erhebliche Nachteile für die Gesundheit der/des Betroffenen zu befürchten, wenn eine Anhörung erfolgt?

6. Nachteile für Betroffenen
   Sind erhebliche Nachteile für die Gesundheit der/des zu Betreuenden zu befürchten, wenn er davon unterrichtet wird, dass die Betreuungsentscheidung Behörden etc. mitgeteilt wird?

4. Betreuungsanordnung

Amtsgericht

11 XVII /2004

Beschluss

In dem Betreuungsverfahren für

Frau/Herrn , geb. ,

1. Frau/ Herr wird (als Berufsbetreuer/in) zur/m Betreuer/in bestellt.
2. Der Aufgabenkreis der Betreuung umfasst:

   Sorge für die Gesundheit d. Betroffenen einschließlich der Zustimmung zu ärztlichen Maßnahmen,
   Aufenthaltsregelung,
   Vermögenssorge,
   Entgegennehmen und Öffnen der an d. Betreute/n gerichteten Post,
   Vertretung gegenüber Kostenträgern, Behörden und Einrichtungen.
3. Das Gericht wird spätestens bis zum über eine Aufhebung oder Verlängerung der Betreuung beschließen.
4. Die Entscheidung ist sofort wirksam.

Gründe

Es ist erforderlich, eine/n Betreuer/in zu bestellen, weil d. Betroffene aufgrund einer Krankheit bzw. Behinderung die o.a. Angelegenheiten nicht selbst besorgen kann. Das folgt aus dem Ergebnis der gerichtlichen Ermittlungen, insbes. aus dem ärztl. Zeugnis/ Gutachten, den Berichten der Sozialdienste und dem unmittelbaren Eindruck des Gerichts.

D. Betroffene hat selbst keinen Vorschlag zur Auswahl einer/s Betreuers/in unterbreitet.

Das Gericht hat die eingangs bezeichneten Person ausgewählt, die geeignet und bereit ist, in den zugewiesenen Aufgabenkreisen die Angelegenheiten d. Betroffenen zu besorgen und sie/ihn hierbei im erforderlichen Umfang persönlich zu betreuen.
Die Anordnung der sof. Wirksamkeit beruht auf § 69 a III FGG.

Rechtsmittelbelehrung:
Gegen diese Entscheidung ist das Rechtsmittel der Beschwerde zulässig. Sie ist bei dem Amtsgericht .... oder bei dem Landgericht .... einzulegen. Die Einlegung erfolgt durch Einreichung einer Beschwerdeschrift oder durch Erklärungen zu Protokoll der Geschäftsstelle eines Gerichts.

5. Eilgenehmigung des Gerichts (§§ 1908 i, 1846 BGB)[1]

Amtsgericht
Geschäfts-Nr.: 15 XVII /2005
Bitte bei allen Schreiben angeben!

Beschluss

In dem Betreuungsverfahren für

Frau/ Herrn , geb. z.Zt.
Betreuer/in: Frau/Herr:

Herr / Frau wird zur/m Verfahrenspfleger/in bestellt.

Gegen die geplante Operation ( ) und etwaige Begleitmaßnahmen bestehen keine Einwendungen. Die Maßnahmen können vorgenommen werden. Die Entscheidung ist sofort wirksam.

Gründe

Es ist über das Krankheitsbild und die gebotenen Maßnahmen berichtet worden. Insgesamt handelt es sich um dringende Maßnahmen. Es mag dahinstehen, ob in dieser Situation wirklich eine gerichtliche Genehmigung erforderlich ist. Es kann jedenfalls nicht verantwortet werden, durch weitere Klärungsversuche zu dieser Frage die Maßnahmen zu verhindern. Durch diesen Beschluss ist deshalb klargestellt, dass aus Sicht des Gerichts jedenfalls keine Bedenken erhoben werden, eine etwa erforderliche Genehmigung damit erteilt ist.
Wegen der Eilbedürftigkeit musste eine Entscheidung getroffen werden, bevor eine Anhörung möglich war. Sie wird nachgeholt. Es besteht Gefahr im Verzuge, weshalb eine sofortige Entscheidung geboten war. Angesichts der Entwicklung der Lebensumstände in den letzten Tagen kann nicht verantwortet werden, mit einer Entscheidung zuzuwarten.

Rechtsmittelbelehrung:
Gegen diese Entscheidung ist das Rechtsmittel der Beschwerde zulässig. Sie ist bei dem Amtsgericht .... oder bei dem Landgericht .... einzulegen. Die Einlegung erfolgt durch Einreichung einer Beschwerdeschrift oder durch Erklärungen zu Protokoll der Geschäftsstelle eines Gerichts.

---

1 Es handelt sich um ein Beispiel, bei dem sowohl eine etwaige unmittelbare Regelung durch das Gericht angesprochen wird, als auch eine sog. Eventualgenehmigung. Es kann insbes. in Grenzfällen sinnvoller sein, über die Genehmigung zu entscheiden, als über die rechtliche Notwendigkeit differenzierte Diskussionen zu führen.
Im einzelnen ist außerordentlich umstritten, ob und welche Maßnahmen überhaupt nach §§ 1908 i, 1846 BGB von dem Vormundschaftsgericht unmittelbar selbst geregelt werden können. Nach dem Gesetzestext gibt es wenig Grenzen (vgl. z.B. § 70 h Abs. 3 FGG). In der Praxis ist es oft kaum möglich, das ganz zu vermeiden. Betreuerinnen sollten sich aber nicht darauf verlassen, das Gericht werde nötigenfalls schon selbst alles regeln. In der Pflicht, Verantwortung und Haftung ist die Betreuerin.

6. Verpflichtungsprotokoll und Merkblatt

Amtsgericht
Gegenwärtig:..............., Rechtspfleger/in

Es erscheint:

(von Person bekannt/ ausgewiesen durch.......................)

zur Verpflichtung als Bertreuer/in für

Der Aufgabenkreis ist in dem Beschluss vom ___________ bestimmt.

Eine Genehmigung gem §§ 1908 i, 1784 BGB
ist nicht erforderlich/ liegt vor/ wird nachgereicht.

D. Erschienene wurde über die Pflichten eines/r Betreuers/Betreuerin unterrichtet und zu treuer und gewissenhafter Führung des Amtes verpflichtet.
Der Betreuerausweis wurde ausgehändigt / wird übersandt.

Er/sie erklärt:
Ich weiß dass ich den Ausweis bei Beendigung des Amtes zurückzugeben habe.
Mit mir wurden die Verhältnisse d. Betreuten durchgesprochen.

Dazu erkläre ich ergänzend ((z.B. offene Fragen/ Absprachen über Klärungen))

beantrage ich
(z.B. Genehmigung für Wohnungskündigung).

Ich bitte um ein Einführungsgespräch mit d. Betreuten/ halte ein Einführungsgespräch nicht für erforderlich.

Ich bin über die Sammelversicherung unterrichtet worden.

Ein Merkblatt für Betreuer habe ich erhalten.

Auf §§ 1835 ff. BGB wurde ich hingewiesen.

Die ausgehändigten Vordrucke für das Verzeichnis des Vermögens werde ich ausgefüllt innerhalb eines Monats zurückgeben.

v.g.u. geschlossen
((heißt: vorgelesen, genehmigt, unterschrieben))

Ausgehändigt wird dabei in der Regel folg. (oder ein ähnliches)

Merkblatt für die Betreuerinnen und Betreuer

A. Allgemeines

Innerhalb des Ihnen übertragenen Aufgabenkreises ist es Ihre Aufgabe, für das Wohl der betreuten Person zu sorgen und sie gerichtlich und außergerichtlich zu vertreten. Nicht vertreten können Sie u. a. bei Rechtsgeschäften oder Prozessen mit sich selbst, dem Ehegatten oder Verwandten in gerader Linie (Großeltern, Eltern, Abkömmlinge). Dabei ist es unerheblich, ob Sie selbst – oder in Ihrer Vertretung – Dritte betroffen sind.
Tragen Sie bitte im Rahmen Ihres Aufgabenkreises dazu bei, dass Möglichkeiten genutzt werden, die Krankheit oder Behinderung der oder des Betreuten zu beseitigen, zu bessern, die Verschlimmerung zu verhüten oder ihre Folgen zu mindern.
Das Vormundschaftsgericht führt die Aufsicht, berät und unterstützt Sie, insbesondere bei Schwierigkeiten mit der Führung der Betreuung. Außerdem berät und unterstützt Sie die Betreuungsbehörde (Landkreis bzw. kreisfreie Stadt) auf Wunsch bei der Wahrnehmung der Aufgaben.

Teilen Sie bitte dem Vormundschaftsgericht jede Anschriftenänderung mit.

B. Sorge um die Person d. Betreuten:

Bitte achten Sie auf die Beschreibung Ihres Aufgabenkreises in dem Bestellungsbeschluss.
Berichten Sie bitte dem Vormundschaftsgericht mindestens einmal jährlich über die persönlichen Verhältnisse der oder des Betreuten.

Für besonders wichtige Angelegenheiten benötigen Sie die **Genehmigung** des Vormundschaftsgerichts, vor allem:

- Zur **Einwilligung in die Untersuchung des Gesundheitszustands, in eine Heilbehandlung oder in einen ärztlichen Eingriff**, wenn die begründete Gefahr besteht, dass die betreute Person aufgrund der Maßnahme sterben oder einen schweren oder länger dauernden gesundheitlichen Schaden erleiden kann. Das meint zum Beispiel alle riskanten Operationen aber auch jede umfassendere Amputation.
  Wenn der Handlungsbedarf plötzlich eintritt und mit einem Aufschub Gefahr verbunden wäre, können und müssen Sie aber bitte unmittelbar selbst und allein entscheiden.
- Zur **Unterbringung in einer geschlossenen Einrichtung.** Damit ist jede gesicherte, abgeschlossene Station in einem Krankenhaus oder in einer beschützenden bzw. geschlossenen Abteilung einer Alten- oder Behinderteneinrichtung gemeint.

- Zu **unterbringungsähnlichen Maßnahmen** bei dem Aufenthalt[2] in einer Anstalt, einem Heim oder einer sonstigen offenen Einrichtung.
  Das gilt beispielsweise, wenn d. Betreute durch mechanische Vorrichtungen, Medikamente oder auf andere Weise über einen längeren Zeitraum **oder regelmäßig** gesichert werden soll.
  Genehmigungsbedürftig sind also nicht nur Sicherungen über mehrere Tage. Das wäre ein „längerer Zeitraum". Genehmigungsbedürftig sind auch Schutzmaßnahmen, die immer wieder, also „regelmäßig", nötig werden. Selbst wenn diese jeweils nur kurze Zeit eingesetzt werden.

  Wenn überraschend der Bedarf nach sofortiger Regelung besteht, können Sie zunächst selbst entscheiden. Sie müssen danach aber bitte unverzüglich eine Genehmigung beantragen, wenn die Maßnahme längere Zeit dauern wird oder immer wieder eingesetzt werden muss.

C. Sorge für die Vermögensangelegenheiten

Die Sorge für die Vermögensangelegenheiten verpflichtet Sie, dieses Vermögen ordnungsgemäß zu verwalten und dabei die Wünsche der oder des Betreuten angemessen zu berücksichtigen.
Das Vermögen ist nach den Verhältnissen wirtschaftlich, gewinnbringend und regelmäßig mündelsicher anzulegen.

Eine Genehmigung des Vormundschaftsgerichts ist insbesondere erforderlich für:
- Die Kündigung eines Mietverhältnisses über Wohnraum, sowie für andere Erklärungen, die auf die Aufhebung eines Mietverhältnisses gerichtet sind (z. B. Aufhebungsvertrag mit dem Vermieter),
- zu einem Miet- oder Pachtvertrag, wenn das Vertragsverhältnis länger als 4 Jahre dauern oder von Ihnen Wohnraum vermietet werden soll,
- zu Rechtsgeschäften über ein Grundstück (Wohnungseigentum, Erbbaurecht) oder ein Recht an einem Grundstück, z. B. über den Kauf oder Verkauf eines Grundstücks und die Belastung eines Grundstücks mit Grundpfandrechten (Hypothek, Grundschuld),
- zur Ausschlagung einer Erbschaft oder eines Vermächtnisses und zu einem Erbauseinandersetzungsvertrag,
- zur Verfügung über eine Forderung (z. B. Entgegennahme einer fällig gewordenen Lebensversicherungssumme),
- zur Aufnahme eines Darlehens für die oder den Betreuten,

---

2 Es ist umstritten, ob diese Genehmigungen auch bei Sicherungen außerhalb von Einrichtungen erforderlich sind, also z.B. bei Sicherungen in der eigenen Wohnung, im eigenen Bett. Wenn das jeweilige Gericht eine abweichende Formulierung benutzt, kann das ein Hinweis auf eine entsprechende abweichende Wertung geben.
Leider gibt es aber auch Handhabungen dahin, gespeicherte Standardbelehrungsformular zu benutzen und dennoch davon abweichend zu werten. Das liegt hier wie bei anderen Formularen meist daran, dass sie inzwischen fast überall zentral für die Software erarbeitet werden und die einzelnen Sachbearbeiterinnen nicht immer beeinflussen (können), was ausgedruckt und verschickt oder ausgehändigt wird.

- zu einem Vergleich, wenn der Wert des Streitgegenstandes 3.000 € übersteigt. (Dies gilt nicht, wenn ein Gericht den Vergleich schriftlich vorgeschlagen oder protokolliert hat.)

Diese Aufstellung ist nicht vollständig. Bitte holen Sie im Zweifel eine Auskunft beim Vormundschaftsgericht ein.
Ein Vertrag, der ohne die erforderliche Genehmigung abgeschlossen worden ist, bleibt zunächst unwirksam. Es ist erforderlich, nachträglich die vormundschaftsgerichtliche Genehmigung einzuholen und diese dem Vertragspartner mitzuteilen. Erst damit wird der Vertrag wirksam. Es genügt nicht, wenn der Vertragspartner die Genehmigung von dritter Seite erfährt.
Ein **einseitiges** Rechtsgeschäft (z. B. Kündigung), das der Genehmigung bedarf, ist aber nur mit **vorheriger Genehmigung des Vormundschaftsgerichts wirksam.**

Ist Ihnen die **Sorge für das Vermögen** zugewiesen, ist **jährlich Rechnung** zu legen, wenn Ihnen nicht ausdrücklich etwas anderes mitgeteilt worden ist[3].
Bei der Rechnungslegung sollen die Einnahmen und Ausgaben in geordneter Reihenfolge zusammengestellt und mit Belegen versehen werden, soweit solche üblicherweise erteilt werden. Die Belege sind mit der laufenden Nummer, unter welcher der Vorgang in der Abrechnung erscheint, zu versehen.

3 Befreit sind von Gesetzes wegen nur die in § 1908 i Abs. 2 BGB ausdrücklich genannten nahen Angehörigen. Das Gericht kann die Befreiung nicht auf andere Personen erstrecken, auch wenn sie "fast genauso" verwandt sind. Es kann aber die bestehenden Befreiungen einschränken.
Ist die Verwaltung von geringem Umfang kann das Gericht anordnen, dass nur in größerem Abstand oder in vereinfachtem Umfang eine Rechnungslegung zu erfolgen hat.

7. Checkliste für Aufgaben zu Beginn der Betreuung[4]

Betreuung für ______________

– Persönliche Daten erfassen
– Abklären besonders eilbedürftiger Angelegenheiten

Dann:

- Betreuung anzeigen (Behörden, Banken, Versicherungen usw.)
- Vermögensakte anlegen
- Bankenanfrage (Saldenbestätigung)
- Sperrvermerke eintragen lassen
- Vermögensverzeichnis erstellen
- Erteilte Vollmachten überprüfen und ggf. widerrufen
- Vermögens-/Geldbewegungen aus der letzten Zeit auf Auffälligkeiten prüfen
- Kontaktaufnahme zu behandelndem Arzt/Pflegedienst usw.
- Evtl. laufende Gerichtsverfahren erfassen und überprüfen
- Leistungen der Pflegeversicherung abklären
- Arbeitslosengeldansprüche abklären
- Rentenansprüche abklären
- Sozialhilfeansprüche abklären
- Wohngeldansprüche abklären
- Gebührenbefreiung bei GEZ beantragen
- Gebührenermäßigung Telekom beantragen
- Befreiung von Zuzahlung Arzneimittel bei Krankenkasse beantragen
- Freistellungsaufträge Banken überprüfen
- Steuerangelegenheiten überprüfen
- Sach- und Haftpflichtversicherungen überprüfen
- Postnachsendeantrag (nur bei entsprechendem Aufgabenkreis)
- Ummeldung Einwohnermeldeamt

4 Regelmäßig erhalten die Betreuer bei der Verpflichtung nur unzureichende Informationen, müssen zunächst selbst dafür Sorge tragen, dass sie sich eine Arbeitsgrundlage verschaffen. Diese Checkliste muss natürlich nur nach Maßgabe der konkreten Aufgabenzuweisung "abgearbeitet" werden.

8. Vermögensverzeichnis

Bei der Verpflichtung erhalten die Betreuer ein Vermögensverzeichnis, in dem der Anfangsbestand zu verzeichnen ist, wenn der Aufgabenkreis auch die Vermögenssorge umfasst. In der Masse der Vorgänge sind dabei viele Spalten überflüssig. Es ist aber sorgfältig auszufüllen, um späteren Streit zu vermeiden. Bei jeder Folgeabrechnung wird dieses Verzeichnis Ausgangsbasis sein.
Andererseits ist es nicht angebracht, zum Beispiel gebrauchte Kleidungsgegenstände im einzelnen aufzulisten oder den Hausrat zu vereinzeln, wenn es der übliche Hausrat ist.
Es ist nötigenfalls an eine „Beweissicherung" zu denken. Es hat schon häufiger Streit gegeben, weil die Betroffenen, viel häufiger noch später die Erben, behaupten, es seien wertvolle Einzelstücke abhanden gekommen oder zu Unrecht weggeworfen worden. Auch in einer vermüllten Wohnung können für den Betroffenen sehr wichtige Einzelstücke „vergraben" sein, z.B. Urkunden. Also bitte Vorsicht mit pauschalen Entmüllungs- oder Entrümpelungsaufträgen.

Verzeichnis des Vermögens
(unter Vermögen ist alles zu verstehen, was Geldwert hat)[5]

Vermögensgegenstände

Wert:

Grundstücke und grundstücksgleiche Rechte

Erwerbsgeschäft

Zu verwaltendes Geld

- Bargeld
- Girokonto
- sonstige Guthaben

Wertpapiere
Ausstehende Forderungen
Haus- und Küchengeräte
Kunstgegenstände
Gegenstände des persönlichen Gebrauchs

5 Die entsprechenden Angaben sind zu belegen, z.B. durch entsprechende Kopien. Es empfiehlt sich nicht, ungefragt alle Originalvorgänge beizufügen. Die Art der Vorlage etwaiger Originale sollte vorher mit dem Gericht abgeklärt werden (Nachweis- und Verlustrisiken).

Werkzeuge und Maschinen
Fahrzeuge aller Art
Tiere
Vorräte
Beteiligungen

Schulden

Eingetragenen Belastungen
Sonstige Verbindlichkeiten

Einkommen

Arbeitseinkommen
Renten
Pensionen
Sonstiges Einkommen
Zinsen p.a.

(Unterschrift)

9. Berichtsanforderungen und Berichte

9.1 Berichtsanforderung

Amtsgericht Winsen
22 XVII 341/ 05

Sehr geehrte Frau

in Ihrer Betreuungssache

wird gemäß §§ 1839, 1908 i Bürgerliches Gesetzbuch (BGB) um Übersendung eines Berichts über die persönlichen Verhältnisse der Betroffenen sowie der Rechnungslegung gebeten.

Berichtszeitraum vom bis .

Bitte beantworten Sie die Fragen in dem anliegenden Berichtsvordruck genau und senden Sie ihn ausgefüllt und unterschrieben binnen **vier Wochen** hierher zurück.

Die im Berichtsvordruck erforderten Belege sind beizufügen.

Bitte teilen Sie mit, über welches Vermögen und welche monatlichen Einnahmen die Betroffene verfügt. Diese Angaben werden zur Prüfung benötigt, ob die Betroffene an den hier angefallenen Kosten zu beteiligen ist. Bitte fragen Sie gegebenenfalls bei der Betroffenen oder Bevollmächtigten nach.

Mit freundlichen Grüßen

Hinweis:

Das zur Erleichterung für Sie beigefügte Berichtsmuster erfasst alle Bereiche, die überhaupt in Betracht kommen. Sie müssen nur Angaben zu den Bereichen machen, die zu den Ihnen zugewiesenen Aufgabenkreise gehören. Zusätzliche Angaben sind dann erforderlich, wenn die bisherigen Aufgabenkreise nicht mehr genügen oder inzwischen nicht mehr benötigt werden.
Mit den angesprochenen Themen sollen nur Anregungen für die anzusprechenden Bereich gegeben werden. Wenn mehr oder anderes zu berichten ist, bitte ich das zuzusetzen bzw. zu ergänzen.

9.2 Berichtsmuster

Amtsgericht Halberstadt
2 XVII 344/05

Name des Betreuers Ort, und Datum

Betreuungsverfahren für

Bericht

für die Zeit vom bis .

1. **Aufenthaltsort der Betroffenen**

2. **Gesundheitszustand**

   auch: Ist im Berichtszeitraum eine Veränderung (Verbesserung oder Verschlechterung) eingetreten?

3. **Persönliche Betreuung**

   a) Wann haben Sie die Betroffene **zuletzt persönlich gesehen**?
   b) Wie oft finden Besuche statt?

4. **Zusammenarbeit mit der Betroffenen**

   auch: Gibt es besondere Probleme, gegebenenfalls welche?

5. **Rechtshandlungen, Tätigkeiten oder besondere Ereignisse**

   5.1 Welche Rechtshandlungen haben Sie für die Betroffene vorgenommen?
   5.2 Gab es besondere Vorkommnisse, einschneidende Ereignisse?

6. (**Nur ausfüllen bei Heimaufenthalt**)

   Wer trägt die Kosten des Heimaufenthalts?
   Wie hoch sind die monatlichen Heimkosten?
   (Bitte fügen Sie die letzte Heimkostenrechnung in Kopie bei)

   Wie hoch ist das monatliche Taschengeld der Betroffenen?
   (Bitte fügen Sie den letzten Bescheid in Kopie bei)

   Das Taschengeld wird verwaltet von
   - der Heim- bzw. Anstaltsleitung.
   - von mir.
   - von der Betroffenen selbst.

   Der Bestand auf dem Taschengeldkonto beträgt zur Zeit:
   (Bitte fügen Sie den Nachweis über den letzten Stand des Taschengeldkontos bei)

Ich habe mich persönlich davon überzeugt, dass das Taschengeld nur für die Betroffene entsprechend den Wünschen der Betroffenen verwendet wird.

7. Werden bei der Betroffenen freiheitsentziehende Maßnahmen (Bettgitter, Fixiergurt, Abschließen der Zimmertür o.ä.) angewandt?

   Wenn Ja: Um welche Maßnamen handelt es sich?

8. **Vermögens- und Einkommensverhältnisse (sämtliche Angaben sind zu belegen)**
   Falls gesonderte Rechnungslegung erfolgt, sind hier keine Angaben erforderlich!

   Die Betroffene hat folgendes Einkommen:

   Die Einnahmen werden verwendet für:

   Vermögensübersicht und Erläuterung des Bestandes (**Nachweise** durch Fotokopien der Sparbücher, der Depotauszüge etc. **sind bitte beizufügen**)?

   Schulden und Erläuterung der Tilgung (**Belege sind ggf. beizufügen**)?

9. **Erforderlichkeit der Betreuung**
   Nach meiner Einschätzung und Beurteilung ist die Betreuung auch weiterhin mit dem bisher angeordneten Aufgabenkreis

   - erforderlich.
   - nicht mehr erforderlich und kann aufgehoben werden (siehe besondere Begründung).

   Der Aufgabenkreis ist
   - ausreichend,
   - muss erweitert werden, und zwar um folgende Bereiche (siehe besondere Begründung),
   - kann eingeschränkt werden auf folgende Bereiche:

Ich versichere die Richtigkeit und Vollständigkeit meiner Angaben.

____

(Unterschrift)

9.3 Zwangsgeldandrohung[6]

Sehr geehrte/r Frau / Herr ,

In der Betreuungssache für Frau / Herrn

wird hiermit letztmalig an die Erledigung der Verfügung vom erinnert.

Für den Fall, dass Sie nicht binnen einer **Frist von 2 Wochen,** die mit der Zustellung dieses Schreibens beginnt, den Bericht und die Rechnungslegung für den Zeitraum vom bis vorlegen,

wird ein Zwangsgeld in Höhe von 300 € angedroht.

Mit freundlichen Grüßen

6 Die Beachtung der Betreuerpflichten wird recht nachdrücklich eingefordert. Dem Gericht steht dazu ein auch ein Zwangsverfahren zur Verfügung. Etwaige Zwangsgelder sind von dem Betreuer selbst, nicht aus dem Vermögen des Betreuten zu bezahlen.

10. Muster zu Anträgen und Bescheidungen

10.1 Freigabeantrag (hier als Beispiel zu Protokoll der Geschäftsstelle. Der Text eines Briefes könnte entsprechend gefasst werden.)

Amtsgericht Münden
– Vormundschaftsgericht –

Gegenwärtig:
JOIn[7] R. Müller

Es erscheint:
(ausgewiesen durch Bundespersonalausweis)
und erklärt:

In der Betreuungssache

– Betroffene –

bitte ich um Freigabe eines Betrages in Höhe von (monatlich)

von dem Konto der Betroffenen bei der , Kontonummer: .

Das Geld soll verwendet werden für:

Die Verwendung des Geldes wird (jeweils) bis zum ____________________ / mit der nächsten Abrechnung durch entsprechende Quittungen nachgewiesen.

____
(Antragsteller/in)

7 Justizoberinspektorin, einer der Rechtspflegertitel (Dienstgrade des sog. gehobenen Dienstes)

10.2 Entscheidung über einen Antrag auf vormundschaftsgerichtliche Genehmigung zu einem Rechtsgeschäft

Beschluss
In der Betreuungssache

– Betroffene –

werden die Erklärungen

der / des Betreuerin/ Betreuers

als Antragsteller für

in der notariellen Urkunde der Notarin (UR-Nr.:) betreffend den Kauf des im Grundbuch von , Blatt eingetragenen Grundbesitzes vormundschaftsgerichtlich genehmigt.

10.3 Übersendungsschreiben zu der Genehmigung

In der Betreuungssache für Frau / Herrn
erhalten Sie als Anlage die beantragte vormundschaftsgerichtliche Genehmigung.

Der Vertrag wird erst wirksam, wenn Sie dem Vertragspartner die Genehmigung mitteilen (§ 1829 BGB).

Falls Sie weiterhin der Ansicht sind, dass Ihre Erklärung den Interessen der / des Betreuten dient, geben Sie die Genehmigung dem Vertragspartner bekannt. Lassen Sie sich bitte, um späteren Beweisschwierigkeiten vorzubeugen, die Mitteilung der Genehmigung von Ihrem Vertragspartner schriftlich bestätigen.

10.4 Beanstandung zu einer finanziellen Abwicklung

Sehr geehrte/r Frau / Herr ,

in der Betreuungssache für Frau / Herrn

danke ich für den Bericht. Nach diesem Bericht befinden sich auf dem Girokonto der Betroffenen derzeit fast 6.000 €.
Auf diesem Konto sollte sich jedoch nur ein Betrag in der Höhe befinden, der für die laufenden Ausgaben bereit zu halten ist. Das dürfte so erheblich überschritten worden sein.

Gemäß § 1806 BGB ist das Geld der Betroffenen verzinslich anzulegen, soweit es nicht für die laufenden Ausgaben zur Erfüllung der Bedürfnisse bereitzuhalten ist. Ich bitte Sie daher, den überwiegenden Teil des Guthabens des Girokontos auf das vorhandene Sparbuch einzuzahlen oder anderweitig anzulegen[8] und die Einzahlung und den Kontostand hierher nachzuweisen
Bitte legen Sie innerhalb **eines Monats** einen Erledigungsnachweis vor bzw. stellen Sie in derselben Zeit die nötigen Genehmigungsanträge.
Mit freundlichen Grüßen

10.5 Einforderung der Rechnungslegung

in Ihrer Betreuungssache

bestätige ich dankend den Eingang des von Ihnen aufgestellten Vermögensverzeichnisses.
Als Anlage übersende ich Ihnen Formblätter für die erste Rechnungslegung, die den Zeitraum vom bis umfassen soll.
Bei der Aufstellung der Rechnungslegung beachten Sie bitte die Hinweise auf der Rückseite des Abrechnungsvordrucks. Die Rechnung soll eine geordnete Zusammenstellung der Einnahmen und Ausgaben enthalten und über den Zu- und Abgang des Vermögens sowie über den Vermögensstand am Ende des Abrechnungszeitraumes Auskunft geben. Belege heften Sie bitte in der Reihenfolge der Eintragungen ab und reichen diese zusammen mit der Rechnungslegung hierher ein.
Ich bitte, die Rechnung spätestens vier Wochen nach Ablauf des Rechnungsjahres ohne besondere Aufforderung einzureichen. Gleichzeitig berichten Sie bitte im Rahmen Ihres Aufgabenkreises über die persönlichen Verhältnisse der betroffenen Person. Einen entsprechenden Vordruck füge ich dieser Aufforderung bei.
Die im Vermögensverzeichnis aufgeführten Sparbücher sind durch Vermerk des Geldinstituts so zu sperren, dass zur Abhebung des Geldes die Genehmigung des Vormundschaftsgerichts erforderlich ist. Veranlassen Sie bitte die Anbringung solcher Sperrvermerke und teilen Sie die Erledigung unter Beifügung einer entsprechenden Bescheinigung des Geldinstituts oder der gesperrten Sparbücher innerhalb eines Monats mit.

Mit freundlichen Grüßen

8 Es ist nicht Aufgabe des Gerichts, die genaue Anlageart vorzugeben. Die Verantwortung für die Auswahl wie die Haftung für Fehlgriffe liegt trotz der Genehmigungsbedürftigkeit bei dem Betreuer.

10.6 Prüfvermerk

Die Rechnungslegung in der Betreuungssache

wurde für die Zeit vom bis sachlich und rechnerisch geprüft.

Sie enthielt die nach § 1841 BGB erforderliche Zusammenstellung der Einnahmen und Ausgaben für den Rechnungszeitraum und ließ die Verminderung bzw. den Zuwachs des Vermögens erkennen. Die notwendigen Belege waren beigefügt.
Anhand dieser Unterlagen war eine ordnungsgemäße Prüfung möglich. Es haben sich nach der Ergänzung keine Beanstandungen mehr ergeben.
Nach der zuletzt vorgenommenen Berichtigung der Rechnungslegung waren Einnahmen in Höhe von 5.789 € und sind Ausgaben in Höhe von 3.445 € zu berücksichtigen, so dass der vorzutragende Endbestand 6.788 € beträgt.

10.7 Antrag auf Genehmigung einer Maßnahme nach § 1906 Abs. 1 BGB [9]

An das
Amtsgericht

Geschäftszeichen:
Betreuungsangelegenheit der /des Frau / Herrn
Antrag auf Genehmigung einer Maßnahme nach § 1906 Abs. 1 BGB

Es wird beantragt,

zu (folgenden Maßnahmen) die vormundschaftsgerichtliche Genehmigung zu erteilen:

> (Beschreibung der notwendigen Genehmigungen einschließlich etwaiger Genehmigungen zum Öffnen der Wohnungstür und Anwendung von Gewalt).

Begründung:
In der Betreuungsangelegenheit der / des Frau / Herrn __________ ist im gesundheitlichen Bereich eine Entwicklung eingetreten, welche eine Unterbringung gem. § 1906 Abs. 1 BGB aus meiner Sicht notwendig erscheinen lässt.

> **Folgt: Konkrete** Beschreibung des **Sachverhaltes**, also der tatsächlichen Probleme, nicht nur Wiedergabe der eigenen Bewertung.
> Beschreibung der bisher unternommenen Schritte zur Entwicklung von Einsicht auf Seiten der / des Betreuten.
> Beschreibung der wahrgenommenen Hilfen / Beratungen durch Institutionen.

Nach derzeitigem Stand ist die Durchführung der Unterbringungsmaßnahme dringend geboten / zum ....geplant.
Wenn es nicht möglich sein sollte, vor dem o.a. Termin eine Entscheidung zu erhalten, werde ich – vorbehaltlich des Eingangs einer gegenteiligen Anordnung durch Sie- die o.a. Maßnahme vorläufig unmittelbar veranlassen und bitte insoweit um nachträgliche Genehmigung.

Anlagen:

---

9 Abgewandelt kann dieser Text auch für Bettgitter, Verlängerungen; Medikationen etc. genutzt werden

10.8 Bitte um Mitwirkung der Betreuungsbehörde

Antrag zur Mitwirkung an Betreuungsstelle

Betreuungsangelegenheit der / des Frau / Herrn ____________________

Antrag zur Mitwirkung bei der Durchführung einer Maßnahme nach § 1906 Abs. 1 BGB

In der Betreuungsangelegenheit der / des Frau / Herrn _____________ ist zur Umsetzung der mit Ihnen besprochenen Maßnahmen auf meinen Antrag eine Unterbringung gem. § 1906 Abs. 1 BGB durch das Amtsgericht _____________ mit Beschluss vom _____________ genehmigt worden.

An den der geplanten Unterbringungsmaßnahme zugrunde liegenden Einschätzungen und Entwicklungen im gesundheitlichen Bereich der / des Betreuten haben sich positive Veränderungen nicht ergeben. Ich habe am _____________ erneut versucht, auf die Betreute / den Betreuten einzuwirken, um die Durchführung der Unterbringungsmaßnahme abzuwenden. Meine Bemühungen blieben jedoch ohne Erfolg. Die genehmigte Unterbringungsmaßnahme muss daher durchgeführt werden.

Ich beantrage daher Ihre Mitwirkung bei der Umsetzung der Unterbringung sowie die Wahrnehmung der ordnungsbehördlichen Aufgaben während der Umsetzung. Termin ist für den _____________ mit Ihnen vorbesprochen / geplant.

Folgenden Maßnahmen sind vormundschaftsgerichtlich genehmigt:

> (Beschreibung der Genehmigungen einschließlich etwaiger Genehmigungen zum Öffnen der Wohnungstür und Anwendung von Gewalt)

Es wird um rasche Rückantwort gebeten. Der Beschluss des Amtsgerichtes ist im Original / in Kopie diesem Schreiben als Anlage beigefügt.

Mit freundlichen Grüßen

Anlagen:

10.9 Bericht über Durchführung der Maßnahme

Betreuungsangelegenheit der /des Frau / Herrn

Bericht über die Durchführung einer genehmigten Maßnahme nach § 1906 Abs. 1 BGB
In der Betreuungsangelegenheit der / des Frau / Herrn ______________ ist mit Beschluss vom ____________ eine Unterbringung gem. § 1906 Abs. 1 BGB genehmigt worden.

Die Unterbringung ist am ____________ durchgeführt worden.

Herr / Frau ____________ befindet sich jetzt im

Ärztlich zuständig ist Frau / Herr ____________, telefonisch zu erreichen unter

Bei der Umsetzung der genehmigten Unterbringungsmaßnahme haben sich keine / folgende Schwierigkeiten ergeben.

Die zuständige Betreuungsstelle ist mit / nicht mit hinzugezogen worden.

(Falls mit beantragt und genehmigt:)
Von den Genehmigungen zum Öffnen der Wohnungstür / zur Anwendung von Gewalt musste Gebrauch / kein Gebrauch gemacht werden.

Die voraussichtliche Unterbringungsdauer wird auf ca. _____ Wochen / Monate geschätzt. Die Einschätzung der möglichen Dauer stützt sich auf erste ärztliche Aussagen.

10.10 Bericht über Beendigung einer Unterbringung nach § 1906 Abs. 1 BGB

Betreuungsangelegenheit der /des Frau / Herrn Geschäftszeichen:

Bericht über die Beendigung einer genehmigten Maßnahme nach § 1906 Abs. 1 BGB

In der Betreuungsangelegenheit der / des Frau / Herrn ____________ ist mit Beschluss vom ____________ eine Unterbringung gem. § 1906 Abs. 1 BGB genehmigt worden.

Die Unterbringung ist am ____________ durchgeführt worden. Die Dauer der Unterbringung war bis zum ____________ bestimmt.

Da nunmehr die Anordnungsgründe nicht mehr vorliegen / die notwendigen Behandlungen / Untersuchungen abgeschlossen sind, zeige ich hiermit an, dass die Unterbringung beendet werden kann / beendet wurde.
Frau / Herr ____________ befindet sich jetzt in / auf ____________ / kann nach entlassen werden / ist nach ____________ entlassen worden.
Soziale Dienste wurden eingeschaltet / nicht eingeschaltet, da (bitte ausführen)

Die Beendigung der Maßnahme ist mit der / dem zuständigen Ärztin / Arzt Frau / Herr besprochen worden. Die ärztliche Zustimmung liegt vor / nicht vor.
(Wenn keine ärztliche Zustimmung vorliegt, unbedingt begründen, warum dennoch eine Beendigung der Maßnahme erfolgen soll.)

10.11 Schreiben betr. Entscheidungen über passive Sterbehilfe, mit Hilfsgenehmigungsantrag

Betreuung Anna Scheinbaum, AZ.: 2 XVII 34/04

Ich bin Betreuer von Frau Scheinbaum u.a. mit dem Aufgabenkreis Gesundheitsfürsorge.
Sie hatte bereits früher Schlaganfälle erlitten, wurde am 10.11.2004 nach einem weiteren erheblichen Hirninfarkt in das Elisabeth-Krankenhaus eingeliefert. Nach zwischenzeitlich notwendiger Reanimation befindet sie sich seit 4 Tagen im Koma.

Die Ärzte drängen mich zu einer Zustimmung zur Legung einer Hals-Luft-Versorgung und einer Ernährungssonde. Sonst sei eine Komplikationsgefahr gegeben und ein baldiges Versterben zu befürchten.

Alle befragten Ärzte haben erklärt, es sei keine Aussicht auf Besserung gegeben. Die beabsichtigten Maßnahmen würden das Sterben aber hinauszögern.

Frau Scheinbaum hat mir früher immer wieder erklärt, das wolle sie so nicht. Ich möchte diesen Wunsch respektieren und habe deshalb beides abgelehnt.

Sollten Sie für diese Entscheidung eine Genehmigung für erforderlich halten, **beantrage ich diese hiermit**.

Anmerkung:

Ich habe das Beispiel bewusst so gewählt, dass die BGH - Entscheidung aus dem März 2003 (dazu oben bei Randnr. 284 f.) nicht passt, damit als Problem offen bleibt, ob eine Genehmigung denkbar oder möglich ist.
Die Weigerung des Betreuers hat der BGH nur thematisiert, soweit er die weitere Versorgung ablehnt, also eine bereits geregelte abbrechen lassen will.
Hier geht es darum, zunächst die Dauerversorgung zu installieren. Die Ärzte haben dazu wohl keine eigene Entscheidungsbefugnis. Ein Rettungsfall liegt (noch) nicht wieder vor.
Mit der wörtlichen Umsetzung der BGH Entscheidung kommt man nicht weiter.
Außerdem dürfte noch kein Beginn des Sterbens vorliegen. Insoweit ist schon grundsätzlich umstritten, ob die angesprochene passive Sterbehilfe überhaupt schon einsetzen darf.
Schließlich beruft sich die Betreuerin auf mündliche Äußerungen der Betreuten, kann also nicht einmal auf eine schriftliche Patientenverfügung verweisen.
Dass andererseits für die Praxis das Problem dasselbe wie bei der BGH Entscheidung ist, erscheint nahe liegend. Betreuerin wie sonstige Beteiligte suchen eine Außenklärung. Sie werden nicht alle Risiken der Bewertung allein tragen müssen.
Mit dem Hilfsantrag es hat die Betreuerin dem Gericht im übrigen erst ermöglicht, sich zu beteiligen , wenn es das für geboten hält.

11. Unterbringungsgenehmigung (§ 1906 BGB)

Amtsgericht
Geschäfts-Nr.: 5 XVII /2005
(Bitte bei allen Schreiben angeben)

Beschluss

In dem Betreuungsverfahren für

Frau/ Herrn , geb. wohnhaft:
Betreuer/in:
Verfahrenspfleger/in:

Es wird – im Wege der einstweiligen Anordnung – genehmigt, dass d. Betreute in eine für ihn/sie verschlossene Einrichtung gebracht und dort festgehalten sowie im unausweichlichen Umfang – **jeweils zeitlich begrenzt** – mechanisch gesichert werden kann, soweit andere Schutzmaßnahmen nicht zureichen.

Die genehmigten Maßnahmen können auch gegen den Willen d. Betreuten umgesetzt werden. Nötigenfalls kann zur Umsetzung Zwang angewendet werden.

Die genehmigten Maßnahmen sind **jeweils** zu beenden, wenn aus dem Verhalten d. Betreuten und/oder der Beaufsichtigungsmöglichkeit sichergestellt ist, dass keine konkrete Gefahr besteht.

Diese Genehmigung gilt zunächst längstens bis zum ____________ .

Zum Ablauf ist ggf. eine gerichtliche Überprüfung und neue Entscheidung herbeizuführen. Eine Fortsetzung der Maßnahmen ohne Verlängerungsbeschluss wäre unzulässig.

Die Entscheidung ist sofort wirksam.

Anhörungstermin im Krankenhaus/Heim:

Gründe:

Die Genehmigung zu den o.a. Maßnahmen war zu erteilen, weil d. Betroffene z. Zt. sich und seine weiteren Lebensgrundlagen gefährdet, wie die ärztlichen und weiteren Stellungnahmen ausweisen. Ohne Sicherungsmaßnahmen besteht aufgrund der Behinderung/ Krankheit d. Betroffenen die Gefahr erheblicher weiterer körperlicher bzw. gesundheitlicher Schäden (§ 1906 BGB).

D. Betreute kann sich derzeit offenbar nicht/ nicht mehr an notwendige Vereinbarungen halten und muß deshalb über die genehmigten Maßnahmen vor den Folgen ihres/ seines Verhaltens geschützt werden. Die gebotene Hilfe kann z. Zt. nur in einer Einrichtung und unter Einsatz der o.a. Maßnahmen sichergestellt werden.
Wegen der Eilbedürftigkeit musste eine Entscheidung getroffen werden, bevor eine Anhörung möglich war. Sie wird nachgeholt. Es besteht Gefahr im Verzuge, weshalb eine sofortige Entscheidung geboten war. Angesichts der Entwicklung der Lebensumstände in den letzten Tagen kann nicht verantwortet werden, mit einer Entscheidung zuzuwarten.

Rechtsmittelbelehrung:
Gegen diese Entscheidung ist das Rechtsmittel der sofortigen Beschwerde zulässig. Sie ist bei dem Amtsgericht .... oder bei dem Landgericht .... **binnen einer Frist von 2 Wochen** einzulegen. Die Frist beginnt mit der Bekanntmachung dieser Entscheidung. Die Einlegung erfolgt durch Einreichung einer Beschwerdeschrift oder durch Erklärungen zu Protokoll der Geschäftsstelle eines dieser Gerichte.

Anmerkung:

Dass in dem Beschluss keine individuellen Daten stehen, ist kein Versehen oder Faulheit der Bearbeiter. Es hat sich gezeigt, dass alle wirklich individuellen Angaben Folgeprobleme auslösen können.
Betroffene, die lesen bzw. den Text verstehen können, stören sich leicht daran, sehen sich stigmatisiert. Sie erleben das oft als intensiven Angriff. Der Versuch, Hilfe zu geben, geht dann leicht unter.
Verschickt man inhaltlich unterschiedliche Beschlüsse gibt es andere Irritationen, den Vorwurf von Geheimmaßnahmen.
Der Kreis der Einsichtnehmenden ist wenig zu bestimmen/.
Verfassungsrechtlich ist es nicht unproblematisch, die Begründung so weit herunter zu fahren. Viele Richter halten diesen oder einen ähnlich sparsamen Text für eine noch mögliche Lösung, um den verschiedenen Bedenken Rechnung zu tragen.
Das ist nicht ganz risikofrei, weil im Beschwerdefall bei der sof. Beschwerde nicht über einen Nichtabhilfebeschluss nachgebessert werden kann. Das wird bei der einfachen Beschwerde oft als Ventil genutzt, um eine etwa notwendige Konkretisierung nachzuschieben. Bei der sof. Beschwerde ist das nicht möglich (vgl. § 18 FGG). Aber: Selbst die Beschwerdegerichte tolerieren in der Praxis oft die standardisierten Texte ohne wirkliche Individualisierung. Sie betonen insoweit ihre Funktion als zweitinstanzliches Tatsachengericht.

12. Psych-KG – Beschluss

Amtsgericht
Geschäftszeichen:
9 XIV /05 L

Beschluss
in dem Unterbringungsverfahren für Herrn/ Frau

Frau / Herr wird zum Verfahrenspfleger für d. Betroffenen bestellt.

Auf Antrag des Landkreises wird durch einstweilige Anordnung mit sofortiger Wirkung die vorläufige Unterbringung d. Betroffenen in einem abgeschlossenen Teil des Krankenhauses angeordnet, und zwar längstens für sechs Wochen, bis zum: ______________________

Diese Maßnahme kann auch gegen den Willen d. Betroffenen umgesetzt werden. Nötigenfalls kann zur Umsetzung Zwang angewendet werden.

Termin zu gerichtl. Anhörung im Krankenhaus:

Gründe:

Eine Person, die infolge einer psychischen Störung krank oder behindert ist, kann durch Gerichtsbeschluss in einen abgeschlossenen Teil eines Krankenhauses eingewiesen werden, wenn von ihr infolge ihrer Krankheit oder Behinderung eine gegenwärtige erhebliche Gefahr für sich oder andere ausgeht, und diese Gefahr auf andere Weise nicht abgewendet werden kann. Bestehen hinreichende Anhaltspunkte dafür, dass die Voraussetzungen für eine Unterbringung vorliegen, so kann das Gericht gem. § 70 h FGG, § .... PsychKG[10] auf Antrag der Verwaltungsbehörde die einstweilige Anordnung treffen, dass die Person vorläufig untergebracht und beobachtet wird. Die Unterbringung darf die Dauer von sechs Wochen nicht überschreiten.
Die zuständige Behörde hat hier unter dem beantragt, die Unterbringung d. Betroffenen anzuordnen. Nach den bisherigen Ermittlungen und dem ärztlichen Zeugnis Dr. vom , das das Gericht kritisch gewürdigt hat, ist davon auszugehen, dass die Voraussetzungen vorliegen.
Diese Entscheidung ergeht wegen Gefahr im Verzuge ohne vorherige Anhörung (§ 70 h I i.V. § 69 f I S. 4 FGG).
Die Anordnung der sofortigen Wirksamkeit beruht auf § 70 g III S. 2 FGG und ist durch die Schwere des Krankheitsbildes begründet.

10 Die Landesrechte sind inhaltlich nicht ganz nicht identisch. Grundsätzlich systematische Unterschiede im Hinblick auf die Möglichkeit einer derartigen Unterbringung bestehen aber nicht. Wenn es insoweit auf Einzelheiten ankommt, sind die Einzelheiten im jeweiligen Landesrecht nachzusehen.

Rechtsmittelbelehrung:
Gegen diese Entscheidung ist das Rechtsmittel der sofortigen Beschwerde zulässig. Sie ist bei dem Amtsgericht oder bei dem Landgericht **binnen einer Frist von 2 Wochen** einzulegen. Die Frist beginnt mit der Bekanntmachung dieser Entscheidung. Die Einlegung erfolgt durch Einreichung einer Beschwerdeschrift oder durch Erklärungen zu Protokoll der Geschäftsstelle eines dieser Gerichte. Untergebrachte Personen können sie auch zu Protokoll des Amtsgerichts erklären, in dessen Bezirk sie untergebracht sind.

13. Beispiel für eine *Patientenverfügung*[11] in Anlehnung an eine Empfehlung der Hospizarbeit Braunschweig e.V.

Es handelt sich um ein Beispiel, nicht um einen empfohlenen Mustertext, der für alle Menschen verwendbar ist. Sehr gute Formulare gibt es nicht. Am besten sind individuelle Texte, die auf die Wünsche und Befürchtungen des Ausstellenden eingehen!

Karl Otto Mai
Musterstadt 3.3.2005

Ich wünsche mir ein menschenwürdiges[12] Dasein solange ich lebe und bitte meine Ärzte, mir dabei zu helfen. Ich erkläre deshalb meine Einwilligung in eine ärztliche Therapie der Linderung von Leiden und Schmerzen, auch wenn hierzu benutzte Medikamente zur Bewusstseinsausschaltung führen oder wegen ihrer Nebenwirkungen zu einem früheren Tod führen sollten.

Ich wünsche mir ein menschenwürdiges Sterben[12] und bitte meine Ärzte, mir dabei zu helfen. Ich erkläre deshalb, dass im Falle einer zum Tode führenden Krankheit von allen lebensverlängernden Maßnahmen abzusehen ist, insbesondere lehne ich ein Leben ohne Bewusstsein, das nur über Maschinen aufrecht erhalten wird, ab. Mindestens zwei Ärzte müssen den tödlichen Verlauf meines Leidens festgestellt und prognostiziert haben.

Ich wünsche mir einen menschenwürdigen Tod[12] und bitte meine Ärzte, mir dabei zu helfen. Ich bin mit einer Intensivtherapie oder Reanimation nicht einverstanden, falls ich in einen Zustand dauernder Bewusstlosigkeit durch schwere Dauerschädigung meiner Gehirnfunktion gerate oder wenn sonst lebenswichtige Funktionen meines Körpers auf Dauer ausfallen. Therapien sind einzustellen, wenn mindestens zwei Ärzte festgestellt haben, dass meine Schädigung nicht mehr zu beheben ist.

11 Die Bundesärztekammer hat Handreichungen für den Umgang mit Patientenverfügungen herausgegeben. Im Internet unter: www.bundesaerztekammer.de zu finden.

12 Dies pauschalen Wertbegriffe sind das Hauptproblem der meisten Patientenverfügungen. Dabei kommt es nicht darauf an, ob es heißt "menschenwürdig" oder "angemessen" oder "unnötiges Leiden". All das sind Begriffe, unter denen viele Menschen Unterschiedliches verstehen, zum Teil im Laufe der eigenen Biographie unterschiedliche Vorstellungen entwickelt haben. Die Annahme, alle späteren Anwender hätten dieselben Wertvorstellungen und wüssten, welche die Schreiberin hatte, sind sicher "unangemessen". Wenn derartige Wertungen verwendet werden, wird man mit Interpretationsproblemen rechnen müssen.
Es wird deshalb in der Regel zu Recht empfohlen, sich von den Standardtexten zu lösen und die eigenen Wertvorstellungen wiederzugeben. Beispiele in der Broschüre des BMJ; im Internet unter: www.bmj.bund.de.

Diese von mir im Vollbesitz meiner geistigen Kräfte abgegeben Verfügung ist zu meinen Krankenunterlagen zu nehmen. Zu Maßnahmen, die dieser Verfügung widersprechen, verweigere ich ausdrücklich meine Zustimmung.

Folgende Personen bevollmächtige ich, für mich Einwilligungen zu medizinischen Eingriffen zu erteilen; diese Vollmacht erstreckt sich auch auf die intensiven und gefährlichen Maßnahmen i.S.d. § 1904 BGB :

____.

Meine Ärzte sind ihnen gegenüber von der Schweigepflicht entbunden. Ich erwarte, dass meine Ärzte sich mit meinen vorgenannten Vertrauenspersonen in Verbindung setzen und vor allen wichtigen Maßnahmen ihre Entscheidung erfragen.

____
Unterschrift der/s Verfügenden

Sinnvollerweise auch der/s Bevollmächtigten und etwaiger Zeugen für die Fähigkeit zu verstehen, was angeordnet wurde.

Manche Hausärzte sind bereit, diese Verfügung mit zu unterzeichnen. Das wird in der Regel als Bestätigung der gegenwärtigen Entscheidungsfähigkeit verstanden.

Anmerkung:

Der Text ist enthält kein für jede/n geeignetes Muster. Dafür ist er viel zu pauschal. Auch die sonst anderweitig angebotenen Standardtexte leiden in der Regel unter diesem Problem. Selbst wenn sie vermeintlich umfassend sind, verraten sie nur, dass der ursprüngliche Verfasser viele Fachbegriffe kannte. Was die Nutzerin damit verbindet, ist oft genauso so offen wie bei den o.a. Pauschalwertungen. Es kommt aber allein auf diese individuelle Verwenderbewertung an, nicht auf den objektiven Wortlaut. Der gilt nur dann, wenn der Verfügende ihn so verstanden hat, wie es üblich ist.

Daneben sollte man nicht übersehen, dass die in dem Text enthaltenen Einwilligungen zu ärztlichen Maßnahmen viel zu pauschal sind, den Standardkriterien an wirksame Einwilligungen im medizinischen Bereich, die u.a. eine konkrete Risikoaufklärung voraussetzen, nicht einmal ansatzweise genügen.

Der BGH hat im März 2003 bestätigt, dass Patientenverfügungen unmittelbar gelten, wenn sie passen. Das soll auch in dem beabsichtigten § 1901 b BGB so geregelt werden. Das Problem der Praxis, ob sie passen, ist damit nicht aus der Welt geschafft. Es genügt nicht, dass der Wortlaut irgendwie zu dem später eintretenden Problem passt. "Ich verbiete alles", ist sicher und unmissverständlich ein generelles Verbot, aber keine wirksame unmittelbar geltende Regelung in einer Patientenverfügung. Verboten wäre vom Wortlaut damit z.B. auch eine Hilfe vor dem Ersticken, wenn der Betroffene sich nur verschluckt hat und nicht selbst abhusten kann. Diese Hilfe hat er sicher nicht verbieten wollen. Also ist sein Verbot nicht so umfassend, wie es aussieht. Wo die konkreten Grenzen zu ziehen sind, regelt es gerade nicht.

In der Praxis ist die Patientenverfügung deshalb oft nur Richtungsangabe, Grundlage für eine Interpretation durch die benannte Vertrauensperson, die Wertungen und Interessen der Verfügenden später zu artikulieren und umzusetzen. Der fast wichtigste Teil der Patientenverfügung ist deshalb zumeist der Vollmachtsteil, der dann allerdings auch den Anforderungen an eine Gesundheitsvollmacht[13] genügen sollte.
Neben der Vollmacht bleibt die Patientenverfügung aber immer von selbständiger Bedeutung für die letzte Lebensphase. Entscheidungen beim Sterben sind ohne eine solche Patientenverfügung manchmal kaum möglich (s. oben bei Randnr. 285 f.)
Ein weiteres Problem ist nicht ganz selten, ob der seinerzeit niedergelegte Wille noch aktuell ist. Man sollte deshalb jedenfalls daran denken, sie von Zeit zu Zeit zu erneuern, wenn man eine solche Verfügung für sich für sinnvoll hält. Das geschieht am einfachsten durch eine immer wieder bestätigende Unterschrift oder eine Abänderung bei Veränderung der Verhältnisse. An diesem Punkt liegt für diesen Bereich im übrigen einer der Schwachpunkte notarieller Beurkundungen, die angeblich Ewigkeitswert haben. Gemessen an der Entwicklung der individuellen Lebensgeschichten kann das nicht wirklich zutreffend sein.
Nicht nur in PsychKG- Vorgängen und bei einigen behördenbezogenen Vorgängen dürfte die Ermächtigung aus solchen Verfügungen und Vollmachten nicht oder nicht ohne erhebliche Schwierigkeiten umsetzbar sein. Die einschlägigen Vorschriften sehen Bevollmächtigte als Entscheider bisher nicht vor. Das soll im Zuge der nächsten Reformen geändert werden.

13 S. bei Muster 14

14. Beispiel für eine Vorsorgevollmacht (in Anlehnung an eine frühere Empfehlung des MJ Rheinland-Pfalz)

Es handelt sich um einbloßes Beispiel, keine Empfehlung oder ein generell nutzbares Modell. Jede Person muss den Text nach ihren Bedürfnissen anpassen. Was in so einer Vollmacht enthalten sein muss, um umfassend wirksam zu sein, ist immer noch streitig[14]. So würde das Landgericht Hamburg den hier niedergelegten kurzen Text wohl für zu wenig konkret halten.[15] Das muss andererseits niemand schrecken, weil etwaige Lücken in der Regel schnell geschlossen werden können (s. Muster 16).

Vollmacht

Verfügende (genaue Personalien)

Ich bevollmächtige

meinen Ehegatten / Kind / Freund (genaue Personalien),

mich in allen Vermögens-, Renten- oder Versorgungs-, Steuer- und sonstigen Rechtsangelegenheiten in jeder denkbaren Weise zu vertreten.

Diese Vollmacht berechtigt insbesondere zur Verwaltung meines Vermögens, zur Verfügung über Vermögensgegenstände, zum Vermögenserwerb, zum Abschluss eines Heimvertrages oder ähnlicher Vereinbarungen, zur Auflösung des Mietverhältnisses über meine Wohnung, zur Beantragung von Renten oder Versorgungsbezügen oder Sozialhilfe, zu geschäftsähnlichen Handlungen wie Zustimmungen zu ärztlichen Maßnahmen (auch zu schwierigen und gefährlichen wie nach § 1904 BGB) oder Aufenthaltsregelungen (einschließlich etwaiger notwendiger Sicherungsmaßnahmen wie nach § 1906 BGB) und zu allen Verfahrenshandlungen.

Schenkungen können in dem Rahmen vorgenommen werden, der einem Betreuer gesetzlich gestattet ist.

Die Vollmacht gilt nur, wenn der Bevollmächtigte das Original der Vollmacht vorlegen kann.

Die Vollmacht und das zugrundeliegende Auftragverhältnis bleiben auch in Kraft, wenn ich geschäftsunfähig werden sollte oder wenn ich nicht mehr lebe.

Die Vollmacht ist jederzeit widerruflich.

---

14 Selbst die Vorschläge der Bund-Länder Arbeitsgruppe Betreuungsrecht Betreuung 2003 für einen einheitlichen Text, wie die späteren aus dem BMJ haben umgehend nur zu Streit, nicht zu einhelliger Zustimmung geführt. Es gibt nach wie vor keine Einigkeit dazu, wie eine optimale Vollmacht auszusehen hat.

15 LG Hamburg BtPrax 1999, 243, 244

Anmerkung:

Das Textmuster ist ein ausfüllbedürftiges Grundmuster, das dem jeweiligen Einzelfall angepasst werden muss.

Ob man in den Text Paragrafen einbeziehen will oder einen entsprechenden Text aufnimmt, ist unerheblich. Wichtig ist nur, dass §§ 1904, 1906 BGB insoweit eine **ausdrückliche** Einbeziehung verlangen.[16]

Es ist m.E. nicht zu empfehlen, die Vollmacht an die Bedingung zu knüpfen, dass man „nicht mehr selbst entscheiden" könne. Es gibt zu viele Übergangsbereiche, in denen das insbes. bei Altersverwirrtheit zweifelhaft bleiben wird, dann im entscheidenden Zeitraum gerade unklar wäre, ob die Vollmacht greift.

Vorsorgeregelungen bedürfen grundsätzlich keiner besonderen Form, für Gesundheit und Aufenthalt müssen sie aber mindestens **schriftlich** erstellt sein. Als praktisch hat sich eine Unterschriftsbeglaubigung erwiesen.

Von Gesetzes wegen ist für die meisten Bereiche eine notarielle Beurkundung nicht nötig, anders z.B. für den Grundbuchverkehr.

Banken u.ä. verlangen i.d.R. wenigstens die Beglaubigung der Unterschrift des Vollmachtgebers, machen manchmal allerdings selbst gegenüber notariellen Urkunden Schwierigkeiten und verweisen auf ihre Geschäftsbedingungen, in denen die Verwendung bestimmter Erklärungsmuster und Formen vorgegeben sind.

Auch im Krankenhaus wird man mit einer gesiegelten Vollmacht mehr Eindruck erzielen können, als mit einem bloßen „Zettel".

Mit dem 2. BetrÄndG ist deshalb eine vereinfachte Beglaubigungsmöglichkeit geschaffen worden, eine Beglaubigungskompetenz der Betreuungsbehörden.

Außer an die Vorteile einer Vorsorgeregelung sollte man bei der Abfassung schließlich auch einen Gedanken an die Risiken verwenden.

Wenn man den obigen Vorschlag prüft, wird man feststellen, dass die Vollmacht leicht missbraucht werden kann. Es gibt z.B. nicht ganz wenige Fälle, in denen etwa die Erwartung, man werde sich auf Dauer generationsübergreifend vertragen, ebenso enttäuscht wird, wie die in eine Ehe gesetzten Beständigkeitshoffnungen. Es ist deshalb sinnvoll, nicht nur ernsthaft zu prüfen, wie verlässlich das Vertrauen in die Benannten ist, sondern die Entscheidungen auch von Zeit zu Zeit zu überprüfen und die Vollmachtsurkunde zunächst nicht aus der Hand zu geben.

In PsychKG-Vorgängen und gegenüber manchen Behörden dürfte die Ermächtigung aus solchen Verfügungen und Vollmachten nicht oder nicht ohne erhebliche Schwierigkeiten umsetzbar sein. Die einschlägigen Vorschriften sehen Bevollmächtigte als Entscheider bisher nicht vor. Das soll geändert werden.

16 Wegen der erstrebten Warnfunktion wird gelegentlich verlangt, die Maßnahmen aus den Gesetzestexte müssten sprachlich wiederholt werden. Mir geht das zu weit. Ich denke die sprachliche Bezugnahme mit dem zugesetzten Paragrafen müsse genügen.

15. Betreuungsverfügung

Kai Anton, geb. 6.7.56
Münster, Rubensweg 6

Betreuungsverfügung:

Wenn ich aufgrund von Krankheit oder Behinderung betreuungsbedürftig i.S.d. §§ 1896 ff BGB werden sollte, bitte ich folgende Freunde/Bekannte vorrangig in der Reihenfolge der Nennung heranzuziehen:

____

Ich habe davon abgesehen, einzelne zu bevollmächtigen, weil ich nicht weiß, ob sie zu gegebener Zeit nicht anderweitig so belastet sind, dass sie überfordert wäen, würde mich aber freuen, wenn sie bei Erforderlichkeit zustimmen würden.

Wenn niemand aus der o.a. Liste bereit oder in der Lage sein sollte, die Aufgabe eines Betreuers im Rechtssinne zu übernehmen, bitte ich eine/n Berufsbetreuer/ in zu bestellen, d. in der Lage ist, einfühlsam auf persönliche Dinge einzugehen.

Ich bitte die von dem Gericht bestellte Person, zu gegebener Zeit meine Beisetzung zu veranlassen. Insoweit bevollmächtige ich sie hiermit, auch nach meinem Tod die erforderlichen Verfügungen zu treffe[17].

Ggf. auch noch: Ich habe insoweit folgende Wünsche:

(Es sollten nur ergänzende aufgenommen werden, z.B. bezgl. der Duchführung der Betreuung, des Vorgehens bei medizinischen Maßnahmen, der Beisetzung.

Bitte hier kein Testament einbinden.)

<u>Unterschrift d. Verfügenden</u>

Anmerkung:

Das Textmuster ist ein ausfüllbedürftiges Grundmuster, das dem jeweiligen Einzelfall angepasst werden muss.

17 Die Zuständigkeit des Betreuers endet grundsätzlich mit dem Tod des Betreuten. Daraus können sich unerfreuliche Abwicklungsprobleme ergeben.
Ob es wirklich angemessen ist, den Betreuer nach Ende seines Amtes zum Bevollmächtigten zu machen, ist umstritten. Bei der hier nur angesprochenen begrenzten Thematik sind m.W. bisher keine Unzuträglichkeiten aufgetreten.

16. Betreuung zur Ergänzung einer Bevollmächtigung

B e s c h l u ß

1. Frau/ Herr wird zur/m Betreuer/in bestellt.
2. Der Aufgabenkreis der Betreuung umfasst:

   Sorge für die Gesundheit d. Betroffenen einschließlich der Zustimmung zu ärztlichen Maßnahmen,

   Aufenthaltsregelung.
3. Das Gericht wird spätestens bis zum über eine Aufhebung oder Verlängerung der Betreuung beschließen.
4. Die Entscheidung ist sofort wirksam.

Gründe

Es ist erforderlich, neben der bereits bestehenden Bevollmächtigung, d. Bevollmächtigte/n auch noch zur/m Betreuer/in zu bestellen, weil d. Betroffene aufgrund einer Krankheit bzw. Behinderung die o.a. Angelegenheiten nicht selbst besorgen kann und die Vollmacht nur einen Teil der regelungsbedürftigen Bereiche abdeckt.
Seit der Änderung des Betreuungsrechtes zum 1.1.1999 ist eine Bevollmächtigung für schwerwiegende Gesundheitsangelegenheiten und Sicherungsmaßnahmen nur wirksam, wenn sie in der Vollmacht ausdrücklich erwähnt werden. Das gilt auch für Vollmachten, die davor oder sonst in Unkenntnis dieser gesetzlichen Regelung erteilt wurden (vgl. OLG Zweibrücken FamRZ 2003, 113). Sie können nicht erweiternd ausgelegt werden, weil sonst der mit der gesetzlichen Regelung erstrebte Warn- und Schutzzweck unterlaufen würde.
D. Betroffene ist rechtlich betreuungsbedürftig, wie u.a. die ärztliche Stellungnahme ausweist. Sie / er kann die Vollmacht nicht mehr wirksam erweitern. Wenn keine Vollmacht erteilt wäre, würde in dieser Situation eine ihrer/seiner Behinderung Rechnung tragende rechtliche Betreuung eingerichtet werden, die auch Entscheidungen in den bisher ungeregelten Bereichen abdecken würde. Es kann deshalb nicht darauf abgestellt werden, dass z.Zt. keine derartige Operation ansteht oder Sicherungsmaßnahmen nicht in den nächsten Tagen relevant werden. Die ergänzende rechtliche Betreuung ist erforderlich. Es geht nicht an, die Konkretisierungserfordernisse für die hier nur infrage stehende begrenzte Betreuung strenger anzusetzen, als für eine generelle Bestellung.
Die jetzt eingerichtete ergänzende Betreuung soll es auch ermöglichen, die etwa notwendigen Sofortentscheidungen umzusetzen (s. §§ 1904 Abs. 2, 1906 Abs. 5 BGB). Es ist der Betreuten nicht zuzumuten, den von ihr selbst erstrebten vorbeugenden Schutz vor beliebigen Drittmaßnahmen enger zu gestalten, als ohne eine Vorsorgeregelung.

Der von der Betroffenen bestellte Bevollmächtigte ist zum Betreuer ernannt worden, wie es ihren Wünschen entsprach. Dass sich diese geändert haben oder sonst Eignungsbedenken bestehen, ist nicht ersichtlich.
Die Anordnung der sof. Wirksamkeit beruht auf § 69 a III FGG.
Von der Bestellung eines Verfahrenspflegers wird abgesehen, weil die Wahrnehmung der Rechte der Betreuten ersichtlich sichergestellt erscheint.

Rechtsmittelbelehrung:

Gegen diese Entscheidung ist das Rechtsmittel der Beschwerde zulässig. Sie ist bei dem Amtsgericht .... oder bei dem Landgericht .... einzulegen. Die Einlegung erfolgt durch Einreichung einer Beschwerdeschrift oder durch Erklärungen zu Protokoll der Geschäftsstelle eines Gerichts.

Anlage II

Fallverläufe in Form von Aktenauszügen[1]

Fall 1 (Altersdemenz; Sicherungsmaßnahmen im Altenheim)

Glück Auf, Altenpflegeheim 2.3.2003

An das
Amtsgericht Holzminden

Antrag auf Bestellung einer Betreuerin
Für Herrn Anton Müller[2] wird die Einrichtung einer Betreuung beantragt.
Herr Müller lebt seit dem 2.1.1999 in unserem Haus. Er ist jetzt so schwach, dass er nicht mehr in der Lage ist, sich ohne Hilfe fortzubewegen. Er akzeptiert das nicht und versucht immer wieder allein aufzustehen, wodurch es bereits zu mehreren Stürzen gekommen ist, bisher ohne wesentliche körperliche Folgen. Es ist dringend erforderlich, ihn in seinem Rollstuhl und im Bett zu sichern. Wir bitten um baldige Bescheidung[3].
Herr Müller ist auch nicht in der Lage, seine Interessen in anderen Entscheidungsbereichen zu vertreten. Er kann sich zu der Einrichtung einer Betreuung nicht mehr äußern.
Der Sohn Max Müller besitzt Bankvollmacht und Postvollmacht und kümmert sich um die Belange des Vaters. Er dürfte geeignet sein, eine Betreuung zu übernehmen.

---

1 Es handelt sich um Beispiele; die **abgewandelte** und anonymisierte Originalvorgänge enthalten. **Die genannten Personen und Institutionen existieren so nicht.** Jede/r, der glaubt 'seinen' Fall zu erkennen, irrt. Die Berichte, Gutachten Entscheidungen etc. sind nur an die Originale angelehnt. Die Problematik der beschriebenen Fälle ist alltagstypisch. – Atypisch ist, dass es sich in drei Fällen um Männer handelt. Insbes. im Altersbereich sind deutlich mehr Frauen als Männer betroffen.

2 Es wäre wichtig, vollständige Personalien anzugeben.

3 Das Erfordernis von Sicherungsmaßnahmen ist oft Anlass für Antragstellungen. Wie hier dürfte das i.d.R. verspätet sein.

Auszug aus dem Protokoll über die gerichtliche Anhörung **11.3.2003**

Der Betroffene äußerte sich wie folgt:
Es geht mir nicht so gut. Sonst ist hier alles in Ordnung.
Ach, Sie sind nicht der Doktor. Ich dachte, er käme und sagte mir, was mir fehlt. Ich bin so schwach. Mein Geist ist aber ganz klar. Da bin ich auch nicht kurzsichtig. Da kann ich noch alles.
Ich bin gefallen. Hatte mich nachts im Bett gedreht. Sonst brauche ich zum Aufstehen keine Hilfe, nur meinen Stock.
Oh Gott, was ist mir Ihren Händen. Haben Sie keine mehr?
Der Betroffene beruhigt sich wieder, als der Anhörende ihn anfasst.
(Wo haben Sie vor dem AH gelebt? [4])
Früher habe ich in.............., wie heißt das noch gleich..........(schaut zur Stationsschwester)........
(Haben Sie Kinder?)
Ja drei, ... glaube ich. Die sind so groß. (Zeigt mit den Händen etwa 1 m über dem Boden.)
(Wie heißen die?)
Gisela und Manfred. Manfred hat auch schon selbst Kinder. Der wohnt in..............
(Gibt es auch Max?)
Nein, das ist nicht................ Das ist doch ....
(Wer hilft bei Briefen u.ä.?)
Max .... Das soll auch so bleiben.
(Haben Sie eine Bettsicherung?)
Nein! Das will ich nicht!

Vermerk des Anhörenden: Augenscheinlich sehr hilfe- und schutzbedürftig.
Das Personal, Frau Schlomm, berichtet, der Sohn halte regelmäßig Kontakt und sei zuverlässig erreichbar; er habe die Telefonnummer: .... – Der Betroffene habe in den letzten zwei Jahren deutlich abgebaut, liege seit etwa 1 1/2 Jahren überwiegend.

Vermerk: **12.3.2003**
Die Frage der Betreuereignung wurde mit der Betreuungsbehörde, Frau Maier, erörtert.
Die Betreuungsbehörde regt an, den Sohn (folgen volle Personalien) zu bestellen.

---

4 Die Fragen müssen nicht in das Protokoll bzw. den Anhörungsvermerk. Sie machen das Ganze aber anschaulicher.

Dr. med. Schneider

An das Amtsgericht Holzminden

Anton Müller, geb. 20.8.1913
Der von mir betreute Patient leidet an einer Hirnleistungsschwäche mit örtlicher, zeitlicher und personeller Desorientierung. Er ist nicht in der Lage, eigenständige Entscheidungen zu treffen und die Bedeutung und Potenz von Handlungen abzuschätzen. Aus ärztlicher Sicht ist es zum Wohle des Patienten dringend erforderlich, eine Betreuung einzurichten[5].
Da er wiederholt gestürzt ist, sollte er gesichert werden, wenn er allein ist[6].

Beschluss

in dem Betreuungsverfahren für Herrn Anton Müller, geb. 20.8.1913, AH Glück Auf, Holzminden

Herr Max Müller, Kurze Straße 2, Hannover, wird zum Betreuer bestellt.

Der Aufgabenkreis der Betreuung umfasst:

- Sorge für die Gesundheit d. Betroffenen einschließlich der Zustimmung zu ärztlichen Maßnahmen,
- Aufenthaltsregelung,
- Vermögenssorge,
- Entgegennehmen und Öffnen der an den Betreuten gerichteten Post.

Das Gericht wird spätestens bis zum **20.3.2008** über eine Aufhebung oder Verlängerung der Betreuung beschließen.

Der Betreute kann zum Eigenschutz im unausweichlich nötigen Umfang mechanisch gesichert werden, soweit andere Schutzmaßnahmen nicht zureichen. Die genehmigten Maßnahmen sind **jeweils** zu beenden, wenn aus dem Verhalten d. Betreuten und/oder der Beaufsichtigungsmöglichkeit sichergestellt ist, dass keine konkrete Gefahr besteht.

Diese Genehmigung gilt zunächst längstens bis zum **20.3.2005.**

5 Dass das so kein zureichendes Gutachten ist, liegt ebenso auf der Hand, wie dass in vielen Bereichen mit derartigen, kaum aussagekräftigeren ärztlichen Äußerungen gearbeitet wird.

6 Die Handhabung stützt sich auch auf die sich aus §70 e Abs. 1 FGG ergebende Einschränkung. Für §1906 IV BGB genügt ein ärztliches Zeugnis. Es ist wenig vermittelbar, das die Sicherung/Freiheitsbegrenzung weniger erfordert, als die Grundanordnung.

Zum Ablauf ist ggf. eine gerichtliche Überprüfung und neue Entscheidung herbeizuführen. Eine Fortsetzung der Maßnahmen ohne Verlängerungsbeschluss wäre unzulässig.

Die Entscheidung ist sofort wirksam.

Gründe

Es ist erforderlich, eine/n Betreuer/in zu bestellen, weil d. Betroffene aufgrund einer Krankheit bzw. Behinderung die o.a. Angelegenheiten nicht selbst besorgen kann. Das folgt aus dem Ergebnis der gerichtlichen Ermittlungen, insbes. aus dem ärztl. Zeugnis/Gutachten, den Berichten der Sozialdienste und dem unmittelbaren Eindruck des Gerichts.
Von der Bestellung eines Verfahrenspflegers wird abgesehen, weil die Wahrnehmung der Rechte d. Betreuten durch die Angehörigen/Vertrauenspersonen sichergestellt erscheint.
Die Anordnung der sof. Wirksamkeit beruht auf §69 a III FGG.
Die genehmigten Schutzmaßnahmen dienen dem offenkundigen Selbstschutzinteresse des Betreuten.

Rechtsmittelbelehrung[7]**:** Gegen diese Entscheidung ist das Rechtsmittel der sofortigen Beschwerde zulässig. Sie ist bei dem Amtsgericht .... oder bei dem Landgericht .... binnen einer Frist von 2 Wochen einzulegen. Die Frist beginnt mit der Bekanntmachung dieser Entscheidung. Die Einlegung erfolgt durch Einreichung einer Beschwerdeschrift oder durch Erklärungen zu Protokoll der Geschäftsstelle eines dieser Gerichte.

2) Beschluss an

Betreute/n
Betreuer
Betreuungsbehörde
Heim/Einrichtung

3) ....(hausinterne Anordnungen)

---

7 Die hier eingefügte Rechtsmittelbelehrung ist zum Teil üblich, allerdings bei diesem Kombi- Beschluss so nicht richtig. Für die Betreuungsanordnung gelten andere Einlegungsregeln. Das FGG schreibt Belehrungen vor, knüpft aber kaum Folgen an Verstöße. Die Entscheidungen werden deshalb jedenfalls nicht etwa unwirksam.

Verpflichtungsprotokoll

Amtsgericht Holzminden
Gegenwärtig: Kamm, Rechtspfleger/in

Es erscheint: Herr Max Müller (ausgewiesen durch BPA Nr. ....) zur Verpflichtung als Betreuer/in für Herrn Anton Müller. Der Aufgabenkreis ist in dem Beschluss vom ________________ bestimmt.

Eine Genehmigung gem. §§ 1908 i, 1784 BGB ist nicht erforderlich.

D. Erschienene wurde über die Pflichten eines/r Betreuers/Betreuerin unterrichtet und zu treuer und gewissenhafter Führung des Amtes verpflichtet. Der Betreuerausweis wurde ausgehändigt.
Er erklärt: Ich weiß, dass ich den Ausweis bei Beendigung des Amtes zurückzugeben habe.
Mit mir wurden die Verhältnisse d. Betreuten durchgesprochen. Ich bin über die Sammelversicherung unterrichtet worden. Ein Merkblatt für Betreuer habe ich erhalten. Auf §§ 1835 ff. BGB wurde ich hingewiesen.
Die ausgehändigten Vordrucke für das Verzeichnis des Vermögens werde ich ausgefüllt innerhalb eines Monats zurückgeben.

v.g.u.	geschlossen:
Müller	*Kamm*

Verzeichnis des Vermögens
(unter Vermögen ist alles zu verstehen, was Geldwert hat)[8]

Vermögensgegenstände
Wert:

Grundstücke und grundstücksgleiche Rechte		0 €
Erwerbsgeschäft		0 €
Zu verwaltendes Geld		
Bargeld		0 €
Girokonto		- 2.000 €
sonstige Guthaben:	Post	3.000 €
	DB	4.300 €

8 Das Vermögensverzeichnis wird in der Regel auf dem amtlichen Vordruck erstellt, an den der Text hier angelehnt ist. Der Vordruck muss nicht verwendet werden, wenn vollständige und zureichend nachvollziehbare Angaben gemacht werden sowie die Vollständigkeit und Richtigkeit der Angaben versichert wird.

Wertpapiere
Ausstehende Forderungen
Haus- und Küchengeräte
Kunstgegenstände
Gegenstände des persönlichen Gebrauchs
Werkzeuge und Maschinen
Fahrzeuge aller Art
Tiere
Vorräte
Beteiligungen

Schulden

Eingetragenen Belastungen
Sonstige Verbindlichkeiten

Einkommen

Arbeitseinkommen

Renten 1.112 € mtl.

Pensionen

Sonstiges Einkommen
Zinsen p.a.

Die vorstehende Aufstellung des Vermögens habe ich nach bestem Wissen gefertigt und versichere die Richtigkeit und Vollständigkeit meiner Angaben.

Müller

| (Nachgeheftet sind Kopien der Auszüge und Sparbücher)

Verfügung d. Rechtspflegerin:

1) Keine Kosten (§§ 91 ff KostO) [9]

2) Keine Rechnungslegungspflicht (Sohn !) [10]

3) wiedervorlegen: 1 Jahr (Bericht) [11]

Kamm

---

9 S. Rdnr. 205
10 vgl. §†1908 i Abs. 2 S. 2 BGB
11 Das ist die hausinterne Anordnung, die Akten spätestens mit Ablauf dieser Frist wieder vorzulegen. Ergibt sich vorher Handlungsbedarf, wird alsbald reagiert.

Bericht in der Betreuungssache[12]

Zeitraum:

Der Betreute befindet sich weiterhin am APH Glück Auf in Holzminden.

Der Aufenthalt ist nicht mit Freiheitsentziehung verbunden.

Der Gesundheitszustand ist unverändert.

Die letzte Begegnung mit der betreuten Person fand am 10.2.2004 statt.

Ich konnte mich vergewissern, dass er mich teilweise versteht. Er äußerte keine Wünsche.

Es sind keine Rehabilitationsmaßnahmen geplant.

Die Vermögensübersicht ist beigefügt.

Ich halte die Betreuung weiterhin für erforderlich, weil altersbedingt keine Besserung zu erwarten ist.

Müller

(Abbruch des Auszuges; in der Sache wäre eine Folgeverfügung des Rechtspflegers wegen des Berichts (neue Frist) und Vorlage an den Richter zu erwarten, der eine Rückfrage zu der auslaufenden Genehmigung nach §†1906 Abs. 4 BGB veranlassen dürfte. Hat sich das Sicherungsproblem erledigt? Oder wird ein Verlängerungsantrag gestellt?)

12 Auch für diesen Bericht gibt es einen Vordruck (Anlage I, 9.2), der zu dem nachfolgend genannten recht stereotypen Text führen kann. Wenn das Gericht keine abweichende Information erhält, wird es sich damit in der Regel begnügen.
Deshalb ist es so wichtig, dass Besonderheiten oder Probleme auch von anderen Beteiligten eingebracht werden. Damit zu lange zu warten, ist nicht sachdienlich.

Anmerkung:
Es handelt sich um einen recht typischen Vorgang mit kaum weniger Inhalt als ihn viele derartige Vorgänge im Gericht auch nur aufweisen. Die Vorstellung, man könne dort Wesentliches über die betroffenen Menschen erfahren, ist jedenfalls in den Massenroutinefällen unbegründet.

Das macht gleichzeitig deutlich, dass sich die Arbeit etwaiger neutraler (Berufs-) Betreuer nicht darauf beschränken kann, die Akten einzusehen und Briefverkehr zu führen. Der Betroffene wird nicht antworten, das Heim keine langen Berichte schicken. Da sie anders als (hoffentlich) der Sohn keine Vorinformationen über das Leben des Betroffenen haben werden, müssen sie sich die Basisdaten erst einmal selbst zusammen suchen (s. Checkliste Beginn, Anlage I, 7).

Zum Aufgabenfeld gehört die Kontaktaufnahme mit dem Hausarzt und etwaigen Fachärzten, um sich über die bisherige und aktuelle Behandlung zu informieren und die Grundlagen der weiteren Behandlung wie der Informationswege zu erörtern (was geht über das Heim, was direkt). Das ist mit dem Heim abzustimmen (s. Rdnr. 163 ff).

Auch zu den Sicherungsmaßnahmen müssen die Abläufe wie die Rückkoppelungen abgeklärt und sichergestellt werden. Es ist nicht Sache des Gerichts, sich um eine etwaige Verlängerung zu kümmern[13] (auch wenn es viele nach schlechten Vorerfahrungen tun, s. oben Rdnr. 327 ff.).

[13] Es gibt manche, die es ausdrücklich ablehnen, ihrerseits vor Fristablauf nachzufragen. Daraus folgt aber nicht etwa die Zulässigkeit der Fortsetzung ohne Verlängerung. Die Genehmigung läuft aus. Die etwa notwendige Fortsetzung ist kein Not- oder Gefahrenfall, weil lange vorher bekannt. Der Betreuer und das Heim müssen sich rechtzeitig vor Fristablauf um eine etwaige Verlängerung kümmern. Manche Gericht nehmen die Meldung des Heimes entgegen und veranlassen das Notwendige, andere verweisen darauf, die Meldung sei an den Betreuer zu richten, der einen Verlängerungsantrag zu stellen habe. Auch das bedeutet aber nicht, dass das Heim nach der Meldung entlastet ist, weiter sichern könnte. Nur wirksame Einwilligungen und Genehmigungen gestatten die Fortsetzung. Eine abgelaufene ist keine wirksame (mehr).

Fall 2 (Grenzfall geistige Behinderung/ Krankheit; Vermögensverwaltung, Beschwerde)

Gesundheitsamt Stade 3.3.2001

An das
Amtsgericht Stade

Eduard Best, geb. 21.10.1946

Herr Best ist dem Dienst seit 10 Jahren bekannt. Er lebt in der früheren Wohnung seiner Eltern, die im letzten Jahr verstorben sind.
Seine wirtschaftlichen Verhältnisse dürften gesichert sein. Er ist jedoch außer Stande, sein Leben zu organisieren, lehnt dabei Hilfe ab. Ihm vermittelte Reinigungskräfte hat er jeweils als zu teuer des Hauses verwiesen. Körperpflege nimmt er selbst nicht vor, lehnt auch dabei Hilfen ab. Seine Wäsche scheint er lange nicht mehr gewechselt zu haben.
Er scheint nicht krankenversichert zu sein, geht keiner Beschäftigung nach und erhält unseres Wissens keine Bezüge aus öffentlichen Kassen.
Lebende Angehörige sind nicht bekannt.
Wir regen an, eine umfassende Betreuung einzurichten und einen Berufsbetreuer zu bestellen[14].

Das Gericht hat Herrn Best angeschrieben und über die o.a. Anregung[15] sowie darüber informiert, dass ein Arzt um ein Gutachten gebeten worden ist. Das Kommen des Arztes ist zugleich angekündigt worden.[16]

---

14 Eine so offene Anregung wird mit Laufzeiten bis zu 3 Monaten bis zur inhaltlichen Antwort (Bescheidung) rechnen müssen.

15 Es gehört zu einem fairen Verfahren, dass die Betroffene spätestens bei der Anhörung erfährt, worauf die gerichtlichen Maßnahmen beruhen. Wünsche nach Anonymität können zu nicht unerheblichen Problemen führen.

16 Über diese Schreiben regen sich immer wieder Angehörige oder Freunde auf und verweisen darauf, sie hätten doch schon klar gemacht, dass der Betroffene so etwas nicht verstehe oder damit nicht angemessen umgehen könne, sich nur unnötig aufrege. Warum er so beunruhigt werde?
Es ist von Seiten des Gerichts der Versuch, das erforderliche rechtliche Gehör zu gewähren. Das ist in der Verfassung vorgesehen und zum anderen beschweren sich andere Menschen bei einem "Überfall" durch den Arzt.
Daraus haben sich ebenfalls ganz unterschiedliche Abwicklungshandhabungen entwickelt, zum Teil je nach den Vermutungen des Sachbearbeiters über schriftliche Verständigungsmöglichkeiten.

Dr. Manfred Schatz

Eduard Best, 21.10.1946

Der Obengenannte wurde am 10.4.2001[17] in seiner Wohnung aufgesucht. Mit anwesend war Frau Möller vom Gesundheitsamt, der er aufgemacht hatte. Auf den vorherigen alleinigen Zugangsversuch des Gutachters wurde nicht reagiert. Die Wohnung war beleuchtet, die Gardine bewegte sich.
....................(folgt Bericht über die Wohnsituation)................
Herr Best hat die Realschule mit Abschluss besucht, danach offenbar eine weiterführende ohne Abschluss. Das Militär habe ihn nicht genommen. Warum konnte er nicht angeben. Er habe sich bei verschiedenen Firmen beworben. Es habe aber nie geklappt.
Er habe keinen Arzt, sei auch nie ernsthaft krank oder in einer Klinik gewesen.

Früher habe er gelegentlich Spaziergänge gemacht, seit 1999 nicht mehr. Er lese viel. Auf Rückfrage konnte er kein Buch benennen, brachte dann ein 1966 erschienenes einfaches Geographieunterrichtsbuch.

Die Küche enthält zahlreiche gebrauchte Kochutensilien mit verschimmelten Anhaftungen. In dem Kühlschrank sind verschimmelte Lebensmittel durch den großen Eisblock teilweise eingeschlossen.
Herr Best meint, ein neuer Kühlschrank sei zu teuer.
.......................(Bericht über Untersuchungsansätze).................
Erklärt werden könnte dies durch eine Psychose aus dem schizophrenen Formenkreis (wird ausgeführt).

((Der Gutachter hält die Einrichtung einer Betreuung für Vermögen, Gesundheit, Wohnungsangelegenheiten für erforderlich.))

Die **Kosten** für das Gutachten in Höhe von 260 €[18] werden durch das Gericht angewiesen.

In der Akte befinden sich außerdem 2 **Vermerke** über einen Anruf des Gesundheitsamtes und eine telefonische Beschwerde des Nachbarn. Die Situation werde immer unerträglicher. Herr Best horte den Müll, weigere sich, Müll abfahren zu lassen.

17 Es ist nicht nur in ländlichen Bezirken nicht immer ganz leicht, Fachärzte zu Hausbesuchen zu bewegen. In zwei mir bekannten Bezirken gab es z.B. jahrelang keine derartige Ärzte, die überhaupt Hausbesuche machten. Deren Gesundheitsämter verweigerten sich bei den meisten Betreuungsverfahren durch Gutachtenserstattungen mitzuwirken.

18 Günstiger lassen sich fachärztliche Gutachten kaum beiziehen. U.a. wegen dieser Kosten, die die Betroffenen erstatten müssen, wenn es zu einer Betreuung kommt und sie über mehr als das Schonvermögen verfügen, begnügen sich viele Gerichte in eindeutigen Fällen mit den üblichen "Bescheinigungen".

Der **Bericht** der **Betreuungsbehörde** bestätigt die schriftlichen Angaben des Gesundheitsamtes.

Herr Best sei bereit gewesen, zu sprechen, habe bestätigt, dass er allein kaum zurecht komme, wolle aber keine Hilfe. Er müsse sparen.

Die Wohnung rieche sehr streng. Herr Best wirke unzureichend ernährt. Er verweigert Angaben zu der Art seiner Ernährung. Er meint, sein Kühlschrank sei noch gut; wohl 30 Jahre alt und noch vom Vater gekauft.
In ihm finden sich diverse verschimmelte und zum Teil in einem Eisblock eingefrorene Lebensmittel.

Die Betreuungsbehörde hält eine umfassende Betreuung für erforderlich und benennt den gerichtsbekannten Berufsbetreuer Ernst Rasch.

15.5.2001

Das gerichtliche **Anhörungsprotokoll** weist aus, dass Herr Best Hilfe ablehnt. Das werde viel zu teuer. Er habe „mehr als 100.000 € und weniger als 400.000 €".
Genauere Angaben verweigert er.
Der Kühlschrank sei noch in Ordnung. Der Fernseher werde schon seit 25 Jahren nicht mehr benutzt.

Er zeigt dem Richter die Wohnung. Dabei zu auf einem Schreibtisch abgelegte dick eingestaubte ca. 30 Glühbirnen (vergilbte Kartons) angesprochen, erklärt er, die seien auf Vorrat gekauft und würden noch benötigt.

Am Ende ist vermerkt, das ein Betreuungsbeschluss angekündigt worden ist mit der Bestellung eines Berufsbetreuers (Herr Best hat keine Wünsche zu Mann oder Frau genannt).

In dem **Betreuungsbeschluss** vom 17.5.2001

ist eine Betreuung angeordnet,

Ernst Rasch zum Betreuer bestellt worden mit den Aufgabenkreise:

Gesundheitsfürsorge
Aufenthaltsbestimmung
Vermögenssorge.

Die Begründung ist formulargemäß (wie oben bei Fall 1).

Verpflichtungsprotokoll **22.5.2001**
(s. Fall 1, hier keine Besonderheiten)

Das **Vermögensverzeichnis** listet Guthaben im Gesamtwert von 390.320 € auf (Girokonto, 2 Sparbücher über je ca. 30.000 € und zwei Wertpapierdepots; eins ausgestellt auf den Betreuten, eins auf seine verstorbene Mutter. Er war Einzelkind.)

Herr Best sei einkommenslos, nicht krankenversichert, lebe davon, dass er sich gelegentlich kleinere Beträge vom Konto hole.
Die Wohnung werde über Dauerauftrag bezahlt, eingerichtet noch von den Eltern.

Die letzte vollständige Steuererklärung sei wohl 1992 durch den Vater abgegeben worden. Danach sei dem Steuerberater jeweils nur noch das Renteneinkommen benannt worden, nicht die Kapitalerträge.

Herr Best nutze 2 Räume der 6 Zimmer, weigere sich aber umzuziehen.

Die **Rechtspflegerin** ordnet Rechnungslegung[19] an, bestimmt den Erstzeitraum und fordert den Betreuer auf, das Vermögen „mündelsicher" umzuschichten[20].

---

19 Muster Anlage I, 10.5

20 vgl. §1908 Abs. 1 i.V.m. §§ 1805 ff BGB.
Es ist wohl nicht zutreffend, dass eine derartige generelle Umschichtungspflicht besteht. S. oben bei Rdnr. 360. Die „Anlage" großer Summen auf nicht oder nur schlecht verzinsten Konten ist aber so unwirtschaftlich, dass eine Änderung geboten ist. Zu den Depots kann mit einer deratigen Verfügung im übrigen auch nur gemeint sein, dass etwaige Sperrvermerke anzubringen und nachzuweisen sind. Wenn unklar ist, was gemeint ist, sollten (neue) Betreuerinnen sich nicht scheuen, nachzufragen.

Es folgt weiterer Schriftverkehr zwischen Betreuer und Rechtspflegerin, bis die Verträge über die häuslichen Pflegeleistungen vorliegen sowie Berichte über die sonstigen Maßnahmen (Essen auf Rädern, Putzhilfe) und dafür Dauerabhebungsermächtigungen erteilt sind, im übrigen das Geld (neu) – versperrt – angelegt ist.

5.11.2001

Nach der ersten Abrechnung des Betreuers, wird durch Rechtsanwalt Dr. Hastig für Herrn Best

Beschwerde

gegen die Betreuungsanordnung eingelegt.

Zur Begründung wird ausgeführt:
Die Betreuung ist nicht erforderlich. Herr Best benötigt keine Gesundheitshilfe, kann sich allein versorgen. Die Betreuung zehrt sein Vermögen auf.

Das Gericht holt ein weiteres ärztliches Gutachten, eine neue Stellungnahme der Betreuungsbehörde und des Gesundheitsamtes ein[21].

Der Betreuer berichtet in dieser Zeit, es sei gelungen, die Wohnung nach 32 Jahren erstmals wieder zu renovieren, worauf der Vermieter bestanden habe. Der Kühlschrank sei erneuert, die z.T. seit 20 Jahren überfälligen Lebensmittelvorräte seien entsorgt worden. Herr Best lasse aber z.Zt. noch keine Körperpflege zu, was auch die entstehende Geruchsbelastung seiner Umgebung nicht unproblematisch mache.[22]

21 Nur in den Fällen der sof. Beschwerde wird der Vorgang unmittelbar an das Beschwerdegericht gegeben. In den anderen Fällen muss das Gericht, das die angegriffene Entscheidung erlassen hat , i.d.R. zunächst selbst prüfen, ob es Anlass zu einer neuen / anderen Beurteilung sieht. Wenn das so sein sollte, kann es die eigene Entscheidung ggf. ändern.

22 Die Beschwerde hat keine aufschiebende Wirkung. Der Betreuer ist so lange in der Pflicht, bis seine Bestellung aufgehoben wird oder eine abweichende vorläufige Regelung erfolgt. Die Überwindung derartiger persönlicher Widerstände erfordert viel zeitaufwändigen Einsatz. Mit bloßen Anordnungen kommt man dabei selten weiter. Es ist hilfreich, wenn Kontakte zu qualifizierten ambulanten Diensten gepflegt werden, die z.T. diese persönlichen Schwellen besser überwinden können, als manche Berufsbetreuer aus anderen Ursprungsberufsfeldern.

In der erneuten gerichtlichen Anhörung betont der Betreute seine Ablehnung. Der Rechtsanwalt führt aus, eine Betreuung sei überflüssig. Offene Rechtsprobleme könne der Betreute mit ihm lösen. Alles andere könne er allein.

Das Gericht fertigt einen Beschluss (15.2.2002), wonach der Beschwerde nicht abgeholfen werde, die Betreuung sei weiterhin erforderlich und legt die Sache dem Landgericht zur Entscheidung vor.

Das gibt die Akten nach 2 Monaten mit dem Hinweis (der in Durchschrift an den Rechtsanwalt gegangen ist) zurück, die „Beschwerde" sei als Aufhebungsantrag zu verstehen gewesen.[23] Der sei beschieden und dagegen sei keine Beschwerde eingelegt worden, weshalb die Kammer keinen Anlass zur eigenen Entscheidung sehe.

Der Rechtsanwalt rechnet gegenüber Herrn Best für seine Tätigkeit ab (3.100 €). Der Betreuer bittet um Freigabe eines entsprechenden Betrages zum Ausgleich[24].

Anmerkung:
Die rechtliche Betreuung psychisch Kranker ist ein sehr aufwändiger Vorgang, der nicht vom Schreibtisch aus zu bewältigen sein wird. Die Betreuer, die sich auf diese Klientel einlassen, werden mit einem hohen Anteil von Feldtätigkeit rechnen müssen.
In der Abwicklung sind solche Vorgänge auch dadurch geprägt, dass es gilt, einen tragbaren Ausgleich zu finden zwischen Konten, die dem Betreuten selbst zugänglich bleiben und den von dem Betreuer zu führenden versperrten Konten. Das geht nur über eine Ausweisung in der Betreuungsanordnung. Wenn der Betreuer Unterkonten bildet, bleibt er verantwortlich, bleibt die Sperrpflicht. Ob sich die Bank darauf gegenüber dem Betreuten berufen kann, ist zweifelhaft, wohl ebenso zweifelhaft wie seine Geschäftsfähigkeit. Es wird ihm aber jedenfalls nicht zuzumuten sein, bei jedem Gang zur Bank damit konfrontiert zu werden.

23 Auch Rechtsbehelfe sind auslegungsfähig.

24 Das Gericht hatte in jenem Fall (wohl fälschlich), s. oben Kapitel 8.9, Rdnr. 208, als Gegenstandswert den vollen Vermögenswert angenommen und das auf Antrag durch Beschluss festgestellt. Das Gericht hat dem Freigabeantrag Folge geleistet, der Betreuer später (zu Unrecht) empört reagiert, als ihm Vorwürfe gemacht wurden, er hätte die überhöhte Rechnung und die falsche Wertfestsetzung beanstanden müssen. Die Vorwürfe waren berechtigt. Der Betreuer ist dem Betreuten bzw. dessen Rechtsnachfolger verpflichtet. Die begleitenden Kontrollen entlasten ihn ebenso wenig wie falsche gerichtliche Entscheidungen des Betreuungsgerichts

Fall 3 (Geistige Behinderung, Übergang von altem Recht zum Betreuungsrecht, Betreuerwechsel, Schutzmaßnahmen in einer Wohngruppe)

Landesversicherungsanstalt Bremen 10.5.1978

An
das Amtsgericht Lüneburg

Waisenrentenangelegenheit für Karl Laprenz, geb. 20.9.1954

Sehr geehrte Damen und Herren!
Nach unseren Unterlagen ist die o.a. Waise nicht in der Lage, die eigenen Angelegenheiten wahrzunehmen. Sie lebt seit 1973 in der Stiftung, Zum Roten Stein, in Dannenberg, Heim für Behinderte.
Es wird angeregt, eine Gebrechtlichkeitspflegschaft zu bestellen mit dem Wirkungskreis „Durchführung des Rentenverfahrens".

Die Mutter, Frau ...., wohnt in.........

Das beigefügte ärztliche **Attest** (Kopie) für den Betroffenen weist aus[25]:

> K. Laprenz ist geistig und körperlich schwer behindert. Er ist außerstande, sich selbst zu unterhalten.
>
> Eine Besserung des Zustandes ist nicht zu erwarten.

Es folgte seinerzeit ein Schreiben des Amtsgerichts an den Betroffenen mit der Information über den Antrag und Gelegenheit zur Stellungnahme binnen 8 Tagen[26] **und** eine Anfrage an die Mutter des Betroffenen, ob sie bereit sei, die Pflegschaft zu übernehmen **sowie:** Eine Anfrage an das Jugendamt, ob ein Pflegschaft erforderlich sei, für welchen Wirkungskreis und wer die Aufgabe übernehmen könne.[27]

25 Nach altem Recht sind solche beigefügten Bescheinigungen oft akzeptiert worden; nach neuem Recht soll das nicht genügen (mit dem Gericht vor Ort klären).

26 S. oben bei Fall 2.

27 Vor dem Betreuungsrecht waren das Jugend- oder das Sozialamt zuständig. Die Betreuungsbehörde gibt es erst seit 1992.

Es gibt einen Eingang bei dem Gericht; ein Schreiben ohne Absender und Datum[28], das lautet:

Ich bin bereit, die Pflegschaft als Mutter zu übernehmen.

(Unterschrift)

Bericht des Jugendamtes

Karl befindet sich seit März 1972 in der Einrichtung. Er ist nicht in der Lage, sein Belange wahrzunehmen.
Es besteht bereits eine Pflegschaft.
Durch Beschluss des dortigen Amtsgerichts vom 5.2.1977 wurde für 50 Bewohner der Einrichtung eine Pflegschaft für die Zustimmung zu ärztlichen Maßnahmen eingerichtet und das Jugendamt bestellt.
Die neuen Aufgaben können von uns nicht zusätzlich übernommen werden. Wir regen an, die Mutter, Frau..........., zu bestellen.

Beschluss

in der Gebrechlichkeitspflegschaftssache

Karl Laprenz

wird der Wirkungskreis wie folgt neu gefasst:

Vermögenssorge und Aufenthaltsbestimmung sowie Entscheidungen bei ärztlichen Maßnahmen.

Das Jugendamt wird entlassen und als neue Pflegerin die Mutter, Frau............bestellt.

((Eine Begründung ist nicht erfolgt.))

---

28 Erstaunlich viele Menschen meinen, ihr Vorgang sei so einzigartig, dass das Gericht ihn selbstverständlich ohne weiteres dem richtigen Vorgang zuordnen könne. ("Aber Sie haben mich doch angeschrieben. Sie müssen doch wissen, worum es geht.")
Ich verweise auf oben Rdnr.: 138, 138 a. Selbst ein so kleines Gericht wie das Amtsgericht Wolfenbüttel versendet pro Tag mehrere hundert Briefe. Wenn nicht einmal die Abteilung angegeben wird, die die Sache bearbeiten soll, kann es Tage oder Wochen dauern, bis der Brief zu dem richtigen Vorgang gelangt.

Verpflichtungsprotokoll

des Amtsgerichts Hameln, das um Verpflichtung im Wege der Rechtshilfe ersucht worden war. Der Mutter sollte die Anreise nach Lüneburg erspart werden.

Es folgen „Berichte" in dreijährigem Abstand, die daraus bestehen, dass mitgeteilt wird, es hätten keine besonderen Vorkommnisse stattgefunden (danach wurde in dem Anfrageformular gefragt), der Betroffene lebe weiter in dem Heim und erhalte die Halbwaisenrente.

25.10.1993

Schreiben des Amtsgerichts an die Mutter

Mit Inkrafttreten des Betreuungsgesetzes gilt auch für die bestehenden Pflegschaften das neue Recht der Betreuung. Dadurch hat sich u.a. das Aktenzeichen[29] des Vorgangs geändert. Wegen der weiteren Einzelheiten wird auf anliegendes Merkblatt verwiesen.

Ein neuer Ausweis ist in der Anlage beigefügt. Bitte reichen Sie in den nächsten Tagen die alte Bestallungsurkunde zurück.

Schreiben der Mutter an die Einrichtung, die es an das Gericht weitergegeben hat:
Hiermit möchte ich Sie bitten, das Formular auszufüllen. Ich habe keine Unterlagen über meinen Sohn und kann keine Angaben machen. Habe auch keine alte Urkunde.[30]

Schreiben des Gerichts an die Mutter, sie müsse bitte den (neuen) Berichtsvordruck selbst ausfüllen. Das könne nicht von dem Gericht übernommen werden.

---

29 zum Aktenzeichensystem s. oben Kap. 8.

30 Es geht nicht darum, hier jemanden oder eine Gruppe ehrenamtlicher Betreuer "vorzuführen". Solche Schreiben gibt es. Alle Beteiligten müssen sich noch viel klarer machen, wie hilflos viele Menschen diesem formalisierten System ausgesetzt sind

2.1.1994

Schreiben der Mutter an das Gericht

Ich möchte Ihnen zur Kenntnis geben, dass ich Vormund und Mutter, keine Betreuerin[31] bin. Mein Sohn lebt seit 1972 in dem Heim und über die finanziellen Dinge erhalte ich von dort keine Auskünfte. Wenden Sie sich bitte selbst an das Heim[32]. Bitte schreiben sich **mich nicht mehr an.**

Es folgt Schriftverkehr zwischen dem Gericht, der Betreuungsbehörde und dem Heim, wer nunmehr Betreuer werden solle. Die Mutter erscheine ungeeignet (meinen Gericht und Betreuungsbehörde); das Heim formuliert, sie sei überfordert, verstehe nicht, was von ihr verlangt werde.[33] Das Heim berichtet (wie auch später in den Folgejahren nach ihrer Ablösung), die Mutter halte gelegentlich persönlichen Kontakt, schicke manchmal Päckchen.

Durch gerichtlichen **Beschluss** vom 10.8.1994 wird die Mutter entlassen und die Betreuungsbehörde bestellt. Die Mutter reagiert nicht (beklagt sich später bei der Einrichtung).

Am 12.1.1995 findet (erstmalig) ein persönlicher Kontakt des Gerichts[34] zu dem Betreuten statt; er soll zu der Umbestellung und etwaigen Verlängerung **gehört** werden.

Der Betreute antwortet auf einfache Fragen einsilbig, schweigt bei komplexeren. Z.B.: (Wie geht es) „gut", (Haben Sie Arbeit?) „ja", (was machen Sie?) – keine Antwort –.

Die Mitarbeiterin der Wohngruppe berichtet, der Betreute gehe nur auf Aufforderung aus dem Haus; sei in der Gruppe phasenweise nicht einfach. Er arbeite nur gelegentlich mit. Die Wohngruppe sei ihm offenbar wichtig. Er neige dazu, Kontaktwünsche auch aufzudrängen, werde schnell recht grob zu den Mitbewohnern, wenn er keine positive Rückmeldung erhalte.
Kommunikation sei sprachlich nur begrenzt, sonst aus der Situation und mit Gesten möglich. Der Betreute wisse deutlich, was er wolle und versuche, das auch durchzusetzen.

---

31 Nicht nur in jener Einrichtung werden die Gruppenmitarbeiter als "Betreuer" bezeichnet, die für die einzelnen Bewohner zuständig sind. Der Begriff "Betreuer" hat nicht nur in der Anfangszeit des Betreuungsrechts Verwirrung gestiftet.

32 Es kommt recht häufig vor, dass Angehörige nicht verstehen, warum sie neben dem Heim verantwortlich sein könnten. Die grundlegenden Strukturen, die Funktion als Sprachrohr des Betroffenen werden nicht immer verstanden.

33 Das dürfte in der Sache dasselbe sein.

34 Das war zu spät und verstößt so gegen die bestehenden Regeln, begründet aber ebenfalls keine Unwirksamkeiten, bleibt grundsätzlich folgenlos. Wenn z.B. die Einrichtung das zu Recht für unbefriedigend hält, sollte sie das Gespräch über die strukturellen Fragen suchen, nicht gleich zu grundsätzlichen Vorwürfen greifen.

In dem ärztlichen **Gutachten** ist ausgeführt, bei dem Betreuten bestehe eine geistige Behinderung höheren Grades unklarer Ursache mit Verhaltensauffälligkeiten (wird ausgeführt).
Der Betreute verfüge nicht über Kulturtechniken im engeren Sinne. Er orientiere sich am Tagesablauf, sei im lebenspraktischen Bereich weitgehend selbständig. Außerhalb der Einrichtung sei er nicht verkehrssicher.

Er sei auf einen genau strukturierten Tagesablauf angewiesen. Bei Veränderungen reagiere er empfindlich. Auch in Konfliktsituationen reagiere er mit aggressiven und autoaggressiven Durchbrüchen.....(wird ausgeführt)...........

Es werde eine Betreuung für Finanzen, Gesundheit und zur Aufenthaltsbestimmung empfohlen.

Durch gerichtlichen **Beschluss** vom 5.5.1995 wird die Betreuung verlängert bis 5.5. 2000 und als Aufgabenkreis jetzt ausgewiesen:

Gesundheitsfürsorge
Aufenthaltsbestimmung
Vermögenssorge.

Ein Jahr später wird das auf Anregung der Einrichtung im schriftlichen Verfahren[35] auf „Postangelegenheiten" erweitert.

In den folgenden **Jahresberichten** wird u.a. über zunehmende Probleme in der Wohngruppe berichtet. Es sei mehrfach zu nächtlichen Übergriffen durch den Betreuten gekommen. Die Einzelheiten seien unklar, zumal die anderen Bewohner und Bewohnerinnen sich dazu nicht sprachlich ausdrücken können, zwei jedoch deutliche Angst vor dem Betreuten zeigen.

Ein Einzelbetreuer habe sich nicht finden lassen.

35 Den FGG-Bestimmungen entspricht das kaum; ob es "verboten" und was sinnvoller wie zu machen wäre, sollte nicht vermengt diskutiert werden. Und: die Entscheidung ist wirksam, auch wenn gegen Verfahrensrecht verstoßen wurde.

Im Februar 1998 geht bei dem Gericht ein **Schreiben der Einrichtung** ein, in dem es u.a. heißt:
Herr Laprentz lebt in einer Gruppe mit 14 weiteren Bewohnerinnen und Bewohnern. Er schläft sehr wenig. Besonders bei extremen Wetterlagen schläft er nachts kaum. Es kommt vor, dass er sich dann zu anderen Bewohnern oder Bewohnerinnen ins Bett legt und sie sexuell bedrängt. Aus diesem Grund sind nachts zunächst die Zimmer der Mitbewohner verschlossen worden, die sich nicht wehren können.
Herr Laprentz hat sich darauf einem anderen Bewohner zugewandt, der sich nicht abgrenzen kann. Es ist unklar, ob er die Annäherungsversuche begrüßt oder ablehnt.
Herr Laprentz ist pädagogisch nicht zu beeinflussen. Zum Schutz der anderen Bewohner muss sein Zimmer nunmehr nachts verschlossen werden, wenn er sich unruhig zeigt. Das soll in die Entscheidung der jeweils letzten Mitarbeiter bzw. der Nachtwache gestellt werden.
In der Regel beugt er sich den dann ergehenden Aufforderungen, sein Zimmer aufzusuchen. Nur ganz selten wird es nötig, ihn in solchen Situationen mit mehreren Mitarbeitern in seine Zimmer zu bringen. Ich bitte insoweit auch um die Genehmigung, ihn dann fixieren zu dürfen. Das ist meist nur für maximal 30 Minuten erforderlich. Dann ist er bereit, in seinem Zimmer zu bleiben.

Beigefügt ist eine **ärztliche Stellungnahme** bestätigenden Inhalts.

Die Betreuungsbehörde meldet sich, nimmt Bezug auf die o.a. Ausführungen und beantragt einen Beschluss nach § 1906 BGB.

Es heißt weiter:
Ich sprach an, ob es nicht die Möglichkeit gebe, ihn auf eine andere Gruppe zu verlegen. Die Gruppenleiterin erklärte dazu, „es würde ihm das Herz brechen", wenn er umziehen müsse. Er lebe sehr lange dort, reagiere auf jede Veränderung mit erheblichen Eigenbeschädigungen und Magen-, Darmproblemen massiver Art. Im Verhältnis dazu sei die nächtliche Eingrenzung auf sein Zimmer, wenn es aus der Situation geboten sei, das geringere Übel. Unmittelbarer Zwang ist nur selten nötig.

Nach **richterlicher Anhörung** erlässt das Amtsgericht einen Beschluss, wonach genehmigt wird, dass der Betreute innerhalb der Wohngruppe – zeitweise – am Verlassen seines Zimmers gehindert werden darf, wenn es aus seinem Verhalten geboten sei.[36]

36 Hier zeigen sich die Probleme des Streites zu den Abgrenzungen der betreuungsrechtlichen zu den landesrechtlichen Maßnahmen. Letztere sind einrichtungsgebunden und werden in derartigen Wohnheimen oder -einrichtungen nicht vollzogen werden dürfen. S. im einzelnen Kapitel 12.

Die Maßnahmen könnten nötigenfalls auch gegen seinen Willen umgesetzt werden.[37] Die jeweilige Anordnung sei mit dem Anlass in der Dokumentation aktenkundig zu machen.
Die Genehmigung ist auf 2 Jahre befristet.

Anmerkung:

Der Fall knüpft als historische Reminiszenz an eine übergeleitete Pflegschaft an. Es gibt viele Vorgänge, die sehr lange laufen, zum Teil über Jahrzehnte.
Die aktuelle Thematik verdeutlicht die Grenzen von § 1906 BGB, zeigt dass die ganze Konzeption wenig auf die Probleme in Behinderteneinrichtungen mit geistig Behinderten und zusätzlichen psychischen Beeinträchtigungen ausgerichtet ist. Alle Beteiligten müssen dennoch damit leben, geraten dabei ständig in die zwei Fallen aus der Interessen- oder Nachrangigkeitsdiskussion bzw. der fehlenden Grundlagen für Zwangsmaßnahmen.
Wenn man hier auf die Übergriffe abstellt, ist das eindeutig kein BGB-Unterbringungsfall. Wenn man deshalb auf das Landesrecht verweist, kommt man in Schwierigkeiten mit der Einrichtungsbindung und der angeblichen Nachrangigkeit. Keine/r will diese Behinderten wieder in Psychiatrien kasernieren. Wenn man sich an die vermeintlich vorgegebenen gesetzlichen Vorgaben hielte, bliebe wohl wenig Wahl.
Niemand will rechtswidrige Übergriffe. Die Heime und Einrichtungen leiden genug unter den Vorwürfen unbegründeter Gewalt. Gegenwärtig ist aber nicht zu vermitteln, welche genauen Grundlagen gelten und wie die Strukturen beschaffen sein sollten, die bei der Umsetzung helfen können. Vielleicht gelingt das mit örtlichen Arbeitsgemeinschaften bzw. Arbeitskreisen aller Beteiligten. Von Verfassungs wegen und nach der Rechtsprechung des BGH sind allerdings wohl nicht diese, sondern ist der Gesetzgeber gefordert.

37 Das ist ein Versuch, den Umsetzungsproblemen Rechnung zu tragen, s. Kap. 13.

Fall 4 (Alkoholabhängigkeit, Unterbringungsmaßnahmen nach Landesrecht und BGB)

Landkreis Peine
Gesundheitsamt

3.3.2004

An das
Amtsgericht Peine

Anregung einer Betreuung für Frau Andrea Belowa, geb. 19.10.1965

Frau Belowa ist uns seit Juni 2001 bekannt. Sie ist mehrfach nach massivem Alkoholmissbrauch aufgefallen und deshalb bisher 7 mal nach PsychKG im Landeskrankenhaus entgiftet bzw. behandelt worden. Im Anschluss war sie jeweils nicht gewillt, therapeutische Angebote wahrzunehmen. Sie war ab September 2002 nicht mehr in der Lage, ihre 4 Kinder zu versorgen, weshalb sie inzwischen anderweitig untergebracht wurden.
Ein im letzten Jahr gestellter Antrag auf Betreuung ist am Widerstand von Frau Belowa gescheitert.
Frau Belowa lebt von Sozialhilfe, hat Schulden und bestellt immer wieder im Versandbereich, verschuldet sich dadurch weiter. Einen genauen Überblick über ihren Schuldenstand hat sie nicht. Da sie auch die Strom- und Gaskosten nicht bezahlt, haben die Stadtwerke jetzt gedroht, die Versorgung zu unterbinden. Das Sozialamt ist nicht mehr bereit, zusätzliche Beträge einzusetzen.
Der Vermieter hat das Mietverhältnis wegen angeblicher Störungen durch Frau Belowa und betrunkene Bekanntschaften von ihr fristlos gekündigt und Räumungsklage erhoben. Verhandlungstermin ist von dem Amtsgericht bestimmt auf den 9.4.2004. Frau Belowa ist nicht in der Lage, angemessen auf diese Situation zu reagieren oder sich eine neue Wohnung zu suchen.
Sie ist mit einer rechtlichen Betreuung für Wohnungsangelegenheiten einverstanden, lehnt eine weitergehende Betreuung ab. Wir halten eine Betreuung für Gesundheitssorge, Vermögenssorge und Bearbeitung von Amts- und Geschäftspost für dringend erforderlich.

Amtsgericht Peine

1) Kopie des Antrags[38]

Herrn Dr. Möller
Peine

m.d.B. um Erstattung eines Gutachtens zu der Erforderlichkeit und dem gebotenen Umfang einer Betreuung.

2) U.m.A.
an die Betreuungsbehörde
b.d. Landkreis
Peine

E I L T !

mit der Bitte um weitere Aufklärung des Sachverhalts und Stellungnahme zu der Einrichtung und dem etwa erforderlichen Umfang einer Betreuung.

Welche anderen Hilfen kommen in Betracht, ggf.: warum greifen sie nicht?
Wer könnte die Betreuung ggf. übernehmen?

(Wenn für diese Fragen eine andere Betreuungsbehörde beteiligt werden muss, bitte ich das unmittelbar zu veranlassen. Ich bitte die hiesigen Akten **nicht** weiter zu versenden, sondern sie möglichst bald unmittelbar hierher zurückzugeben.)

3) 4 Wo.

38 Es gibt Gerichte, denen Ärzte mit der Bereitschaft zu Hausbesuchen zur Verfügung stehen, es gibt Bezirke, in denen die Amtsärzte diese Gutachten erstellen, während sie sich in anderen erfolgreich weigern. Insgesamt liegt hier nach wie vor ein erhebliches Problemfeld, auch für die Frage zügiger Abwicklungen.

Betreuungsbehörde Peine

An das
Amtsgericht
Peine

Frau Belowa erklärte bei einem ersten Hausbesuch in der Wohnung, in der sie mit ihrem Lebensgefährten Herrn Knopp lebt, unmissverständlich, dass sie eine Betreuung ablehnt. Sie sei der deutschen Sprache nicht besonders mächtig, weil sie erst seit 2000 in Deutschland lebe. Ihre Kinder seien bei ihrer Schwester in Kassel. Sie leide sehr darunter, dass sie nicht bei ihr seien. Sie sollten nicht sehen, wie sie jetzt lebe. Über ihre Schulden wollte sie nicht reden.
Ihre Eltern seien verstorben, ihr Mann ebenfalls. Sie selbst sei wegen eines Tumors behandelt worden, lehne weitere Behandlungen aber ab. Sie habe viel Angst und benötige deshalb Medikamente.
Die Kontaktaufnahme mit der Schwester ergab, dass sie sich um die Kinder weiter kümmern wolle, ihrer Schwester aber nicht helfen will oder kann.
Inzwischen soll ein Räumungsurteil gegen Frau Belowa ergangen sein. Wo sie demnächst weiter wohnen kann, ist noch nicht geklärt.
Wie uns gestern mitgeteilt wurde, befindet sich Frau Belowa seit einer Woche wieder im Landeskrankenhaus. Sie war auf der Straße zusammengebrochen. Sie soll einen Suizidversuch unternommen haben, nachdem Herr Knopp ausgezogen ist.
Insgesamt wurde hier der Eindruck gewonnen, dass Frau Belowa hilflos ist.
Sie benötigt umfassende Hilfe. Sie hat hier keine persönlichen oder sozialen Kontakte, ist beschäftigungs- und demnächst wohnungslos. Frau Belowa hat nach eigenen Angaben kein Interesse daran, sich um eine Tätigkeit zu bemühen. Ob sie mit entsprechenden Hilfen eine solche übernehmen könnte, ist ungeklärt. Sie hat keine Ausbildung zu einem Beruf erhalten. Es kann sein, dass sie auch auf Grund der Alkoholfolgen erwerbsunfähig ist. Frau Belowa bagatellisiert ihren Alkoholkonsum. Sie lehnt ärztliche Untersuchungen oder Hilfen jenseit der Tablettenverschreibung ab.
Sollte auch nach ihrer Einschätzung eine Betreuung erforderlich sein, sollte ein Berufsbetreuer mit Erfahrungen im Suchtbereich eingesetzt werden.

Dr. Möller

Ärztliche Stellungnahme
zur Einrichtung einer Betreuung

Mein **Gutachten** stützt sich auf die Informationen des Gesundheitsamtes, ein persönliches Gespräch mit Frau Belowa sowie die ärztlichen Unterlagen des Landeskrankenhauses.[39] Eine Untersuchung hat Frau Belowa abgelehnt.[40]

Bei dem Gespräch war Frau Belowa nüchtern. Es entstand aber der Eindruck, dass sie sehr vergesslich war. Sie konnte wichtige Termine aus der jüngsten Vergangenheit nicht wiedergeben und hatte auch keine Erinnerung an die für die nächsten Tage getroffenen Absprachen mit dem Gesundheitsamt.

...............((wird die Vorgeschichte wiederholt))............

Psychopathologisch ist Frau Belowa allseits ausreichend orientiert, wirkte stellenweise depressiv verstimmt. Sie gab sich ratlos und hilflos. Es war ein Interessenverlust sowie Verlust an Lebensfreude zu bemerken. Sie wies eine Affektinstabilität, Antriebsminderung und Kontaktstörung auf. Es mangelt ihr an Kritikvermögen und Urteilskraft. Auffassungsvermögen und Konzentration zeigen sich deutlich eingeschränkt. Sie kann die Folgen ihres Tuns nicht mehr übersehen. Zudem ist sie sehr beeinflussbar. Es zeigen sich aber keine Anhaltspunkte für inhaltliche Denkstörungen.
Insgesamt gesehen handelt es sich um eine langjährige schwere Alkoholabhängigkeit mit Folgeschäden und im Vordergrund stehenden Persönlichkeitsveränderungen. Zudem besteht eine beschränkte Einsichtsfähigkeit. Weiterhin besteht ein Zustand nach Brustkrebsbehandlung.
Die Krankheitsentwicklung ist sehr schwierig. Es besteht eine schlechte Prognose. Ohne eine regelmäßige Behandlung wird es zu weiteren gravierenden Komplikationen kommen.
Aus diesen Gründen kann Frau Belowa ihre Angelegenheiten nicht mehr selbst regeln und bedarf aus nervenärztlicher Sicht einer Betreuung für Gesundheit, Vermögen, Wohnungsangelegenheiten und Postsachen.

Dr. Möller, Arzt für Neurologie und Psychiatrie

---

39 Die Verwendung dieser Unterlagen ist so nicht unproblematisch (Verstoß gegen Schweigepflichten?)

40 Die Untersuchung ist eigentlich erforderlich. Sie könnte erzwungen werden. Ob das verhältnismäßig erscheint, mag jede/r Leser/in selbst entscheiden.

Amtsgericht Peine, z.Zt. im NLK Königslutter

Die Betroffene wurde im Landeskrankenhaus, Station 42, aufgesucht. Anwesend war der Stationsarzt, Dr. Helmut Mosch, der erklärte, sie befinden sich auf Grund der PsychKG- Entscheidung des Amtsgerichts Helmstedt[41] im NLK, die Genehmigung laufe noch bis zum 10. des Monats.
Die Betroffene wurde mit dem bisherigen Akteninhalt auf Einrichtung einer Betreuung für sie vertraut gemacht und um ihre Stellungnahme zu dem Antrag gebeten.

Sie erklärt:
Wer sind Sie?
Was wollen Sie?
Ich habe doch nichts gemacht. Warum sperrt man mich hier ein?

Die Richterin stellt sich nochmals vor. – Der Betroffene wurde der Unterschied zwischen dem Verfahren des AG Helmstedt und dem auf Bestellung eines Betreuers erläutert.

Sie erklärt:
Ich will wieder nach Hause. Ich brauche keine Hilfe.

Zu ihrem Alkoholkonsum befragt erklärt sie:
Ich trinke doch kaum etwas.

Auf Rückfrage „was“(?): (mit lebhafter Stimme) „Alles was brennt“.

Nach Angaben des Arztes sind bei der Einlieferung mehr als 3 ‰ festgestellt worden. Ob oder welche Medikamente sie zusätzlich genommen hatte, ist nach ihren Angaben nicht klar. Sie hatte am ganzen Körper Verletzungen, die z.T. auch auf körperliche Misshandlungen hindeuten.[42]

Der Betroffenen wird mitgeteilt, dass für sie eine Betreuung eingerichtet wird und Frau Maria Schneider (Berufsbetreuerin) zur Betreuerin bestellt wird.
Die Betroffene hat sich abgewendet, sieht aus dem Fenster, reagiert nicht mehr auf Ansprache durch die Richterin.

41 Die gerichtliche Zuständigkeit läuft ja nicht synchron; solche Abweichungen treten recht oft auf.

42 Die Behandlungsbefugnis aus dem Länderrecht erstreckt sich nicht darauf. Ohne ihre Zustimmung (oder ggf. d. Betreuerin) geht insoweit gar nichts.

Beschluss

in dem Betreuungsverfahren für

Frau Andrea Belowa, geb. 19.10.1965, z.Zt. Landeskrankenhaus Königslutter[43]

1. Frau Maria Schneider, Grüner Weg 2, Peine wird – als Berufsbetreuerin – zur Betreuerin bestellt.
2. Der Aufgabenkreis der Betreuung umfasst:
   Sorge für die Gesundheit d. Betroffenen einschließlich der Zustimmung zu ärztlichen Maßnahmen,
   Vermögenssorge,
   Wohnungsangelegenheiten,
   entgegennehmen und Öffnen der an d. Betreute gerichteten Post.
3. Das Gericht wird spätestens bis zum 20.4.2007 über eine Aufhebung oder Verlängerung der Betreuung beschließen.
4. Die Entscheidung ist sofort wirksam.

Gründe

Es ist erforderlich, eine Betreuer/in zu bestellen, weil d. Betroffene aufgrund einer Krankheit bzw. Behinderung die o.a. Angelegenheiten nicht selbst besorgen kann. Das folgt aus dem Ergebnis der gerichtlichen Ermittlungen, insbes. aus dem ärztl. Zeugnis/Gutachten, den Berichten der Sozialdienste und dem unmittelbaren Eindruck des Gerichts. Die Betroffene lehnt eine umfassende Betreuung zwar ab. Im Hinblick auf ihre gegenwärtige eigene Hilflosigkeit ist es aber erforderlich, ihr diese umfassende Unterstützung zu gewähren.[44]

D. Betroffene hat selbst keinen Vorschlag zur Auswahl einer/s Betreuers/in unterbreitet. Das Gericht hat die eingangs bezeichneten Person ausgewählt, die geeignet und bereit ist, in den zugewiesenen Aufgabenkreisen die Angelegenheiten d. Betroffenen zu besorgen.

Die Anordnung der sof. Wirksamkeit beruht auf § 69 a III FGG.

Rechtsmittelbelehrung:
Gegen diese Entscheidung ist das Rechtsmittel der Beschwerde zulässig. Sie ist bei dem Amtsgericht Peine oder bei dem Landgericht Hildesheim einzulegen. Die Einlegung erfolgt durch Einreichung einer Beschwerdeschrift oder durch Erklärungen zu Protokoll der Geschäftsstelle eines Gerichts.

Die Betreuerin ist sodann nach Maßgabe diese Beschlusses durch die Rechtspflegerin verpflichtet worden.

---

43 Solche Angaben sind üblich, aber wenig glücklich, weil noch lange nach der Entlassung stigmatisierend. Die Menschen, die den Beschluss später sehen müssen oder wollen, haben in der Regel kein berechtigtes Interesse an der Information über diese frühere Unterbringung bzw. den Aufenthalt im LKH.

44 Diese überdeckende Formulierung kann nicht aus der Welt schaffen, dass es sich um eine "Zwangsbetreuung" handelt, die von der Betreuten sehr intensiv auch so empfunden wird. Es wäre wohl angemessener, diese Gegnerschaft sprachlich nicht zu unterlaufen.

Maria Schneider
Peine

An das
Amtsgericht Peine

Bitte sofort vorlegen

Betreuung Andrea Belowa
hier: Antrag auf geschlossene Unterbringung nach § 1906 BGB

Ich bin vorgestern zur Betreuerin für die o.a. Betreute verpflichtet worden. Das Krankenhaus teilt mir soeben mit, dass die Unterbringungsgenehmigung morgen ausläuft und das Amtsgericht Helmstedt sich geweigert habe, die PsychKG-Unterbringung zu verlängern, weil ja jetzt eine Betreuung bestehe.
Frau Belowa benötigt noch für mindestens 4 Wochen weitere Behandlung, zumal völlig ungeklärt ist, wohin sie aus dem Krankenhaus ziehen soll. Der Gerichtsvollzieher hat die Wohnung zwischenzeitlich geräumt. Frau Belowa soll von dem letzten ihr allein gewährten Ausgang völlig verschmutzt, verletzt und betrunken von der Polizei zurückgebracht worden. Sie war auf einer Bank sitzend als hilflose Person aufgelesen worden. Sie konnte keine Angaben dazu machen, wo sie sich in dieser Zeit das Geld und den Alkohol beschafft hat.

Ich beantrage[45],

> die weitere Unterbringung von Frau Belowa für noch mindestens 4 Wochen mit Wirkung ab morgen zu genehmigen

und bitte, sich wegen der nötigen ärztlichen Stellungnahme an das LKH zu wenden.

---

45 Die Betreuerin hat vergessen, um eine Erweiterung des Aufgabekreises zu bitten, das Gericht hat im folgenden übersehen, dass sie bisher nicht für Aufenthalte (und Unterbringung) zuständig ist. Das Fatale an dem Folgeablauf ist, dass alle sich auf die gerichtliche Genehmigung verlassen, die aber die fehlende Handlungsbefugnis der Betreuerin nicht ersetzt. Die Folgeunterbringung blieb rechtswidrig. Wenn die Betreute sich z.B. anwaltlichen Beistandes bedient hätte und dafür später Kostenersatz verlangt hätte, wäre die Betreuerin wohl schon wegen der rechtswidrig veranlassten Freiheitsentziehung (ohne Vertretungsmacht) ausgleichspflichtig gewesen.

Beschluss

In dem Betreuungsverfahren für Frau Belowa,................

Betreuer/in: Frau Maria Schneider, Peine,

wird – im Wege der einstweiligen Anordnung – genehmigt, dass d. Betreute auch gegen ihren Willen in einer verschlossene Einrichtung festgehalten werden kann, soweit andere Schutzmaßnahmen nicht zureichen.

Die genehmigten Maßnahmen sind zu beenden, wenn aus dem Verhalten d. Betreuten und/oder durch sonstige Hilfen sichergestellt ist, dass keine konkrete Gefahr mehr besteht.

Diese Genehmigung gilt zunächst längstens bis zum 22.6.2004.

Zum Ablauf ist ggf. eine gerichtliche Überprüfung und neue Entscheidung herbeizuführen. Eine Fortsetzung der Maßnahmen ohne Verlängerungsbeschluss wäre unzulässig.

Die Entscheidung ist sofort wirksam.

Anhörungstermin im Krankenhaus: 11.5.2004, gegen 10:00 Uhr.

Gründe:

Die Genehmigung zu den o.a. Maßnahmen war zu erteilen, weil d. Betroffene z. Zt. sich und ihre weiteren Lebensgrundlagen gefährdet, wie die ärztlichen und weiteren Stellungnahmen ausweisen. Ohne Sicherungsmaßnahmen besteht aufgrund der Behinderung/ Krankheit d. Betroffenen die Gefahr erheblicher weiterer körperlicher bzw. gesundheitlicher Schäden (§ 1906 BGB). Die Betreute kann sich derzeit offenbar nicht/ nicht mehr an notwendige Vereinbarungen halten und muss deshalb über die genehmigten Maßnahmen vor den Folgen ihres Verhaltens geschützt werden. Die gebotene Hilfe kann z. Zt. nur in einer Einrichtung und unter Einsatz der o.a. Maßnahmen sichergestellt werden.

Wegen der Eilbedürftigkeit musste eine Entscheidung getroffen werden, bevor eine Anhörung möglich war. Sie wird nachgeholt. Angesichts der Entwicklung in den letzten Tagen kann mit einer Entscheidung nicht zugewartet werden, bis eine vorherige Anhörung möglich ist.

Von der Bestellung eines Verfahrenspflegers wird abgesehen, weil die Wahrnehmung der Rechte d. Betreuten durch die Angehörigen/Vertrauenspersonen sichergestellt erscheint.[46]

46 Es gibt einige Gerichte, die bei Unterbringungsentscheidungen routinemäßig Verfahrenspfleger beiordnen und mind. ebenso viele, die oft (bis: fast immer) davon absehen. Die Effektivität der bei den Anhörungen "mitlaufenden" immer wieder bestellten Verfahrenspfleger geht tendenziell wohl eher gegen "null". Dennoch erscheint die Unterlassung hier nicht unbedenklich, was wiederum nichts an dem Fehler und der Verantwortlichkeit der Betreuerin ändert, den nicht überdeckt.

Rechtsmittelbelehrung:
Gegen diese Entscheidung ist das Rechtsmittel der sofortigen Beschwerde zulässig. Sie ist bei dem Amtsgericht oder bei dem Landgericht **binnen einer Frist von 2 Wochen** einzulegen. Die Frist beginnt mit der Bekanntmachung dieser Entscheidung. Die Einlegung erfolgt durch Einreichung einer Beschwerdeschrift oder durch Erklärungen zu Protokoll der Geschäftsstelle eines dieser Gerichte.

Die Betreute kam in der Folgezeit immer wieder in das Landeskrankenhaus, wenn sie einen erneuten Rückfall erlitt und so starke Ausfallerscheinungen zeigte, dass ein Verbleiben in der häuslichen Umgebung nicht zu verantworten war.

Der Aufgabenkreis soll zwischenzeitlich auf „Aufenthaltsbestimmung" ausgeweitet worden sein.

Bei einer genehmigten Unterbringung im Januar 2005 beschwert die Betreute sich rechtzeitig gegen die Genehmigung der Unterbringung. Das Landgericht hört sie an und hört den Facharzt der Einrichtung. Der beharrt in seinem Gutachten darauf, bei ihr handele es sich um eine Medikamenten- und Alkoholabhängigkeit. Sonstige Beeinträchtigungen, eine geistige Behinderung oder eine psychische Krankheit seien nicht festzustellen.

Daraufhin hebt das Landgericht den Genehmigungsbeschluss des Amtsgerichts auf und ordnet die Entlassung der Betreuten an. Abhängigkeit allein sei kein zureichender Grund für betreuungsrechtliche Eingriffe. Die Entlassung erfolgt noch am selben Tag.

Zwei Tage später erscheint in dem Betreuungsgericht ein Polizeibeamter und erklärt:

> Frau Belowa ist gestern Abend hilflos bei Frost im Park liegend aufgefunden worden. Sie war stark alkoholisiert, und wurde zur eigenen Sicherung in Gewahrsam genommen. Heute Morgen halluzinierte sie und zeigte deutliche Entzugserscheinungen.

Das angesprochene Ordnungsamt habe es abgelehnt, nach Landesrecht tätig zuwerden. Das zuständige Unterbringungsgericht beharre auf der Nachrangigkeit und würde eine Unterbringung nach Landesrecht umgehend ablehnen, weil eine Betreuung bestehe.
Die angerufene Betreuerin habe auf den Beschluss des Landgerichts verwiesen und erklärt, ihr seien die Hände gebunden.
Das allgemeine Krankenhaus habe eine Aufnahme abgelehnt, da Frau Belowa es ablehne, sich behandeln zu lassen.

Die Polizei bitte um Mitteilung bzw. Entscheidung, was mit Frau Belowa nunmehr geschehen solle. Sie sei ersichtlich nicht in der Lage, nach Hause zu finden oder sich allein zu versorgen, bedürfe auch ärztlicher Versorgung.

Anmerkung:

Auch das ist ein recht typischer Vorgang außerhalb des Altersbereiches, der auch das Dilemma aus der Behauptung, Abhängigkeit allein genüge nicht, verdeutlicht und zugleich nochmals die Verwobenheit von Landesrecht und BGB-Unterbringungsrecht zeigt.
Die Betreuerin ist in der Pflicht. Sie ist für die Gesundheitsfürsorge zuständig. Zwar spräche die Begründung des Landgerichts dafür, auch die Betreuung aufzuheben. Das ist aber bisher noch nicht geschehen.
Die Betreute ist hilflos. Die Betreuerin hat Fürsorgepflichten mit haftungsrechtlichen Konsequenzen, ohne allerdings selbst pflegen zu müssen (oder zu können). Sie muss aber alle rechtlichen Möglichkeiten ausschöpfen, darf sich nicht mit dieser Patt-Situation begnügen.
Praktisch wird sie einen Antrag auf einstweilige Anordnung nach Betreuungsrecht (§ 1906 BGB) stellen und auf das alte Gutachten verweisen und bitten ein (weiteres) neues Gutachten einzuholen, hilfsweise eine Unterbringung zur (Ober-) Begutachtung beantragen.
Daneben wird sie sich mit der Betreuungsbehörde mit der Bitte um Unterstützung ins Benehmen setzen und nötigenfalls noch mit dem sozialpsychiatrischen Dienst verhandeln, damit der nötigenfalls die landesrechtliche Schiene aufgreift.